U0935209

日本政府的经济政策研究

陈友骏／著

世界知识出版社

图书在版编目（CIP）数据

日本政府的经济政策研究 / 陈友骏著. —北京：
世界知识出版社，2016.5
ISBN 978-7-5012-5225-1

Ⅰ.①日… Ⅱ.①陈… Ⅲ.①经济政策—研究—日本
—2012—2014 Ⅳ.①F131.30
中国版本图书馆CIP数据核字（2016）第115321号

责任编辑	张　萱
责任出版	赵　玥
责任校对	马莉娜
书　　名	日本政府的经济政策研究 Riben Zhengfu de Jingji Zhengce Yanjiu
作　　者	陈友骏
出版发行	世界知识出版社
地址邮编	北京市东城区干面胡同51号（100010）
网　　址	www.ishizhi.cn
电　　话	010-65265923（发行）　010-85119023（邮购）
经　　销	新华书店
印　　刷	北京京华虎彩印刷有限公司
开本印张	787×1092毫米　1/16　24¾印张
字　　数	379千字
版次印次	2016年6月第1版　2016年6月第1次印刷
标准书号	ISBN 978-7-5012-5225-1
定　　价	58.00元

目　录

绪　论

第一节　本书的写作背景

2012年末日本鹰派政治家安倍晋三时隔五年再任首相一职、组阁执政，标志着日本政坛再度回归自民党保守势力的统治之下。安倍内阁启动之后，对内、对外基本保持着较为强势的执政风格，同时审时度势、推陈出新，竭力把安倍式的改革推向日本的政治、经济、外交、安保等各个领域，以求重新塑造一个令人耳目一新的“强国”形象。

经济上，安倍政府主推“安倍经济学”，意图借助一系列的经济改革措施，促使日本经济尽快行至复苏轨道，并为政治、外交、安保等领域的相关改革积累必要资源。需要说明的是，“安倍经济学”实则是旨在改革日本经济发展模式、增加日本经济增长点的系统工程，存在一定的合理性及可操作性。但是，由于日本的政治、经济在战后长期的运行过程中业已形成难以撼动的僵化体制，再加上人口减少、产品出口竞争力下滑、国际经济环境疲软等综合因素的叠加，致使“安倍经济学”并没有达到理想的预期效果。

政治上，首相安倍晋三进一步强化了其在自民党内及政府内阁中的主导力及影响力，尽可能地保持党权、政权个人独揽的垄断状态。不仅如此，作为保守政治家的领袖人物，安倍晋三刻意通过直接或间接参拜靖国神社的方式，否定左翼政治家的历史认识等，从而进一步拉近其与自民党及非自民党保守政治势力之间的亲近感，并凸显其右翼政治家的本色。而且，由于安倍晋三采取了一系列保守化的政治举措，致使日本政坛完全被保守势力所掌控，内阁人事安排及相关政策的协商及制定等均折射出强烈的保守主义色彩。

对外关系上，安倍政府提出“积极和平主义”的外交理念，在全球范围内推介日本“和平主义”的畅想。值得一提的是，在安倍政府所谓的“地球仪外交”战略布局上，稳固并发展对美关系显然是其外交工作的重中之重，也是其发展与其他国家及地区的双边、多边关系的重要支撑。在此基础上，安倍政府把东盟、蒙古、印度等日本的一些周边国家及地区视为对外交往的主要对象，积极投入外交资源，强化双边合作关系，意图构建“感情上亲日、政治上挺日、经济上需日”的地区合作圈。

军事上，安倍政府显然有违和平宪法的意志，大张旗鼓地扩充日本的军事实力及军事作战力，并不断向海外输送相关军事人员及军事设施，加强日本在地区及全球范围的军事存在感及影响力。实际上，在首相安倍晋三及政治保守势力看来，组建强大的军事力量是日本真正摆脱战后体制、实现国家“正常化”的基本前提。但囿于和平宪法的制约，战后日本的多届保守政府唯有选择“明修栈道、暗度陈仓”的操作方式，一小步、一小步地向前挺进，争取最大限度地创造日本军事伸展空间。但有别于战后的历届政府，安倍政府在日本军事扩张的议题上可谓是“胆子大、步子宽”，修改“武器出口三原则”，解禁集体自卫权，大幅增加国防开支等，甚至觊觎架空或绕过和平宪法及民主制度的约束，营建无限制的军事发展环境。更有甚者，安倍政府肆意渲染中日钓鱼岛领土争端所造成的紧张局面，刻意制造中国军事实力的正常增长对地区安全造成潜在威胁的假象，并以此为烘托，强调日本发展军事力量的合理性及合法性。

综上所述，安倍政府在政治、经济、外交、军事等各个领域可谓是全面出击，意图通过强势的政治主导力为日本找寻到“转型”之机，改变泡沫经济崩溃后始终深陷颓势中的日本形象。尽管如此，安倍政府的努力并没有收获预期的成果，反而给它的相关工作增添了许多不必要的麻烦，同时政治、经济等诸多领域的改革措施遭遇严重掣肘，在野党的反对、利益集团的抵制、民众的不懈抗争等频频成为安倍政府推进体制改革的“拦路虎”。

另一方面，任何政府的相关政策都必须兼顾外部环境的存在与发展。对于日本这样一个经济总量排名世界第三、在地区政治事务中能够发挥一定影响力的经济强国而言，其执政的任何领导人自然更需要认真且谨慎地思考地区及国际局势的客观因素。有鉴于此，安倍政府的上述政策及相关举措同样无法脱离金融危机后国际局势急遽转变的大背景，而且，作为具有一定地区影响力的国家，日本安倍政府的一系列改革措施也成为了推动地区局势及国际关系发展的重要因素之一。为了更为深刻地理解安倍政府制定相关政策的动机及考虑，同时也是为了更好地把握本书写作时期的国际时局，这里简要地梳理一下安倍政府所面对的地区及国际环境。

第一，全球性金融危机之后，世界经济与政治版图开启新一轮深刻转型，与此同时，大国关系、南北关系以及地区关系等亦同步性地驶入转型轨道。在此背景下，国际政治经济舞台呈现出多股势力的激烈博弈，其中，尤以守成势力与新兴势力之间的角力最为引人瞩目。这里，作为守成势力的代表之一，美国当仁不让地充当着这一群体的领袖人物，其不仅意图捍卫这一群体在协调国际政治、治理世界经济中的支配性地位，同时竭力确保自身在全球范围内的传统霸权。与其形成鲜明对比的是，中国、俄罗斯、印度、巴西、南非等国家组成的新兴经济体取得了举世瞩目的惊人发展，并在应对全球性金融危机的过程中彰显出足以令人信服的协调能力及合作意愿，而且最终促成金砖机制（BRICS）的产生与发展。另一方面，新兴经济体的群体性崛起迫使以 G7 为代表的传统西方大国势力逐步放弃其在全球政治经济领域中的垄断特权，后者同时以更为平等、更为直接的方式与新兴势力共同协商全球性的政治经济治理规则。以此为背景，G20 等全球经济治理新协商机制不断涌现，全球政治格局及大国关系加速转型、调整，促使全球社会进入崭新的变革时代。

时代变革意味着机遇与挑战的并存，它对生存于全球社会中的每个国家及地区均提供了相对较为平等的发展机会，但关键问题在于各自是否能成功把握住这种变革的机会，实现趋利避害、自主发展。一直以来，战后的多届日本政府均以实现政治大国为外交的根本目标，但不可否认，它们却未能改写日本在世人眼中“经济大国、政治小国”的普遍印象。而且，尽管日本参与国际政治的积极性及出镜率颇高，但实际的政治领导力及潜在的影响力极为有限，致使其始终无法由经济大国晋级为政治大国。或许日本也在等待变革的大背景，等待能够帮助其顺利实现政治理想的时代性机遇，但无论怎样，这一次的日本、至少是安倍政府并没有在这场危机之中等闲视之，前文所述的种种政策及措施足以表明其对这次金融危机“正面且积极”的认识。

第二，美国强推“亚太再平衡战略”，意图维护其在亚太地区的既有利益及核心领导力。金融危机的爆发不仅在经济上对美国造成严重创伤，同时也对其政治、军事、社会文化等不同领域形成了不小的冲击。更为严重的是，金融危机的破坏力不仅局限于美国国内，同时也波及美国的海外影响力。具体而言，美国在二战结束之后就长期垄断国际政治及世界经济，并借此积累起巨大且宝贵的政治财富和经济利益，有些也已经以不同的形式转化为美国的软实力。但是，滥觞于美国的金融危机阻碍了世界经济的稳定增长，对世界的绝大多数国家及地区，尤其是发展中国家的经济发展构成掣肘，致使许多国家纷纷把指责的矛头直接伸向美国，甚至有些观点从根本上否定美国所崇尚、推介的“市场原教旨主义”。一时间，以美国的自由经济发展模式为重要标榜的“华盛顿共识”成为全世界唾弃的对象，取而代之的是一些西方学者所提出的、以中国经济改革的成功经验为范本的“北京共识”，后者也转变为国际社会争相讨论的宠儿。当然，经济模式的讨论同时牵涉到敏感的政治领域，从这一层面来看，对“华盛顿共识”的批判及摒弃又是对美国政治影响力的否定或淡化，而这又可能进一步发展为“去美国化”的趋势。

面对金融危机后的战略困境，美国国内进行了深刻反思，并以一种无奈但客观的态度承认了自身综合国力的相对衰退。尽管如此，美国并没有放弃对世界霸权的孜孜追求，并觊觎通过部分重要的地区性战略调整，继续维护并扩大其在地区及全球层面的核心领导力。另一方面，与其他的地区经济相比，包括中国在内的亚太地区经济在金融危机之后迅速呈现复苏势头，进而升格为引领世界经济复苏的火车头。随着国际经济的天平逐渐偏向于亚太地区，国际政治的重心亦逐渐倾向于亚太国家，尤其是中国等亚太新兴市场国家。为了更好地应对这一局势的变化，也是更好地维护或扩大自身在这一地区的传统优势及战略利益，美国提出了亚太再平衡战略，并不断加大对这一地区的战略关注及资源投入。这里需要强调的是，尽管美国亚太再平衡战略加剧了亚太地区的局势转变，为部分国家提供了一定的发展空间及发展机遇，但总体而言，随着这一战略的落实与演进，亚太地区的战略态势反而变得更为复杂、更为混乱，稳定发展的地区局势正遭受着越来越多的不确定性威胁，安全形势不容乐观。而且，更为发人深思的是，究竟美国的再平衡战略是为了遏制中国？还是维护或扩大自身在亚太地区的利益？答案显然是仁者见仁、智者见智的。这里暂且不讨论美国再平衡战略的真实用意。但美国在经历了世纪性金融危机之后就急速抛出平衡战略，至少说明美国亦在寻求、探索新的战略性嬗变。而且，尽管美国的再平衡战略并不能清楚地显示出日本在其亚太战略中的新功能及新定位，但至少可以表明美国亟须稳固其在亚太地区的盟友，亟须培养一批值得信赖、可以信赖的亚太伙伴国。因此，这对于日本而言无疑是大有裨益的，也是其喜闻乐见的重大利好消息。而且，无论从战术上还是战略上，美国的再平衡战略都有利于日本拓展对外关系、扩大地区政治影响力、增强地区经济管控力，更为重要的是，这更有利于日本重新调整战后日美关系的基本格局，为其实现真正对等、平等的日美关系提供不可多得的积极条件。

第三，中日两国的经济发展呈现出截然不同的客观图景，同时两国经济规模的悬殊对比日益趋深，导致中日在综合国力、地区及国际影响力等不同领域的实际差距进一步拉大。

中日两国的经济规模排名在2010年发生历史性的位置互换，即中国超越日本成为排名世界第二的经济大国，而日本跌至世界第三经济大国。嗣后，中国经济依然保持强劲的发展动力，并且通过“调结构、稳增长、促转型”等一系列经济结构优化措施，促使经济增长速度始终保持在高速、合理的运行区间。不仅如此，中国经济加速摒弃高污染、高排放、高耗能的粗放式发展模式，并大步流星地向节约型、技术引领型且可持续型的新模式靠拢。在此背景下，中国经济的总体规模继续保持一年上一台阶的基本趋势，2010年中国的GDP总量为40.15万亿元，2011年的数据为47.31万亿元，2012年又增长至51.95万亿元，2013年达到56.88万亿元，2014年达到63.64

万亿元的历史新高[①]。再加上人民币兑美元的汇率增长因素的叠加，中国GDP的实际规模业已超过10万亿美元，与世界第一经济强国——美国——之间的差距进一步缩小。总之，中国经济在金融危机后的进步依然是显著的，取得的成绩是有目共睹的。

与中国经济蓬勃向上的发展势头相比，日本经济一直未能走出20世纪80年代末、90年代初泡沫经济崩溃留下来的阴影，经济增长区间始终徘徊于低增长或负增长的非理想状态。而且，全球性金融危机的发生进一步激增了日本经济走向复苏的困难，甚至在心理上催生出复苏无望的悲观主义情绪。实际上，尽管过去的多届日本政府在经济上不断“推陈出新”，试图通过各种方法把日本经济重新扭转至正常发展的轨道上来，但事与愿违，扩张的财政支出、宽松的货币政策以及大刀阔斧的体制改革等，这些被日本政府及执政的政治家们反复使用的经济措施并没有产生明显的良性效果。不仅如此，日本经济在经历了各种所谓的改革措施之后，似乎逐渐产生了“免疫力”，丝毫没有发生根本性的、大幅度的增长。就以2010年度至2013年度的经济数据为例，2010年度日本的实际GDP总量为512.42万亿日元（2010年4月至2011年3月），2011年度的数据约为514.16万亿日元（2011年4月至2012年3月），2012年度的实际GDP为517.58万亿日元（2012年4月至2013年3月），而2013年度的实际GDP为529.25万亿日元（2013年4月至2014年3月）[②]。由此，仅从实际GDP的总量变化就不难发现，日本经济在金融危机后并没有发生任何实质性的改观，而且这其中还必须考虑日元大幅度的贬值、超规模的量化宽松政策等相关的利好因素。更值得一提的是，即使按美元兑换日元一比一百的汇率换算，日本经济的总体规模略超过五万亿美元，这与超过10万亿美元的中国经济规模之间存在接近一倍的落差，二者的经济差距可见一斑。

如上所述，中日两国的经济发展状况基本保持着金融危机发生前的固有

① 中华人民共和国国家统计局公布的官方数据。（http://data.stats.gov.cn/workspace/index?m=hgnd）

② 日本内閣府:「国民経済計算（GDP統計）」（http://www.esri.cao.go.jp/jp/sna/data/data_list/sokuhou/files/2014/qe142/__icsFiles/afieldfile/2014/08/08/gaku-jfy1421.csv）。

态势，即中国经济的持续走强与日本经济的持续走弱折射出鲜明的对比特征，并且二者之间的规模差距仍在不断扩大，这也导致日本曾经试图重新反超中国经济的想法彻底成为泡影。另一方面，与经济增长数据的可见性表象相比，政府的反应能力和执政能力、政策性效果、政策推进机制的合理性与高效性等非可见性因素显得更为重要且更为关键，同时它也从另一个侧面刻画出中国经济改革成功与日本经济改革失败之间的本质性区别，并从根本上解释了中日经济在21世纪初发生颠覆性变化的原因所在。

当然，经济数据仅从一个方面阐明了中日实力差距逐渐扩大的事实。但是，它虽是片面性的，但也是全局性的，更是本质性的。很快地，中日两国在经济实力上的扩张性差距就已经传导到对外经济、地区政治以及地区安全等其他领域，甚至在大多数地区主导权的中日角力和竞争中，均出现了中国完全占优的压倒性态势。

面对邻国——中国的日趋强大、而自身却深陷相对性衰退的窘境，日本方面显然表现出一定的焦躁和不安，甚至有部分保守主义分子提出干脆把中国视为假想敌，以便为下一阶段的复苏与发展确定清晰的追赶目标及防范对象。这里暂且对此言论不做任何评论，但必须指出的是，日本保守势力发出的这一信号至少说明中国的国力增强及影响力上升已然对日本国内的政治思潮及社会意识形态的发展产生了深刻影响，而且这也会自然而然地反映在安倍政府的相关政策之中。以下就日本国内的相关反应做简要梳理。

首先，日本国内悲观主义的情绪在持续深化，同时原先所持有的对华特殊优越感亦在不断弱化、销蚀。毫无疑问，战后的日本的的确确创造了一个不可思议的奇迹，整个国家从战争结束后的万象凋敝、百废待兴逐步成长为仅次于美国的世界第二大经济强国，可以说，日本战后经济增长模式为人类社会的经济学发展提供了经典的、教科书般的研究范本。与此同时，日本以上世纪70年代末、80年代初中国实施改革开放政策为重要契机，鼓励日本企业大举对华输出资本及技术，为日本企业的海外创业及二次发展奠定基础。值得注意的是，在华日资企业为中国经济的高速发展提供了重要的资金、技术及人才资源，也在中国经济急速发展的过程中积累了庞大的经济利益及扩张资本。期间，中国以诚恳且虚心的态度向日本学技术、学管理、学运营，日本也保持着热忱、友善的态度向中国传授相关知识及经验。由此，一方面中日之间逐步形成这种无法用言语来形容的经济领域“师徒关系”，另一方面，日本在对华经济合作问题上日趋显现出明显的心理优势。更为重要的是，此后日本对华经济上的心理优势不断向其他领域扩散、展开，并最终逐渐演变为包含有经济实力、政治制度、社会生活、意识形态等在内的、全面的对华优越感。但诚如前文所言，中日经济发展的现实状况发生了翻天覆地的根本性变化，日本对华经济的传统优势不仅消失殆尽，反而与中国之间的经济差距越拉越大，进而加剧了原先因经济优势而产生的对华整体优越感的减弱、消亡。

其次，日本社会对创新精神的追求日渐式微，安于现状的满足主义精神状态促使其整体趋于保守化、封闭化，个别领域甚至出现激进化、极端化的危险倾向。与进行整体性的政治改革、经济改革、社会改革等相比，当下日本社会的多数群体似乎更愿意接受墨守成规式的发展路径，换句话说，就是以传统的取代现代的，以经验的取代创新的。在此背景下，日本社会基本重新回归至保守主义的发展路线。

就以经济为例，泡沫经济崩溃后的日本始终没有找到一条合适的复苏之路。而且，尽管此后的历届政府及诸多政治家们也是想尽了不同办法，试图改变日本步入颓势的境遇，但理想最终还是与现实渐行渐远，日本的国内经济也逐步由萧条走向“深度萧条”。面对被冠之以“失去二十多年”的日本经济，无论是自民党，还是民主党，或者是其他中小党派都没有拿出进行彻底改革的宏大方案。不仅如此，经济政策依然沿袭着20世纪60、70年代经济高速增长期所积累下来的陈旧经验，即通过宽松的货币政策与积极的政府干预，促使经济重新走入复苏轨道。所不同的是，与此前历届日本政府相比，安倍政府的经济政策主要是在货币及财政双管道上呈现出规模性的急剧膨胀，而本质上并没有发生太大的变化。更为重要的是，“安倍经济学”只注重短期内的复苏问题，并没有关注较长时期的战略性经济发展，甚至更没有设想政策失败或经济没有实现复苏的应对问题。有鉴于此，“安倍经济学”缺乏实质性的经济改革措施，也没有从根本上缓解或解决日本经济所面临的结构性矛盾，而一味追求政策规模及政策数量的表现凸显激进主义的特征，这反而容易把日本经济的未来带入更为痛苦的深渊。

另一方面，日本的外交政策亦完全充斥着激进的保守主义色彩，“向美一边倒”的基本原则重新成为日本外交思维的主导性前提。这里需要指出的是，“向美一边倒”是指导日本战后外交的基本原则，也是日本保守主义势力竭力推崇的基本外交模式，其背后的潜台词是借助日美安保同盟扩大日本外交及安全的影响力，同时防范周边国家对日本造成的威胁或潜在威胁。日本民主党的鸠山内阁曾一度尝试扭转“向美一边倒”的外交格局，构建对等的日美关系，但迫于保守势力的顽强抵抗最终败下阵来，改革派的外交努力也宣告彻底的失败。与此同时，中日两国间差距日益扩大促使日本社会心理发生重大改变，而且，为继续维持中日间相对均衡的发展态势及实力对比，日本国内寻求外部驰援的呼声愈发强烈，这就为保守势力的重新掌权及日本外交重心再次完全倒向美国创造了条件。从这一层面来看，安倍政府的“向美一边倒”是日本逃避外交战略创新的故意之举，更是日本保守主义谋求对华均势的特殊伎俩。

再次，日本对华积极合作的传统思维日渐式微，取而代之的是不断增强的对华竞争性思维方式。实际上，随着中日综合国力差距的日益扩大，日本在对华态度上愈发表现出既希望合作、同时又害怕合作的矛盾心态。换言之，“以邻为伴”与“以邻为壑”，两种截然不同的理念性思维模式成为日本社会决定对华态度的主要取向。毋庸置疑，自20世纪70年代初中日两国恢复邦交正常化以来，“以邻为伴”在大多数时间内都是日本发展对华关系的主导性原则，但随着中国经济实力与综合国力的蓬勃发展以及日本经济实力的相对性衰退，日本国内的保守主义势力逐步把关注的目光聚焦于中国的身上，同时也掺杂了更多提防与防范的成分。可以说，2010年中日两国经济规模发生历史性的位置互换成为日本国内社会彻底改变对华思维方式的直接导火索，嗣后，“以邻为壑”明显地压过了“以邻为伴”，成为日本处理对华关系的基本思路及指导原则。而且不久之后所发生的钓鱼岛撞船事件、“国有化”钓鱼岛以及其他针对中国的矛盾激化，都可以被视为日本对华关系的指导性风向标发生变化所引发的一系列冲突升级。

尽管如此，这里必须指出的是，日本国内的对华意识形态并没有完全被竞争性思维所垄断，其中有占不少比重的且有望重新成为社会主流思潮的意见及观点仍坚持认为，应当保持对华合作的基本趋势不动摇，同时中国巨大的发展优势及潜在的市场容量是日本经济实现复苏的重要依托。

综上所述，金融危机后国际政治、经济结构的急剧变化以及中日两国综合实力差距的进一步扩大等，塑造了日本安倍政府上台执政的外部环境。与此同时，日本国内社会的保守化倾向以及对华心理的转折性改变等成为主导及影响安倍政府制定相关政策的重要内因。这些内外部因素共同构建了本书写作的时代背景，同时也是深入分析日本政经新嬗变以及安倍政府相关政策举措的重要切入口，凸显本书写作的特殊时代意义。

第二节　本书的写作目的与分析对象

战后波及面最广、损害程度最深的全球性金融危机不仅对深陷困境的日本经济造成了难以弥补的损失，同时也给日本政治带来了一次尝试变革的机会。但肇始于2009年9月的日本民主党领导的三届政府并没有很好地把握住这次变革的大好机遇，也未能实现日本政治的历史性转折。更令人失望的是，民主党的失败并没有唤醒日本国内社会改革意识的迸发，却给予保守政治势力更大的活动空间及政治影响力，并最终促成自民党安倍政府的再度上台。这里值得一提的是，首届民主党鸠山由纪夫政府所倡导的战略性变革在日本的内部及外部均遭遇了强烈反对，并最终在无奈、彷徨中偃旗息鼓。嗣后，菅直人及野田佳彦两届政府为了避免重蹈鸠山政府的覆辙，尽可能地向自己的政策理念及执政风格中注入保守主义色彩，并“竭尽所能”地缩小与保守政治势力之间的距离。可以毫不夸张地说，民主党在执政后期已然完全转变为保守势力主导的政党，它的相关政策尤其是对华政策等也已趋同于自民党时代曾实施的保守主义政策。

由是观之，安倍政府的上台有其偶然性，但同时也存在一定的必然性。民主党执政后期的种种努力与其说是在拖延执政时间、抑或是创造凤凰涅槃的机会，毋宁说是在为安倍政府的上台作嫁衣，构建日本整体趋近保守的内部政治环境。但是，安倍政府并没有沿袭民主党政府所遗留下来的政治路线及政治思想，相反，为了凸出自民党与民主党执政风格的迥异以及安倍本人独特且强大的政治领导力，安倍政府在政治、经济、对外关系等方面做出较大幅度的政策调整，并在战略层面对日本谋求政治大国所涉及的各个重要领域给予了必要的策划及安排。因此，从这一层面来看，我们亟须对日本政治经济的新发展及新格局进行全方位的深入解析，提炼出一些具有实效性特征且富含战略性参考价值的新事物。换句话说，这正是笔者撰写此书的主要动机之一，同时也是本书重要的写作目的之一。

其次，厘清日本首相安倍晋三及安倍政府的政治动机及执政目标，体系性地理解、诠释安倍政府的相关政策及战略延伸等，亦是本书研究的重要目的之一。

诚如前文所言，安倍晋三时隔五年再度出任日本首相，其主要目标之一就是觊觎能在日本民众中重新塑造自身的政治家形象。为此，安倍领导的新政府并没有像五年前的那届政府一样不思进取、坐以待毙，而是强势出击、积极有为。比如说，经济上，安倍政府主推“安倍经济学”，意图通过财政、金融、制度改革等全方位的组合型措施，推动日本经济的复苏进程；政治上，安倍政府加速中央集权制的发展，强化首相官邸在重要决策及政策制定中的主导力及影响力；安全上，安倍政府利用与周边国家之间的领土矛盾，强化日本发展军事技术及军备能力的合理性和合法性，同时提速日本军事现代化发展的步伐，扩大日本军事的地区影响力及海外存在感；战略上，安倍政府在不断寻觅重振大和民族辉煌时代的重要机会，即对内构建“平成开国”的社会环境，勾起日本社会对改革的期待与信心，对外就是在政治、经济、军事等各个领域扩大日本的影响力及存在感，夯实日本作为国际社会重要一员的地位及作用。总之，安倍政府竭力做到标新立异、与众不同，尽管有些部分在内容上无法实现质的超越或大幅度的提升，但也在形式上或标题上尽可能地充填安倍式的独特气质。基于这样的基本认识，我们愈发意识到研究安倍政府相关政策的重要性及必要性，因为这不仅是观察日本、认识日本、研究日本的好渠道，而且也是直接聚焦日本社会新嬗变，触碰日本政治敏感部分的较好切入。

最后，安倍晋三及安倍政府推出的政策组合，或许不仅仅是为了解决当下日本所面临的一系列矛盾与困难，同时还隐涵向日本社会传递某种信号及理念的动机，其中难免有意识形态的成分混杂。对此，或许我们可以将其归结为“安倍主义”这个笼统的概念。不管怎样，政治家尤其是日本的政治家都极为注重培养并发展自己的政治理念，安倍晋三作为极具代表性的政治家，自然也持有一套成体系的政治理念。更为重要的是，由于手握重权的安倍掌控日本的政治、经济、军事、社会等各类重要资源，这就有助于其更快、更强、也更为直接地向日本政界及日本社会传播他的政治理念，并最终在这一过程中形成更为全面、更为具体的理念体系，即安倍主义。更为重要的是，实际上安倍主义不仅指导、甚至是决定了安倍政府相关政策的制定与完善，同时也在一定层面影响了日本未来国家整体发展战略的前景及构思。当然，究竟安倍主义的政治理念及执政想法会对日本的政治、经济、对外关系等产生多大的影响，这会随着时间的流逝逐步呈现、逐步放大。有鉴于此，必须尽快梳理这一政治理念的内容与结构，尽可能地把握它的关键组成及核心思想，这有利于我们从本质上更好地认识日本社会新改革的真实想法，也更有利于我们认清日本保守主义，尤其是政治保守主义的思想新动态。可以毫不夸张地说，这是勾起笔者写作本书的动因之一，也是提升本书研究价值的重要部分。

综合起来，本书的主要写作目的可以归结为以下三个方面：①阐述安倍政府执政以来日本在政治、经济、外交等各个领域的新发展及新变化；②深入解析安倍政府相关政策的具体内容及实践效果，并借此透析它的执政目标及真实意图；③全视角探析安倍主义的政治涵义，并在此基础上，战略预判其对日本政治经济未来发展的深刻影响。

为了更好地实现本书上述的写作目的，笔者选取了几个主要对象作为深入研究的重要窗口。并且，在分析的过程中，笔者并没有孤立地叙述或分析各个研究对象，而是尽可能地寻找、挖掘各个对象之间的相关联系，以求保持研究的整体性、连贯性及统一性。

其一，安倍政府的主要政策主张及内容构成是本书的主要研究对象之一。不言而喻，任何政府的政治意图或执政目标都是通过具体的政策措施来表达、来实现的。同样，安倍政府为实现金融危机后日本的整体性复苏，推出了一系列、甚至是成体系的政策主张。其中有些被在野党、相关利益集团以及日本的普通民众所接受并拥护，有些遭到了严厉的反对，甚至有些还没有来得及公开表述就已经胎死腹中了。因此，研究安倍政府的相关政策有利于我们深入了解它真实的政治意图及执政目标，同时也有利于全面地观察日本社会的整体形态。

当然，政策研究包含有多个方面、不同层次。具体而言，从政策涉及的领域而言，本书的研究主要涵盖了政治、经济、军事及社会等方面的相关内容，尽管没有实现所有政策领域的覆盖，但也已经就安倍政府的主要政策做了深入且细致的分析，相信可以达到一定的研究目的。与此横向的政策研究相对应，纵向的政策研究也是本书的一大亮点。为此，既要熟悉政策的内容及构成，也要注重政策制定的机制及过程，更要深究政策成败的原因及效果。比如说，以“安倍经济学”的相关政策为例，笔者的分析中包含了这一政策形成的背景和理论支撑、决策过程和实施进展、日本主要经济团体及民众对此的不同意见等，在此基础上，综合性地探讨了“安倍经济学”的实际效果及潜在影响。

其二，日本的战略取向是本书研究的另一主要研究对象。本书的研究并没有停留在静态的学术理论分析之中，而是强化了动态的战略性研究。安倍政府及其相关政策都是这一时代背景下的产物，它既反映了当前日本社会的主流想法及主要观点，也预示着日本社会未来发展的方向及目标。为此，笔者尽可能地从现有的、短期的相关内容中去寻找、挖掘长期的、战略性元素，并竭力把这些元素统合在一起，形成较为全面、较为系统的战略全息图。例如，本书在具体论述日本政治、日本经济、日本能源等各个单一课题的同时，注重将各个部分的战略性成分统合在一起进行分析，最终厘清了单一战略之间的实质性联系。简言之就是，日本觊觎在实现经济安全、能源安全以及军事安全的基础上，最终实现政治大国的战略梦想。

其三，中日关系是本书关注的主要研究对象之一。尽管本书并没有单独立出一章以专门分析中日关系的嬗变与发展，但这一主题几乎贯穿于本书的全部内容，甚至成为串联各个不同部分的主线之一。值得一提的是，本书用较大的篇幅描述了安倍政府的外交，尤其是对美、对东南亚国家、对中东国家的外交实践。在分析日本与这些国家及地区之间微妙的外交关系变化之时，笔者极为认真且客观地思考了日本与第三方外交关系的发展对中日关系产生的或直接、或间接的正负面影响。举例来说，在谈及日美能源关系不断取得突破的同时，笔者从积极的层面明确指出其可能成为刺激中国能源结构调整的重要外因，但也从消极的层面强调了其进一步激化中日能源竞争关系、并对中国未来的整体能源安全造成战略性威胁的可能。

第三节 本书的视角及理论框架

鉴于日本内外政策的发展与演变存在一脉相承、萧规曹随的显著特征，因此，研究安倍政府的内外政策，尤其是它的对外战略，亟须对日本国家战略的传统思维进行必要的梳理与解读。实际上，明治维新之后，日本已在大张旗鼓地摸索对外战略的合理拓展路径，以福泽谕吉（脱亚入欧）、伊藤博文（大陆政策）等为代表，一大批日本著名的政治家及学者逐渐崭露头角。二战时期，日本所鼓吹的“大东亚共荣圈”，搭建了那个时代日本对外战略的基本框架。战后日本失去了支撑其在东亚地区霸权优势的必要实力，对外战略也随之成为空中楼阁，黯然失色。这些内容在汤重南先生等主编的《日本帝国的兴亡》等著作中，已有较为翔实的叙述与分析，并就日本对外战略的对华影响亦做了相关的分析与论证[①]。

20世纪80年代，由于日本国内经济的高速增长、国际局势趋于缓和，以中曾根康弘[②]、小泽一郎等为代表的新一代日本政治家重新燃起“政治大国”的雄心，其中“普通国家”的重要理念就是当时日本对外战略的核心归纳。这一时期，日本的政界和学界在讨论国家战略及中日关系等问题上，态度较为积极，着重强调与美国、与中国、与东盟等周边国家及地区双边关系的战略性构建。由此可见，日本在地区和国际秩序构建上是存在战略觊觎

① 详细内容请参见汤重南等编:《日本帝国的兴亡》(上、中、下卷)，北京：世界知识出版社，2005年8月。

② ［日］中曾根康弘著；联慧译:《日本二十一世纪的国家战略》，海口：海南出版社、三环出版社，2004年3月。

的，采取的方式是“重大国、稳周边、联盟友、强自身”的战略方针。这些在上述日本政治家所发表的诸多著作中均有明确的论述。

在重要的资料积累及前期研究的基础上，国内著名日本问题专家刘江永[①]、吴寄南[②]、廉德瑰[③]、孙政[④]等诸位教授，从中日关系的发展、日本的国内政治等研究领域入手，将地区及国际环境的嬗变巧妙地融入日本对外战略的研究之中，取得颇为丰硕的成果。林晓光、刘建飞等[⑤]教授以中美日三边的政治经济框架为研究的主基点，深入剖析了日本实施外交战略的动机、经纬及目标，并借助对于中美日三边关系的深度解读，描绘出日本对外战略的具体细节构成。李秀石教授[⑥]就保守主义在日本政治、历史与文化中的表现为切入口，着重分析了日本对外战略的保守主义特征，并解析了日本在地缘政治、中日关系等诸多方面的战略构思。

另一方面，谈到国内对日本经济政策的相关研究，冯昭奎[⑦]、张季风[⑧]、冯玮[⑨]等学者以及复旦大学日本研究中心[⑩]，都已从不同的视角详细阐述了日本经济政策的决策过程及政策效果等。

---

① 刘江永编译:《日本的股份公司制度》，北京：经济科学出版社，1993年7月。刘江永著:《中日关系二十讲》，北京：中国人民大学出版社，2007年7月。刘江永主编:《当代日本对外关系》，北京：世界知识出版社，2009年3月。

② 吴寄南著:《冷战后的日台关系》，上海：上海人民出版社，2009年8月。吴寄南著:《新世纪日本对外战略研究》，北京：时事出版社，2010年9月。

③ 廉德瑰著:《美国与中日关系的演变（1949—1972）》，北京：世界知识出版社，2005年12月。廉德瑰:《日本的对非洲政策与中日关系》，载《国际问题论坛》，2008年秋季号，第39—53页。廉德瑰:《日本对东南亚的政治“切入”》，载《日本学刊》，2010年第4期，第32—43页。

④ 孙政著:《战后日本新国家主义研究》，北京：人民出版社，2005年4月。

⑤ 刘建飞、林晓光著:《21世纪初期的中美日战略关系》，北京：中共中央党校出版社，2002年10月。刘建飞主编、林晓光副主编:《政治文化与21世纪中美日关系》，北京：解放军出版社，2006年6月。

⑥ 李秀石著:《日本新保守主义战略研究》，北京：时事出版社，2010年7月。李秀石著:《日本教科书问题解剖：1868—2012》，上海：上海人民出版社，2013年。

⑦ 冯昭奎编著:《日本经济》，北京：高等教育出版社，2005年7月第2版。

⑧ 张季风著:《日本经济概论》，北京：中国社会科学出版社，2009年3月。

⑨ 冯玮著:《日本经济体制的历史变迁：理论和政策的互动》，上海：上海人民出版社，2008年。

⑩ 复旦大学日本研究中心编:《日本政府在经济现代化过程中的作用》，复旦大学出版社，1995年4月。

视线转至日本学界。京极纯一[①]等学者对日本政治的发展与改革进行了深入研究。在研究日本对外战略问题上，日本学者更为注重领域导向型、抑或是功能导向型的研究。如寺岛实郎、五百旗头真[②]、船桥洋一[③]、中西宽[④]、中西辉政[⑤]、关志雄[⑥]等诸位日本学者在中日关系、日美关系、朝核问题、台湾问题、TPP（Trans-Pacific Partnership Agreement：跨太平洋经济伙伴关系）、东亚经济秩序等细化领域，积累了丰硕的研究成果，并以此积聚为日本对外战略研究的主体部分。此外，以日本国际问题研究所、日本防卫研究所、东京财团、PHP研究所为代表的一大批日本政府或民间的智库及民间学术机构，堪称日本对外战略研究的“先锋队、排头兵”。他们会定期或不定期地公布一些具有政策导向性的研究报告，对于研究日本对外战略的实时性动向与发展，具有重要的参考价值。限于篇幅，不再赘述。

此外，欧美国家对于日本内外政策的研究主要集中在美国的智库及大学研究院，多以中日关系、日美关系、东亚局势等导向性问题为重点，间接性地探讨日本对外战略的存在与发展。其中，迈克·格林、迈克尔·奥斯林[⑦]

① ［日］京极纯一著；黄大慧、徐园译：《日本政治》，北京：商务印书馆，2013年1月。

② ［日］五百旗头真主编，吴万虹译：《新版战后日本外交史：1945—2005》，北京：世界知识出版社，2007年2月。

③ 船橋洋一著：『日米経済摩擦：その舞台裏』、岩波新書376、岩波書店、1987年6月。船橋洋一著：『日本の志』、新潮社、2003年2月15日。

④ 中西寛：『国際政治とは何か』、中公新書1686、中央公論新社、2003年3月15日印刷・2003年3月25日発行。中西寛：「世界秩序の変容と日本外交の軌跡」『国際問題』、第578号、2009年1・2月、第1～9頁。

⑤ 中西輝政：『アメリカ外交の魂：帝国の理念と本能』、集英社、2005年1月。中西輝政：「次期の政権は大義の御旗を掲げよ」『Voice』（PHP研究所）、2013年1月、第40～51頁。中西輝政：「憲法改正で歴史問題を終結させよ」『Voice』（PHP研究所）、2013年7月、第44～57頁。中西輝政：「中国は「革命と戦争」の世紀に入る」『Voice』（PHP研究所）、2013年8月、第72～81頁。

⑥ 関志雄・中国社会科学院世界経済政治研究所編：『人民元切り上げ論争：中・日・米の利害と主張』、経済産業研究所：経済政策レビュー11、東洋経済新聞社、2004年10月6日発行。関志雄：「平和台頭を目指す中国：グローバル経済大国への戦略と課題（焦点／中国の対外政策の展開）」『国際問題』（日本国際問題研究所）、2005年3月、第58～69頁。関志雄：「資本主義へ移行する中国経済の現状と課題」『国際問題』、第557号、2006年12月、第37～45頁。

⑦ Michael Auslin, “Japan Awakens,” *Foreign Policy*, 2 May 2012. (http://www.foreignpolicy.com/articles/2012/05/02/japan_awakens?page=0,0)

等学术骨干是从事此项研究的杰出代表，并著有丰硕的学术成果。

尽管如此，随着近些年日本国内政治、经济、社会的剧烈变动，以及美国亚太战略调整等外部因素的变迁，日本安倍政府的对外战略步入强烈的动态平衡过程。更为重要的是，中日两国在钓鱼岛领土争端、海洋权益问题上的矛盾激化，加剧日本对外战略，尤其是对华遏制战略的调整。鉴于内容与时效的制约，既有的研究成果中并没有就这类问题予以足够的研究。因此，本课题将立足于既有成果，同时兼顾与中、日两国密切关联且持续变化的内外部环境因素，全面、翔实地剖析安倍政府的内外政策及其对中日关系发展前景的重要影响。

第四节　本书的主要内容与结构

本书共由九章内容组成，分别就日本安倍政府在政治、经济、能源、外交等各个领域的具体政策及战略规划，做了深入且细致的剖析。

第一章主要侧重于安倍政府经济治理思想的背景研究及实际遭遇的现实困难。2012年末，安倍政府上台以后，就竭力推崇所谓的“安倍经济学”，希望以此扭转日本经济的长期颓势。但日本经济的增长乏力以及内外经济发展的强烈对比，造成“安倍经济学”从诞生之初就夹杂着浓重的悲观主义色彩。受其影响，强烈的通胀导向性成为“安倍经济学”的重要特征之一，日元汇率成为其治理经济衰颓的重要切入。不仅如此，强烈的政治主导性和严重的对美政策偏向也成为其主要特征。与此同时，尽管安倍政府为构建“安倍经济学”付出了巨大努力，但后者仍面临着重大的现实困境，如日元贬值的空间业已迫近极限、经济政策没有触碰阻碍日本经济复苏的实质性问题、经济发展战略亟须现实性调整、保守主义政治因素的袭扰、潜藏多重隐性危机、长短期经济合作关系的协调上有失平衡等。

第二章聚焦“安倍经济学”所提出的结构性改革，系统梳理相关改革的内容框架及特征，并深入剖析其相关改革的发生动因及实施效果，进而深刻揭露“安倍经济学”自身存在的缺陷。事实上，在上世纪末泡沫经济崩溃以降，结构性改革始终被视为解决日本经济复苏乏力的有效处方。2012年末启动的日本安倍政府同样意识到了结构性改革的重要性，并希望通过经济结构改革和制度结构改革两个维度统合实施结构性改革相关措施。尽管其中不乏诸多亮点，但因政策自身存在严重缺陷，同时，改革进程又受到传统政治经济运营体系的制约，致使“安倍经济学”的结构性改革未能取得预期效果。更为重要的是，这一改革的失败暴露出日本经济依旧存在政策的“妥协性”与市场的“有限性”等结构性弊端。

第三章是以日本能源战略的嬗变为主要线索，深入分析了安倍政府相关的能源政策及能源外交政策的调整。3・11大地震引发的福岛核事故遽然放大了日本战后始终挥之不去的“核恐惧”，并催生出“去核电”的全新理念与实践操作。受其影响，日本的能源结构发生剧变，能源战略亦出现相应调整。但得益于日本能源多元化战略的累积性成果，“去核电”并未造成日本能源系统的运行紊乱与停滞，相反，却成为日本政府推动能源相关体制改革与刺激经济复苏的有效工具。在此背景下，日本微调了中东政策，在传统能源合作的基础上，意图扩大经济合作的比重，尤其是增加日本对中东的技术出口，以促使双边关系趋近于双向平衡。

第四章聚焦于福岛核事故发生之后，日本能源环境骤变并引发其电力供需缺口急遽扩大。在此背景下，日本政府被动地加速了电力系统的改革进程，并希望借之以提升日本的电力能源自给率，同时推动其新一轮的产业结构转型升级。为此，日本政府通过制定相关计划、修改并完善制度框架、新设管理及协调结构、发展多元化的发电模式等多项措施，推动电力系统改革的有序落实。鉴于此，未来日本电力系统的发展趋势将更多显现多元化发展、市场化程度逐步加深、政府一元化管理及协调能力强化，以及电力与相关产业的联动性增强等诸多特征。

第五章具体阐述了日本政府为提升制造业技术能力及国内产业的整体竞争优势，进而带动宏观经济的全面复苏等，寄希望于知识产权制度改革所产生的政策效果。不仅如此，日本政府还不断推进知识产权的市场化进程，鼓励日本企业在海外积极维权。另一方面，知识产权领域的制度改革既满足了日本国内经济界的迫切要求，也符合日本谋求经济利益和提升产业结构转型的现实需求，更服务于日本“科技立国”的发展理念。未来，适应国际知识产权问题的新发展环境、满足TPP协定提出的新要求以及对华竞争的战略考虑等，仍是日本改革并落实知识产权制度时必然考虑的重要因素。

第六章主要以安倍政府的外交思想及核心理念为研究对象，借助对安倍政府提出的“积极和平主义”的相关分析，揭示其背后隐藏的真实目的与实质目标。具体而言，安倍政府在国际社会宣扬所谓“积极和平主义”，表面上是在国际社会建构日本式的普世价值观，本质上却是在理论上与道义上编织遏制中国和平崛起的工具，扩大共同防范中国的“盟友”，并促使地区及国际体系变革朝向有利于日本发展的方向转移。与此同时，安倍政府以军事扩张为主要切入口，意图缓和复杂多变的国内矛盾，扭转日本衰颓的长期趋势，并修正日美关系的部分非对称性，这就从根本上决定了它的和平主义是虚伪的，充满保守主义与扩张主义的显著特征。在所谓“积极和平主义”的遮掩下，安倍政府急于突破以和平宪法和日美同盟条约为代表的、限制日本军事扩张的内外部制度束缚，并在硬件和软件上积极扩充军备，为日本军事的“走出去”搭建牢固平台。此外，安倍政府还向国内民众灌输保守主义思想，营造有利于日本军事扩张的整体右倾化社会环境。

第七章以日本・东盟政治经济关系的现实发展为主要抓手，深入剖析了安倍政府积极调整对东盟政策的动因及觊觎。具体而言，日本右翼势力统治下的安倍政府“巧妙”利用与东盟建立友好合作关系40周年的重要节点，通过频繁的政治互动与密集的经济合作，深化了二者在地区政治、经济、安全等各个维度上的政策拟合度。不仅如此，迫于现实与战略层面的利益考虑，安倍政府试图借助政治拉拢与经济控制，把东盟塑造成“遏制中国发展”的潜在战略盟友。尽管如此，由于存在过分强调主观意志、工具主义与利益至上主义色彩严重的局限性，日本对东盟的外交战略注定无法达到预期效果，也难以在现实层面拉拢东盟以构筑对华包围圈。

第八章以日美能源合作为切入口，详细分析了日美同盟关系在政治、经济、外交、安全等各个领域的新发展。具体而言，3・11大地震之后，日本的能源政策及相关战略发生重大改变，并在对美能源合作问题上付出巨大努力。同样基于发展自身经济及国家战略的需要，美国对日本的要求予以了积极回应，促使能源合作在日美同盟关系中的重要性进一步提升。不仅如此，日美两国更是在能源政治、能源经济及能源安全等诸多领域取得战略性突破，显现出构建能源同盟体系的雏形。借此对中国而言，一方面日美能源合作有利于降低我天然气的进口及使用成本、创造改革相关能源政策的有利条件，但另一方面也会增加我与日本之间的能源竞争，并在战略层面构成对我和平发展的严重掣肘。

第九章聚焦日本参与战后全球经济治理的政治举措尤其是安倍政府的相关政策动向。实际上，随着战后日本经济经历了全面恢复、确立与完善开放体制、结构调整的战略转型及转变战略倚重等四个重要发展阶段，日本逐步崛起为举足轻重的世界级经济大国，并成为国际经济体系的重要组成之一。但鉴于日本与国际经济体系联姻的特殊性，以及严重的对美依赖性、利益驱动性以及地区导向性等多重因素的制约，日本在全球经济治理中一直都没有发挥关键性的作用。进入新世纪，迫于自身经济发展的需要，日本将建构经济合作治理机制的重心落在了亚太地区，并觊觎依赖“先地区、后全球”的战略路径，拓展自身在国际经济体系中的话语权与影响力。在此背景下，安倍政府大致延续了日本参与战后全球经济治理的一贯原则，但因为受制于日本经济持续走弱的尴尬，所以在此问题上应景性地表现出“战略积极＋战术消极”的基本态度。

第十章详细阐述了日台经济关系的现状及发展。受台湾马英九当局强硬的对日态度、日台间的现实矛盾、以及2016年台湾选举等各种因素的影响，日本安倍政府逐步调整了对台政策，并显现出“亲民进党”“提升日台经济合作层级”“增加台湾对日依赖性”等三大特征。与此同时，因迫于岛内政治现实及中日竞争态势加剧的考虑，安倍政府在台湾问题上急于实现四个重要的战略取向，即①在台扶持一个“亲日派”政府，或者至少确保台湾新政府不会与其发生直接的政治冲突；②进一步强化对台湾的影响力及控制力，并为台湾争取适度的“国际空间”；③深度介入台湾问题，并在南海问题上尝试构建日美台三边合作机制，为其抗衡中国积累战略筹码；④维持台海局势及两岸关系的现状。

第一章
安倍政府治理经济的构想与困境

“安倍经济学（Abenomics）”是仿造美国“里根经济学（Reagonomics）”而炮制出的英式日语。随着安倍晋三内阁陆续推出一系列相关的经济政策，“安倍经济学”随即成为日本政府相关经济政策的“集合体”。大规模的补充预算和新财年政府预算、超宽松量化货币政策以及经济政策的制定程序变更等，与历届日本政府相比，“安倍经济学”的确握有与众不同之处，其所产生的经济效应亦逐一显现。

总体来看，上任之初安倍晋三借助加强经济政策上的强势政治，并倚重身边的经济及财政阁僚、经济界财阀、政策智囊等，共同在经济领域塑造独树一帜的“安倍风格”，以实现日本经济的实质性复苏。通过观察“安倍经济学”的结构组成，我们不难发现，安倍政府在经济政策上的主要落脚点有三个方面，即超规模货币宽松政策的刺激（即所谓的“安倍经济学”的“第一支箭”）、政府强大的财政刺激政策的引导（“第二支箭”）以及提升自由经济活跃度的经济战略（“第三支箭”）。由此，我们不难发现，较以往日本政府经济治理的理念，安倍及其领导的政府还是存有与众不同之处的。

第一，全球性的金融危机让安倍政府彻底认识到过分盲从市场经济原教旨主义的危害与错误，这也促使其在经济自由主义与凯恩斯主义之间追求更好的平衡。因此，安倍政府既强调私有经济的重要性，更重视国家在经济运行中调节与管控的功能，甚或是主导功能。

第二，安倍政府更为重视货币政策的杠杆作用，竭力强调央行的货币政策必须与政府的经济政策相匹配，甚至前者必须更好地为后者提供更优厚的服务。一个显著的事实就是，安倍政府的货币政策正在竭力套用美国模式。

即，日本央行所采取的超规模量化宽松货币政策，就是模仿美联储量化宽松政策的产物。众所周知，美联储习惯性地将货币政策与美国的失业率及美国的经济增长率相挂钩，而日本央行实际上正是仿效这一做法，将宽松的货币政策与日本国内的通货膨胀率以及日本的经济增长率直接挂钩，并借用货币发行量与调节市场货币的流通量等政策手段予以实施[①]。

第三，安倍政府更为强调注入经济复苏的信心。毋庸置疑，信心是抵抗经济消极主义的最佳处方药。缺乏对于未来经济增长的信心，容易导致消费者消费意愿的急遽下降，并进而引发国内企业及外来投资企业投资意愿的大幅衰减。最终，这些都将反映为经济增长的乏力，整体经济运行中悲观情绪的明显上升。由此，安倍政府力求在源头上遏制住日本国内经济悲观主义的抬头趋势，利用积极的舆论引导与理念建构，以竭力放大日本民众对未来美好生活热切向往的乐观心理，尽管其效果可能因人而异。

无论如何，安倍政府在起步阶段就积极涉足经济领域，让我们真实地感受到了日本国内对于经济复苏的强烈渴望，也使我们近距离地体会了日本政治在刺激国内经济复苏、消除国内经济窘困上，所面临的巨大压力。

尽管如此，需要指出的是，“安倍经济学”所倡导的一系列经济改革措施，其初衷是希望为日本经济带来了信心上的利好消息，并能暂时缓解、抑或是消除困扰经济复苏的种种矛盾，但结果却并不理想。而且，无论是日本国内，还是国际社会，针对“安倍经济学”的评判可谓是褒贬不一、莫衷一是。虽有若干赞美之音，但质疑与忌惮的情绪更胜一筹，对安倍团队及“安倍经济学”的激进主义做法亦啧有烦言。

本章力求从经济学的视角出发，剖析“安倍经济学”的构建动因与内核组成，并系统性地揭示其所直面的困境与风险。在此基础上，客观评价“安倍经济学”对中日经济关系发展的负面影响。

---

① 这里必须指出的是，美国、日本等一些国家的超规模量化宽松政策，已经严重破坏了国际经济整体运行的有序性与稳定性，甚至存在引发一场新的“货币战争”的危险。难以回避的是，接下来或许会有更多的国家学习并借鉴这种超规模货币量化宽松模式，大量增发通货，以博取国内经济的名义增长率。

第一节　悲观主义视角的经济治理哲学

2012年末，安倍晋三在还未当选日本首相之前，就已急切抛出自己对日本经济治理政策及未来发展的战略构想，为“安倍经济学”勾画粗略的轮廓。

第一，遴选一名完全支持“安倍经济学”的日本央行行长，换言之，就是确定一名能与安倍政府经济治理理念保持高度一致的新央行执政官。这样一来，日本央行的货币政策与政府的财政政策才能实现完美的结合，并力争发生相得益彰的扩散效应。

第二，实现日本国内的执政党与在野党之间的政治妥协，尽早在日本国会中通过财政预算案，为政府财政政策的有效实施争取最有利的时间与空间。果不其然，安倍政府的财政预算不断刷新历史纪录，而且大部分的资金仍然依靠政府发债的形式予以筹集。

第三，制定一套实用、高效、并不乏创新点的经济新战略。值得注意的是，在之前的自民党政权时代以及民主党政权时代，历届日本政府都制定了缜密且细致的经济发展战略。但令人沮丧的是，由于短命政府等政治因素的干扰，致使这些经济战略最终都未能得以完全的落实及实施，带来的经济效果亦极为有限。因此，对于安倍政府而言，能否“坐稳江山”仍是其实施经济新战略的第一道坎。

另一方面，作为日本前首相小泉纯一郎的得意门生，同时也是新古典主义的忠实拥趸，安倍策划并主导的“安倍经济学”的核心理念自然也难以完全逃避“市场原教旨主义”的嫌疑。当然，日本政府经济治理能力的持续衰颓也是迫使他无奈部分放权于市场的重要动因之一。

出任首相一职之后，安倍随即启动了日本经济改革计划，并按照预先的设想，全方位构建“安倍经济学”。尽管如此，这在许多日本学者及媒体看来，完全是“大胆”的尝试①。究竟是何种力量推动安倍式的经济改革？又是何种能量驱使安倍政府能够强硬地抗衡直指“安倍经济学”的激烈指责？毫

① 「社説：2013年を展望する　骨太の互恵精神育てよ」、『毎日新聞』、2013年1月1日。

无疑问，日本经济悲观主义的情绪在其中发挥了极为关键的作用。

第一，建构“安倍经济学”所依托的实际背景是日本经济复苏的渴望与无助。泡沫经济崩溃之后，日本经济就深陷非理想的发展态势。国内生产总值（GDP）的持续低速增长，甚或是负增长，摧枯拉朽般压垮了日本实现经济复苏的信心与期望。在此背景下，“安倍经济学”的“横空出世”，难免隐含强烈的“殊死一搏”的危机意识，觊觎凤凰涅槃的奇迹。更为重要的是，日本特殊的岛国地理条件本身就促使其国民心理保有强烈的忧患意识，亦使其更富有冒险性和开拓性[①]。因此，传统的危机意识与国家实力衰退的现实相结合，一并助长了日本社会要求复兴、要求重塑的愿望。尽管如此，国内经济长期低迷、全球性金融危机、欧洲主权债务危机、人口数量骤减等诸多负面因素的叠加，致使日本徘徊于“失去三十年”经济惨剧的边缘，这在日本社会业已流露出的悲观主义情绪上叠加了厚重的枷锁，进一步将其推向绝望的边缘。这所有的一切都成为有利于“安倍经济学”繁殖与扩充的悲观主义土壤，并导致“安倍经济学”从一开始就被拘囿于悲观主义的视角之中。

第二，客观的经济窘境是“安倍经济学”悲观主义视角的决定性因素。全球性金融危机引发日本的出口结构、生产结构失衡等传统经济问题一并爆发，从而对其实体经济造成严重损失[②]。2010年至2012年期间，日本GDP季度增长率最高的也仅有3.9%（2010年第三季度）；2011年的季度增长率均为负值，第二季度的负增长更是高达3.7%，全年负增长2.4%（笔者计算）；2012年日本经济出现先扬后抑的态势，下半年GDP增长重新回归负区间（参见图1-1）。总体来看，日本经济在金融危机之后基本延续了长期衰退的趋势，复苏动力的不足仍是困扰日本经济的主要难题。

另一方面，受日元汇率快速升值的拖累，日本的对外贸易，尤其是对外出口在2011年出现了趋势转变，造成贸易盈余急遽下滑，最终也转正为负，逆差增大。尽管2010年日本仍保持5.76万亿日元的贸易黑字，但2011年就骤变为4.28万亿日元的贸易赤字，2012年这一数据更是扩大至负的9.5万亿

① 吴寄南著：《冷战后的日台关系》，上海：上海人民出版社，2009年8月，第218—219页。

② 陈作章：《日元升值和国际金融危机对日本经济的影响》，载《日本研究》，2011年第2期，第40—44页。

日元（参见图1-1）。与此同时，受出口大幅减少的影响，日本国际收支的经常项目盈余急剧衰减。2012年度日本国际收支中，反映日本与海外的实物、服务和投资等交易情况的经常项目盈余为4.29万亿日元（约合人民币2610亿元），同比减少43.6%，跌至1985年度以来有可比数据的最低点；而且，2012年度经常项目盈余仅为2010年度16.66万亿日元的1/4和2007年度历史峰值24.72万亿日元的约1/6[①]。

除此之外，日本经济如同罹患"通缩综合症"。全球性金融危机之后，石油、有色金属、粮食等大宗商品的交易价格出现巨幅猛涨，造成严重的通货膨胀蔓延整个世界，但2011年和2012年日本的CPI平均值都为99.7（以

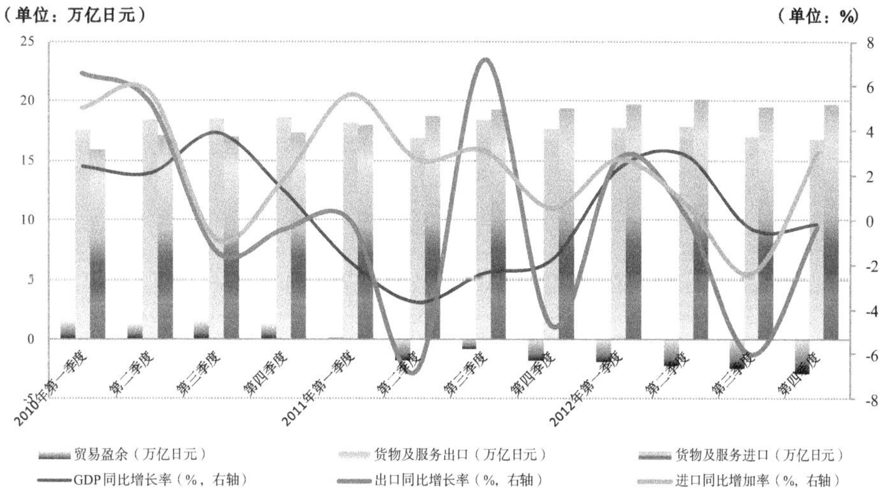

图1–1　日本的国民生产总值（GDP）与贸易的季度变动情况（2010—2012年）

资料来源：日本内閣府:「国内総生産（支出側）及び各需要項目」（http://www.esri.cao.go.jp/jp/sna/data/data_list/sokuhou/files/2012/qe124_2/icsFiles/afieldfile/2013/03/07/gaku-mk1242.csv；http://www.esri.cao.go.jp/jp/sna/data/data_list/sokuhou/files/2012/qe124_2/icsFiles/afieldfile/2013/03/07/ritu-mk1242.csv）。

① 日本財務省:「国際収支の推移」（http://www.mof.go.jp/international_policy/reference/balance_of_payments/bp_trend/bpnet/sbp/s-1/s-1-2.csv）。

2010年的平均值为基准100）[①]，这表明日本正面临通货紧缩的高风险。不仅如此，居民消费欲与企业国内投资欲的持续走弱是困扰政府经济政策的一大挑战。长期来看，自泡沫经济崩溃之后，日本的消费者信心指数就未能超过50，2012年的同指数也仅在40上下浮动，下半年更是出现逐步下滑的趋势。受“安倍经济学”的影响，2013年1月同指数才跳升至43.1，3月进一步攀升至45，刷新了近六年来的最高纪录[②]。

第三，“安倍经济学”的悲观主义视角主要源自两方面的强烈对比，一是日本与美国、英国等同属经济发达体的国家之间的横向比较；二是与中国、印度等地理位置接近、发展势头迅猛的新兴经济体的纵向比较。其中，尽管日本仍在发达经济群体中继续保持第二经济大国的身份，但由于发达经济体整体的经济增长乏力与日本国内投资及消费的锐减，致使其经济增长缺乏重要推动力，生产指数连续降至发达经济体集团的倒数第二（参见表1-1）。与此同时，其经济总量上又被中国赶超，无奈降级，并且经济增长的实速与势头均不敌印度、韩国等新兴市场国家，巨大的心理落差催生出日本经济的悲观主义。

表1–1　主要发达经济体的生产指数变动（2003—2012年）

年份	工业生产指数（2007年为100，季节调整值）						
	美国	加拿大	日本	法国	德国	意大利	英国
2003	90.3	97.0	87.6	96.8	83.7	95.5	99.3
2004	92.5	98.6	91.8	97.8	86.2	95.2	100.2
2005	95.5	100.5	93.2	98.0	89.2	94.7	99.4
2006	97.6	99.9	97.1	99.0	94.3	98.2	99.5
2007	100.0	100.0	100.0	100.0	100.0	100.0	100.0
2008	96.6	97.1	96.6	96.8	100.0	96.2	97.2
2009	85.7	86.6	75.5	83.3	83.6	78.3	88.4
2010	90.6	90.8	88.1	87.1	92.7	83.8	90.3

① 日本総務省:「全国（品目別価格指数）：年平均（1970年平均～2012年平均）」（http://www.e-stat.go.jp/SG1/estat/Csvdl.do?sinfid=000011288547）

② 日本内閣府:「消費者態度指数、消費者意識指標の推移（一般世帯、季節調整値）（昭和57年（1982年）6月～）」（http://www.esri.cao.go.jp/jp/stat/shouhi/2013/1303shouhi2.xls）。

续表

年份	工业生产指数（2007年为100，季节调整值）						
	美国	加拿大	日本	法国	德国	意大利	英国
2011	93.6	94.1	86.0	89.0	98.9	84.8	89.7
2012	97.0	95.2	85.2	86.7	98.6	79.4	87.6

资料来源：USGPO(U.S. Government Printing Office), Economic Indicators. (http://www.gpo.gov/fdsys/pkg/ECONI-2013-03/xls/ECONI-2013-03-Pg35.xls)

表1–2　中美日GDP的推测值（2012—2030年）　单位：万亿美元

	2010	2015	2020	2025	2030
日本	5.46	6.38	7.38	8.00	8.41
美国	14.66	18.00	22.21	24.92	28.41
中国	5.88	10.06	16.14	24.16	34.66

注：此表预计中国GDP将于2026年超过美国，成为世界第一。

资料来源：東京財団政策研究：『日本の対中安全保障戦略：パワーシフト時代の「統合」・「バランス」・「抑止」の追求』、東京財団政策提言、2011年6月、第12頁。

第四，“安倍经济学”的悲观主义视角更多源自对日本经济长期增长的担忧。如上所述，近些年日本与周边国家在经济发展上所显现的显著落差加剧了日本经济悲观主义的膨胀，而且，这一悬殊的对比结果并不仅仅表现在既有的事实上，甚至贯穿于日本经济中长期的发展前景。就有日本学者悲观地预测，尽管2010年日本还能在经济上与中国保持相对的齐头并进，但2015年中国经济将步入10万亿美元大关，经济总量增长至日本的1.5倍多；2025年中国经济总量将接近世界第一的美国，二者都将超24万亿美元，为日本经济的3倍多；2030年中国经济稳居世界第一，逾34万亿美元的经济总量跃升至日本的4倍多，平均年增长率约为9.3%，或成为届时全球唯一突破30万亿美元的超大经济体。与此形成鲜明对比的是，日本经济总量在2010年5.45万亿美元的基础上，增长至2030年的8.41万亿美元，年平均增速仅为2.2%（参见表1-2）。借此，日本经济的缓慢增长与中国经济持续且高速的增长形成鲜明对比，且二者在同一东亚地区内构成的不协调发展，凸显日本经济发展的颓势与不安。

第二节 “安倍经济学”的构建及主要特征

尽管安倍政府持续强调“安倍经济学”与以往历届日本政府的经济政策之间存在天壤之别，并试图塑造“安倍经济学”的过人之处，但“安倍经济学”的实质内容仍主要依托于“三驾马车”的支撑，即，财政刺激政策、超规模的货币增发以及积极促进民间投资的经济发展战略，这些都无异于传统的经济刺激手段与方法，也是各国政府所通用的政策措施。

值得一提的是，为了确保“安倍经济学”的推进与落实，安倍晋三再度出任首相之后，随即凭借强大的政治权力及日本国内保守的政治氛围，着力重塑强人政治、强势政府、强硬政策的“三强”特色，折射出浓重的“鹰派”政治色彩。

首先，“强人政治”主要体现在两个方面。一方面，安倍新内阁的人员配置主要以年轻的少壮派议员为主，而且，第一次进入内阁且无足够执政经验的新兴议员占据了相当大的比重。由此，这就有利于坐镇政权中心的首相安倍晋三能更为“娴熟”地指挥并掌控日本政府对内、对外政策的实施与运营，也更凸显安倍晋三的政治“教父”形象。更为重要的是，这些新晋的政治权贵们都怀揣强烈的政治改革意愿，一是觊觎修缮日本传统政治中所饱受诟病的诸多制度缺陷，为安倍政府、自民党的执政稳定建树立功；二是希望借此难得的机遇，为自身的政治前途谋取足够的政治资本，而上述二者的效果叠加就与安倍晋三的深谋远虑，形成了不谋而合的呼应，转眼间，利用与被利用之间所组成的简单关系，就迅速演变为安倍晋三操纵政治的重要砝码。

另一方面，就首届安倍政府的成员结构来看，鹰派政治家占据了绝对的多数。这一批政治家的典型共性不仅表现为，在涉及领土、国家安全、军事能力建设、经济治理以及修改集体自卫权和日本国宪法等诸多问题上，基本都持有极端强硬且激进的观点与主张，与此同时，他们更具有极强的政治判断力，行事风格颇为果断且诡异，令人一时难以捉摸。

其次，“强势政府”也是安倍内阁所力求塑造的标志性形象。究其动机而言，基本上可以归纳为以下三方面的重要考虑。第一，挽救人心，重塑政府与政治在日本民众心目中的扭曲形象。坦白地说，经过了“一年一相”、“短命首相”的政治尴尬之后，政府与政治在日本民众的印象之中，早已是劣迹斑斑、毫无口碑可言。而且，明显的是，近些年日本民众参与政治选举的积极性急遽衰减的客观事实，业已清楚地阐述了这一问题的现实存在。第二，明示决心，显示出安倍政府的政策与战略均是经过深思熟虑、反复研究、切实考证之后的明智选择，也是无须修正、不可动摇的坚定选择。毋庸讳言，安倍政权也会竭尽全力地促成这些政策及战略的妥善实施。第三，注入信心，强调以安倍晋三为核心的中央政府具备足够的领导能力与正确的目标方向，而这正是领导日本走出经济萎靡、社会逆行等诸多窘迫的唯一可行之路。由此，也为稳妥地推进政策及政治理念铺平道路，扫除不必要的掣肘。

最后，也是最为重要的，即“强硬政策”是安倍政权的“立身之本”，甚至可以说，失去了强硬政策的有效支撑，安倍政权或许会迷失方向，成为无源之水、无本之木。值得注意的是，安倍政权的强硬政策，完全表现在对内、对外的二重维度上[①]。有关对内的经济政策，安倍政权意图强硬地设置目标性的通货膨胀率，并以此为基本的判断标准，要求日本央行实施极度宽松的货币政策，并促使货币政策的宽松度与通货膨胀、经济增长的数值指标直接挂钩。除此之外，财政政策上，安倍政权延续了历届日本政府积极介入经济运行、刺激经济复苏的一贯风格，并在此基础之上，更为强调财政政策

① 对外政策上，安倍政府的主动性、积极性成为显著亮点。除了对韩国、对俄罗斯、对澳大利亚、对缅甸等东南亚国家的多点同时“出击”之外，安倍政府对外政策的重心依旧停留于日美关系。安倍组阁之前，实际上就已明确表明了欲在就职首相之后优先出访美国的意愿，这足以显示安倍对于修复日美关系的诚意与用心。但事与愿违，安倍的进取与努力并没有换来美国的些许动情，奥巴马政府以工作繁忙为口实，婉转地推脱了安倍的访美请求。对此，安倍晋三仍表现出积极的、固执的访美决心，试图以此博取奥巴马政府的对日“芳心”，实现日美关系彻底回归至正常化的轨道。另一方面，对美关系的挫折并没有阻碍安倍政府在对外战略上的“大展拳脚”。具体而言，安倍政府意图修改“村山谈话”、修改日本防卫大纲、修改和平宪法等冒险性的欲望，已经成为威胁地区稳定与发展的“定时炸弹”。而且，安倍政府更是巧借日渐式微的日本国力，以博取更多的同情与怜悯，而这已被外界沸沸扬扬地炒作多年，成为名副其实的“弱者牌”。显然，安倍政府是在以退为进、虚弱实强。

介入的规模性与实效性，甚至完全无视扩张性财长政策背后所潜藏的负面效应。作为明显的证据之一，安倍政府一上台就推出超过十万亿日元的2012年度补充预算案，这也是历史罕见的日本政府超大规模补充预算。

由此可见，安倍主导下的“三强”措施促使日本政治逐渐步入“安倍模式”，这为“安倍经济学”的后续展开创造了一定的有利条件，但也从另一层面约束了“安倍经济学”的经济治理哲学的开放性及包容性，使其难以实现革新与修缮的平衡。但必须指出的是，“安倍经济学”在经济目标的制定与落实、政策内容的构建与搭配、政策实施的力度与强度等诸多方面仍凸显一定的独有特征，并为缓解日本经济的现实矛盾发挥了一定的表象性作用。

第一，“安倍经济学”具有强烈的目标导向性功能。与其说“安倍经济学”的政策目标是促经济增长，毋宁说是促通货膨胀，借此触发经济复苏之势。毋庸置疑，2%通货膨胀率业已成为“安倍经济学”的首要目标之一。为此，安倍政府一启动，便制定了总额逾13万亿日元（约合人民币8810亿元）的2012年补充预算案。更有甚者，2013年日本政府支出预算总额接近93万亿日元，其中一半以上依托发行国债的收入来维系。

在财政扩张政策的基础上，安倍政府又胁迫日本银行（日本的央行，以下简称“日银”）采取超规模的量化宽松政策，以尽早实现2%的通胀目标。受其影响，日银肆无忌惮地向市场注入流动资金（参见表1-3）。截至2013年4月末，日银的基础货币供应量猛增至创历史新高的155.28万亿日元，且4月的基础货币平均值为149.6万亿日元，同比大幅增长23.1%，年化增长率为82.3%[①]。吊诡的是，其中银行债券发行额与流通货币量同比分别较为平稳地增加了3.0%和0.8%，而活期存款同比却大幅增加了70.6%，其主要的存款准备金部分的同比增幅更是高达77.6%。由此可见，日银觊觎通过超规模的量化宽松政策以刺激国内的消费与投资，但因为缺少足够的消费热点与满意的投资对象，多数的日本民众与企业仍选择银行存款的方式，使自身与安倍经济刺激计划绝缘。这样一来，央行超发的货币通过存款的方式重新回流

① 日本銀行調査統計局:「マネタリーベース（2013年4月）」、2013年5月2日。日本的基础货币供应主要由央行发行的相关债券、活期存款和流通货币三大部分构成。

至央行的账面，并没能实现预期的促进作用，造成资本严重浪费的同时，也增加了商业银行的利息负担。

表 1–3　日本基础货币的目标及央行资产平衡表的预期（至2014年末）

单位：万亿日元

	2012年末（实际）	2013年末（预期）	2014年末（预期）
基础货币	138	200	270
（资产平衡表的结构组成）			
长期国债	89	140	190
商业票据等	2.1	2.2	2.2
公司债	2.9	3.2	3.2
交易型开放式指数基金（ETF）	1.5	2.5	3.5
日本房地产投资信托基金（J-REIT）	0.11	0.14	0.17
贷款支持基金	3.3	13	18
共计（含其他资产）	158	220	290
银行债券	87	88	90
活期存款	47	107	175
共计（含其他负债及净资产）	158	220	290

资料来源：日本銀行調査統計局:「マネタリーベース（2013年4月）」、2013年5月2日、第23頁。

第二，日元汇率成为“安倍经济学”治理经济衰颓的核心切入点。在金融危机之后，日本经济界就把持续高涨的日元汇率揶揄为阻碍国内经济复苏的“洪水猛兽”，并一直希望政府能介入汇市，扭转日元上扬的势头。日本经济产业省2011年9月公布的《当前日元高汇率对于产业影响的调查》结果显示，若美元兑日元在76左右的高位维持半年以上，80%的中小企业预期收益将出现不同程度的减少。作为应对措施之一，28%的企业将提高产品的海外生产比例①；此外，日元兑美元汇率每升高1日元，46%的大型制造企业将损失高达1亿至10亿日元不等，兑欧元汇率每升高1日元，50%的大型

① 日本経済産業省:『現下の円高が産業に与える影響に関する調査（中小企業編）』、2011年9月、第4、6頁（http://www.meti.go.jp/press/2011/09/20110901003/20110901003-3.pdf）。

制造企业将损失高达1亿至10亿日元不等，同时46%的大型制造类企业愿意将生产工厂及研发机构搬迁至海外，以应对日元汇率持续高涨所带来的风险①。日本经济团体联合会（以下简称“经团联”）更是抱怨称，就8家日本汽车制造企业实例来观察，日元兑美元的汇率每升高1日元，损失就高达约800亿日元②。有鉴于此，安倍政府实际悄然采取了政策指导型的操作方式，积极介入日元汇率的市场波动。日元汇率从2012年12月初的1美元兑换约83日元的高位，狂泻至2013年5月初100日元的低位，这为安倍政府博得了包括经团联在内的日本经济界的一片掌声。

另一方面，据中国人民银行公布的数据显示，人民币兑日元的汇率中间价由2012年11末的7.64上升至2013年4月下旬的6.24左右，即不到五个月的时间内，日元兑换人民币的汇率下跌幅度已超过18.28%。若是追溯至2012年6月1日，即人民币与日元开始实施直接交易的当日汇率中间牌价8.0686，则日元兑人民币的汇价竟然已下跌了22.62%，简直难以想象。由此可见，日元巨幅贬值的确给人民币制造了不小的压力，同时也对中国经济及全球经济的发展构成了一定的潜在风险。与此同时，受日元汇率急遽下跌的影响，日本股市出现久违的持续上涨行情。2013年5月10日，日经平均股价突破14600日元，创全球金融危机后的新高。另一方面，日元贬值有利于高估以日元计价的海外投资收益，这也帮助日本每月经常项目收支重新由负转正。2013年2月的经常项目收支为6374亿日元，是安倍执政以来首现的正数值，3月该数据再扩大至1.25万亿日元③，表现出稳定的递增态势。

由此可见，作为日元贬值的直接受益方，日本出口型相关产业受到贬值的极大“鼓舞”，并在出口价格上获取了一定的竞争优势，这也有利于日本国内制造业的重组与结构调整。除此之外，日元的贬值势必提高国内企业

---

① 日本経済産業省:『現下の円高が産業に与える影響に関する調査（大企業・製造業編）』、2011年9月、第3～4、6頁。（http://www.meti.go.jp/press/2011/09/20110901003/20110901003-2.pdf）。

② 米倉弘昌:「成長戦略実現に向けた課題と経団連の取り組み」、北海道政経懇話会における米倉会長講演、社团法人日本経済団体連合会、2011年10月6日（http://www.keidanren.or.jp/japanese/speech/20111006.html）。

③ 日本財務省:「国際収支の推移：国際収支総括表［月次］（平成8年（1996年）1月以降）」（http://www.mof.go.jp/international_policy/reference/balance_of_payments/bp_trend/bpnet/sbp/s-1/s-1-4.csv）。

向外转移的成本，这样有利于暂缓日本国内制造业外迁的速度与节奏，更便于日本国内的“再工业化”建设，有利于防止“工业空心化”现象的大范围泛滥。进一步而言，尽管安倍政府没有拿出具体且能有效实施的经济发展战略，以构建完整的“安倍经济学”内容架构，但不难想象，依靠制造业起家的日本经济，始终都不可能把制造业的战略性发展搁置在无关紧要的位置，由此，本币贬值也有利于日本战略性新兴产业建立相对的出口竞争优势。

第三，“安倍经济学”表现出强烈的政治主导性，甚至流露出“政治利益至上”的行动原则。为了最大限度地维护“安倍经济学”的有序实施，安倍政府不惜破坏央行独立性原则，对日本的货币政策指手画脚[①]。2013年1月22日，迫于无奈的日银决定导入2%物价上涨率的“物价稳定目标”，并采取“无期限宽松”政策，即，央行每月购入约13万亿日元的国债等资产，并对此不设任何期限。更有甚者，为了彻底扫除有碍于“安倍经济学”的货币政策阻力，安倍晋三逼迫日银前行长白川方明在任期未满之际就挂冠而去，并火速提拔了被誉为“货币宽松派”代表、原亚洲开发银行行长黑田东彦等多位心腹继任行长、副行长等日银要职，以实现央行货币政策与政府财政政策的完全同步。至此，安倍派人士的走马上任标志着日银的货币政策彻底改弦易辙，后者最终决定每年向市场增加60至70万亿日元的货币供应量，并在两年内实现货币供应量的翻番，与此同时，两年内倍增所持有的长期国债（每年增购约50万亿长期国债）、开放式基金（ETF，每年增购约1万亿日元）及房地产投资信托基金（J-REIT，每年增购约300亿日元），以实现两年内通胀率达到2%的总体指标[②]。

第四，“安倍经济学”不仅表现为经济政策内容上的改进与充实，更多

① 安倍经济学的主要政策之一就是大规模的“财政出动”，即通过持续的财政追加刺激，以增加通胀的压力及实现GDP的名义增长。但随着GDP名义增长率的上升，长期利率也会同步性地增长，这样一来，国债的利息支出、财政赤字及公共债务的膨胀都可能引发财政危机，因此，长期利率的抬升是政府财政的隐形负担，甚至存在引发主权债务危机、威胁经济长期稳定运行的巨大风险。为此，安倍政府势必会介入央行货币政策的制定、甚至是周密的人事安排，其目的就是觊觎央行可以大规模地增发货币，通过金融稀释的手法以抑制长期利率上升的势头。

② 日本銀行:『政策委員会金融政策決定会合議事要旨（2013年4月3、4日開催分）』、2013年5月2日、第17、20～21頁。

体现在政策制定方式、方法上的改革与创新。实际上，与前几届日本政府相比，安倍内阁急于改革官僚系统主导的政策制定方式，努力将制定及统合经济政策的路径依赖推至由首相官邸主导的方向上来，甚至存在安倍一人独揽大权的嫌疑。而且，由于安倍本人在日本国内政坛摆出了较为强势的激进姿态，并实现了一定程度的权力相对集中，这有利于其大张旗鼓地在国内推行一系列的经济体制改革措施，但也不利于日本的政治民主化改革进程。这在日本银行的高层人事任免一事上业已尽显无疑。

第五，“安倍经济学”在强调内生经济增长的同时，亦注重营造外部经济环境的有利条件，但表现出严重的对美政策偏向。具体而言，在对外经济合作方面，安倍政府实际修正了民主党政权“单边押注”的单一做法，政策取向更为多变、富有弹性。一方面，安倍政府在国内大肆渲染构建多边经济合作机制的重要性，而 TPP（Trans -Pacific Partnership Agreement：跨太平洋伙伴关系协议）、中日韩自贸区、RCEP（Regional Comprehensive Economic Partnership：区域全面经济伙伴关系）等多头并进的实际策略为其在不同的谈判场合争取了有效的议价余地；另一方面，安倍政府继续积极推动与欧盟、澳大利亚、哥伦比亚等主要贸易伙伴的 EPA（Economic Partner Agreement：经济伙伴协定）谈判，希望借助与特定地区内重要国家的经济合作，战略性地强化并升级日本与这一地区的全面合作。尤其需要注意的是，安倍政府在中日韩自贸区与 TPP 的问题上做出了截然不同的两种姿态，而安倍政府“欣然”把 TPP 作为优先谈判对象，就是强调与美国的合作，以一同构建新型的且具有约束力的贸易体制。

第三节 “安倍经济学”的结构性困境

以扩张财政与超规模量化宽松为主要支撑的“安倍经济学”实则与日本经济一贯所坚持的“稳定增长战略”相悖，所谓创“新”的重心也只是“放手一搏”的豪赌，难免毕其功于一役。更为重要的是，倘若日本经济未能按安倍政府设定的“赌博”路线实现复苏，则其前景不堪设想。日本经济学家河野龙太郎把“安倍经济学”形象地揶揄为“吗啡经济”[①]，指责其只为博取短暂且危险的数字“快感”，而放弃财政重建的希望与经济长期发展的稳定性。尽管如此，“安倍经济学”的鼓吹者及支持者却对诸如此类的反对意见充耳不闻，忘乎所以的狂妄与傲慢助长了他们一意孤行的“自信”，完全忽视了“安倍经济学”所直面的困境。

第一，日元贬值的空间业已迫近极限，汇率下浮空间的有限性会抑制“安倍经济学”依赖汇率贬值而谋求经济增长的空间，对其干预汇率市场的政策强度形成掣肘，并增加他国对日本进行惩罚与报复的可能。与此同时，日元贬值的“双刃剑”效应也会成为“安倍经济学”的后续主要顾虑之一。2013年5月10日，东京外汇市场美元兑换日元的汇率突破1比100的关键点位，日元汇率随即下跌至1美元兑换101.4日元，如同为日本国内经济注入一针“兴奋剂”。尽管在大多数的经济学家看来，日元汇率的急贬有助于日本经济的增长，但这也存在进一步恶化日本的贸易收支、扩大贸易赤字的可能。而且，进口价格的普遍性上涨势必带来输入性通货膨胀，甚至会大幅超出安倍政府所设的2%预期目标，造成严重的负面经济后果。更为重要的是，日元的贬值还会扩大企业间的收入差距。具体而言，贬值所带来的福利主要集中于大型制造类企业，尤其是其中的加工型产业（如汽车、电气机械、通用机械），而原材料及燃料等进口成本的增加被企业和家庭所分摊，并且，出口比重较少的制造业与非制造业、家庭等会相应承担较多的成本增量部分，成为日元贬值的主要受害者。这样一来，上述二者在日元贬值中呈现完全不同的“两极化”境遇[②]。就此，日本主要媒体之一的《朝日新闻》发表社论称，由于日银在“消费者物价上涨率”的统计方法上存在先天性不足（不包含生鲜食品等），房屋租金、教育、医疗、通信及交通费等各项变动难以在其中及时反映，因此，尽管统计上仍未出现通胀，但“高物价”实感的愈

---

① 河野龍太郎:「財政頼みの「モルヒネ経済」 中央銀行が迫られる危険な綱渡り」『エコノミスト』、第91巻第5号、2013年2月5日、第25～27頁。

② 山本康雄:「GDP増だが貿易収支悪化　企業収益は二極化の懸念」『エコノミスト』、第91巻第5号、2013年2月5日、第24頁。

发强烈恐将压迫经济弱势群体[①]。由此可见,"安倍经济学"所倡导的日元贬值未必能创造日本国内经济福利的正增长,甚至对中小企业的生存及普通民众的日常生活等造成叠加性的负担。

另一方面,仍需要指出的是,日元的贬值并不是单一原因所造成的。换言之,促成日元贬值的因素是多元的,但"安倍经济学"所倡导的超规模量化宽松政策难辞其咎。而且,泡沫经济崩溃以后,日本市场始终被衰退、通缩、消费力不足等多重矛盾所困扰,致使外界对日本经济及市场投资的增长预期日渐式微。值得一提的是,一旦在日外国投资者及投资相关机构看跌日本经济的中长期发展,则其会迅速转移走在日本的既有投资。这样一来,大量变卖日元资产,再将所获的日元兑换成美元等其他货币,并转移至其他国家或地区。更为严重的是,若是这样的投资客及相关机构数量过多,并同时鱼贯而入外汇市场进行抛售交易,则日元汇率在市场上自然呈现出急遽下滑的趋势。因此,这一部分群体构成了唱衰日元的重要部分,他们的逆向举动并不利于日本的经济复苏与中长期经济的稳定发展。

此外,面对日元巨幅贬值的事实,美国并未保持一贯的淡定自若,始终不断有高级官员或部门就日本政府恶意操纵汇率,致使日元大幅贬值一事发出过严重警告。尽管如此,总体上美国在日元汇率问题上的态度仍较为暧昧,而对日本的警告究竟是战术性的?还是战略性的?我们仍不得而知。但毫无疑问,若是日元继续贬值下去,日本将在对美贸易上攫取更大的红利,而这在当下的日美贸易中已部分性地有所显现。另一方面,美国一直是操纵汇率的"行家里手",最具代表性的案例就是1985年的广场协议。迫于美方的强大压力,日本政府无奈吞下了广场协定所要求的日元升值的"苦果",并最终酿成国内经济的长期萎靡。因此,针对日本希望借助本币贬值以刺激国内经济复苏与发展的伎俩,美国并非是完全一无所知,只能说日元的贬值幅度还未超出奥巴马政府的忍耐限度。

这里还需注意的是,美国等西方国家对安倍政府所实施的、有失道德底线的日元急贬政策的容忍,与对人民币汇率毫无根据的极端化指责形成鲜明

① 「物価見通し：暮らしへの影響を示せ」『朝日新聞』、2013年4月27日。

对比，从而进一步说明西方国家“政治化”汇率问题的非善意动机。

第二，“安倍经济学”难以触碰阻碍日本经济复苏的实质性问题。就安倍政府既有的经济政策来看，“安倍经济学”似乎仍在经济外围问题上绕圈子，始终都未能触及核心问题。说到底，“安倍经济学”的效果只是在股市和债市等虚拟经济上有所表露，但并未渗透至或有效推动实体经济的发展。日本的居民消费、出口的价格与数量、企业投资等数据均未发生实质性的改观。据日本大阪信用金库的调查显示，逾80%的中小企业抱怨称，没有感到“安倍经济学”产生效果的实感①。实际上，当前困扰日本经济复苏的最棘手的问题之一，也是“安倍经济学”亟待解决的主要矛盾就是日本人口的锐减，造成未来劳动力及经济人口严重下滑。作为参与经济活动的单元细胞，人口数量在一定程度上决定着经济规模的大小。由此，为了弥补日本国内劳动力的缺失，进一步促进经济活动的普及化，日本国内掀起了就“女性就业”话题的激烈讨论，并要求在公司及社会内部彻底改变“男尊女卑”的非正常意识形态，给予女性与男性同工同酬的就业机会。更有甚者提议打破“终身雇佣”的传统劳资关系，鼓励优秀劳动力的流动与竞争，以刺激经济的活性化发展。

此外，为了缓解日本国内人口骤降及劳动力不足的弊病，修改移民政策以吸收外国高素质人才赴日工作和生活，不失为卓有成效的改革创新。实际上，日本经团联（2004年4月、2007年3月和2008年10月）、东京商工会议所（2007年9月）、关西经济同友会（2008年4月）等主要经济团体组织，就如何吸引并接纳外国劳动力及相关人才曾积极建言献策②。关西经济同友会更是希望设置中央政府部级（日本称为“省级”）行政机构“外国人厅”，以确保拨付与外国人事务相关的财政经费，并为相关企业提供必要的财政援助③。另一方面，城市化问题也涵盖在核心矛盾之中。由于城市生活成本的

① 日本大阪信用銀行:「第155回　中小企業の景気動向調査」、2013年4月、第2頁。

② 日本関西経済同友会:「定住外国人の受入れ促進で、日本の再活性化を：いま求められる外国人庁の設置」、一般社団法人関西経済同友会、移民政策委員会、2013年5月、第4—5頁。

③ 日本関西経済同友会:「定住外国人の受入れ促進で、日本の再活性化を：いま求められる外国人庁の設置」、一般社団法人関西経済同友会、移民政策委員会、2013年5月、第20—24頁。

高涨以及工作、生活的困难度增加，许多日本年轻劳动力宁愿逃离城市。近七成的日本年轻人表示愿意在东京、大阪、名古屋等大城市以外的地区工作[①]。这样一来，公共设施利用率的骤减导致资源的严重浪费，进而引起维护与修缮公共资源的投入不足。

由此可见，如何打破现有经济制度的束缚，推动经济体制的改革，并攫取制度改革的红利，这是安倍政府突破经济难题的当务之急。为此，安倍政府专设了涵盖所有内阁成员在内的"日本经济再生本部"，并在其下设置了具有强大咨询功能的"产业竞争力会议"，为民间人士与政治家之间就日本经济发展战略的讨论，搭建无障碍交流平台。与此同时，安倍政府大张旗鼓地对政府经济管理体制进行了改组与优化，在秉承"小政府、重指导"的重要理念的基础上，最大限度地保留日本政治对于日本经济的指挥权与影响力。

第三，"安倍经济学"的经济发展战略亟须调整，使之切合实际、内容充实、操作性较高，且不拘泥于传统的经济发展思维与模式，更不至于玩文字游戏[②]，成为"无实质性改革"的空泛文本。毋庸置疑，继扩张的财政政策、宽松的货币政策之后，经济发展战略成为"安倍经济学"的第三张牌，也是最为关键的一张牌。

据日本总务省公布的劳动力调查数据显示，2013年第一季度日本的正式工与非正式工人数分别为3281万人和1870万人，比例为1.75：1，其中有348万人的非正式工（占非正式工总人数的19.9%）"因为没有正式工岗位"而被迫临时就业[③]，说明日本的就业形势依然相当严峻。另一方面，日本2012年人均月收入为31万4127日元，环比减少了0.7%，开创这项调查启动

---

① 日本関西経済同友会:「自立と連携に基づく「しなやか一流国」へ: 好きで、誇れる一流国を目指して」、一般社団法人 関西経済同友会　新しい日本のあり方委員会、2013年4月、第12頁。

② 安倍曾意图把统计国家经济总量的GDP方式改为GNP方式，以争取日本经济总量在GNP数据上的较大反映，这也暴露出安倍经济学强烈的"国家中心主义"思想，即，经济是有国界的，经济国界的范畴超越了地理意义上的国界划分，更多表现为经济活动参与个体的民族属性的区分。

③ 日本総務省:「労働力調査（詳細集計）　平成25年（2013年）1～3月期平均（速報）結果」、2013年5月14日、第2～3頁（http://www.stat.go.jp/data/roudou/sokuhou/4hanki/dt/pdf/2013_1.pdf）。

以来的历史新低[①]。诸如此类如实反映日本经济窘态的数据比比皆是，这也直观地说明日本经济形势的严峻态势，就业市场的供求不平衡及收入下滑的固有顽疾始终都未能得以缓解。因此，“安倍经济学”能否使日本成功摆脱通缩的危机、走出持续衰退的阴影，关键还是取决于经济发展战略，即关键的“第三支箭”[②]。应该说，“安倍经济学”发展战略的方向是明确的，其结构调整的具体措施可简述为以下三个方面：（1）去集中化。发展并强化国内地区经济的自立性，增加中央对地方政府的转移支出，赋予地方政府一定的税收自主权；（2）促市场化。主要倚重规制缓和与市场化操作，促进市场机制的进一步发展与完善，促进市场调节适用范围的扩大；（3）凸竞争化。诚如小泉政府的改革对象主要落在邮政民营化一般，安倍政府改革的主要切入点基本锁定落后的国内农业体制，因此，TPP 的“倒逼”机制反而有利于安倍政府大张旗鼓地推进经济体制改革，把竞争机制引入各个行业，并重新划分国内利益集团的所得分配。

当然，不可否认的是，安倍政府就改造“安倍经济学”的结构与内容，也付出了一定的努力。具体来看，“安倍经济学”的基本框架是由三部分组成：金融政策（超规模的量化宽松政策）、财政政策（持续的赤字财政刺激政策）和结构改革或者称规制改革（突出民间投资的重要性），三者被形象地比喻为“三支箭”。而且，随着安倍政府与日本央行的共同努力，金融与财政政策的效果有所显现，结构改革的部分政策同步性地进入实际落实阶段。值得注意的是，东京申奥成功的消息一出，即刻就有观点把其归类为“安倍经济学”的“第四支箭”，并立刻着手计算奥运效应对日本经济的可能性影响。受其影响，“安倍经济学”甚至觊觎增加所谓的第五支、第六支“箭”，即贯穿东西日本的磁悬浮等重大基础设施工程。由此可见，“安倍经济学”始终在尝试不断扩容，内容也变得更为丰富、翔实。但无论是多少支“箭”融入其中，一个不争的事实是，“安倍经济学”更为重视金融政策、财

---

① 日本厚生労働省：「毎月勤労統計調査　平成24年分結果確報」『毎月勤労統計調査（全国調査・地方調査）』（http://www.mhlw.go.jp/toukei/itiran/roudou/monthly/24/24r/24r.html）。

② 市川雄介：「1930年代に学ぶデフレ脱却・景気拡大メカニズム：インフレ期待だけではなかった回復要因」『みずほリポート』、2013年3月25日、第13頁。

政政策和结构改革的力度配比，三者之间的政策比重亦在不断发生变化，并且“安倍经济学”自身的发展也更富有弹性了。

第四，“安倍经济学”受到保守主义政治因素的袭扰，相关经济政策的维度与空间遭遇不必要的拘囿，政治利益的混杂甚至使“安倍经济学”在经济利益的判断与取舍上迷失方向。显然，安倍政府的上台执政意味着自民党保守主义势力的政治崛起，同时也揭开了保守主义势力垄断日本政坛的序幕。安倍政府借此明显流露出倚重经济议题扫除政治障碍的觊觎。一方面，安倍政府竭力利用并扩散民意在经济问题上的敏感性，把经济政策及经济相关议题从政治斗争中剥离出来，并以超党派的形式积极展开；另一方面，安倍政府倚重经济主张的有序推进，打压自民党内部及日本政坛的反对势力，为保守派所宣扬的“平成开国”创造条件。譬如说，安倍政府急于加入 TPP 的谈判进程、启动日欧、日澳等双边自贸区谈判等，实则亦是在削弱“农业族”政治势力的支持基础。尽管如此，参拜靖国神社、修宪、构建价值观同盟等政治议题的搅局，业已使安倍政府无法集中有限的政治资源来制定并落实振兴经济的相关政策，这也使其暴露于“被政治龃龉牵着鼻子走”的尴尬。另需指出的是，修宪等敏感的政治议题本不应该进入安倍政府的执政视野，但突然被诠释为政府的工作重点，着实让人摸不着头脑。当然，安倍政府的“政治冒进”存在逃脱责任的重大嫌疑，不排除因实现经济目标的艰难或无望，借其分散国内民众的注意力，弱化政府因经济复苏乏力而可能备受指责的风险。

第五，“安倍经济学”或“饮鸩止渴”，潜藏诸多隐性危机。总体而言，“安倍经济学”所信奉的理念是凯恩斯主义与货币主义的混合体，既着眼于日本国内需求的严重不足，同时也希望凭借货币超发，以拉动国内的物价水平，促进经济活动的多发、频发。但是，“安倍经济学”是寅吃卯粮的典型案例。政府财政赤字的急速膨胀与债台高筑，加剧日本经济发展的不确定性。这样易积重难返，转变为更具破坏性的主权债务危机。而且，过于追求数字目标的“安倍经济学”未必能带来实质性的经济福利。GDP 的增长成为被数字游戏所建构起的虚假繁荣，而涉及大多数的中小企业及普通民众的经济福利却发生不增反降的悲剧。更为严重的是，“安倍经济学”的效果恐难逃扩大贫富差距的恶果，基尼系数的扩大致使日本国内社会问题呈现激发的趋势。与此同时，这种贫富差距不仅表现为年龄结构上的差距，如年轻人与老年人之间，更多会体现在职业、工种以及雇佣方式所造成的收入悬殊，如临时工与正式员工、男女雇员之间等，这些收入差距的扩增业已成为难以克服的困难。此外，地域性的收入差距也会成为棘手的问题。如城市与农村之间的固有差距的扩张，冲绳与东京之间的收入鸿沟等。

除了潜在的国内问题之外，“安倍经济学”也容易引发全球经济的灾难性后果。毋庸置疑，以强推本币贬值为特征的“安倍经济学”缺乏必要的自我道德约束，是自私经济学的典型代表。与此同时，“安倍经济学”存在促发全球性货币竞争贬值之虞，增加全球金融体系的系统性风险。令人大跌眼镜的是，财政扩张与金融宽松等“安倍经济学”的主打政策所产生的负面影响无疑会给世界经济带来极大风险，但欧美国家却显然默认了安倍政府的所作所为[①]，其背后实质性的要因还是西方国家都同时奉行“自我优先成长”的经济政策，美国与欧盟扩大财政的余地均很小，而为了刺激经济和维持金融系统的稳定，二者的央行亟须维持大规模的宽松货币政策[②]。说到底，发达经济体所遭遇的困难基本是一致的，能采取的措施也极为有限。进一步而言，西方国家尚不清楚，借助通货膨胀手段来刺激经济增长的“破坏性”方式是否有助于其促进经济增长和创造就业岗位，同时亦能避免爆发全球性的货币战争、甚或是经济合作的龟裂，在这样的背景下，西方国家反而会因发展前景的不确定，而进一步降低经济道德与风险自控的标准，不择手段地实现自身经济的完美“蜕变”。这样一来，国际经济秩序的正常运行与发展遭

①　面对日元巨幅贬值的事实，奥巴马政府并未保持一贯的淡定自若。2013年4月期间，美国财政部就对日本政府恶意操纵汇率，致使日元大幅贬值一事发出过慎重的警告。尽管如此，美国对日元竞争性贬值的态度仍然较为暧昧，对日本的警告究竟是战术性的，还是战略性的，我们仍不得而知。但毫无疑问，倘若日元继续贬值下去，日本将在对美贸易上攫取更大的红利。另一方面，美国一直是操纵汇率的“行家里手”，最具代表性的案例就是1985年的广场协议。当时迫于美方的强大压力，日本政府无奈吞下了广场协议所要求的日元升值的“苦果”，并最终酿成国内经济长期低迷的悲惨事实。因此，对日本希望借助本币贬值以刺激国内经济复苏与发展的伎俩，美国并非是完全一无所知，只能说日元的贬值幅度还未超出奥巴马政府的忍耐限度。

②　小川真由美:「日米欧、財政懸念も目先は“成長”重視」『産経新聞』、2013年2月17日。

受残酷打击，全球经济合作体系游走于崩溃的边缘。

第六，“安倍经济学”对如何协调好短期与长期的经济合作关系顿然无措。就目前为止，“安倍经济学”在对外经济的着眼点似乎都落在了长期合作的体制建设上，甚至甘愿舍弃部分短期经济利益。这里，安倍政府处理对华经济关系就是典型一例。日本在经济上不可能放弃中国而“单飞”，但为了保全保守主义的短期政治利益，甚或觊觎暂缓“日衰中强”的不对称经济发展趋势，并在长期的对华经济关系谋求一定的战略优势，安倍政府实际采取了“冷落”对华经济的误导策略。可以说，“安倍经济学”没有认真地思考并评估过对华经济关系及中日经济关系恶化的后果，当然，这在一定程度上受到了日本经济保守主义思想的怂恿与蛊惑。实际上，在日本学界始终存在着为右翼政治势力找寻逃遁机会的托词，即以往的40多年来，中日两国都不希望因政治关系的恶化而影响到两国经济关系的发展，而且，中日经济关系必须捆绑在一起才能获取长足的发展，为此，无论是两国关系在小泉时代的“政冷经热”，还是彼此间存在历史认识问题的隔阂等，中国在对日政策上实际采取了“战略容忍”的态度。但是，由于日中经济伙伴关系的重要性日渐式微，日本倚重经济关系牵制对华政治关系的构想进而落空，再加上钓鱼岛政治问题的介入，导致日中经济关系全面陷入僵局[①]。由是观之，这一根深蒂固的错误想法暴露出日本学界看待中日问题的视角偏颇，并因势利导地强调淡化中日合作的扭曲路径。受其一定的影响，日本企业将计划重点

① 関山健:「日米中関係の行方：経済的観点からの考察」、東京財団レポート、2013年3月27日（http://www.tkfd.or.jp/research/project/news.php?id=1125）。

开展业务的国家或地区选定为东盟，而不是一直稳居首选的中国[①]。另一方面，中日经济关系的弱化也受到日美经济关系逆势走强的影响。尽管2012年中国仍是日本最大的贸易伙伴国，美国屈居第二，但美国在日本对外贸易中的重要性却稳步提升。2012年，日本对美出口占其总出口的比重由2011年的15.3%上升至17.6%（对华出口比重由2011年的19.7%下降至18.1%），与第一位的中国几乎持平[②]。

本章小结

综上所述，"安倍经济学"完全是目的导向型的，通胀目标成为明确且可辨的根本性坐标。而且，"安倍经济学"的内在逻辑不是目的辨别手段的可行与否，而是目的决定手段。说到底，"安倍经济学"设定2%的通胀目标是否符合经济发展规律仍存在严重质疑。既然设定的目标本身就存在问题，则实现目标的手段也难免铤而走险。尽管"安倍经济学"正在竭力塑造经济繁荣的预期，但单一借助本币贬值的做法未必是可行的良方，日本经济的中长期发展必须依赖富有成效的结构转型与升级，而不是通货膨胀所支撑起的、虚幻的繁荣。

这里就日本的经济发展战略而言，安倍政府并非完全没有可做的事，实

① 2013年5月14日，日本瑞穗综合研究所发布的2012年度企业调查结果显示，关于今后计划重点开展业务的国家或地区（多选），选择东盟（ASEAN）地区的企业占总数的44.7%，首次位居榜首。自1999年度该调查开始实施以来一直稳坐首位的中国占比为36.7%，此次下降到了第二位。瑞穗研究所分析认为，"日中关系紧张造成了一定的影响"，而逾半数的被调查企业希望安倍政府能够改善日中关系。关于重视东盟的理由（多选），72.4%的企业表示"当地市场有扩大趋势"，占比最多；其次是"可以作为面向日本及其他国家的出口基地"和"易于采购零部件及原材料"，分别占28.6%和23.3%。调查针对目前在中国设有网点的企业询问了对未来2、3年中国市场的担忧之处（多选），回答中"人工费增加"、"日中关系"和"中国经济发展放缓"依次位列前三。特别是选择"日中关系"的企业由2011年度的21.5%猛增至71.4%。具体内容，请参见：みずほ総合研究所：「中国からASEANへのシフトに舵を切り出す日本企業：2013年2月アジアビジネスアンケート調査結果」『みずほリポート』、2013年5月14日。

② 日本贸易振兴机构的数据库（http://www.jetro.go.jp/world/japan/stats/trade/excel/rank1990-2012.xls）。

际上，日本的经济发展道路还是相对较为宽广，可行的渠道也较多，关键是政府在其中如何合理地分配资源，实现最大限度的优势互补。而且，日本完全可以凭借在医疗及护理、新能源、环境工程等诸多领域所积累的先天性竞争优势，转化为技术领先的生产力，并把上述领域的相关产业作为调结构的重要发展对象，集中资源，促使其更快、更高地成长，以带动日本整体经济的复苏与发展。由此可见，安倍政府所面临的并不是“如何做、怎么做”的难题，而是“敢不敢做、愿不愿做”的纠结。尽管安倍的魄力与政治影响力较之前的几位日本首相都有所提升，但传统保守的日本政风和与利益集团高度关联的政治势力所造成的“坚实”壁垒，仍是安倍政府亟须克服但又难以逾越的高墙。这里有必要指出的是，日本经济能在二战后迅速崛起、能顺利克服石油危机带来的困难、能在泡沫经济崩溃后仍苦苦支撑等，政府指导性的经济政策在其中发挥了不可忽视的作用，而政府财政就是此类政策的重要工具。但日本政府刺激政策的副产品就是塑造了一个又一个行业龙头、产业霸主等，后者握有的垄断利润成为阻碍结构改革的主要壁垒。

另一方面，“安倍经济学”折射出浓烈的政治导向性，这诱使安倍政府的经济合作政策更多偏向西方世界。需要指出的是，日本觊觎加入以美国为核心的 TPP，与其说是为了徒有虚名的贸易利益，毋宁说更为重视规则制定所创造的经济利益，更何况 TPP 可能让日本付出牺牲农业等劣势竞争产业利益的高昂代价。而在美国看来，东京与华盛顿在维持国际经济的（有序）运转、发展与支撑体系规则上分享着共同利益，但因为中国、印度等新兴经济体在国际经济体系中提升了话语权，日美唯有倚重 TPP 等措施以维护现行的经济体制[①]。由此可见，“安倍经济学”具有强烈的政治导向性与对美偏向性，在经济合作中更多致力于制度利益的构建。尽管如此，安倍政府亟须厘清短期利益与长期利益之间的正确关系，避免将所谓的价值观理念含糊其辞地混入经济运营的规则之中，造成政治与经济关系的混淆与错乱。

其次，对中日经济关系的发展而言，“安倍经济学”的作用显然是弊大

① Matthew P. Goodman & Michael J. Green, *Why Japan Should Join the TPP*, Center for Strategic and International Studies, Mar 11, 2013. (http://csis.org/publication/why-japan-should-join-tpp)

于利的，至少就目前的情况而言，这一结论还是基本适用的。值得警醒的是，“安倍经济学”在引导日本企业“逐渐走向摆脱中国”的发展趋势，尽管这种“摆脱”当下更多地表现为对华投资增长的相对减缓或关注度的相对降低，但这也是亟须应对的重要课题。对此，我们必须做好未雨绸缪的准备。

最后，“安倍经济学”可能带来意想不到的隐患，加剧其他国家及地区的潜在经济风险。毋庸置疑，“安倍经济学”的结果之一就是大量日元涌入国内及国际市场。值得关注的是，由于近些年日本国内市场的萎缩与低迷，再加上日本是高度发达的开放经济体，因此，一部分的余闲资金势所必然地会逃离日本国内市场，成为旨在追逐较高投资收益的国际游资。这样一来，这些游资的目的国就会遭遇急速通胀的风险，货币汇率、国内金融秩序及经济发展规律等均会面临极大的风险与挑战。

扩展阅读

日本央行急推2.0版量化宽松

2014年10月31日，日本银行（即日本央行）召开货币政策会议，决定扩大量化宽松货币政策（以下简称“量宽政策”）的规模。与2013年4月日本央行启动超规模量宽政策相比，此次扩容可谓是构建2.0版本的量宽政策，表现出以下诸多显著特征。

第一，扩张性。与2013年1.0版的量宽政策相比，2.0版的政策空间急遽膨胀，央行的政策导向力亦随之显著上升。依据日本央行的此次决定，其每年的基础货币宽松规模由原先约60至70万亿日元进一步增加至80万亿日元，增加幅度至少超10%。更有甚者，国债再度被锁定为日本央行量宽政策的主要对象，即2014年末央行计划持有的国债数量将较2013年末增加80万亿日元，达到200万亿日元的超大规模。

第二，防范性。应该说，日本央行急推2.0版量宽有违市场预期，但结合当前的世界经济形势及日本国内的经济现状，日本量宽政策的升格也存有一定的必然性。在此之前，美联储终止了业已实施六年时间的量宽政策，这无疑会对美国经济及世界经济的复苏进程造成冲击。不仅如此，由于日美经济高度关联，任何由美国传递出的负面经济信息均会对日本经济构成不同程度的损害，借此美国量宽政策的终止就会对脆弱的日本经济造成威胁。此外，2014年4月起日本政府提高了消费税率，后者由原先的5%增加至8%。受其影响，日本国内的消费及投资均出现不同程度的减少，并引发第二季度GDP的年化增长率跌至-7.1%。可以说，在经济复苏乏力的客观现实面前，日本国内的宏观经济及市场整体亟待央行的再度救市，而2.0版的量宽政策可视作日本央行对市场的积极回应，同时也为了防止日本经济再度发生大幅滑坡的窘困。

第三，争议性。关于此次扩容量宽规模，日本央行政策委员会的投票结果是五比四，赞成的仅比反对的多出一票。“险胜”的结果说明这一决定并非是日本央行内部的统一意见，而且向外界释放出央行内部就量宽政策存在严重意见分歧的事实。作为日本货币政策的最高决策及实施机构，央行内部的意见纷争容易被外部市场所重视，甚至更容易演变为引发市场剧烈震荡的潜在威胁。

第四，合作性。显然，日本央行的此举具有明显的政治意图，是对安倍政府及“安倍经济学”的附和与配合。众所周知，日本央行行长黑田东彦始终公开表态，认为当前的日本经济正在逐步复苏，并明确支持再度提高消费税率至10%。与其相对，安倍政府对再度提高消费税率的决定似乎并不完全认同，甚至表现出一定的忧虑和犹豫。为了给安倍政府及“安倍经济学”足够的鼓励，日本央行“毅然决然”地选择了升格量宽政策，并给予安倍政府积极的信号。

第五，风险性。毫无疑问，2.0版的量宽政策势必会进一步增加日本经济的未来负担。尽管日本央行坚持确保2%的稳定通胀率，但必须指出的是，央行的过激举动极易引发难以想象的恶性通货膨胀，进而再度迫使日本经济陷入滞涨的深渊。

综上所述，日本央行急推2.0量宽政策既传递出其对当前及未来经济发展的担忧，更表现出日本央行与安倍政府在宏观经济调控上的政策协调性及目标一致性。尽管如此，由于货币政策存在一定的不足及缺陷，而且超规模的量宽政策又极易引致难以预估的经济风险，因此，无论是日本央行，还是安倍政府都亟须对此存有高度的警惕。

另一方面，要实现日本经济的根本性复苏不能完全指望央行的货币政策，更不能依赖冒险性的超规模量宽政策。说到底，日本经济的未来仍倚重结构性改革。作为“安倍经济学”的“第三支箭”，结构性改革早已进入安倍政府的政策视野，并被外界给予相当分量的重视与期望。但事与愿违，与“安倍经济学”的前两支箭相比（量宽政策和积极的财政政策），结构性改革始终没有得到理想的贯彻及实施，更与市场此前的较高预期相距甚远。由是观之，当前的日本经济发展亟待安倍政府丰富结构性改革的内容，并使其更为具体化、富有操作性，尽可能地避开冒险性的政策赌博。

第二章
“第三支箭”的失效与“安倍经济学”的结构性矛盾

日本经济自20世纪90年代陷入困局以来，始终无法摆脱复苏乏力的硬疣。尽管泡沫经济崩溃后历届日本政府采取了不同的政策措施，但实则收效甚微，有的甚至造成严重的负面效应，反而阻碍了日本经济的正常复苏。

在此背景下，2012年末安倍晋三再度出任日本首相。为了破解国内经济复苏乏力的困局，增加经济增长动力，安倍政府推出了集金融政策、财政政策、产业政策、社会政策等为一体的综合经济发展战略，被外界冠之以“安倍经济学”之称。应该说，“安倍经济学”诞生之初，受到了日本国内及海外的普遍重视，加之安倍政府的对外宣传、对内推广，相关政策举措博得了一定的认可。但好景不长，2014年第二、三两个季度日本接连出现国内生产总值（GDP）负增长，经济出现衰退迹象的现实使安倍政府频遭质疑，并引发外界对“安倍经济学”尤其是其重要组成部分——结构性改革（即所谓“第三支箭”）的严厉批评。

本章从新政治经济学的理论视角出发，聚焦“安倍经济学”所提出的结构性改革，系统梳理这一结构性改革的内容框架及特征，并分析结构性改革的政策效果。

第一节　理论视角下的结构性改革

提及结构性改革，可以分别从两个完全不同的层面做深入解读。其一就是指宏观层面的制度结构改革，即废除、调整或更新现有的经济政策决策机制或经济运营体制中的不合理因素等，促使经济运行走上更为合理、更为高效的发展道路；其二就是指中观层面的经济结构调整，即政府借助特定的产业政策等干预性措施，调整优化现有的整体经济结构或某一经济单元的结构配比，使各产业或各行业之间的占比与均衡达到政府政策的预期效果。二者表面上是两个不同层面的概念，因各自适用范围的错层而相互分离，但实际上却存在着紧密的依存联系，相互之间的影响作用不容小觑。更为重要的是，无论是制度结构改革，还是经济结构改革，其目标均为实现合理的结构性改革，进而为宏观经济的持续发展或微观经济的战略突破创造理想条件。

鉴于结构性改革涉及政治博弈的发生、政府权力的实施、经济制度的变更、经济利益的重新分配、社会及个人的反应等诸多不同层面的内容，新政治经济学的相关研究可以为结构性改革提供丰富的理论支撑[①]。诺思在《经济史上的结构和变革》一书中就曾提出，“政治——经济系统是由一些相互有特殊关系的复杂制度构成的”，政府（诺思在原文中的表述为“统治者”）为实现效用最大化，将“为一组降低经济部门交易费用的操作条例设置框架”[②]。不仅如此，诺思进一步指出，“在当今世界，政府在国民生产总值中的份额，以及政府无处不在的、时刻在变的管制，都是影响经济绩效的最关键因素”[③]。由此可见，政府实则借助制度层面和经济层面的结构性改革，不断对政治经济系统进行修正与完善，并借此实现自身效用的最大化。

另一方面，结构性改革是衔接政府与市场之间的重要纽带。罗伯特·吉尔平在谈到政治经济学的性质时指出，政府（原文表述是“国家”）与市场的共存及其相互间的作用产生了政治经济学，即没有政府和市场就不可能有

① 国内学者方福前将“新政治经济学”定义为“以政治和经济，或社会和个人，或国家和市场之间相联系、相交叉或相重叠的问题、现象和关系作为研究内容的社会科学”。具体内容，请参见方福前:《西方新政治经济学述评》，载《教学与研究》，1999年第3期，第34—35页。

② 道格拉斯·C.诺思，厉以平译:《经济史上的结构和变革》，北京：商务印书馆，1992年，第231—232页。

③ 道格拉斯·C. 诺思，杭行译:《制度、制度变迁与经济绩效》，上海：格致出版社、上海人民出版社，2014年，第132—133页。

政治经济学。[①] 因此，政治经济学的研究目标是促使政府与市场构成最优化的组合平衡，即既要借助市场的力量避免或缓解政府权力在经济利益分配过程中所引致的错配、乱配（不均衡分配）现象的发生，同时也要借助政府的力量来避免或减弱市场调节失灵所产生的经济利益损失。从这一层面来看，结构性改革的目标之一就是实现政府与市场互动关系的再平衡，不仅要充分反映政府治理经济、改善经济发展条件的意志与决心，更要完全符合市场发展的客观要求及内在规律。为此，结构性改革应做好多方面的重要协调。

其一，实现结构性改革与宏观经济政策之间的相互协调。实际上，结构性改革与宏观经济政策在政策属性上是一致的，都是政府在判断经济发展形势之后所做出的政策反应，追求目标也都是实现经济主体的稳定增长，因此，二者之间应保持相互协调、相互配合的互动关系。所不同的是，二者针对的对象存在明显差异。宏观经济政策所涉及的主要对象是经济整体构成，并依赖国家财政的收支与转移等宏观政策加以落实；与其相比，结构性调整不仅涉及宏观层面的制度结构改革，更含有中观层面的经济结构改革，且具有较强的针对性及目标性，通常借助产业政策、就业政策、贸易政策等加以实现。

其二，落实结构性改革需协调好影响经济增长的长期与短期因素。结构性改革的主要目标是促进经济增长，而其较为合理的手段就是充分利用现行经济发展中的有利因素，实现经济在较短时间内的明显增长，同时尽可能创造有利于经济稳定增长的长期因素，为经济运行保持持续、稳定的增长趋势创造条件。一般而言，技术竞争力被视为与经济增长紧密关联的短期因素，而人口、资源及市场条件等常被看作长期因素。需指出的是，经济运行过程中没有绝对化的短期因素或长期因素，尽管存在着部分自然形成的长期或短期因素，但也有的是经过一定努力而形成的。总之，结构性改革是在协调好影响经济增长的长短期因素的基础上，扩大或延伸有利于现行经济增长的短期因素的积极影响，实现经济在中短期内的平稳增长，并促成负面性的长期

① 罗伯特·吉尔平：《国际关系政治经济学》，北京：经济科学出版社，1992年，第13页。转引自王正毅、张岩贵：《国际政治经济学：理论范式与现实经验研究》，北京：商务印书馆，2003年，第12页。

因素向有利于经济增长的方向发展。

其三，强化结构性改革与宏观经济稳定之间的协调关系。实际上，推进结构性改革与保持宏观经济稳定是并行不悖的，二者之间没有孰先孰后的排序。结构性改革需要、也必须建立在宏观经济稳定运行的基础上，唯有这样，才能确保结构性改革的有效实施及稳妥推进。因此可以说，宏观经济稳定运行确保了结构性改革的实践“土壤”；与此同时，保持宏观经济稳定需要结构性改革的积极努力，后者对宏观经济稳定的可持续性发展产生积极影响。需要说明的是，结构性改革的实施，短期内或许会对宏观经济的稳定运行造成一定影响，但这必须建立在有限且可控的范围之内，否则这一结构性改革注定是高风险性的，抑或是失败的。由是观之，结构性改革不能以牺牲宏观经济稳定为代价，但维持宏观经济稳定更不能成为阻碍结构性改革的借口。

综上所述，结构性改革属于新政治经济学的理论范畴，是对政治经济系统的修正与完善，其不仅受到客观经济条件的限制与约束，同时也会被特定的政治环境所制约。更为重要的是，结构性改革的相关举措必须处理好与宏观经济政策、影响经济增长的长短期因素及宏观经济稳定之间的协调关系，以确保自身实践的成功及经济运行的持续稳定。

“安倍经济学”所提出的一系列结构性改革措施基本符合上述的理论逻辑，其实质目标也是为了实现日本经济的稳定增长。所不同的是，安倍政府显然没有处理好宏观经济稳定与结构性改革之间的协调关系，更没有充分认识到真正影响经济增长的长短期因素，实现扬长避短、趋利避害，从而导致其结构性改革未能达到预期效果。另一方面，高柏在评价日本产业政策时就曾指出，日本独特的“非市场治理结构”是政治妥协的产物，它“不仅帮助私营部门抵制直接的行政管制，而且也帮助政府为达成政策目标而限制市场力量”[①]。实际上，“非市场治理结构”清晰揭示了日本政治经济系统运营的典型特征，也为研究“安倍经济学”中的结构性改革提供了重要线索。

① ［美］高柏，安佳译：《经济意识形态与日本产业政策：1931 ~ 1965年的发展主义》，上海：上海人民出版社，2008年，第7页。

第二节 “安倍经济学”倡导结构性改革的动因

由于结构性改革可以创造巨大的增长动能及经济财富，因此普遍受到各国政府的高度重视。安倍政府启动以来，同样高度强调结构性改革对促成日本经济复苏的关键效能，希望通过综合性的结构性改革措施增强日本经济的内生性增长动力和对外竞争力。安倍政府的这一政策决断隐含着诸多动因。

其一，战后日本经济发展的历史经验业已说明，扩张性的财政政策及激进的货币政策并非是拯救日本经济的“良药”。从经济政策的理论视角来看，凯恩斯主义的致命缺陷在于行为短期化和忽视结构及制度变迁，而日本政府正是过于强调凯恩斯主义的政策救助，致使出台的一系列经济政策未能使日本经济摆脱长期萧条，进而“陷入到更深的体制性危机当中”①。不仅如此，“日本政府财政支出的增长，无论是公共投资还是消费性支出都未能达到刺激经济的目的，反而导致了财政赤字大幅攀升，政府债务累积，财政状况日益恶化”②。同样，美国著名学者古德曼（Matthew P. Goodman）认为，日本不缺经济刺激政策，而是少了结构性改革，后者是引发日本经济发展陷入“失去的二十年”的罪魁祸首③。海内外学界及经济界对日本政府财政、金融政策的批判与警示昭示，唯有结构性改革才能使日本经济彻底走出泡沫经济崩溃后的阴影。

其二，海内外就振兴日本经济的建言献策始终把结构性改革作为政策落实的第一要务。值得关注的是，20世纪90年代日本泡沫经济崩溃以降，国际经济界的主流观点就已把结构性改革定位为日本实现经济复苏、根除其经济长期衰退硬疣的根本之道。中国著名的日本经济学家冯昭奎就曾指出，在20世纪五六十年代经济高速增长过程中发挥积极作用的日本经济结构，已

---

① 栾雅钧：《萧条的日本经济与困境中的凯恩斯主义》，载《世界经济研究》，2000年第5期，第73～77页。

② 贡慧、陈建安：《日本政府财政支出的经济增长效应及启示》，载《当代财经》，2012年第2期，第43～50页。

③ Matthew P. Goodman, “Not Beyond Hope: Japan and TPP,” *Global Economics Monthly*, Volume II, Issue 1, Center for Strategic & International Studies (CSIS), Simon Chair in Political Economy, January 2013, p.2.

经逐步成为21世纪日本经济发展的障碍[①]。国际货币基金组织（IMF）发表的《日本经济评估报告》亦曾劝日本尽快实施结构性改革，以促进经济增长，具体建议包括增加劳动力、进一步提升效率和吸引投资、促进金融中介机构的发展等，同时它还强调日本必须进一步加强金融框架的稳定性建设，提升针对金融系统风险的监管[②]。作为对此的积极回应，日本著名经济学家榊原英资坚定认为，结构性改革是实现日本经济复苏的唯一出路[③]。尽管如此，日本国内的结构性改革严重滞后，成为日本经济“失去二十年”宝贵发展时间的主要推手。

其三，“安倍经济学”的既有实践证明，结构性改革是拯救日本经济的唯一可行之路。实际上，从“安倍经济学”的结构排序来看，金融政策（第一支箭）、财政政策（第二支箭）和结构性改革政策分属第一、二、三位，由此不难发现，安倍政府初步的经济政策重心显然偏向于金融和财政两个方面。但事实胜于雄辩，错误的政策导向并没有为日本经济的复苏创造足够的动能，最为明显的佐证就是2014年第二、三季度日本国内生产总值（GDP）连续两个季度出现负增长，换算为年率分别下跌了7.3%和1.6%。与此同时，由于所谓“安倍经济学”第一、第二支箭均已射出，且日本政府的负债规模随之节节攀升，日本央行超规模量化宽松政策亦几乎接近市场可以接纳的底线[④]，因此，结构性改革被视为能够拯救“安倍经济学”的唯一希望。

---

① 冯昭奎:《日本经济结构欲改还难》，载《瞭望新闻周刊》，2000年第11期，第27页。

② International Monetary Fund (IMF), “2012 Article IV Consultation with Japan: Concluding Statement of the IMF Mission”, 12 June 2012.

③ ［日］榊原英资:《日本为何难以推进结构性改革》，载《国际经济评论》，2002年Z2期，第5页。

④ 据日本央行公布的统计数据显示，受“安倍经济学”鼓吹的“超规模量化宽松”政策的影响，日本国内基础货币存量由2012年12月的138.47万亿日元猛增至2015年2月的278.87万亿日元，增长幅度超过一倍多。（具体内容请参见：日本銀行「マネタリーベース」、2015年3月3日、http://www.boj.or.jp/statistics/b。）而与此相比，日本国内贷款余额并没有出现大幅增加的现象。以2015年2月9日日本央行公布的调查数据显示，日本国内银行2015年1月的平均贷款余额为423.67万亿日元，尽管同比增加2.6%，但远落后于基础货币超100%的增加规模。（具体内容可参见：日本銀行金融機構局「貸出・預金動向 速報（2015年1月）」、2015年2月9日、http://www.boj.or.jp/statistics/dl/depo/kashi/kasi1501.pdf。）由此可见，“安倍经济学”的超规模量化宽松政策并没有刺激日本国内的有效资金需求，大量的闲余资金仍以存款保证金的形式保留在日本央行的相关账户中。

综上所述，结构性改革的失败是日本后泡沫经济时代的遗憾，同时亦导致日本经济长期萎靡、复苏乏力的顽疾始终未能根除。推进并落实结构性改革是纠正日本经济颓势的当务之急，也是决定“安倍经济学”成败的关键因素。

第三节 “安倍经济学”结构性改革的基本内容及主要特征

一、结构性改革的基本内容

2013年6月14日，安倍内阁会议通过了“日本再振兴战略”，即“安倍经济学”结构性改革（“第三支箭”）的首个版本。此后，经过不断的修改与完善，“安倍经济学”结构性改革的内容与涉及不断扩充，但基本思想仍可概括为“调结构、拓市场、促增长”。总体上，这一报告所关注的经济发展战略主要由三部分内容组成，即“日本产业再振兴计划”、“战略市场创造计划”和“国际拓展战略”。由于“日本再振兴战略”报告对于理解“安倍经济学”的结构性报告极为重要，这里做一下简要的介绍。

第一，调结构的内容包含多个重要方面。最为引人瞩目的就是日本产业结构的调整方向。显然，安倍战略已明确了技术密集型、智力资本密集型的产业发展方向。为此，大力振兴科技研发、提高大学教育水平、充实科研资金的投入、鼓励外来人才赴日工作生活等等，一系列具体的计划安排业已粗略制定。另一方面，安倍政府也毫不隐晦地表明了战略性重点产业的扶植计划。这其中，能源产业尤其是与电力相关的产业发展成为重中之重。实际上，日本国内仍在为是否继续葆有或开发核发电设施而争论不休。这不仅影响了日本的电力供应及一些企业、产业的正常运转，同时也导致日本能源进出口结构的剧变，因此，安倍政府定向扶植能源产业，也是在为整体产业结构的转型做前瞻性准备。

另一方面，调结构的另一主要对象就是就业。鼓励女性参与社会就业以增加社会劳动力，成为了“安倍经济学”结构性改革的主打牌之一。为此，安倍政府自上台以来一直鼓励并倡导企业培养女性干部，使女性从业者能提升对个人职业规划的兴趣及长期就业的热情。除女性就业问题之外，就业形式的规范与调整也成为这一结构性改革的主要目标之一。具体而言，长期就业与短期就业的结构平衡、临时工与正式工的待遇均衡、就业保障与失业救助的双管齐下等等，安倍政府力求实现不同的就业方式均能获取稳定的收入和有发展前景的职业规划。

第二，拓市场也包含多方面的涵义。首先，这里的市场涵盖了日本国内市场和国际市场两个不同范畴，前者是基础，后者是公关重点。其次，拓市场隐含着拓展市场功能的涵义。换言之，就是打破传统的制度约束，促进市场竞争机制的有效运行，用市场的力量来检验并推动经济的健康性。譬如说，安倍战略明确提出要促使公司的开业率和淘汰率均升至10%以上（现为5%左右），达到欧美国家的同等水平，就是寄希望增加市场竞争，并凭借优胜劣汰的市场调节功能以促进企业竞争力的增长。而且，随着落后企业淘汰数量的增多、频率加快，有利于新兴投资以相对较宽松的准入环境进入市场，同时带动投资总量的增加。最后，为了打消市场过度竞争的隐患，安倍政府希望日本既有的产业及企业实施必要的重组与调整，以便于实现经济效益与管理效率的最大化。

第三，促增长是“安倍经济学”结构性改革的根本目标，也是最终评判“安倍经济学”是否成功的天平。尽管“安倍经济学”业已获得了量化宽松政策和财政刺激政策的巨大支撑，但仍难以判断日本经济能否达到预期的增长。更为重要的是，事实上，东京股市曾蹿升至逾15000点的阶段性新高之后，随即急速跌回12000点一线，这本身就已经说明日本的实体经济并没有真切感受到“安倍经济学”的实际效果。换言之，“安倍经济学”被金融资本无情地利用了一番，并直接导致日本股市的大起大落，留下一大群怨声载道的无辜投资者。因此，结构性改革对于“安倍经济学”的成败至关重要，甚或可以说关系到日本经济的中长期发展与安倍个人的政治前途。值得一提的是，这一成长战略中延续了此前一贯的数字指标式目标，明确指出中长期国民人均收入要增加3%，10年后的人均年收入增幅要超150万日元。

由此可见，安倍政府最初设想的结构性改革严格遵守了传统的经济增长模型，强调收入增长、技术进步、人口增加对经济增长的积极影响。但鉴于日本国内少子、高龄化趋势的加重，安倍政府只能倚重女性就业的增长，以实现有效劳动力的增加，并减缓或抵消人口负增长带来的不利影响。从这一层面来看，安倍政府的结构性改革还是有一定针对性的，至少考虑了日本经济所遭遇的现实困境。

尽管如此，客观而言，整个安倍政府的“成长战略”凸显新意不足的欠缺，没有很好地回应日本国内及海外相关人士的热切期待，甚至很多内容都在重复前政府的“成长战略”，因此难免受到诟病。更为重要的是，安倍政府的“成长战略”过于宽泛，甚至存在逃避一些敏感问题的嫌疑。譬如说，尽管能源产业实际已被视为战略性成长产业，并且安倍政府也明显暗示将对其给予一定的政策扶持，但能源涉及面极广，内容丰富，即便是新兴能源，其也涵盖太阳能、风能、地热能等多个部类。而且，就核能的前途问题，安倍成长战略也没有给出或废或留的明确答案。还有，就近来遭遇残酷竞争而几乎深陷绝境的日本电子产业，安倍政府也没有做出详细且可行的战略规

表 2–1：“安倍经济学”结构性改革的基本框架

	四大基本涉足领域	具体宏观措施
结构性改革	促进投资	1. 减少商业壁垒
		2. 设立“国家战略特区”
		3. 鼓励科技创新
		4. 加大对中小企业的扶持
		5. 提高公共服务领域对民间资本的开放度
	促进人才竞争	1. 提高女性参与社会经济活动的比重
		2. 培养国际化青年人才
		3. 提升日本国内的开放度
		4. 完美自由化的劳动力市场制度
	培育新市场	1. 实现电力市场的完全竞争
		2. 建设健康的“长寿社会”
		3. 提升农业的规模性生产及自由化程度
	提高经济开放度	1. 倍增访日游客数（2020 年目标）
		2. 吸引跨国企业地区总部入驻日本
		3. 扩大基础设施出口，推广日本技术品牌
		4. 推进“酷日本”（Cool Japan）战略

资料来源：日本内閣府「やわらか成長戦略：アベノミクスをもっと身近に」、2014年11月26日改訂。

划，实在有违结构性改革的重要意义。

此后，经过不断地扩充及完善，“安倍经济学”的结构性改革在内容及总体框架上均发生了一定的变化。具体而言，按实践目标为导向，“安倍经济学”结构性改革可以分为促进投资、促进人才竞争、培育新市场及提高经济开放度等四大涉足领域，而各领域内又分别设置了不同的具体改革内容，形成了“金字塔形”的结构分布（参见表2-1）。

二、结构性改革的主要特征

从政策属性的视角出发，“安倍经济学”结构性改革实际涵盖了制度层面与经济层面两个重要维度，并坚持以创新为指导两个层面改革的基本理念，核心是提升日本的产业竞争力及经济发展质量，同时加强政府对国家宏微观经济运行的监管与治理。通过观察其主要改革措施的组成，可以对“安倍经济学”结构性改革产生一个更为直观的印象特征（参见表2-2）。

其一，“安倍经济学”结构性改革中的经济结构改革极为注重题材选取，不仅要符合增产增效的总体要求，同时选取的政策对象要具有显著的时代标志性，能够充分反映当前高科技领域的前沿性成果。从这一层面而言，氢能源汽车、诱导多功能干细胞（iPS 细胞）、机器人等安倍政府希冀重点推进的产业领域，均是当前世界经济发展的领军产业，凝聚了巨大的科技含量及智力支撑，并对未来世界经济的发展格局及趋势演变产生难以估量的重要影响。

其二，经济结构改革的对象具有极强的针对性，是综合考量日本国内经济的现实情况及发展趋势之后所做出的战略性决策。众所周知，人口减少、人口结构老龄化趋势加重、能源供给不足等主要问题是困扰日本经济稳定发展的难题，亦是日本政府在制定相关经济政策时的主要考量。

比如，氢能源的研发及应用，不仅能扩容日本能源的供给格局，同时也可适度缓解因核能减少所引致的能源供给危机。而与其相类似，为了有效应对日本人口的老龄化及趋势性衰减，安倍政府意图通过发展、普及、提升机器人技术，弥补经济生活中可能出现的劳动力资源供给缺口。其中，医疗护理机器人的发明及应用可谓是市场与技术完美结合的产物，既实现了高科技的现实性应用及市场化运营，也创造了技术替代劳动力的全新模式。与此同

表2–2:“安倍经济学”结构性改革的主要政策措施

政策属性	涉及对象	主要政策	政策动机
货币政策	日本央行	修改《银行法》，加大政府对央行的发言权，同时干预日本央行人事变动，暗箱操纵央行行长人选	迫使央行（日本银行）放弃政策独立性，成为实质上附庸于政府的下辖机构，以便于强行在央行的货币政策中融入政府的特定意志
财政政策	政府财政	扩大政府财政支出，增加大规模公共投资	扩大国内市场需求，刺激经济复苏
经济结构改革+制度结构改革	所有产业	推动日本国会通过《产业竞争力强化法》，颁布《关于增强产业竞争力的实施计划》等相关规定	强化日企竞争能力，改善日企收益能力
		对企业的工资薪酬等实施直接性或间接性的干预，同时借助行政措施及政治待遇等，鼓励企业为员工加薪、减负	扩大居民可支配收入，推动居民消费的增长，并进一步拉动企业的固定资产投资等
制度结构改革	经济体制	中央政府让渡部分经济支配权给地方，增强地方经济的自主性和自律性（二期安倍政府专门设置“地方创生大臣”，以完善中央政府与地方政府的政策协调）	增强地方经济的创新性及产业活力
		选定特殊区域设立“国家战略特区”，并在部分地区进行法律和税制的改革试验	打破传统经济的体制性约束，为经济的对外开放创造更多契机和平台
		强化政府治理经济的主要平台，并保持与经济运行主体之间的沟通渠道，借此巩固并增强政府（主要是首相官邸）治理经济的协调力及决策力	增强政府对宏观经济运营的管控力及决策力，同时增进政府与经济界的交流与理解，把握各产业总体发展趋势及方向
制度结构改革	所有产业	2014年度法人税实际税率降低2.4%	为日本企业减负，以增强日本企业的国际竞争力及日本商品的出口价格竞争优势
		2015年度起法人税降至30%以下（预期目标）	
		修改公司法，设置企业外部管理职位，以提升日本企业的经营效率并加强对公司的职能监管	增强日本企业的风险防范能力
制度结构改革	金融业	修改养老金等社会资金的运营规则，促使GPIF（退休金投资基金）等公共资金大举进入日本的股市及债市	刺激日本金融市场的进一步发展，增加日本股市与债市的活力，同时为日本企业的直接融资提供充足的资金保证及流畅的融资渠道
制度结构改革	就业市场	高调提出“女性经济学”，鼓励日本企业积极吸纳女性就业并提高女性的就业待遇及管理层级	打破日本就业市场的传统观念，增加女性参与经济的活跃度及满足感，进而提升女性的经济独立性及社会地位
制度结构改革	农业	采取“进攻型”的农业改革措施，以提升日本农业的国际竞争能力	推动日本农业的整体性改革，增强农业竞争力，减少其对政府政策的依赖性，并为政府财政适度减负
		意图解体日本农业协同组合中央会（JA），促使政府倡导的农业改革能有效落实	
		逐步减少政府对粮食生产及进口的补贴	
经济结构改革	能源产业	尤为重视与地方政府之间的合作与协调，加速推进国内核电站的重启进程，同时鼓励太阳能、风能等清洁能源设施的建设与发展	保障日本能源供应的基本稳定，在新能源领域巩固日本企业的核心竞争力
	汽车产业	开发并市场化销售氢能源汽车	拓展新能源动力的应用范围，提升日本在新能源领域的国际竞争力
	医疗产业	加大iPS细胞的相关研发，鼓励医疗领域的科技创新	提升日本在国际医药及医疗领域的竞争力，为培植世界一流的日本医药及医疗产业奠定基础
	机器人产业	提升机器人技术的研发及市场化操作	强化日本在产业技术方面的国际竞争力，同时整体提升日本制造业的生产效率及服务业的生产水平

资料来源：笔者根据《日本经济新闻》、《读卖新闻》、《朝日新闻》、《每日新闻》等公布资料，编制而成。

时，研发 iPS 细胞能进一步提升日本医疗救治的能力及水平，不仅有利于更好地应对人口老龄化所带来的社会医疗急剧增加的难题，同时也能为日本所积极倡导的服务型医疗创造更强的竞争性优势。

其三，经济结构改革强调对优势产业的再利用、再开发、再积累，甚至希望进一步确保个别优势产业国际竞争力的领先地位。应该说，氢能源汽车、iPS 细胞、机器人等产业领域都是日本长期重点攻关的核心技术，且积累了一定的先发性竞争优势。比如说，日本 iPS 细胞研究领域的学科带头人山中伸弥就曾凭借其出色的生物学研究成果摘取过诺贝尔医学奖，一举成为这一领域世界屈指可数的著名专家。而在机器人领域，日本技术的领先优势亦是全世界所公认的。“安倍经济学”中的经济结构改革优先鼓励上述领域相关产业的深入发展，不仅有利于激发日本企业参与科技创新的积极性及资本投入，同时更有利于日本巩固业已积累的传统科技竞争优势，为其产业的战略发展奠定重要的基础性保证。

其四，持续推动经济结构改革的同时，加速推进综合性的制度结构改革，并促使宏观经济政策与社会政策的有机融合。“安倍经济学”结构性改革的制度结构改革不仅体现在经济制度的修正、决策机制的调整等方面，更表现为融合了社会政策在内的综合性治理。作为其中的代表性政策措施之一，安倍政府提出了以积极促进女性就业、提升女性就业职位为代表的“女性经济学”，希望借此扩大日本经济的参与面及受众面，同时扭转日本社会传统的女性就业观及非平等的男女等级差别。值得注意的是，安倍政府执政不到两年时间内，日本女性就业人口业已增加80多万[①]。这不仅有利于增加日本的就业总人口，同时也有助于日本构建男女实质性平等的社会新体系。

第五，政治向心力的建设是安倍政府实施制度结构改革的主要推力，也是“安倍经济学”的政治保证。得益于自民党的执政党地位及其在国会众、参两院的多数党席位，安倍政府在政治及政策的统一性问题上获取了有力支持，使其能够较为稳妥、较为顺利地推进“安倍经济学”的各项政策措施。不仅如此，安倍政府甚至倚重政党力量，借助国会多数党的政治优势，通过国会立法的形式为“安倍经济学”的结构性改革铺平道路（参见表2-3）。这里值得一提的是，2013年12月日本国会通过了旨在改善日本企业收益情况的“产业竞争力强化法”[②]，这既是安倍政府有序推进结构性改革的纲领性文件，同时更是前者的政治保障。嗣后，2014年1月安倍政府就公布了“关于增强产业竞争力的实施计划”，以逐步落实相关的改革措施。

① 安倍晋三:「ＡＥＢＦクロージングセッションにおける安倍総理スピーチ」、2014年10月16日、http://www.kantei.go.jp/jp/96_abe/statement/2014/1016aebf_speech.html。

② 关于这部法律的详细内容，请参见日本国会众议院官网公布的内容，http://www.shugiin.go.jp/internet/itdb_housei.nsf/html/housei/18520131211098.htm。

表2–3：日本国会关于产业振兴制定的部分新法律（2013年6月至2014年6月）

时间	法律名称
2013年6月21日	大规模灾害复兴法
2013年12月11日	产业竞争力强化法
2013年12月13日	国家战略特别区域法
2014年4月2日	水循环基本法
2014年4月18日	株式会社海外交通及城市开发事业援助机构法
2014年5月30日 （2014年6月13日最后修订）	健康及医疗战略推进法
2014年6月19日	株式会社海外需求开拓援助机构法
2014年6月27日	关于促进与提升国民医疗水平相关的 医疗器械的研究开发及普及的法律
2014年6月27日	小规模企业振兴基本法
2014年5月30日	独立行政法人　日本医疗研究开发机构法

资料来源：笔者根据日本国会公布的资料整编而成。

由此可见，强大且相对较为统一的政治支持有利于安倍晋三组建强势的中央政府，更有利于其借助中央政府的坚实平台加强对日本经济的控制、监管及治理，构建安倍式的政府主导力。安倍政府高度重视其对经济发展方向的引领性功能，不断强化中央政府的领导权与决策权，尤其是对经济领域的制度建设与更新、产业革新与发展、技术研发等核心领域付出了极大关注。不仅如此，安倍政府注重经济治理平台建设，重新规划并调整了原有的一些经济政策咨询机构，以改善政府经济政策的决策机制与传达机制，强化政府尤其是内阁或首相对经济政策的直接干预力。

三、关于降低企业所得税的思考

为了更好促进制造业的发展与扩大，日本国内及安倍政府内部甚至出现了大幅降低企业所得税的声音。对此，有必要进行客观且认真的思考。

第一，安倍政府降低企业所得税的真实用意是什么？众所周知，这一政策无疑会给日本企业创造更多的经营利润，同时也可以提升企业的后续竞争力。更为重要的是，减税政策的推出会吸引更多的外资企业进入日本，以便其逃避原驻在国的高额税收等。但安倍政府过于“积极”地要求讨论、研究降低企业所得税一事，其背后的难言之隐自然是仁者见仁、智者见智的。坦率地说，就在日本政府提增消费税率后不久（2014年4月1日起，日本的消费税率由原来的5%增加至8%），日本政府随即考虑并基本决定降低企业所得税的政策，不禁使人产生疑问，难道降低所得税是对提增消费税的政策补偿？更进一步而言，难道日本政府已经意识到提增消费税之后，日本经济可能会遭遇前所未有的困难与尴尬？由此，让人不禁联想起1997年日本第一次提增消费税率（由3%增长至5%）之后所遭遇的痛楚经历。当时，由于日本政府缺乏必要的准备及战略性的研判，1997年的增税严重抑制了日本国内正常的消费与投资，并进一步加剧日本经济衰退的步伐。这与日本政府意图依托消费税改革以重新拉伸日本经济的设想相距甚远。

第二，降低企业所得税未必能改变日本政府财政拮据的困局。此前的历届日本政府竭力避免议论降低企业所得税这一较为敏感的政策话题。究其原因，基本都在担忧企业所得税的减少会威胁到政府的财政收入，甚至威胁政府的财政信用体系。有鉴于此，安倍政府“果敢”地拿企业所得税开刀，一方面显示出一定的勇气，但另一方面也折射出日本政府在治理经济问题上的一筹莫展，无奈之下只能做“殊死一搏”。显然，安倍政府做的是加法。原本降所得税政策会造成政府收入的减少，但安倍政府觊觎减税带动企业的多生产、多投资、多盈利，以创造规模更大的财源基础。但事实是摆在面前的，即日本政府2014财年的财政预算为赤字财政政策提供了巨大的空间，但同时也导致日本国债规模急速接近1100万亿日元大关，屡创历史新高。更为严重的是，日本国家债务规模进一步增加，加重日本经济未来发展的负担。

第三，需要指出的是，降低企业所得税短期内不会为日本经济的基本面带来实质性改变。就当前日本经济的基本面而言，提增消费税的关联性效应及日本产品缺乏出口竞争力等仍是主要的考量因素。实际上，消费税上浮的节点已成为日本经济的重要分水岭。2014年4月日本经济迎来了消费税上浮至8%的重要政策，紧接着，这一税率将进一步攀升至10%。关于“两阶段法”提升消费税率的目的，一是为安倍政府实施相关政策提供思考与回旋的余地，二是防止过激的“突击性消费”导致经济波动的大起大落。尽管如此，提增消费税已经对日本国内的消费及投资等构成了严重掣肘，而且，日本国内实际上也发生了因避税而实施的突击消费和提前投资。这样一来，就使增税前后的日本经济形势发生显著的对比反差，并直接导致2014年第二季度日本经济再度跌入残酷的负增长状态。

另一方面，尽管日本仍可以暂时维持经常性收支的平衡，但对外贸易的赤字状态短期内或许难以改变。这里，日本维持经济基本稳定的能源进口是导致其贸易赤字的根本动因，但随着耐用性消费品进口的相对减少，日本贸易赤字的规模亦将有所缓解。同时，日元贬值促使日本海外投资性收益的相对增长，有利于缓解经常性收支的不平衡。而且，日元贬值的过程中，日本政府与央行的间接性与直接性干预始终是促成这一结果的罪魁祸首。

综上所述，安倍政府对降低所得税政策抱有较为积极、乐观的态度，并且相关的政治团体及利益集团也希望推动这一政策的尽早出台。尽管如此，由于提增消费税已然招致消费与投资的负效应，日本经济亟须新的有效刺激政策的出台，以吸引外来投资，激发整体经济发展的潜能。因此可以说，大幅降低企业所得税是“安倍经济学”的又一重量级政策工具，但其推出的时间节点及政策效应等有待进一步推敲。当然，处于政治利益的考量，安倍政府会加强与日本经济界的交流与沟通，并借助日本经团联的力量实现超党派的合作统一，以便于其在其它经济政策上谋取突破。

第四节 “安倍经济学”结构性改革的政策效果

尽管“安倍经济学”结构性改革并没有取得预期成果，但由于它是安倍政府治理国内经济发展的主要对策，同时也是充分反映现阶段日本经济发展现状的应对措施，因此有必要对这一改革内容做客观、中肯的评价与思考。

一、“安倍经济学”结构性改革的积极因素

尽管“安倍经济学”结构性改革并没有产生积极的政策效果，但其中不乏个别亮点值得一提。

其一，“安倍经济学”结构性改革强调科技创新在引领日本经济复苏中的示范性功能。“安倍经济学”提出结构性改革的核心目标是提高生产效率、增加额外产能，为此着重强调产业转型及结构升级的重要性，并希望依托新一轮的科技创新，引领下一阶段的产业结构调整。诚如安倍晋三所言，技术创新是“安倍经济学”相关政策核心中的核心①，也是贯穿当前日本经济结构改革的主线与基础。为此，安倍政府钦点了氢能源汽车、iPS细胞、机器人等三大领域为推进日本整体产业升级的主攻对象，并希望借助这些领域的科技创新及重大技术突破，对其他产业的转型与升级起到良性的促进作用。不仅如此，安倍政府更希望三大领域相关产品的市场化能够创造可观的经济效益，并通过蝴蝶效应的扩散，促使日本经济走出持续衰退的阴影。

其二，“安倍经济学”结构性改革有一股主动性、内生性的形成力量，或者说其改革的动力源自于经济结构的内部调整，是对实现经济复苏的极度渴望所引发的内生性动力。与之形成鲜明对比的是，始于泡沫经济崩溃之前的日本国内一系列结构性改革存在显著的被动性、外压性特征。换言之，当时的日美贸易摩擦成为“日本产业结构不断优化、升级的外在动力”②。相比较而言，“安倍经济学”结构性改革是日本经济面对“失去二十年”、甚至是可能即将到来的“失去三十年”的主动反应，也是日本经济运营体制内部对改革要求的集中表现。

其三，安倍政府意图依托“安倍经济学”结构性改革尤其是其中的制

① 安倍晋三:「STSフォーラム2014年年次総会における安倍総理スピーチ」、2014年10月5日、http://www.kantei.go.jp/jp/96_abe/statement/2014/1005sts.html。

② 马文秀:《日本贸易摩擦与日本产业结构调整》，北京：人民出版社，2010年，第29页。此外，樊勇明、贺平两位学者指出，日美贸易摩擦至少在四个方面对日本的国内改革产生了积极的推动作用。“首先，通过将反对改革的矛盾导向外来的压力，日本政府得以最大限度地化解政治内压，从而减少国内阻力，降低改革的成本；其次，外压的有效作用往往寻求建立跨国的利益同盟，从而使国内业已存在的改革需求显性化，增强其社会影响力，加速改革进程；再次，在强烈外压的作用下，国内各利益集团不得不进行打破现状的利益交换，通过大众媒体等渠道，新的社会共识和政策偏好得以形成，从而使改革的速度和力度控制在日本经济和社会的承受范围之内；最后，在美国贸易外压的作用下，通过条约、协议、合同等书面的法理形式，日本得以将既有的改革成果制度化”。具体内容请参见樊勇明、贺平:《日美贸易摩擦对日本国内改革的影响》，载《现代日本经济》，2009年第1期，第29页。

度结构改革部分，“软化”日本落后、封闭、僵化的传统经济体制，同时引入外部竞争，推动日本国内经济体制朝自由、开放的方向发展。对外资的开放度不高一直是困扰战后日本经济发展的主要问题，尤其是泡沫经济崩溃以降，日本的这一欠缺始终受到外界的质疑与诟病。因此，如何打破日本经济传统的封闭体制，实现日本经济与外部经济之间一定程度以上的交流与融合，成为“安倍经济学”制度结构改革的首要任务之一。为此，安倍政府意图以跨太平洋伙伴关系协定（TPP）谈判为主要切入口，一则加速日本经济的开放程度，为外资流入日本创造更为积极、更为公平的竞争环境；二则“以外促内”，通过输入外部的竞争压力，推动国内经济结构调整及制度结构优化。

综上所述，“安倍经济学”制度结构改革的目标之一是创建一个积极、包容、开放的新经济体制，而政府在这一新经济体制中享有较高的管辖权及独立性，对经济运行过程中可能产生的风险及存在的问题握有一定的控制力和抵御力，对经济运行的趋势和方向具备一定的引导能力及前瞻性视野。

二、结构性改革推动日本的“再工业化”

值得注意的是，受“安倍经济学”相关结构性改革措施的影响，日本出现了一波驻外企业集体“回潮”的现象，比如说，日本山田电机关闭了在天津的门店；松下关闭了在上海的等离子电视工厂等。对此，我们需要客观认识、正确应对。

实际上，无论是深陷困境的日本经济，还是执政的安倍政府，都急需看到日本国内经济的快速复苏。为此，安倍政府借助扩张性的财政政策、超宽松的量化货币政策以及倚重民间投资的结构性改革措施，即所谓的“安倍经济学的三支箭”，大规模地刺激、引导、甚至是规划日本经济的中长期发展方向。当然，其中最为重要的板块之一就是重振日本国内的制造类产业。从某种意义上来说，这也可以被视为日本的“再工业化”。这样一来，似乎就不难理解日本企业的本土回归，而回归的直接动因就是为“再工业化”添砖加瓦。

但若细致分析日本经济的现实背景及“安倍经济学”的经济发展战略，就会发觉上述的逻辑完全是个悖论。实际上，就日本经济结构调整与产业转型的方向而言，其不可能依靠海外企业的回迁以带动国内制造业的规模扩张，并以此谋求制造业的重新崛起。换句话说，日本“再工业化”的现实路线是倚重现有制造业的再发展。即，在原有的技术密集型及资本密集型制造类产业的基础上，不断融入能够引领国际先进技术发展趋势、富有核心竞争力的知识创新力。这亦可以被视为“安倍经济学”以及整个日本经济产业结构调整的重中之重。当然，为了稳妥并高效地实现这一重大战略的落地，需要日本政府实施一系列涉及财政、税收、金融、产业革新、移民等领域的相关政策。至此，这无疑会吸引一些海外企业的赴日投资及本土企业的继续驻留，但其政策对象绝不是所有的企业，尤其是高人工成本和低技术含量的制造类企业。

此外，值得一提的是，当前中日间的经济合作着实受到了政治气氛的干扰，致使日本国内鼓吹“经济脱离中国”的妄说甚嚣尘上。与此同时，日本右翼势力的政治搅局扩大了未来中日关系走向的不确定性，致使两国的经济合作接近于“半休克”状态。再加上一直以来日本国内的经济界及学界本身就存在“中国+1”的讨论，即希望通过分散在华的集中投资，以避免“一个篮子放鸡蛋”所带来的风险集聚。上述这些因素的叠加不可避免地会对日本企业的对华投资意愿造成负面影响，一定程度上也减缓了日本对华投资的增长趋势。不久前，日本瑞穗综合研究所发布的“2012年度企业调查”结果显示，关于今后计划重点开展业务的国家或地区（多选），选择东盟（ASEAN）地区的企业占总数的44.7%，首次位居榜首；而自此调查实施以来一直稳居榜首的中国，其占比降为36.7%，首次跌至第二位。更为重要的是，逾半数的被调查企业希望安倍政府能够改善日中关系，这一定程度上也真实地反映了当前日本企业在进行对华投资时的矛盾心理。

在经济全球化、贸易自由化的今天，企业以自身发展的需要为基本出发点，选择合适的地区或国家进行投资、生产或销售，这完全是市场调节的重要结果。换言之，企业在决定自己发展路径的时候，仍把企业利益的多与少作为基本的判断标准。因此，过度解读或放大个别日企选择离开中国、回归日本本土的经济行为都是非理性的。同时，一旦这种非理性中再掺杂非善意的政治因素在内，则市场理性就会变味成政治非理性。

当然，离开中国并回流至日本本土的现象仅限于个别企业，并未形成明显的趋势，短时期内也很难出现大规模撤资的可能。尽管如此，随着中国人工成本及基础设施利用成本的上升，传统制造业生产成本相对较低的竞争优势正日渐式微，因此，应该注重引导企业关注的焦点由“制造优势”转至“市场优势”，突出中国市场的规模性与包容性，以吸引更多的外来投资。这样一来，中国的优势并非是丧失殆尽，而是亟待开发。

三、“安倍经济学”结构性改革的缺陷

尽管如此，随着“安倍经济学”逐步失去新鲜感、日本经济逐步回归至日趋衰退的原轨道，针对“安倍经济学”结构性改革的批评意见也是日益增多、此起彼伏。不可否认，结构性改革难以摆脱日本传统政治经济体制的束缚，更无法触及日本经济长期积累的顽疾，进而难以从根本上扭转日本经济衰退趋势。

其一，“安倍经济学”的结构性改革并没有解决政府“妥协性”和市场“有限性”的根本问题。诚如高柏所言，“非市场治理结构”是日本政治经济系统的典型特征。这一表述不仅客观指出日本政府治理经济的政策局限性及主体缺失性，同时也表明日本政府容易与相关利益集团取得妥协，导致政策推进落实的不全面、不彻底。另一方面，这一表述也说明日本市场的非完全竞争性特征，即特定利益集团容易借助政府的行政力量实现对个别市场的局部性垄断，并最终导致市场的非公平性竞争及利益分配的低效率、甚至是无效率。

由是观之，“安倍经济学”的结构性改革并没有赋予政府在相关改革政策上的绝对主导力，更没有隔绝政府与相关利益集团之间的紧密联系，相反，政府却更加依赖传统的利益集团以推动氢能源汽车、机器人、iPS 细胞等核心产业的开发与发展。更为重要的是，“安倍经济学”结构性改革更没有赋予市场充分的主体性地位，也未能建立起完全由市场来协调国内经济资源的调拨与分配、并由市场来决定相关产品及服务定价和利润分配的运作体系。

换句话说，即便“安倍经济学”提出的部分结构性改革措施是合理的，塑造的发展前景是美好的，但归根结底缺乏有效的落实与完善，导致结构性改革措施仅停留于口头上的政治宣言，甚至多数内容最终转变为“海市蜃

楼”般的昙花一现。

其二，“安倍经济学”的结构性改革始终未能建立起政府与市场沟通的良好机制。尽管为提高政府与市场之间的沟通效率，安倍政府重新梳理并修改了部分政府直属的政策咨询机构（参见表2-4），同时意图通过这些主要的政策咨询机构，把政府的相关政策及政策意图第一时间传递给市场及相关行为主体[①]，但这一片面性的改革措施并没有解决市场与政府之间沟通不畅的现实矛盾，更没有起到“自下而上”的信息传递及反馈的功能，致使市场及市场主体的真实需求与政府政策的具体意图之间形成较大落差。

其中，较为突出的问题就是围绕是否增加工资的争论。尽管安倍本人及安倍政府频繁要求企业为员工涨工资，同时通过相关政策咨询机构释放信号，但仅有一小部分大型企业给予了积极回应，广大的中小企业没有、甚至难以做出必要的回应，最终这一近似于行政命令般的改革措施也未能提升社会整体的工资水平和劳动者的可支配收入。显然，安倍政府在加薪问题上与日本的企业界存有一定的认识偏差。

实际上，日本主流媒体之一的《日本经济新闻》曾对国内收入减少的现状颇为不满，指出2012年日本人均现金工资总额较1997年减少了逾一成。实际上，自“安倍经济学”出台之后，日本国内收入普遍性减少的趋势并未得到完全遏制。除金融行业从业人员的收入有显著提升以外，多数制造业及国家公务员的收入并未发生实质性的改观，且仍有进一步下滑的可能。尽管安倍政府不断竭力游说国内的各重要经济组织、经济团体及大型企业，希望能实现普遍加薪的预期效果，但实际成效仍然有限。由是观之，尽管部分日本企业陆续推出加薪的具体措施并逐步付诸实施，但需引起注意的是，继加薪的事实发生之后，薪水增加的幅度会成为日本社会争议的焦点，后者甚至

① 值得注意的是，安倍政府主要的经济政策咨询机构有六个设在首相官邸的直接管辖下，其余三个由内阁府管理，各个机构的成员名单直接由首相或主要内阁成员提名决定。因此，就安倍政府所建立的政策咨询体制而言，与其说是政府基于咨询机构所提供的相关建议制定富有针对性的政策及措施，毋宁说是政府决定相关政策或政策意图之后，通过特定的政策咨询机构向外发布并制造必要的舆论效应。当然，这可以被视为制度结构改革的突出表现之一，因为其已经突破了日本传统的、协商型的经济政策制定模式，转而尝试建构以强势政治依托，中央政府主导的政策制定新模式。

会成为制约“安倍经济学”释放经济效应的关键性因素。

表2–4：安倍政府的主要经济政策咨询机构

机构名称	所属部门	主要职能
综合科学技术及创新会议	内阁府	基于内阁总理大臣和科学技术政策担当大臣的领导，功能级别凌驾于各个省厅之上，就综合性的、总体性的科学技术创新政策，制定相关企划方案并进行综合性调整。
规制改革会议	内阁府	① 综合调查并审议规制改革的基本事项，以答复内阁总理大臣的咨询，推动经济社会的结构性改革； ② 就上述事项，向内阁总理大臣陈述意见。
经济财政咨询会议	内阁府	① 为答复内阁总理大臣的咨询，调查并审议经济整体运营的基本方针、财政运营的基础、预算编制的基本方针及与经济财政政策相关的重要事项； ② 为答复内阁总理大臣及相关大臣的咨询，调查并审议以“国土建设计划法”为基础的全国性计划以及其他与经济财政政策相关的重要事项，发表对经济整体运行的看法，确保政策的一贯性和整合性。
日本经济再生本部	首相官邸	与经济财政咨询会议（内阁府下设）合作，构想必要的经济对策、落实增长战略，促使日本经济摆脱日元汇率高涨和通货紧缩的困局，并使其重新回归至强势增长的轨道。
知识产权战略本部	首相官邸	有计划地集中推进相关举措，使之更有利于日本知识产权的发明、保护及利用，同时加强日本产业的国际竞争力，以应对国内外社会经济形势的变化。
综合海洋政策本部	首相官邸	① 制定日本海洋开发计划的总体方案并加以推进实施； ② 对相关行政机构基于海洋总体开发计划所采取的相关举措展开综合性协调； ③ 规划、立项、综合协调与海洋相关的重要政策。
宇宙开发战略本部	首相官邸	① 制定并实施日本宇宙开发总体计划； ② 调查并审议与宇宙开发和利用相关的重要企划方案。
健康及医疗战略推进本部	首相官邸	发挥其在医疗领域研究开发的引领性功能，促使日本的医疗技术及服务达到世界最发达水平，并借此延长国民健康寿命，培育医疗、医药及医疗器械领域的战略性产业。
发达信息通讯网络会议推进战略本部（IT综合战略本部）	首相官邸	迅速并有重点地落实、推进各项相关政策措施，以构建发达的信息通信网络社会，同时应对因信息通讯技术的变革而产生的急速、大规模的全球社会经济结构性变化。

资料来源：笔者根据日本首相官邸、内阁府等官网公布资料，编制而成。

其三，结构性改革没有创造出足够的市场需求，最终演变为“无关痛痒”的政策调整。据日本内阁府公布的《机械订单统计调查报告》显示，在“安倍经济学”的刺激下，2013年与2014年日本国内机械产品订单额分别增长至25.6万亿日元和27.89万亿日元，但仍低于金融危机前2007年29.71万亿日元的水平[①]。另据日本政策金融公库的调查统计数据显示，2013年度

① 日本内閣府:「統計表一覧：機械受注統計調査報告」、http://www.esri.cao.go.jp/jp/stat/juchu/1412chouki-1.xls。

（2013年4月至2014年3月）日本国内中小企业设备投资额较2012年度增加7.1%；2014年度（2014年4月至2015年3月）调整后的预期增加幅度为9.0%（原预期值为负的5.2%，即减少5.2%）[①]。尽管近两个年度的数据统计值显示企业设备投资有所增长，但变动幅度仍远低于2010年度的21.2%和2011年度18.6%[②]，从另一侧面表明日本国内需求增长仍然有限的事实。

中国学者张乃丽、蔡俏曾通过实证检验得出结论，“日本企业在决定是否投资时，融资不是问题，资本存量也没有过剩到影响新增投资的程度，投资后生产的产品能不能在国内外市场上卖出去，从而能不能获利，是影响企业家投资决心的最重要因素”[③]。“安倍经济学”结构性改革显然偏离了企业的投资期望，没有从根本上增加或扩大市场需求，也没有培养市场的潜在性需求，最终使企业扩大销售、增加生产的预期下降，企业的追加投资亦随之减少。并且，结构性改革始终没有激发起包括私人资本在内的社会资本的踊跃参与，结果迫使政府公共投资成为“安倍经济学”的唯一可支配的资本支撑，同时也成为“安倍经济学”的一大历史负担。对此，理查德·卡兹（Richard Katz）告诫称，尽管安倍晋三正竭力诱发通货膨胀，从而促使日本消费者信心得以恢复，但信心建立的关键方法仍然依赖实质性的结构性改革，同时借此改革以重塑日本企业滞后的竞争力[④]。日本学者高田创甚至告诫称，“安倍经济学”成功与否取决于日本企业的态度[⑤]，一来暗示安倍政府应当给予日本企业更为便利的竞争环境及更为有利的税收条件，二来讥讽安倍政府不到位的结构性改革措施并没有给日本企业带来经济增长的实感。

---

① 株式日本政策金融公庫総合研究所:「第111回中小製造業設備投資動向調査・要約版：2014年度修正計画（9月調査）」、2014年10月22日、http://www.jfc.go.jp/n/findings/pdf/news261022a.pdf。

② 株式日本政策金融公庫総合研究所「第111回中小製造業設備投資動向調査・要約版：2014年度修正計画（9月調査）」、2014年10月22日、http://www.jfc.go.jp/n/findings/pdf/news261022a.pdf。

③ 张乃丽、蔡俏:《“安倍经济学”传递机制中的企业投资研究》，载《国际经贸探索》，第29卷第10期，2013年10月，第113页。

④ Richard Katz, “Voodoo Abenomics: Japan's Failed Comeback Plan,” *Foreign Affairs*, Vol. 93 Issue 4, July/August 2014, pp.133-141.

⑤ 高田創:「祝アベノミクス1年、目指すは企業活動の活性好循環」『リサーチTODAY』、みずほ総合研究所、2013年11月21日。

另一方面，日本经济之所以陷入长期的低迷衰退，主要是因为存在“三主两次的基因病症”，即科技和产业革命、执政理念、投资与消费等组成的主要因素，以及不动产、人口二者组成的次要因素。对此，“安倍经济学”的政策“处方”显然是治标不治本，只能暂时缓解日本经济的持续走弱，却无法根治日本经济长期累积的病症[①]。有学者指出，“安倍经济学借用凯恩斯经济学的政策措施，凭借激进的货币政策和扩张性财政政策暂时起到了刺激日本经济复苏的效用，缓解了通缩的压力，但仍未全面展开对日本经济至关重要的结构性改革措施”[②]。由此可见，“安倍经济学”的结构性改革措施没有获取足够的认同。

其四，从宏观政治经济结构来看，“安倍经济学”结构性改革难以颠覆战后日本传统的利益分配格局，进而难以触及经济运营体制的核心部分。战后日本经济体制转变为垄断法人资本占有制，这是日本法人垄断资本主义的所有制基础[③]，也是统治战后日本经济70年的核心制度。在这一基本经济体制的笼罩下，日本政府俨然成为大财阀、大企业所垄断的战后日本经济体制的辩护者、代言人，政治家与经济财阀之间已经形成高度融合且相互扶持的利益综合体。

针对这一根本性的结构弊端，日本经济的结构性改革应符合全球化竞争的时代背景，更应彻底废除把日本整个国家作为一个“日本股份公司”的传统体制[④]。但恰巧相反，安倍政府作为日本政治的集中性表现，更是主要经济利益持有者的代言人，没有也绝不可能对业已固化的经济体制或利益分配机制采取革命性的修正措施。另一方面，实施产业政策需要一定的社会条件，即（1）完备的法律基础，（2）发达的市场条件，（3）先进的信息收集、

① 金柏松：《从“遗传基因”发现日本经济“病因”：兼论安倍经济政策效果》，载《东北亚论坛》，2014年第2期，第98—111页。

② 伞锋、张晓兰：《安倍经济学能拯救日本经济吗？》，载《东北亚论坛》，2014年第1期，第75—84页。

③ 江瑞平：《法人垄断资本主义：关于日本模式的一种解析》，载《中国社会科学》，1998年第5期，第154—155页。

④ 王建华：《日本经济长期萧条的深层结构性原因：从美日“新经济”转型的成败谈起》，载《经济科学》，2003年第2期，第127页。

处理及交换手段[①]。尽管日本具有较为完善的法律基础条件，但仍缺乏必要的市场竞争条件，个别行业或产业常年垄断的结果导致集团性政治经济利益群体丛生，这也是阻碍结构性改革推进与落实的主要因素[②]。举例而言，针对日本农协的相关改革方案及措施迟迟难以推进，就是政经利益群体固有力量的真实写照。

其五，“安倍经济学”自身存在结构性缺陷。具体而言，“安倍经济学”过分强调了货币政策与财政政策的重要性，忽视了结构性改革对日本经济复苏可能产生的功能及效果，同时也没有平衡好各主要政策之间的关系，导致主次颠倒、喧宾夺主的错误。尽管按照日本央行的既定目标，2014年末日本的基础货币量较2012年翻一番，达到270万亿日元的规模，但是，货币政策难以解决日本经济的结构性困境，日本当前所面临的人口老龄化、社会投资需求不足及私人部门融资需求不足等顽疾仍然游离于货币政策对象之外[③]。因此，就“安倍经济学”自身的结构组成而言，结构性改革应该排在首位，成为政府推进经济改革计划的首要任务，而与之相比，金融政策应作为辅助性手段，配合结构性改革的有序落实。

其六，“安倍经济学”结构性改革未能从本质上重塑积极、开放的政治意识形态，这也是导致“安倍经济学”结构性改革彻底失败的根本动因。事实上，当前的日本亟须思想观念上的彻底革新与进步。安倍政府并没有推动日本社会朝开放、自由的方向发展，相反却使社会整体变得更为保守、更为滞后。实际上，“发生于20世纪六七十年代的产业结构升级、八十年代中期的日元汇率改革以及九十年代以后的体制调整等，都对日本国内的政治经济结构产生了重要影响，促使日本从一个重商主义的封闭型社会不断向自由主

① 陈淮：《日本产业政策研究》，北京：中国人民大学出版社，1991年，第24页。

② 针对这一问题，日本著名学者藤原归一教授就曾指出，日本市场若实行彻底的自由化，则绝不可能扶植出具有竞争力的工业部门。具体内容请参见藤原帰一:「アジア外交とその時代」『国際問題』、第623号、2013年7・8月、第2頁。

③ 王志刚、周永刚、钱成济：《经济刺激计划能否将日本带出通货紧缩泥沼：基于安倍经济学的政策效果评价》，载《教学与研究》，2014年第3期，第18—19页。

义的开放型社会转变”[①]。更有学者从另一视角指出，战后日本延续着战时的1940年体制，并且这一体制始终是战后日本经济结构的核心部分。但随着日本经济内外形势发生巨大变化，传统的1940年体制已然不符合当前经济发展的要求，亟须适当的改革与调整[②]。尽管如此，安倍政府所倡导的一系列改革，一方面鼓吹“开放与自由”的先进理念，另一方面却加紧对日本社会保守化的引导与教育，致使日本社会及国内经济离开“真正的开放”渐行渐远。

进一步而言，安倍政府“竭力”推动结构性改革的真实意图并非完全是为了日本国内的经济复苏，实际上更为注重稳固自身的政治地位、强化保守政治的统治能力，说到底，就是“借经促政”，抑或是“借经强政”。如前文所述，安倍积极调整政府直属的政策咨询机构，从另一侧面表现出安倍本人意图强化首相个人政治领导力及决策力的真实想法。或许在安倍个人看来，发展经济并非是其执政的第一要务，强化保守政治领导才是其根本诉求。

也正是因为结构性改革存在上述的缺陷与不足，从而对“安倍经济学”的整体造成了双重“非对称性质”的负面影响。

一方面，“安倍经济学”滋生出短期政策与中长期政策非对称的矛盾。超规模货币宽松政策极易引发失控的通货膨胀，各国央行在制定或实施这一政策时基本都持有谨慎操作的态度。也正是因为这一软肋，超规模货币宽松政策始终不可能成为长期的、主流性的央行货币政策，而只能扮演短期的、调节性的货币政策。因此，这一政策影响市场能力有限，短期内可以发挥一定效果，但中长期难以维系。与其相比，改变市场投资者的预期关键还是要依赖工资增长等中长期经济利好因素。

另一方面，“安倍经济学”的政策效果存在非对称的分布落差，政策效果的受众面有限。具体来看，“安倍经济学”所带来的绝大多数利益均被大企业、大财团以及出口制造类企业所垄断，而广大的劳动者阶层、中小企业尤其是主要从事进口为主的国内企业却成为“安倍经济学”的牺牲品。据日

① 樊勇明、贺平：《日美贸易摩擦对日本国内改革的影响》，载《现代日本经济》，2009年第1期，第25页。

② 甘峰：《日本的“战后”与40年体制》，载《东北亚论坛》，1996年第4期，第73—76页。

本主流媒体之一的《朝日新闻》公布的调查数据显示，仅有三成（30%）的日本受访民众认为“安倍经济学”是成功的，近四成（39%）的受访民众明确表示“安倍经济学”实际上是失败的，同时65%的受访者表示“安倍经济学”并没有创造工资及就业的增长，占压倒性多数，与其相对，仅有两成（20%）的受访者认为“安倍经济学”带来了工资及就业的增加[①]。另据日本厚生劳动省公布的统计数据显示，截至2014年8月末日本领取最低生活保障的家庭数接近161万户（160.983万户），刷新历史最高纪录[②]。为此，《朝日新闻》发表社论指出，“着眼全面”的“安倍经济学”并没有关注低收入社会阶层，去通货紧缩政策及提增消费税等引致的物价上涨已然对这一群体构成沉重负担[③]。

本章小结

尽管安倍政府已然意识到结构性改革对扭转日本经济颓势的关键作用，并在“安倍经济学”的框架构建及内容设计等方面融入了结构性改革的重要部分，但因为这一改革的力度及深度不足，缺乏实质性的改革措施，所以难以触及经济运行系统的核心部分，也未能扭转日本经济持续萎缩的窘境。

其次，日本传统的政治经济运营系统制约着结构性改革的政策效果。具体而言，结构性改革未能确立日本政府在相关政策落实及推进过程中的绝对性主导地位，进而迫使政府转而寻求与主要利益集团达成妥协，最终改变了政策初衷及政策效果。另一方面，日本政府又不愿意赋予市场在改革进程中的绝对性主导地位，反而希望借助结构性改革扩大政府治理经济的权限，限制市场机制的功能性发挥。总之，政策的“妥协性”与市场的“有限性”仍是困扰日本经济结构性改革的根本要因。

---

① 「アベノミクス「失敗」39％、「成功」30％　世論調査」『朝日新聞』、2014年11月21日（http://www.asahi.com/articles/ASGCN5HKLGCNUZPS005.html）。

② 厚生労働省:「被保護者調査（平成26年8月分概数）」、2014年11月5日（http://www.mhlw.go.jp/toukei/saikin/hw/hihogosya/m2014/dl/08-01.pdf）。

③ 「アベノミクス—「何でもあり」に潜む死角」『朝日新聞』、2014年8月25日。

再者，尽管结构性改革的相关举措考虑了日本国内人口减少、劳动力不足等威胁经济稳定增长的不利因素，同时也希望依托日本制造业技术竞争优势的有利因素，实现趋利避害式的经济复苏，但事与愿违，结构性改革并没有创造出足够的市场需求，甚至消费税率的增加进一步遏制了社会总需求的上升，从而导致国内经济增长动能的不足，也抑制了结构性改革的政策效果。由此可见，“安倍经济学”的结构性改革对影响经济增长的长短期因素有适当的考虑，但并没有协调好与宏观经济政策之间的互动联系，更没有确保宏观经济稳定运行的重要前提。此外，“安倍经济学”结构性改革所倡导的一系列政策措施，需要积极外部环境的支撑与配合。而安倍政府不断在领土、历史等问题上挑衅周边国家，致使日本与周边国家的政治关系举步维艰，外部经济条件极度恶化。为此，日本学者高田创指出，“安倍经济学”的“第四支箭”是对外关系，其中日美关系位于中心位置，与之相呼应的是日本与亚洲近邻之间的关系[①]。由是观之，若安倍政府仍难以在周边外交上打开局面，则政经脱节的外部环境只会加速“安倍经济学”走向彻底的失败。

最后需要指出的是，“安倍经济学”结构性改革并没有摆脱日本战后政治思想的传统束缚，也没有在经济治理的思维模式上取得任何创新，更无法击破日本社会固有且僵化的政治经济利益链，这就从根本上决定了其失败的命运。从这一层面来看，结构性改革、乃至于“安倍经济学”所有整体既是经济范畴的命题，更是政治范畴的命题。

更进一步而言，当前的日本政治俨然成为大财阀、大企业所垄断的战后日本经济体制的辩护者、“守夜人”，政治家与经济财阀之间已经形成高度融合且相互扶持的利益综合体。而首相安倍晋三及安倍政府作为日本政治的集中性表现，更是主要经济利益持有者的代言人，绝不可能对业已固化的经济体制或利益分配机制采取革命性的修正措施。

① 高田創:「安倍政権「3段ロケット戦略」軌道の「右側」に懸念」、みずほ総合研究所、2013年5月23日、第2頁。

扩展阅读

日本提增消费税率拖累经济复苏

2014年4月1日，日本安倍政府把国内消费税率由5%提高至8%。此后不久，国内日本经济复苏乏力的巨大压力，安倍政府又无奈决定，把进一步提高消费税率至10%的原定期限推迟至2017年4月。

时至今日，8%的新消费税制度已实施一年，日本国内各方对此政策也是议论纷纷，莫衷一是。但总体而言，负面的评价要远多于正面的。究其原因，主要是因为提高消费税率并没有为日本政府带来预期的财富增长，反而加重了日本经济复苏的负担。

据日本财务省公布的最新统计数据显示，截至2015年2月末，日本政府2014年度（2014年4月至2015年3月）的累计消费税收入为9.51万亿日元，而这一科目的年度预期收入竟然超过15.3万亿日元；另一方面，受到消费税率增加的影响，日本政府预计2015年度的税收总额将超过51.7万亿日元，而2015年2月末累计税收金额也仅为37.1万亿日元，离开预期目标相距甚远。由此不难发现，消费税率的提高并没有为日本政府带来预期的收入增加，也没有帮助日本政府摆脱入不敷出的局面。

这里需要补充的是，由于安倍政府上台以后始终坚持压低日元汇率的相关政策，致使日元兑美元的汇率直线下跌，日本进口商品的价格持续攀升，进口商品在日本国内市场的销售价格亦随之上涨。受其影响，日本国内的消费市场受到一定程度的挤压，消费倾向呈现衰减趋势。与此同时，消费税率的增加阻碍了居民的消费倾向及消费行为的正常发展，进而与上述的日元贬值效果一样，成为抑制日本国内消费增长的主要动因之一。更为重要的是，提增消费税率的经济政策会进一步拉大社会贫富差距，降低社会低收入人群的福利，进而可能会造成社会总福利的下滑。为此，日本国内就有观点认为，必须适当引入降税制度，尤其是降低居民生活必需品的消费税率，甚至有必要制定具体且详细的降税商品科目[①]。

不管怎样，提高消费税率对日本经济带来的负面影响是显而易见的。具体而言，2014年第二、第三季度的日本GDP出现连续负增长，致使日本经济重新跌入衰退的深渊。受此影响，2014年日本名义GDP的增长率为1.7%，而实际增长率依旧停留在“零”的节奏。就此，美国经济学家、诺贝尔经济学奖获得者斯蒂格利茨批评道，尽管日本量化宽松政策取得了一定效果，但消费税率的过早增加影响了经济整体的复苏进度。更有甚者，现任的日本内阁官房长官菅义伟也自暴自弃地称，提增消费税率对日本经济复苏的影响极大[②]。

尽管如此，日本接下去仍需面对一个棘手但现实的问题，即2017年4月的消费税率“二度增长”。需要指出的是，对安倍政府及日本政治整体而言，在2017年4月的时间节点，是否进一步提高消费税率已完全属于政治范畴的议题。换句话说，消费税率由8%增加至10%已经脱离了简单的“经济问题”范畴，进而蜕变为政治问题，直接关系到安倍政府的政治信用及相关政策的可信度等。而且，之前围绕着“二度提增”消费税率是否需要拖延时间一事，日本国内曾就有过一次激烈的辩论，而反对声音的焦点之一就是政府的公信力。为此，安倍政府专门做出表述，并去除了“二度提增”的附加条件，以确保10%的消费税率新制度能得以“顺利”实施。

当然，无论日本政府是否会如期再度提高消费税率，日本经济的发展前景仍不容乐观。尽管日本国内有观点认为，现行的消费税率远低于欧美等主要国家，甚至离开北欧等高福利国家仍有相当差距，但现实环境是日本的国债规模已突破1000万亿日元，约为日本GDP的2.3倍。而且，2015年度日本政府的财政预算又高达96.3万亿日元，再创历史新高。在财政预算屡创新高的兴奋之中，亟须有人认真思考日本债务违约及与之相关联的一系列金融风险问题，以避免“亡羊补牢”。不仅如此，日本更需要认真思考政府在经济运行系统中的准确定位以及政府与市场之间的合理关系。

---

① 「消費税増税１年　経済再生へ消費底上げを」『産経新聞』、2015年4月2日。

② ［共同社4月1日电］《日本官房长官称消费税增税影响极大》，2015年4月1日。

第三章 日本能源战略的嬗变及安倍政府的能源政策分析

3·11大地震之后，日本国内随即掀起了声势浩大的“批核、反核”运动，一则痛斥福岛核事故所造成的惨痛教训，二来反思日本错误的核技术开发及应用战略。这场运动的焦点迅速汇聚至“去核电”问题上，即尽快废除日本国内所有的核发电设施。不可否认，去核电业已成为日本社会争论的焦点之一，广受包括草根阶层、精英阶层等在内的芸芸大众的热情追捧。受其影响，日本国内的所有核电站相继转入停运状态，去核电亦逐步由重要理念转变为客观事实。

在此背景下，日本的能源战略，这一关乎日本国家及民族未来发展的宏大主题再度被动性地做出相应调整。而且，由于去核电直接关系到日本能源战略这一重大课题，而后者又与日本的经济安全、国家战略、民生发展存有密切关联，甚至间接地影响国际能源供需结构的平衡与调整、世界政治与经济局势的互动与发展等重大议题，因此，有必要针对日本的去核电进行深入研究，更须由表及里地进行深层次的剖析与探索。另一方面，随着去核电的落实与推进，核能源的有效替代问题就逐渐浮出水面，并演变为较为棘手、但必须正确应对的重要课题。至此，短时间内如何大规模地增加石油、天然气的进口，并保持后者供应的稳定性，成为日本政府必须应对的首要挑战。与此同时，中东地区作为日本石油进口的主要来源地，其重要性再度提升，这也引发了日本中东政策的重要调整。

第一节 “去核电”引发日本能源结构的调整与政治博弈

随着日本去核电的实施与推进，日本能源的进口结构、电力的生产与消费结构及安全观念等发生嬗变，主要表现为以下三个具体方面。

第一，去核电引发日本电力生产结构的巨幅变化，火力发电陡升为电力供应的绝对性支柱。为了排除季节性因素的干扰，我们通过观察同一月份的发电量统计数据，即可清楚地捕捉到日本电力生产结构呈现巨大变化的客观事实。据日本电气事业联合会公布的数据显示，2010年11月，也就是3・11大地震发生前的四个月，日本十家主要电力公司的发电量共计633.9亿千瓦[①]，其中，水力发电量为37.2亿千瓦，占总发电量的5.87%；火力发电为363.7亿千瓦，占比约为57.37%；核能发电量为231.3亿千瓦，占比约为36.49%；新能源等的发电量为1.79亿千瓦，占比约为0.28%[②]。由此可见，大地震来袭之前日本的电力供应主要依靠火力发电，约占总发电量的六成不到，其次就是核能发电，占比超过了三成半，成为日本电力供应的第二大支柱。视线转移至2012年11月。其间，日本十家主要电力公司的月发电量共计583.6亿千瓦，其中，水力发电量为33.6亿千瓦，约占总发电量的5.76%；火力发电为530.4亿千瓦，占比约为90.88%；核能发电量仅为17.5亿千瓦，占比约为3.00%；新能源等的发电量为2.02亿千瓦，占比约为0.35%[③]。由此可见，占比超九成的火力发电一跃成为日本国内电力供应的绝对性支柱，而两年前占比超三成的核能发电，此刻的境遇已是大相径庭、风光不再，占总发电规模的比重骤降至仅有的3.0%。值得一提的是，日本政府曾在2012年5月6日，停止了日本北海道电力公司泊核电站3号机组的正常运转，也使日

① 日本主要的10家电力公司包括：东北电力、东京电力、中部电力、北陆电力、关西电力、中国电力、四国电力、九州电力与冲绳电力等十家发电行业的龙头企业。

② 日本電気事業連合会:「2010年11月の発受電速報」、2010年12月13日（2013年1月7日、http://www.fepc.or.jp/library/data/hatsujuden/__icsFiles/afieldfile/2010/12/13/hatsuju1213.pdf）。

③ 日本電気事業連合会:「2012年11月の発受電速報」、2012年12月14日（http://www.fepc.or.jp/library/data/hatsujuden/__icsFiles/afieldfile/2012/12/14/hatsuju_20121214.pdf）。

本再度进入“零核电”时代[①]。但此后不久，迫于国内用电紧张的现实矛盾，日本政府力压反对浪潮，于2012年7月1日重启了日本关西电力公司大饭核电站的3号机组，结束了“零核电”的短暂中断。之后，又重启了大饭核电站4号机组，以进一步缓解电力供应的严重不足。由此可见，尽管日本亦在竭力通过大幅增加火力发电的规模，以暂时弥补核能发电中止之后所留下的供电缺口，但通过比较上述时隔两年的月发电量统计数据可知，由于核能发电的中止，造成日本的月发电规模大幅衰减50亿千瓦，形成巨幅的电力供应缺口。而且，供给量相对较小的水力发电与新能源发电等基本维持原有的规模，未能产生发电量迅速增加的理想结果，更难以在短期内弥补废除核能发电之后所遗留的供电亏空。

第二，去核电导致日本能源进口规模的骤增，并促使液化天然气成为最为瞩目的进口增长极。3・11大地震之后，日本逐个叫停了运行中的核电站，但随之而来的却是日本电力供应暴露严重缺口[②]。为了填补因核电站停运而造成的电力供应不足，日本急遽增加了依靠石油、天然气、煤炭等化石燃料的发电规模，并由此增加了石油、天然气、煤炭的海外进口。据日本经济产业省资源能源厅公布的统计数据显示，2010年度（2010年4月1日至2011年3月31日）日本的液化天然气（LNG）进口量为7056.2吨，但2011年度（2011年4月1日至2012年3月31日）日本的液化天然气进口量随即飙升至8591.1吨，进口量同比增加21.6%[③]。与此同时，基于商品进出口额的统计显示，2011年日本进口的化石燃料共计2733.3亿美元，较2010年同比增加38.2%，其中原油等进口额为1428.7亿美元，同比增加33.6%；液化石油

---

① 刘军国:《日本再次进入“零核电”时期》，载《人民日报》，第21版，2012年05月07日。

② 据日本经济产业省资源能源厅公布的统计数据显示，2010年度日本的核能发电量高达2882.3亿千瓦，而2011年度日本的核能发电量却仅有1017.61亿千瓦，核能发电量下跌了64.7%。具体内容，参见：日本経済産業省資源エネルギー庁:『総合エネルギー統計』（http://www.enecho.meti.go.jp/info/statistics/jukyu/resource/xls/2011fysokuhou.xls、http://www.enecho.meti.go.jp/info/statistics/jukyu/resource/xls/2010fy.xls）。

③ 日本経済産業省資源エネルギー庁:『総合エネルギー統計』（http://www.enecho.meti.go.jp/info/statistics/jukyu/resource/xls/2011fysokuhou.xls、http://www.enecho.meti.go.jp/info/statistics/jukyu/resource/xls/2010fy.xls）。

气进口额为111.3亿美元，同比增加25.8%；煤炭进口额为308.2亿美元，同比增加28.2%；石油制品的进口额接近279亿美元，同比增长53.9%；液化天然气进口额共计601.4亿美元，同比增加52.4%①。由此不难发现，2011年日本大幅增加了化石燃料的进口，以维持国内正常经济活动所亟须的能源供应。更为重要的是，尽管原油仍是支撑日本国内能源消费的“主力军”，但液化天然气的进口增长幅度迅速扩大，一举成为支持日本能源进口的“生力军”。于此就不难理解为何中国国内有不少学者纷纷给出明确的战略性预测，即，日本核电事故可能推动全球提前在2020年至2030年左右进入天然气时代②。

第三，核事故引发日本社会重新思考能源安全的定义，去核电因势利导地成为政治博弈的焦点。最为直观的反应就是，2012年12月结束的日本众议院选举中，无论是自民党、民主党等大党派，还是日本维新会等中小党派，分别就去核电问题发表风格迥异的观点，以博取日本民众的支持。吊诡的是，日本政治就去核电这一重要问题的分歧，并没有集中在废除境内核电站的终极目标上，而是体现在了实现目标的路径及时间的差异上，从而有力地验证了去核电在日本社会的认知度与接受度③。但当安倍晋三领导的自民党在2012年末夺回执政权之后，一些在野党则陆续批判安倍政府拖延去核电进程的错误，当然，其中也有部分是为了反对而反对。此外，自民党内部也就这一问题出现了明显的意见分歧。实际上，首相安倍晋三、官房长官菅义伟等内阁重臣，以及自民党政务调查会长高市早苗等组成了去核电的反对

---

① 日本貿易振興機構（ジェトロ）:「ドル建て貿易概況：年次（確定値）」(http://www.jetro.go.jp/world/statistics/data/wma_area_12.pdf)。

② 杨洁勉等著:《体系改组与规范重建：中国参与解决全球性问题对策研究》，上海：上海人民出版社，2012年5月，第220页。

③ 毋庸讳言，政治永远紧随着国内民意而发生因时制宜、亦步亦趋的嬗变。无独有偶，2012年末的日本众议院大选，去核电当仁不让地升格为日本国内各党派口若悬河、争锋相对的众矢之的。另据日本共同社2012年12月17日公布的调查结果显示，454名新当选的众议员中有61.9%认为“应逐渐摆脱对核电的依赖”，10.1%认为“应争取尽早实现去核电化”，还有9.7%认为“不应急于推进去核电化”。具体内容，请参见:［共同社12月17日电］《日本新当选众议员中75%赞成修改宪法第9条》，2012年12月17日（http://china.kyodonews.jp/news/2012/12/43374.html）。

派，他们希望在确保安全的前提下继续利用核电。与其相对，自民党前党首、前首相小泉纯一郎对安倍政府的这一立场进行了严厉的批判，其儿子、内阁府复兴政务官（当时）小泉进次郎是自民党内去核电支持派的代表之一。因此，不难设想，未来在自民党内部就去核电议题势必会有一番激烈的政治博弈。

与政界各执己见的情况不同，日本经济界普遍反对去核电，认为此举会造成生产成本的骤增，并有损日本制造业的竞争力。2013年6月，日本经济团体联合会会长米仓弘昌等视察福岛第一核电站，并明确表态“有必要重启核电站”①。受其鼓舞，与去核电紧密相关的日本九大电力公司（除冲绳电力公司以外），更是在股东大会上直接否决了要求去核电的股东提案②。而这样的做法，显然与日本民众的主流意见不符。据日本朝日新闻社就“经济发展中是否需要利用核电”的调查结果显示，59%的被调查者明确表示反对，大幅超出27%的支持比例③。

尽管如此，借去核电的重要机遇，日本还是加速了新能源安全观的建构步伐，并意图加强可再生能源的国内自给能力，以提升日本能源安全的自控力与保险系数。比如说，2012年10月，日本公开宣布在秋田县鲇川油气田开采页岩气，标志着日本迈出页岩气自主开发、生产的第一步。此外，日本也启动了独立开采海底可燃冰的尝试④。尽管如此，不可否认的是，日本的这种努力短期内只能换取微乎其微的效果，即，自给的能源总量占消耗能源的比重依然甚小。实际上，日本也充分认识到这一客观存在的短板，因此，在加强能源自我供给的基础上，也强化了能源进口的多元化渠道。比如说，日本业已争取到加拿大在对日出口页岩气问题上的积极表态，后者亦希望成

① 《经团联考察福岛核电站 动员经济界提供技术支持》，共同社2013年6月6日电。

② 《日本九大电力公司开股东大会“去核电”提案均被否决》，共同社2013年6月26日电。

③ 「経済成長に原発利用、「反対」59%　朝日新聞世論調査」『朝日新聞』、2013年6月10日。

④ 2013年1月29日，日本石油天然气和金属矿物资源机构（JOGMEC）宣布，“地球”号深海探测船已于1月28日深夜抵达日本爱知县附近海域，开始了海底可燃冰（甲烷水合物）的试开采作业。此外，2013年1月15日，日本和歌山县政府宣布，将通过渔业调查船对该县近海的可燃冰资源进行调查。

为稳定的对日能源供应国[①]。此外，日本企业已进入美国、加拿大等页岩气储量丰富的国家进行投资，运筹帷幄下一步的开采及对日出口。综上所述，在日本福岛核事故之后，去核电理念的遽然迸出，其重要的影响之一就是日本整个社会的关注焦点突然间、甚或是长期的转向一种更为严格的、零风险化的新能源安全观。

第二节　安倍政府“去核电”政策的主要动因

尽管日本在福岛核事故之后急于推进去核电，但不可否认，这一应景性战略的实施亦造成日本国内能源供给的巨幅缺口，并进而影响到日本国内正常的生产及经济秩序。但是，究竟为何安倍政府要急于推进去核电？换言之，究竟是何种动因迫使安倍政府弱化甚至是姑且放弃能源体系正常运行的沉重代价，以换取去核电的实现？或许答案由以下要因组成。

第一，3・11大地震所引发的复合性灾害，对日本造成了刻骨铭心的核危害，进而激发并放大了民众内心潜藏的核恐惧。实际上，二战时期日本遭受原子弹攻击之后，所残留的严重核“伤疤”始终都未能完全愈合，而且，日本民众在是否接受并利用核能问题上的疑虑亦一直没有彻底消弭。更为重要的是，就在福岛核事故之前的若干年，日本已陆续不断地发生了多次危害程度迥异的核事故。比如说，1999年9月的东海村事件就直接造成两名人员的身亡与数百人受到核辐射的惨痛教训。这样一来，日本民众对“安全用核”的信心日渐式微，并逐步将社会内部所长期积聚的核忧虑转换为对政府核电发展战略的批评与抵制。

第二，“零核”理念的发酵成为去核电的重要催化剂。实际上，2009年上台执政的日本前首相鸠山由纪夫（民主党）就曾积极推介并宣扬过“零核世界”的理念，并与美国总统奥巴马遥相呼应，可谓是“零核”理念的忠实拥护者，后者更以此而获得了诺贝尔和平奖。尽管鸠山由纪夫所宣扬的“零

---

① 2012年9月18日，在日本访问的加拿大自然资源部长奥利弗在东京会见了日本经济产业相枝野幸男。奥利弗称日本在削减核能的过程中，加拿大可以为日本能源来源多元化做出贡献，并表示加方愿意向日本出口页岩气等新型天然气。

核世界”理念折射出更多的是对核武器危害的反省与批判，并没有包含和平使用核能的内容，但如前所述，正因为日本国内社会以及民众的内心世界仍存有始终挥之不去的严重“核阴影”，再加上福岛核事故所造成的恶果，所以，“零核世界”的全球治理理念在日本国内就迅疾转变为“去核电”的具体终极目标。更近一步而言，日本“零核世界”的政治呼声与国内社会零星存在的反核团体及非政府组织相结合，再加上部分市民运动的组织者及拥护者的积极参与，随即就凝聚成引领去核电进程的强大政治主导力。值得注意的是，鸠山由纪夫的“无核世界”理念与去核电的终极目标，尽管二者的适用范围存在国际与国内的天壤之别，针对的对象也分别是核武器与核发电设施，两个提供完全不同功能与效果的核利用方式，但二者均源自公众对于“核危害”的忌惮，交汇于“零核”的目标终点。而安倍政府正是捕捉到了这一重要信息，才应景性地做出“去核电”的相关模糊表态，以迎合日本国内的普遍民意。但需要指出的是，安倍政府所谓的“去核电”与鸠山由纪夫提出的“无核世界”完全是两个概念，前者的重点是在确保核电安全的基础上，有目标、有导向地削减核电的使用，而与其相对，后者强调停运日本国内所有的核电站，使日本能源完全从核能中脱离出来，因此，二者存在本质上的区别。

第三，日本能源多元化战略卓有成效，业已具备去核化的潜能与实力。实际上，得益于在火力和水力发电设备等基础设施上的积累性投入，日本已大幅提升了火力及水力发电的潜在规模，而且，这一潜在规模的彻底释放足以弥补因核电骤减而造成的供需缺口。与此同时，日本并不止步于传统发电方式的规模性扩张，在此基础之上，竭力开发并普及太阳能、风能、地热能、生物能、海洋能等新兴可再生能源的发电模式创新[①]。实际上，日本的可再生能源发电设备的装机容量及发电规模正与日俱增，并有望成为未来电

① 需要指出的是，日本力促能源获取渠道的多元化，强化日本“向海洋要能源”的意欲与决心，更容易激化中日两国在海上的竞争。在《海洋基本法》以及《海洋基本计划》的基础上，日本2009年3月制定了《海洋能源及矿物资源开发计划》，以强化日本在近海的能源与矿产资源的开发活动。但是，不可否认，日本的这些过激行为加剧了中日两国在东海油气田开发问题上的龃龉，致使该问题愈发尖锐化、复杂化。

力供应的主要支柱。根据日本经济产业省资源能源厅的统计数据显示，为了有效应对夏季用电的高峰，2012年8月日本的发电量升至年度峰值，包括火力、水力、风力、太阳能、核能等各种方式的发电总量总计为7674.5亿千瓦[①]。尽管如此，根据同一机构公布的发电设备运转率的统计数据显示（参见表3-1），日本十家主要电力公司在2012年8月的各类发电设备基本维持在有序运转的水平，离开满负荷运转仍存在较大的距离。其中，除了水力发电设备基本接近于满负荷运转之外，火力发电设备的运转率基本维持在六成至七成的水平，而日本的中国、东京和北陆三大电力公司的发电设备平均运转率位列前三甲，其运转水平或超过或临近于七成（三者的运转率分别为70.3%、69.6%和69.3%）。核能发电方面，除了关西电力还继续葆有一定的发电规模之外，其他几家主要电力公司的核能发电设备均处于停运状态。最后，新能源发电方面，我们惊奇地发现，尽管面临夏季用电高峰的关键时刻，但日本的几大电力公司均没有满负荷地启用各自下属的新能源发电设备，并存在故

表3–1：日本主要电力公司的发电设备利用率（2012年8月）（单位：%）

电力公司项目		北海道	东北	东京	中部	北陆	关西	中国	四国	九州	冲绳
水力		98.1	84.5	97.6	96.0	96.5	98.0	99.1	97.0	91.3	
火力	汽轮机发电	62.4	55.1	73.7	63.6	69.3	55.8	70.4	55.1	62.8	53.3
	燃气轮机发电	6.6	10.8	12.6			27.5			0.2	0.2
	内燃机发电	9.4	47.2	23.1		33.1		51.0		45.4	53.6
	总计	59.2	51.1	69.6	63.6	69.3	55.6	70.3	55.1	62.1	45.4
核能							24.3				
新能源等	风能				7.2	4.2			4.9	6.6	15.6
	太阳能	16.3	20.9	21.7	22.9	19.6	20.3	22.7	17.5	18.8	
	地热能		50.0	53.4						74.4	

资料来源：日本経済産業省資源エネルギー庁:「電力調査統計：平成24年度発電設備利用率（一般電気事業者）」（http://www.enecho.meti.go.jp/info/statistics/denryoku/resource/h24/2-4-H24.xls）。

① 日本経済産業省資源エネルギー庁:「電力調査統計：平成24年度発電設備利用率(一般電気事業者)」(http://www.enecho.meti.go.jp/info/statistics/denryoku/resource/h24/2-1-H24.xls)。

意将其维持在一个较低水平的嫌疑，其中，除冲绳电力公司15.6%的运转率之外，其余九大电力公司的风电设备运转率均不足10%；太阳能发电设备方面，各大公司的设备运转率基本都维持在两成左右的低水平；地热能发电设备在东北、东京和九州三家电力公司的运转率也分别仅为50.0%、53.4%和74.4%。总之，这一事实有力地说明了新能源发电设备利用率与夏季电力供需失衡而可能导致电力供应设备满负荷运转的预期大相径庭。

由此可见，日本的去核电并非是无源之水、无本之木，强大的供电潜能增加了日本沉着应对去核电之后所产生的供电缺口的信心与可能。从这一层面来看，去核电在一定程度上可以理解成日本为进一步拓展能源多元化战略而实施的一个必要且极为重要的关键步骤，而且，它产生的效果不仅带来能源供给渠道的分散化、多元化，更实现了能源利用方式的零风险化，归根结底，二者指向的目标更是一致的，就是强化日本的能源安全。

第四，去核电激起开发及利用新能源的潮流，而基于其可能创造丰厚利润回报的强烈觊觎，日本的主要企业及各利益集团亦纷纷涉足“去核电红利”的新竞争。毋庸置疑，新能源的开发与利用成为去核电之后的势在必行，也是最为重要的焦点之一。安倍政府积极地颁布并实施相关的新能源政策，促使民间资本大举进入能源产业，甚至一大批非能源类企业亦加入了可再生能源的开发大军。最为引人瞩目的是，日本通信业巨头软银（Softbank）公司首当其冲地成为日本新能源革命的排头兵。2011年7月，软银公司的董事长孙正义牵头，组建了日本“自然能源协议会”。根据协议会的建议，可以利用日本国内现有的20万公顷的休耕田及34万公顷的荒废田的一部分，进行太阳能发电，预计2020年之前可以实现年发电5万千瓦，与此同时，借助建筑物屋顶上的太阳能发电装置等实现年发电2万千瓦的目标，再加上其他太阳能装置，就可实现太阳能发电10万千瓦的总体目标[①]。此外，按照协议会的推算，2020年之前除了10万千瓦的太阳能电力供应之外，风能、地热能等其他可再生能源的供给也可达到5万千瓦，由此可再生能源在日本能

① 孫正義:『自然エネルギー協議会設立に向けて』、2011年5月25日、第17頁。

源总供给中的比重将增加20%①。除了大规模的宣传与游说，以积聚社会力量的普遍关注之外，软银公司还启动了一系列新能源项目的战略性投资。比如说，2011年12月，软银启动了位于日本北海道带广市等地的多个太阳能发电试验场项目；2012年3月，参与日本京都市伏见区的大型太阳能发电厂项目的承建运营；2012年7月，开始建设位于群马县榛东村的太阳能大型发电厂等②。除此之外，软银公司还跨出日本国门，积极在海外进行风电等可再生能源的开发合作③，以拓展自身开发及利用新能源的领域及参与度。当然，软银公司只是日本企业积极致力于新能源项目的典型代表之一，其他的例如三井物产、松下、出光兴产、中部电力公司、东京电力公司等大型能源关联企业更是将战略性投资的新焦点转移至风力发电、太阳能发电等新能源的开发及利用事业，甚至把海外市场也一并纳入企业自身战略性投资规划的框架之内④。由此可见，新能源的开发及利用业已成为去核电之后，日本解决能源供需矛盾的主要依赖，尽管其还未上升至“救命稻草”的显著地位。更为重要的是，尽管目前仍无法准确地估算出新能源的开发及利用究竟会产生多大的利润回报，对于日本经济的复苏究竟能产生多大的实质性影响？但不可回避的事实是，日本国内的主要企业均对新能源的未来发展以及可能产生的丰厚利润给予了强烈的期待，并不约而同地把投资新能源领域视作为企业长期发展及战略转型的主要落脚点。这样一来，民间能源投资资本的汇聚就形成了呼吁并推动实现去核电的强大力量分支，并通过国内社会的理念宣传与教育，以及具体行动的落实与完善，以加速实现去核电的步伐。

第五，去核电有利于日本经济的复苏与增长，并与安倍政府“经济再生”的宏观目标相一致，因此，从一定程度来看，安倍政府是去核电的主要推手。关于这一点，可以从以下逐点来加以考虑。

---

① 孫正義:『自然エネルギー協議会設立に向けて』、2011年5月25日、第21頁。

② SBエネジー株式会社:「事業概要」(http://www.sbenergy.co.jp/ja/business/index.html)。

③ [共同社首尔3月12日电]《软银与韩蒙企业签署蒙古风电项目合作备忘录》，2012年3月16日。

④ 比如说，2011年12月，日本中部电力公司宣布将参与泰国首个风力发电项目；2012年12月，三井物产公司宣布已从法国燃气苏伊士集团加拿大分公司（GDF SUEZ Canada）处购买了其在加拿大开展风力发电等业务的30%股份。

其一，去核电的具体实施步骤是日本国内产业结构转型的重要发展过程，这亦势所必然地会把大规模的绿色投资引入新能源产业，与此同时，在传统能源产业内淘汰一大批高耗能、高污染、低利润、低回报的设备及设施，并带动相当规模的、与新能源相关联的基础设施建设项目的上马及落实。这样一来，日本国内实际上就是在酝酿并推动一场能源产业的革命性改革，而且，能源结构重新布局所产生的蝴蝶效应会辐射至包括农业、工业及服务业等在内的整个经济系统，加速系统内部经济血液的循环与再生。

其二，去核电势所必然地会削减或终止核电供给，并暂时性地增加依赖于石油、天然气等化石燃料为依托的电力供应，但因为国际能源价格的普遍性上涨以及日本能源进口价格的不断走高，进而造成化石燃料的发电成本实际已远高于核能的发电成本，这一举推高了日本国内电力企业觊觎调整电价的集体呼声。由于电力是支撑国家经济整体运行的基础能源，因此，电价的上涨势必会带动全社会消费品价格的普遍性上涨，而后者有利于滋生出为刺激日本经济复苏所亟须的、适度的通货膨胀，这与安倍政府所竭力营造的宏观经济目标不谋而合。

第三节　日本能源战略发生相应调整

依据上述的分析可知，日本去核电的理念形成与实践是建立在国内民意的基础之上，也是日本的政治、经济、社会等各个方面综合作用的结果。更为重要的是，随着去核电的落实与推进，日本的能源战略亟须做出相应的调整，而这势所必然地会对特定领域产生相关的影响。

毋庸讳言，去核电直接促动了日本能源战略的巨幅调整，而且，在可再生能源的电力供给短期内仍无法完全弥补核电缺失所造成的供电缺口的现实条件下，日本唯有指望无条件地确保与电力生产息息相关的化石燃料的稳定获取。为此，日本新的能源战略势必具体落实在以下几个重要方面。

第一，进一步扩大并加强日本能源储备战略的适用范围、评定标准及实施力度，尤其强调石油及天然气战略储备的灾害紧急补给功能。实际上，在经历了20世纪70年代两次石油危机之后，日本已意识到储存充足的石油储备的重要意义。为此，日本国内多次立法并修改相关法律，稳妥且有序地推进日本国家的石油储备战略，形成了国家与私有企业合作以共同组建战略石油储备系统。2012年2月，日本政府再度向国会提出“储备法修正案”，以降低石油储备的使用条件，并建立石油企业的灾时共同体制，以便于政府统一协调并运筹石油储备。

第二，增加能源获取的途径与渠道，竭力把能源获取的安全阀紧锁于开采源头的初始环节，从能源埋藏地的第一现场起就确保能源的专有权。为此，日本积极寻求与能源所有国或所在地之间，在产业合作、教育合作、文化交流等多个领域拓展多层次的合作，以夯实二者之间的战略互惠关系。受其影响，中日间围绕着能源争夺的竞争亦进一步加剧，并且，日本的相关能源行动极易在以下三个方面增加中国的能源获取成本。其一，中日两国在能源进口渠道上的竞争加剧。日本加大能源外交的力度与强度，丰富并扩大对能源所有国或所在地的外交举措，力求在能源埋藏的源头就确保供给的稳定与安全。这样一来，中国作为石油、天然气的主要进口国，也是与日本之间存在较强能源进口竞争关系的主要国家，就不可避免地增加为获取能源而必需的外交游说成本，这势必亦会掣肘中国外交资源的运用空间与实际效果。其二，日本去核电之后，作为电力供应主要依托的石油、天然气等化石燃料的市场需求会遽然飙升，从而加剧日本在全球范围内网罗资源。由于日本与中国同属资源消费和进口的大国，因此中日间争夺世界资源的竞争趋势会进一步加重。而且，日本大规模购入石油、天然气等化石燃料，会遽然扩大国际原材料市场的供求不均衡，造成石油、天然气等非可再生资源价格的普遍性上涨，最终直观地反映为中国进口成本的急遽“通胀”，造成中国外汇储备的被动性缩减。其三，为了确保资源获取的多元化结构，日本会加速海洋资源的开发与利用，甚至肆无忌惮地扩张在所谓日本领海范围以内的资源探寻与开采，这又会进一步加剧中日两国在海洋问题上的既有矛盾。毋庸讳言，东海油气田问题以及急遽升温的钓鱼岛领土争端，其背后的重要原因之一就是日本对于海洋资源利益的虎视眈眈。令人更为担忧的是，限于岛国资源贫乏的客观现实以及危险的“能源至上主义”意识形态的严重影响，日本极有可能大规模地启动开发海洋资源的相关行动，更何况日本在这方面已经具备一定的技术优势，但这也会威胁到包括中国在内的地区海洋秩序和安全局势的稳定运行。

第三，迅速提升对天然气的进口倚重，确保天然气进口的多元化与稳定性。为此，日本政府于2012年1月在经济产业省资源能源厅的综合资源能源调查会综合分会内设立“整备天然气转换基础的专家委员会”；紧接着2012年6月，日本政府确定“整备基本方针”，强调“最大限度激发民企参与天然气项目的活力，以推进相关基础设施的整备，并唤起沿线需求等以促进整备计划的具体落实”。除了妥善解决天然气事业发展的制度“瓶颈”之外，日本所关注的焦点更多落在了如何确保源源不断的天然气进口，这一至关重要的核心问题上。毋庸置疑，日本在天然气进口问题上的最大期待与觊觎就是它的传统盟国——美国——的页岩气（shell gas）出口。据美国商务部2011年公布的资料显示，凭借现有技术可开发的世界页岩气储量超过6600Tcf（万亿立方英尺），规模与除页岩气以外的天然气储量相当。更为重要的是，美国在2020年将生产约10Tcf的页岩气，相当于天然气产量的40%，美国也将在2020年前后转变为天然气的“纯出口国”[①]。2013年5月17日，美国能源部表示已批准向尚未与其签订自由贸易协定（FTA）的日本出口液化天然气（LNG）[②]。由此，日本国内就对美进口天然气一事的关注焦点，就由美国是否会批准对日出口天然气转至美国究竟能对日供给多大规模的天然气，这一现实性的量化问题。而且，日本的大批企业已进入美国的能源开

---

① 磯川晃邦:「シェールガス・オイルの現状と展望: 我が国に与える影響に関する考察」『Mizuho Industry Focus』、Vol.117、みずほコーポレート銀行産業調査部、2012年12月13日、第2頁。

② 尽管美国政府已批准对日出口天然气，但出口规模等重要问题仍有待商榷。毋庸讳言，天然气成为日本去核电之后的重要依赖。尽管之前日本对于美国最终放开对日出口天然气充满信心，但美国却在借助各种表里不一的行径，搪塞日本在这一问题上的一厢情愿。实际上，日本此前多次在不同场合向美方表达了对美进口天然气的意愿与要求，但美方都以繁琐的国内审议尚未通过等口实而婉转回绝。2012年3月20日，美国政府决定给予日本对伊经济制裁措施的“豁免”，即允许日本继续从伊朗进口一部分的石油，一则是为安抚日本以弱化其对能源安全的担忧，二则是为自身争取拖延放开对日出口天然气而制造政策“缓冲”。

发领域[①]，这为进一步提升日美间的能源战略合作奠定了扎实基础。

综上所述，去核电直接促发了日本能源战略的重大调整，更进一步地突出了安全在新能源战略中的核心价值。而且，毋庸讳言，日本能源安全的新主攻方向将涵盖三个重要参数，一是结构多元化，二是绿色清洁化，三是国产化。

其一，在能源结构多元化方面，日本大力鼓励私人投资进入太阳能、风能、地热能等开发技术相对较为成熟的新能源领域，而政府则牵头并出资探索开发成本更高、科技含量更为复杂的新能源领域。比如说，日本政府业已增加了在海洋能发电技术中的经费投入[②]，以加速在更广领域开发及利用新能源的实用性技术研发。2012年5月25日，日本内阁官房综合海洋政策总部举行会议，确定了筹备并落实海洋能发电实际工作的“关于今后促进利用海洋可再生能源的工作方针”[③]，从制度层面强化了海洋能发电的宏观战略。此外，日本能源战略重要决策者之一的独立行政法人新能源产业技术综合开发机构（NEDO）也已启动海洋能及风力等自然能源的技术研发项目，并计划自2011年度起的五年内，共投入50亿日元的预算资金[④]，以援助开发制造商开展实际的海洋实验，提升海洋能发电技术的实用性。总之，海洋能发电是日本为实现能源结构多元化的代表性渠道之一，更是日本宽领域获取能源重要的战略性探索，它也与日本能源安全的另两个重要参数（绿色清洁化和国产化）息息相关。

其二，日本能源的绿色清洁化主要强调对环境的零污染，更突出能源在

① 磯川晃邦:「シェールガス・オイルの現状と展望：我が国に与える影響に関する考察」『Mizuho Industry Focus』、Vol.117、みずほコーポレート銀行産業調査部、2012年12月13日、第7頁。

② 海洋能源发电是指利用海浪、海流及海洋温度差等各类海洋能源，进行发电的总称。海洋能源加上海上风力，就共同组成了海洋可再生能源。

③ 日本内閣官房総合海洋政策本部:「総合海洋政策本部会合（第9回）議事次第」、2012年5月25日（http://www.kantei.go.jp/jp/singi/kaiyou/dai9/9gijisidai.html）。

④ 日本独立行政法人新エネルギー・産業技術総合開発機構:「「風力等自然エネルギー技術研究開発／海洋エネルギー技術研究開発」に係る実施体制の決定について」、2011年10月19日（http://www.nedo.go.jp/koubo/FF3_100007.html）。

经济系统运行中的可再生性、可持续性的重要意义。福岛核事故发生后不久，2011年6月，日本政府随即就设立了“能源、环境会议”这一重要的政策咨询机制。经过一年的调查、讨论与酝酿，该会于2012年6月提出了0%、15%、20—25%等三种核能利用比重的不同设想，并公开征询民众的意见。由此可见，日本的去核电充分地权衡了环境保护与能源利用的紧密关联，并力求实现能源使用的可再生性及可持续性。为此，日本更进一步提升了针对资源回收再利用的重视程度，并积极借用条例、法规等法律形式，强化日本国民对于资源回收再利用措施的认同感与责任感。最为突出的是，日本在稀土资源的回收再利用问题上做了周密且细致的规定与安排。

其三，日本能源的国产化强调拓展独立开发及开采能源的力度与深度，适度提升日本的能源自给率。为此，日本能源厅积极动用旗下的“资源号”物理探测船，对日本国内蕴藏的石油、天然气等能源进行全方位的勘察。更为重要的是，日本的地方政府也纷纷启动了不同的地域范围内的新能源开发项目。

当然，伴随去核电而来的还有一个积极且重要的副产品，就是日本加快了国内电力系统改革的节奏，以确保电力供应的稳定性与高效性。与其说，去核电是针对日本发电事业的重大挑战，毋宁说这是针对日本整个电力系统的革命性颠覆，涉及发电、输电、用电等电力系统所涵盖的各个环节。值得注意的是，在改革传统发电模式的同时，日本政府亦在有意识地推动输电模式的积极转变，并觊觎借助去核电的改革，逐步实现输电市场的自由竞争。为此，2012年2月，日本在经济产业省资源能源厅的综合资源能源调查会内设立“电力系统改革专门委员会”；紧接着2012年7月，拟定了“电力系统改革的基本方针”。在此基础上，日本正在研讨并论证发电与输电企业分离的可行性，以提升电力企业的市场竞争力。2013年初，日本经济产业省就改革电力系统，专门再度召开专家咨询会议，并就改革的具体方案搭建出清晰的路线图。具体而言，即三年之后的2016年实现电力零售的全面自由化，中长期的5至7年后，分离电力公司的发电部门与输电部门，并各自组建分公司，实现“发电与输电的分离”[①]。当然，日本能否成功实现发电与输电的

① 「読売社説：電力制度改革　安定供給の実現を大前提に」、『読売新聞』、2013年2月11日。

企业分离，仍然倚重以下诸多制约因素。

① 日本主要发电企业的实力与能力。毋庸讳言，日本主要发电企业是去核电的直接受害者。作为曾经占据日本发电总量近三成的核电被突然叫停，势所必然削弱了主要发电企业掌控日本国内电力供应及能源市场走向的能力，与此同时，也弱化了主要发电企业游说政治及影响政治决策的能力。而且，不可否认，日本政府之所以会大刀阔斧地推进发电与输电企业的分离，实现发电与输电市场的自由竞争，其中的重要原因之一就是大量民间资本的鱼贯而入急遽蚕食了主要电力企业的原有地盘以及它们垄断发电与输电市场的传统能力。

② 日本发电市场的自由化程度及未来格局。尽管日本业已颁布并完善了私有资本介入电力行业以及家庭和私有企业零售电力的相关法律及规定，也部分缓解了发电市场自由竞争的制度性瓶颈，但难以回避的现实问题是发电行业的投资门槛相对较高，投资风险的不可预测性亦相对较强，因此，日本私人发电市场的预期规模就存有严重的不确定性，这也直接关系到未来输电网络的规划与铺设以及输电服务的对象构成等各个环节。

除电力系统的改革之外，去核电也促使日本重新定义国家能源安全的概念，并在一定程度上有利于后者在国际能源领域的竞争中建构自己的特有优势。实际上，为了有序并稳妥地推进去核电，日本不但在“开源”上下功夫，更在“节流”上做文章。毋庸讳言，“节约”是日本文化的传统特性之一。基于这一文化认同所创造的积极政策效应，日本政府通过国内的各种渠道，竭力宣传并推广节约用电，以确保日本顺利、平稳地度过夏冬季用电高峰。与此同时，日本还极为巧妙地提升了“Cool Japan（酷日本）”的战略高度，觊觎将日本式的节能理念转变为拓展国家能源外交空间的政治筹码。

第四节 “去核电”催促安倍政府中东政策的嬗变

日本国内针对“去核电”的激烈讨论以及政府模棱两可的政策摆动，致使日本能源的发展方向仍处于高度的不确定。尽管如此，大量增加石油及天然气的进口却已是不可回避的事实。马彦等学者曾一针见血地指出，战后日本经济发展的基础是中东石油[①]。这既道明了日本对中东的根本诉求，同时也阐明了日本中东政策的核心所在。另一方面，由于日本尝试实行去核电战略以后，其对石油的需求进一步上升，并促使其对中东政策进行微调。

第一，日本中东政策的基本出发点仍是保证其能源进口的稳定与安全，但对能源安全的要求与重视度进一步提升。日本的中东外交具有强烈的石油色彩，其在中东的战略利益单一而明确，即确保稳定、充足的石油供应[②]。据日本石油联盟的统计数据显示，2012年日本从中东地区进口原油1771.8亿升，占其原油进口总量2125.4亿升的83.36%[③]。中东在日本能源供给中的显著地位悍然不动，这实际上成为日本大幅调整中东政策的重要掣肘。换言之，日本石油进口结构没有发生实质性改观，则其中东政策不会出现根本性的嬗变。为了进一步加强3·11大地震后从海外进口资源的稳定性，日本政府提出驻外使馆必须强化在资源信息收集上的功能与作用，并加强外交工作力度，确保日本能源及矿物资源供给的稳定。2013年安倍政府在中东6国（阿联酋、伊拉克、阿曼、卡塔尔、科威特、沙特阿拉伯）分别任命了9名“能源及矿物资源专门官”，其中，在伊拉克、阿曼和沙特阿拉伯等三个国家设有2名，其他中东国家有1名[④]。这有助于日本直接获取中东国家能源政策变动的一手信息，同时也利于其开展实地能源专项外交。

第二，经济合作成为安倍政府中东政策调整后的新增长点。“安倍经济学”的经济发展战略极为重视海外市场的利用，不但强调保持传统贸易增长的持续性，更突出开发新领域贸易的创新性。鉴于石油出口为中东国家带来了较强的经济基础及丰厚的购买力，日本觊觎把中东地区打造成其产品和技术的重要出口地，并以此为契机，进一步夯实日本与中东之间的经济合作关系。2013年5月1日，日本首相安倍晋三在沙特阿拉伯的阿卜杜拉国王大学

① 马彦、陈伟远:《战后日本中东石油战略的调整及其启示》，载《阿拉伯世界》，2004年第4期，第13页。

② 王珊:《日本中东能源外交简析》，载《现代国际关系》，2004年第3期，第50页。

③ 日本石油連盟:「原油国別・油種別輸入」(http://www.paj.gr.jp/statis/statis/data/04/paj-4_201307.xls)。

④ 日本外務省:「エネルギー・鉱物資源専門官」、2013年7月17日。

发表演讲称，日本希望与中东地区国家一同在双边关系上实现“两个超越”，即一是超越资源，建立整体经济合作关系，以谋求共生与共荣；二是超越单一的经济联系，建立致力于地区和平、稳定与发展的合作互动关系①。由此可见，日本希望跳出对中东石油依赖的传统单一途径，多元性地发展与中东国家间的经济关系。为此，日本欲在阿联酋的阿布扎比开设“日本·阿联酋尖端医疗中心”，并输出世界最先进的粒子线治疗技术②，同时也希望把遭到国内强烈反对的核电技术出口至中东地区，以加强彼此之间的高技术领域合作。

第三，国际局势的发展与中东问题的不确定性仍是安倍政府中东政策的软肋，尤其是它在伊朗问题上的暧昧态度可能引发其与美国中东政策的背离。安倍政府的中东外交很大程度上局限于日美同盟关系的考虑，因此，在不阻碍美国推动中东政策的同时，满足自身对中东能源的战略需要，一直都是困扰安倍政府的难题之一，这在近期的伊朗问题上表现得尤为突出。当然，伊朗的去核电完全符合日本在国内和全球范围内所宣扬的“无核世界”理念，而且，为了和自己的盟友——美国——保持政策的一致性，安倍政府可以在对伊外交上采取与现实截然不同的苛刻态度。但因为日本对伊朗石油的依赖度过高，尤其是日本国内推行去核电战略之后，伊朗的石油基本成为日本保证经济正常运行的“压舱石”，所以安倍政府在伊朗问题上始终保有极其暧昧的态度。据日本资源能源厅公布的统计数据显示，2011年日本对伊朗的单日石油进口量为31.3万桶（约占日本单日进口石油总量357万桶的8.8%），而且，日本主要的石油进口来源地集中在中东地区（沙特、阿联酋、卡塔尔和伊朗分列前四位），造成2011年日本对中东石油的进口依存度高达85.1%③。尽管日本已然意识到伊朗问题的严重性和美国可能对伊动武的潜在威胁，并加紧措施逐步减少对伊朗的石油依赖，但牵一发而动全身，一旦伊

① 安倍晋三:「共生・共栄・協働がつくる新時代の日本・中東関係」(2013年5月1日 於・キング・アブドルアジーズ大学)、首相官邸、2013年5月1日（http://www.kantei.go.jp/jp/96_abe/statement/2013/0501saudi_speech.html）。

② 安倍晋三:「成長戦略スピーチ」、首相官邸、2013年4月19日（http://www.kantei.go.jp/jp/96_abe/statement/2013/0419speech.html）。

③ 日本経済産業省資源エネルギー庁:『エネルギー白書2012』、第108、110頁。

朗战争爆发，抑或是伊朗单方面封锁霍尔木兹海峡，整个中东地区的石油出口势必会遭遇重大打击。受其影响，安倍政府始终不愿意明确表态在去核电议题上的计划进程。

本章小结

综上所述，日本的去核电是国内民意的直观反映，也是权衡能源利用与环境保护利弊关系之后的理性选择，更是通过日本的经济、政治、社会等各个维度而得以全面表现。去核电表明了日本能源战略发展的总体方向与趋势，即利用太阳能、风能、地热能、生物能等可再生能源逐步替代核能的广泛应用，以支撑起稳定且安全的能源供给体系。更为重要的是，日本借助去核电的有序推进，不但加速了能源战略的调整及优化，使其趋向更为严格的安全标准，也带动了其他相关领域的改革与发展，如电力系统的发电与输电的分离等。

另一方面，去核电加剧了日本能源安全的危机感，并导致日本的能源供给基本依赖于外部支撑，其中，石油及天然气的进口成为较为突出的重要表征。受其影响，安倍政府的中东政策出现了微调。一直以来，日本的中东政策就有等同于石油政策的嫌疑，去核电的结果无疑加重了这一趋势的发展。此外，安倍政府希望把经济合作尤其是对中东国家的技术输出提升为双边合作的新重头戏，以在传统能源合作的基础上，繁殖新兴领域的合作基因。更为重要的是，这也有利于日本改善其进口中东能源的单向性依赖关系，促使二者的双边关系朝向双向性、互动性的合理方向有序发展。

此外，我们必须清楚地认识到，随着日本去核电的推进，中日之间在能源领域的竞争与合作也会有所加剧，因此，我们亟须做出必要的思考与应对。

第一，中国在有序增加石油、煤炭、天然气等化石燃料的战略储备的同时，还需积极拓展能源储备的结构多元化、进口渠道的宽泛化，以夯实能源战略整体的稳定与安全。而且，这样做既有利于避开因国际能源价格的投机性波动而导致的进口成本猛增，又可以增加能源稳定供给的安全系数。更为重要的是，中国须加强对能源所在国或所在地的政治游说，扩大对能源合作对象的外交资源投入，条件允许的话，甚至可以把部分的石油开采与加工等产业链的重要环节捆绑式地投放在合作对象的境内，在一定程度上缓解当地的就业问题，并提升合作对象的生产能力及发展水平。当然，中国更要防范其他国家针对同一国家或地区进行的竞争性能源外交，更要避免重现对俄石油进口管道问题上的失误①。

第二，学习并加强与日本在新能源开发及利用技术上的交流与合作，加速国内相关产业的结构调整与升级。应该说，日本在新能源领域具有较为明显的国际竞争优势，这有利于其开展针对发展中国家的能源技术援助与合作。实际上，2005年（平成17年），日本外务省就曾委托日本著名的政府智囊机构“日本国际论坛”，研究“关于能源领域的合作调查”，同机构于2006年3月向日本政府提交了一份内容详细且涵盖丰富的《关于能源领域合作的调查报告书》②。其中详细地评价了中国、印度、东盟等国家及地区的能源利用的现状、相关的能源政策，并在此基础上，针对日本与这些国家或地区在能源合作方面的可行性空间，提出了具体的建议和对策③。由此可见，日本也希望将自身的能源开发及利用的技术优势转变为对发展中国家的外交资源，并期待在合作的过程中获取一定的经济利益。因此，中日若能在新能源领域拓展合作项目，例如电动汽车、太阳能电池等发展较为成熟的技术领域，则更有利于中国提高能源的使用效率④，扩展并优化可再生能源的利用方式与方法。

---

① 1994年，俄罗斯提出修建中俄石油管道“安大线”（安大线具体路线为：西起俄罗斯伊尔库茨克州的安加尔斯克油田，绕过贝加尔湖后，向东进入中国，直达大庆）方案，但历经10多年，在日本的介入下，成为“空中楼阁”。与其相对，日本向俄罗斯提出修建一条从东西伯利亚经过远东地区到太平洋港口的石油管道，即安纳线（俄罗斯的安加尔斯克至纳霍德卡的输油管线）。具体内容，请参见王海涛著:《日本改变中国》，北京：中国友谊出版公司，2009年11月，第241页。

② 具体内容请参见财团法人日本国際フォーラム（2006）「エネルギー分野の協力に関する調査報告書（外務省委託研究報告書）」、2006年3月。

③ 具体内容请参见财团法人日本国際フォーラム（2006）「エネルギー分野の協力に関する調査報告書（外務省委託研究報告書）」、2006年3月。

④ 日本的能源使用效率在当今世界首屈一指，与欧美发达国家相比有较大的竞争优势，更遥遥领先于中国等发展中国家。

扩展阅读

日本国内兴起“三反”运动

以“反核电”运动为导火索，日本国内不断爆发反对重启核电站、反对冲绳普天间美军基地的县内搬迁（新址位于冲绳县名护市边野古沿岸）及反对解禁集体自卫权的“三反”运动。究其原因，正是出于对安倍政府相关政策及措施的极度不满，日本国内有相当多的民众便自发地聚集在一起游行示威，使各自单薄的抗议声凝集成反政府的民意合流。

乍然一看，核电、军事基地和集体自卫权等日本民众的“三反”对象并没有太多联系，甚至有人或许会认为三者是完全孤立的政治议题，相互之间没有丝毫的交集。但需要指出的是，上述观点是片面的，没能全面地认识到日本政治的结构性组成，更缺乏针对政治运动的理性思考。

实际上，日本民众掀起的“三反”运动释放出重要的政治信号，并折射出日本社会对保守政治的批判与修正。换言之，以市民运动为主体的反安倍政府浪潮表现出日本社会内部依然存在着有别于右翼政府的理性声音，而且这一群体的人员并不是少数，这股力量亦在逐步地集聚、扩大。更为重要的是，尽管当前日本政坛的主流是偏右的，但“三反”运动所产生的影响正在逐步向政治界涌动，并有可能形成与右倾政治势力旗鼓相当的一股新力量，这也有利于鼓励并夯实日本政坛的左翼联盟。因此不难想象，未来安倍政府在推动解禁集体自卫权、修宪等所谓“进取性”的政治议程时会遭遇前所未有的抵制与反抗，日本左翼领导下的市民运动亦会对右翼政治造成更大的压力。

另一方面，表面上参与“三反”运动的日本民众通过集体性的游行示威等不同形式，表达对安倍政府相关政策的抵制与排斥，但在另一层面来看，他们所表达的却是对安倍政府不经过民主化表决而擅自制定违背民意的相关政策，抑或是对安倍政府肆意践踏民主议程、民主制度的不满和愤慨。就以反对解禁集体自卫权一事为例，日本朝日新闻社的民调结果显示，仅有28%的受访者表示“赞成解禁集体自卫权”，而56%的大多数受访者表示“反对解禁”。明确的数据统计结果阐明了多数民众的意向与选择，但安倍政府显然有违民意，一意孤行地持续挑战一直被视为日本政治禁域的集体自卫权。不仅如此，安倍政府竟然“充分”利用执政党的结构优势，意图胁迫执政联盟的公明党一同强行通过集体自卫权的相关决定，有失自民党作为当今日本政坛第一大党的政治水准。

尽管如此，不可否认安倍及其领导的日本政府，其政治意图是明确的，“坚决的”。在面对国内社会的强硬反对，安倍政府始终在竭力回避或分化这股抗争的势头。借用一句话，就是“你唱你的，我说我的”。值得注意的是，安倍政府的终极目标是实现日本国家的战略性复苏，而经济、外交及军事等三大因素是构建这一复苏进程的重要部分。

令人深思的是，在安倍政府看来，重启核电站、赞成美军基地的县内搬迁及解禁集体自卫权分别从经济、外交及军事的不同维度，提供了实现战略性复苏的重要支撑。也就是说，安倍政府始终固执地认为，其一，重启核电站可以保证日本能源的稳定供给，进而可以维持日本经济的有序运转；其二，赞成美军普天间基地的县内搬迁有利于日美同盟关系的改善与发展，更有利于日本稳固其对外关系的战略支点；其三，解禁集体自卫权可以帮助日本重新回归“军事正常化”的发展轨道，并为日本军事力量的走出去清除障碍。因此，尽管国内民意存在着巨大的抵制与反抗，但安倍政府仍不遗余力地试图推行这三大政策，自然而然地也就成了众矢之的。

而从另一层面来看，安倍政府的政策动机显然是牺牲多数民众的利益，以维护并拓展自身的政治利益。综上所述，“三反”运动的实质是日本国内社会追求和平主义的理性回归，是对右翼政治的严厉批判与深刻反思，更是日本国内左、右两派政治斗争进入深层次的明确信号。应该指出的是，日本社会能够通过自我反省与内部斗争的形式对右翼政治进行打压、遏制，这本身就是政治进步的表现。

第四章
日本能源困境下的电力系统改革

福岛核事故的发生致使日本国内遭遇严重的“电荒”。电力供应的不足阻碍了日本工业生产及国民经济整体的稳定运行，同时也给日本民众的正常生活带来巨大不便。在此背景下，日本政府竭力推动国内电力系统改革，希望有序调整能源尤其是电力能源的供需结构，确保日本国内能源供给及宏观经济稳定增长。

另一方面，作为二次能源的电能在国家治理、工业生产、居民生活等各个环节中均扮演着不可或缺的角色，它的系统性改革势所必然会对经济社会发展、产业结构调整乃至国家安全治理等产生不可忽视的影响。从这一层面来观察，日本在福岛核事故之后就应景性地启动了新一轮的电力系统改革，不仅对其传统的一次和二次能源结构以及相关产业结构造成显著影响，并且引发了日本传统政经及社会体系的剧变。鉴于此，有必要加强针对日本电力系统改革的相关研究。

本章希望以福岛核事故后日本国内的电力系统改革为切入，分析这一改革的具体内容及实际进程，并深究其背后的深层次动因，在此基础上，展望日本电力系统改革的发展前景及潜在影响。

第一节　日本电力系统改革的现实进程

福岛核事故的突发迫使日本提前启动了电力系统改革的实质进程。尽管被动性的开始一度迫使日本陷入“电荒”的尴尬，同时电力系统的改革也多次遭遇不同挫折，但经过几年时间的努力与调整，日本逐步形成了“政府主导、企业实践、民间参与”的电力系统改革总体框架。

第一，充分发挥政府在电力系统改革中的引领性作用。实际上，迫于日本电力系统改革的急切需要，安倍政府发挥了极为关键的引领作用，不仅积极设计相关计划及推进步骤，并且还制定了详细且周密的时间表，以对改革进度加以督促。2013年4月2日，安倍政府就明确提出了“电力系统改革方针”（日语称“電力システムに関する改革方針”）。按照它的设想，日本电力系统改革主要分三个阶段加以落实（参见图表1），即①截至2015年末，设立广域范围的系统运营机构；②截至2016年末，实现电力零售业“零门槛”准入；③截至2020年末，进一步实现送配电部门的中立化及电力零售价格的全面自由化。

表4–1：日本安倍政府关于电力系统改革的方针及主要内容

改革目的	1. 确保电力的稳定供给
	2. 最大限度地遏制电力价格的上涨
	3. 扩大电力使用者的选择面及想相关企业的发展机遇
主要内容	1. 大幅扩展系统运营的范围
	2. 实现发电及电力零售行业的“零门槛”准入
	3. 依托法律规定，确保送配电部门的中立化
相关制度准备	1. 修改想着法令及制度
	2. 加强等下监督的职能
推进步骤	1. 设立广域范围的系统运营机构（截至2015年末）
	2. 实现电力零售业“零门槛”准入（截至2016年末）
	3. 实现送配电部门的中立化及电力零售价格的全面自由化（截至2020年末）

资料来源：日本首相官邸:「電力システムに関する改革方針」、閣議決定、2013年4月2日。

此外，为了更好地推进并实施日本电力系统改革，安倍政府在首相官邸专门设置了“关于电力供需情况的讨论会（原名为‘电力供需对策本部’）”这一协商议事机构，以便于政府更好地了解并掌握相关业界对电力系统改革的期望与想法，同时把政府就改革的具体设想及战略觊觎及时传递给相关的部门和团体。与此同时，日本政府又在经济产业省内设置了“监视电力交易等委员会”，通过这一审议机构监督电力行业的市场竞争，推进并落实电力零售的全面自由化。

第二，依托法律及制度层面的推陈出新，搭建电力系统运营的制度新框架。为了进一步加强政府在电力系统改革中的引领与支撑作用，日本并没有把政府的职能定位局限在市场监督者的角色，而是竭力拓展政府参与电力市场的深度与广度，并借助新法律及新行政措施等不同手段，使政府进一步深入参与电力市场改革。具体而言，2011年福岛核事故后不久，日本国会就迅疾通过了“可再生能源固定价格收购制度法”（日语为“電気事業者による再生可能エネルギー電気の調達に関する特別措置法”，2012年7月1日起实施），其中引入了“全量收购制度”（日语称“全量買取制度”），而具体的收购价格则依据相关价格委员会及日本经济产业大臣提出的综合意见而定[①]。显然，日本制定并实施“全量收购制度”，有利于降低发电企业针对可再生能源[②]的投资费用及风险，促进相关领域的新资金导入，并从制度上规避了电力企业为拓展一次能源的来源渠道所承受的巨大风险，更在一定程度上保障其利用可再生能源进行发电的经济收益。应该说，“全量收购制度”只是日本政府直接参与电力市场制度改革的一个缩影，但它的产生却直观地反映出日本对政府在电力系统改革中发挥引领性功能的重视与落实。

第三，打破日本国内各地域及相关利益集团之间的界限与壁垒，实现全国统筹的系统性电能布局。这里包括两方面的具体内容。

其一，组建跨区域性的电力营运管理机构，统筹协调日本电力系统的改革进程。2015年4月1日，日本政府新设立“电力广域运营推进机构”，后者专门负责统筹日本全国的电力输送与分配。借此，日本国内电力系统改革业已迈出实质性步伐，同时，以电力能源为标志的日本能源系统改革也驶入

---

① “全量收购制度”规定日本政府必须在一定的期间、以一定的价格，全额收购电力企业利用可再生能源（包括光伏、风力、水力、地热等）生产的全部电能。具体内容参见：塚越由郁:「全量買取制度」『みずほリサーチ』、みずほ総合研究所、2011年10月、第13頁。

② 可再生能源是指自然界可以循环再生的能源，很少或基本不排放二氧化碳等温室气体，具体包括太阳能、风能、水力、生物能源、波浪能、潮汐能、海洋温差能等。具体内容请参见：塚越由郁:「再生可能エネルギー普及促進に向けた展望：普及に向けて克服すべき課題の検討」『みずほ政策インサイト』、みずほ総合研究所、2011年7月25日、第5～6頁。

“快车道”[①]。对此，日本主流媒体《朝日新闻》刊发社论称，“电力广域运营推进机构”的成立是政府推进电力市场自由化的重要一步，更有利于废除大型电力公司的地区性垄断[②]。与此同时，另一家日本主流媒体《读卖新闻》则给予这一新机构极大的期待，指出“电力广域运营推进机构”涵盖了日本全国约600家大型电力公司及新兴电力企业，其营运资金来源于会员单位缴纳的会费，主要功能就是制定日本所有发电企业及输电网的整备计划并指挥落实[③]。

其二，建立全国联通的输电网络及中转设施，解决电力流通不畅、配比不均的现实矛盾。日本有观点认为，为使电力系统改革能稳妥推进，应在全国范围内建设超越地域界限的输电网络，同时营建灵活的、“有求必应”的输配电体系[④]。需要指出的是，由于历史的原因，日本国内电力分布呈现出明显的东、西分离格局。其中，东日本的电流频率（日本称“周波数”）为50赫兹，而西日本的电流频率为60赫兹，因此，这一致命的物理缺陷就成为隔绝日本东、西电网的天然屏障，致使二者基本成为相互独立的电力运营系统，彼此之间难以形成有效的融合与互助。为了突破这一约束，日本经产省业已初步决定，在21世纪20年代的后半期之前，把日本东、西电网之间的输电容量由现在的120万千瓦增加至300万千瓦[⑤]。为此，日本政府将投入大量资金，扩容连接东、西电网的大型变频设施及输配电网络，以增加东、西电网之间的电力互通规模[⑥]。

第四，逐步推进发电方式及供电渠道的多元化与多样化，重点加强可再

---

① 按照日本政府的既定计划，接下来2016年4月，日本拟全面放开国内电力的零售业务，鼓励新设立的电力公司面向家庭售电；2020年之前，日本希望分离大型电力公司的发电部门和配电部门，以实现电力零售价格的全面市场化。具体内容请参见：電力広域的運営推進機関:「広域機関について」、http://www.occto.or.jp/koiki/koiki/kikan.html及日本経済産業省　資源エネルギ庁:「電力システムに関する改革方針」、閣議決定、2013年4月2日、http://www.enecho.meti.go.jp/category/electricity_and_gas/electric/system_reform002/。

② 「電力広域機関：自由化促す役割を」『朝日新聞』、2015年4月2日。

③ 「電力広域機関　安定供給確保が最大の使命だ」『読売新聞』、2015年4月20日。

④ 「地域を越えた柔軟な送電網に」『日本経済新聞』、2015年4月3日。

⑤ 「電力の東西融通2.5倍に　原発3基分、越境を後押し」『日本経済新聞』、2015年4月16日。

⑥ 「電力の東西融通2.5倍に　原発3基分、越境を後押し」『日本経済新聞』、2015年4月16日。

生能源发电事业的发展与占比。

诚如前文所述，日本积极学习欧美国家，引入“全量收购制度”，其目的就是为了提高企业及个人投资光伏、风力等可再生能源发电事业的积极性，同时降低相关绿色投资的潜在风险。不仅如此，日本政府还借助税收及融资等方面的优惠政策，鼓励更多的社会闲余资金参与并融入相关事业的投融资活动（参见图表2）。

与此同时，日本还根据不同能源发电方式的要求与属性，制定了具有一定针对性的且有利于提高发电效率的应对措施。以光伏发电为例，为了使其能更好地得以应用和普及，日本采取了“集中与分散”相并行的两种方式。具体而言，“集中”就是把太阳能发电装置集中于特定区域，共同组建“百万千瓦级的光伏发电站”；与其相对，“分散”则是指在各类住宅和公共设施分别安装小型光伏发电装置，并在实现所需电力自给自足的条件下，将剩余电力出售给电力公司[①]。除此之外，日本还尽可能将高新技术不断融入新能源发电领域，以进一步提升后者的发电质量及效率。同样以光伏发电为例，为了充分利用水体对光伏组件具有较好冷却效果的特性，日本业已建造完成了最大的水上光伏电站——兵库县加西市逆池水上兆瓦级光伏电站[②]。这不仅是日本可再生能源发电产业的又一重大成果，同时也有利于降低发电设施对当地环境的破坏及土地资源的占用，实现“零污染、零浪费”的发电模式。

---

① 冯昭奎:《21世纪初国际能源格局及今后的中长期变化：兼论日本能源安全的出路与困境》，载《国际安全研究》，2013年第6期，第118—119页。

② 《日本最大水上光伏电站竣工》，载《人民日报》，2015年5月25日。

表4–2：日本政府为推进可再生能源发电所采取的相关补助政策

<table>
<tr><th>政策对象
优惠措施</th><th>家庭</th><th>相关企业及地方公共团体</th></tr>
<tr><td rowspan="3">税收优惠</td><td rowspan="3">（包括安装光伏发电设施在内的）家庭用于节约能源改造工程的所需费用的10%，可抵扣家庭当年的所得税，其中，节能改造工程的抵扣限额为25万日元，而安装光伏发电设施的抵扣限额放宽至35万日元。</td><td>1，绿色投资减税（风力发电设备）
概要：购置符合可再生能源“固定价格收购制度”的相关规定、且在一定规模以上的风力发电设备，同时之后的一年内将上述设备用于相关生产的，则适用于以下的税收减免政策。
具体措施：
①中小企业可将购置费用的7%作为税收抵扣额度；
②在普通折旧的基础上，允许最高将购置费用的30%计提为特别折旧；
③即期折旧（购买费用的100%转为全额折旧）。</td></tr>
<tr><td>2，绿色投资减税（其他设备）
概要：购置（除风力发电设备以外的）光伏发电设备及新能源设备等、并在之后的一年内将上述设备用于相关生产的，则适用于以下的税收减免政策。
具体措施：
①中小企业可将标准购置费用的7%作为税收抵扣额度；
②在普通折旧的基础上，允许最高将购置费用的30%计提为特别折旧。</td></tr>
<tr><td>3，与可再生能源发电设备相关的征税标准的特别措施（固定资产税）
概要：符合可再生能源“固定价格收购制度”规定的发电设备，对其减免一定的固定资产税。
具体措施：从起征固定资产税的三年时间内，将其课税标准降低为应税标准价格的2/3。</td></tr>
<tr><td rowspan="2">补助金</td><td rowspan="2">无</td><td>1，安装独立型可再生能源发电系统的补助
概要：政府对用于家庭消费的可再生能源发电系统（不在“固定价格购买制度”认定的设备范围内）、以及附带的蓄电池等相关设备的安装费用提供补助。
具体措施：
①对地方公共团体等的补助金额不超过总费用的1/2；
②对民企的补助金额不超过总费用的1/3。</td></tr>
<tr><td>2，提升可再生能源热能利用效率的补助
概要：政府对可再生能源制热及导热设备的购置费及相关工事费用，提供部分补助（补助对象包括太阳热能利用、温差能源利用、生物热能利用、生物燃料制造、冰雪热能利用及地热能利用）。
具体措施：
①对地方公共团体的补助金额不超过总费用的1/2；
②对民企的补助金额不超过总费用的1/3。</td></tr>
<tr><td>融资</td><td>无</td><td>环境及能源对策借贷
概要：为促进中小企业使用非化石能源、购置（抑或是改造及更新）非化石能源设备，（政府）对设备资金提供融资。
具体措施：
①购置太阳热能、风能、温差能源、生物能、冰雪热能、地热、水力等非化石能源设备，适用于优惠利率（3）；
②购置地热利用设备，适用于优惠利率（1）；
③光伏发电设备融资利率适用基准利率。</td></tr>
</table>

资料来源：针对居民的优惠措施，请参见日本财務省:「既存住宅に係る特定の改修工事をした場合の所得税额の特別控除」、http://www.mof.go.jp/tax_policy/summary/income/272.htm；针对企业的优惠政策，请参见日本经济产业省资源能源厅:「なっとく！再生可能エネルギー」、http://www.enecho.meti.go.jp/category/saving_and_new/saiene/support/index.html；http://www.enecho.meti.go.jp/category/saving_and_new/saiene/support/business.html#ho2；http://www.mof.go.jp/tax_policy/summary/income/272.htm

第五，推进核能建设，同时确保核电在未来日本电力能源结构中的基本比重。由于使用常规能源和可再生能源替代核能的措施会急遽增加日本在能源安全、经济安全及环境问题等三大领域的挑战，因此，短期内核能在日本政治经济生活中的重要地位难以改变[①]。鉴于这一基本认识，日本政府试图从三个不同层面重新建构民众对核电的重视与期望。

其一，民心工程。日本政府竭力转移日本民众对福岛核事故的关注，弱化核安全问题在日本社会的敏感性，同时依托所谓的“大局观教育”、“爱国主义教育”，促使民众能够对核电站的重新运转予以一定理解与许可。换言之，为了确保国内电力供应的整体稳定，日本需要、也必须继续利用核能发电，对此，民众需要有一定的思想准备与“政治觉悟”。

其二，治理工程。日本在中央政府层面重新整合了核能安全监督与管理机构，并组建“核能管制委员会”（日语称“原子力規制委員会”）这一新结构；与此同时，派遣检查团对国内所有的在用或停用的核电站进行检测与评估。在此基础上，中央政府与地方政府积极合作，营造有利于重启核电站的民意基础及社会气氛。

其三，政治工程。应该说，日本执政的自民党和安倍政府是日本核能再建工程的始作俑者。一方面，它们借助不同的场合、以不同的方式，对“去核电”言论进行政治打压，并利用《读卖新闻》、《产经新闻》等充满保守主义色彩的媒体，批驳“去核电”的虚伪性与不切实际；另一方面，它们利用政治权力及行政手段的干预，对日本核能产业的重建形成“倒逼”，使其成为必须接受的“争议”。受其影响，日本经产省已同步性地把20%至22%的核电比重目标写入2030年日本能源的中期规划[②]。

① 郑文文、曲德林:《后核时代日本能源政策走向的三方动态博弈分析》，载《日本学刊》，2013年第4期，第95—96页。

② 「原発、電源の20～22%に　経産省30年案　再生エネ倍増」『日本経済新聞』、2015年4月29日。

第二节 日本电力系统改革的动因分析

作为二次能源的电力被誉为“经济的血液”，而电力系统的改革更是“牵一发而动全身”，对整个经济系统的运营及安全等都可能产生颠覆性的影响。由前所述，日本在福岛核事故之后就走上了电力系统改革之路。尽管起初存在一定的被动性，但积极导入可再生能源、中长期规划核电比重等，无一不折射出日本政府在这一改革中的主动性与战略性，同时也说明的确存在巨大动能促使其急速推进并落实这一至关重要的改革。

第一，日本能源环境的激变引发电力供需缺口急剧扩大，进而威胁其能源系统及经济系统运行的整体稳定。

尽管我们无法准确获悉日本电力的实际需求量，但借助发电量的统计数据，可以大致知晓日本电力供应的紧张程度。如图表3所示，恰巧福岛核事故发生的2010年度（2010年4月至2011年3月）中，日本的总发电量超过9182亿度，而2014年度（2014年4月至2015年3月）日本的总发电量仅为7904亿度，大幅减少了1277亿度电能，缩水幅度竟高达13.91%。与此同时，将2014年度的发电数据明细与2010年度相比较，不难发现，仅有火力、光伏、生物能的发电量出现增加，且发电量的增加幅度分别为1645亿度、0.84亿度和2.98亿度。但与其形成鲜明对比的是，2014年度核能发电量为零，实际较2010年度的发电量降低了2882亿度，而水力、风能等其他形式的发电规模又出现不同程度的衰减。借此，日本总体的发电量出现巨幅衰减，而核能发电的缺失是造成这一矛盾的主要原因。为了弥补核能缺失所造成的严重损失，日本迫不得已增加了火力发电的规模，但这同时造成二氧化碳排放量急剧增加，也对自然环境产生一定破坏。更为重要的是，火力发电的增加仍然无法填补日本电力供需的缺口，同时由于地域分布的差别，部分地区短期内完全暴露于缺电、停电的风险之中。

表4–3：日本发电总量对比表（2010与2014年度）（单位：1,000KWh）

	2014年度	2010年度	差值
水力	70,171,429	74,174,746	-4,003,317
火力	71,763,968	553,267,442	164,496,526
核能		288,230,480	-288,230,480
风能	34,348	92,706	-58,358
光伏	88,941	4,531	84,410
地热	2,418,946	2,469,475	-50,529
生物能	（1,972,288）	（1,674,711）	297,577
废弃物	（233,207）	（272,459）	-39,252
	790,477,632	（918,239,380）	-127,761,748

注：括号中的数据是指火力发电中所包含的生物能及废弃物的发电量；差值为2014年度的发电量减去2010年度的发电量。

资料来源：日本経済産業省資源エネルギー庁:「電力調査統計」、http://www.enecho.meti.go.jp/statistics/electric_power/ep002/results.html#headline2，其中2014年的数据参见http://www.enecho.meti.go.jp/statistics/electric_power/ep002/xls/2014/2-1-H26.xls；2010年度的数据参见http://www.enecho.meti.go.jp/statistics/electric_power/ep002/xls/2010/steleep002_2-1.xls。

更为糟糕的是，日本还被迫实施“限电”措施，这对居民生活及企业生产均带来严重不便，并直接或间接地阻碍了日本经济的复苏进程。果不其然，日本GDP急遽衰减，2011年度出现1.3%的负增长，2012年度、2013年度和2014年度分别仅维持在0.1%、1.8%和1.6%的低水平①。尽管其中还含有消费税增加等其他因素的负面影响，但电力供给短缺所造成的负面效果是不容小觑的。

另一方面，东日本大地震和福岛核事故对日本电力系统的既有发展环境造成严重破坏。具体而言，其一，日本民众对于之前始终承担“基础能源（base-load energy）”功能的核电的信赖感急遽动摇，结果导致核能比重急剧衰减、能源供给严重不足，并带动其他能源的获取成本增加，同时造成中长

① 日本内阁府公布的统计数据。

期电力价格的上涨压力不断积聚；其二，破坏了以价格为调节机制的电力供需体系的基本平衡，导致必须依赖抑制需求的方式，实现电力供需的“低水平”新平衡；其三，日本必须改变电力系统的原有模式，使其符合多元化电力供给的要求等[①]。当然，与之相比更为残酷的现实就是日本在核事故之后，罹患了显著的“核恐惧症”。受其影响，2013年度日本暂时停运了国内的所有核电站，并进入实质性的“零核电”状态。此外，2015年5月8日，日本生活协会联合会（简称“日本生协联”）发布的“消费者意识调查结果”显示，近半数（48.2%）受访者希望将核电在2030年日本电源构成中的占比保持在5%以下，其中，25.5%的受访者认为2030年的核电占比应为零，即日本转为“零核电”国家[②]。

由是观之，无论未来日本能源战略如何变化，只要核电仍占有重要的一席之地，日本政府就必须从根本上缓解或解决民众的“核恐惧”心理，否则势必会滞缓日本能源新战略的部署与实施。另一方面，日本学者橘川武郎指出，能源问题是“安倍经济学”的最大威胁，也是致命威胁，即电价上涨等能源成本的增加对日本经济构成严重威胁[③]。对此，日本《产经新闻》专门刊发社论，指出重启核能发电是解决电费增长问题的最佳措施[④]。

第二，提升能源自给率，确保日本长期且稳定的能源安全。电力是“经济的血液”，为了实现稳定的国民生活和经济增长，就必须确保廉价且稳定的电力供给，而其中最为核心的部分就是“基础电源”[⑤]。

20世纪70年代的石油危机使日本意识到经济的发展必须突破能源“瓶颈”的约束。为此，日本迅速地调整了经济发展模式，使其从资源密集型向技术密集型转变，以最大限度地减少对能源进口的依赖，同时也确立了长期稳定且高效的能源发展新思路。在此背景下，日本相继推出《新能源开发计

---

① 「電力システム改革専門委員会報告書」、2013年2月、第5～6頁。

② 日本生活協同組合連合会:「これからの電力のあり方についての消費者意識調査」『調査結果ニュースリリース』、2015年5月8日（http://jccu.coop/info/press_150508_01_01.pdf）。

③ ［日］橘川武郎:《威胁“安倍经济学”的日本能源问题》，载《东北亚学刊》,2015年第1期，第45—50页。

④ 「［主張］関電再値上げ　やはり原発再稼働を急げ」『産経新聞』、2015年5月25日。

⑤ 「将来の電源構成　安定供給と料金抑制が優先だ」『読売新聞』、2015年4月12日。

划》(1974年，又称“阳光计划”)、“月光计划”(1978年)、《替代石油能源法》(1980年)、《新能源法》(1997年)、《新能源产业远景目标》(2004年)、新《能源战略能源计划》(2010年)等涉及节能、造能等重要问题的法律及政策[①]。

由此可见，一方面，日本希望发展节能环保技术及产业，提高单位能源的经济效率，减少能源进口总量；另一方面，日本意图促进新能源产业的发展与进步，提高能源自给的能力与比重。二者尽管在方式和方法上完全不同，但实质目标却基本一致，都是为了提升日本的能源安全。

与石油危机所不同的是，福岛核事故后的日本能源危机可谓是内生性的，而非外生性的。尽管如此，日本并没有改变应对之策，而是基本延续了石油危机时代的能源应对策略，通过提高能源自给率的方式，摆脱自身对能源及天然气等化石能源进口的束缚。为此，日本的应对工程主要侧重于两个方面，一是加强能源利用技术的研发与升级，摒弃高污染、高排放的传统能源利用方式，引入低污染、低排放、高效率的新能源利用技术；另一方面，增加对光伏、风能、地热等可再生能源产业的扶持与投入，强化日本对一次能源的获取能力及二次能源的生产能力，真正实现“日本能源日本造”的梦想。

第三，迫于电力能源短缺的现实压力，日本国内相关业界逐渐在电力系统改革问题上凝聚共识，并形成强大的内生性动力，迫使政府实施改革。

3·11大地震(2011年3月11日)发生后，受电力能源短缺及电价上涨等影响，日本国内企业的正常运营持续受困。据日本经济团体联合会公布的调查结果显示，由于电力问题产生的弊端，日本国内28.1%的制造类企业缩减了生产规模，22.8%的同类企业减少了国内设备投资，14%的同类企业减少了雇佣人数，73.7%的同类企业更是因采取节能措施而增加负担；与此同时，65.7%的非制造类企业收益减少，20.6%的同类企业缩减了雇佣规模，51.4%的同类企业因采取节能措施而增加负担[②]。另一方面，在日投资的外国

① 孙巍、刘阳:《日本能源管理分析及对我国的启示》，载《现代日本经济》，2015年第2期，第75页。

② 日本経済団体連合会:「電力コストに関する緊急アンケート結果」、2014年5月28日、第2頁。

企业也在抱怨同样问题。据日本经产省2014年公布的《外资企业动向调查》报告显示，5.3%的在日外资企业抱怨电力供应不足，并因此难以在日本国内扩大经营规模[①]；2015年的同一调查结果显示，仍有3.8%的外资企业遭遇同样困境[②]。由此可见，尽管日本竭力缓解国内电力供需失衡的矛盾，但囿于客观环境的制约，它始终难以彻底解决这一突出问题。这在一定程度上加剧了国内社会对电力系统改革迟滞的诟病与斥责。

以此为背景，日本国内企业及主要行业团体等就电力系统改革这一重大议题，组成了庞大的游说集团，联合对政府施加压力。其中，最具代表性的就是经济团体联合会、商工会议所、经济同友会等日本三大经济团体。

举例而言，日本经济团体联合会就指出，为了强化电力供应的能力，政府应尽快修改相关规定，同时应构建实时反映电力供求平衡情况的监控机制[③]。另一方面，为了增强日本企业的竞争力，政府更应该制定中长期的能源政策，确保中长期电力的稳定供给[④]。与其相呼应，日本商工会议所则认为，电价上涨与电力供需失衡直接威胁日本国内中小企业的发展，而且，若电价仍持续攀升，则许多中小企业将被迫关张[⑤]。鉴于此，为了确保电力的稳定供给、遏制生产成本上升，日本政府应重启核电站[⑥]。除此之外，日本经济同友会更是指出，要解决日本能源供给不足的现实矛盾，不能依靠削减能源消费的单一手段，而且，无论削减数量为多少，始终都难以弥补不足，

---

① 日本経済産業省:「第47回外資系企業動向調査(2013年調査)の概況」、2014年10月23日。

② 日本経済産業省:「第48回外資系企業動向調査(2014年調査)の概況」、2015年10月15日。

③ 日本経済団体連合会、日本労働組合総連合会:「今夏の電力需給対策に関する労使の取り組みおよび政府への緊急提言」、2011年4月27日、http://www.keidanren.or.jp/policy/2011/039.html(上网时间：2015年10月18日)。

④ 日本経済団体連合会:「今夏の電力需給対策に関するアンケート結果について」、2011年10月21日、第8頁。

⑤ 日本商工会議所:「夏季の電力需給の検証スタート 日商から委員参加」『日商ニュース』、4/11号、201年4月12日、http://www.jcci.or.jp/news/jcci-news/2013/0412172157.html(上网日期：2015年10月16日)。

⑥ 日本商工会議所:「政府による今夏の電力需給対策について(岡村会頭コメント)」、2012年5月18日、http://www.jcci.or.jp/recommend/comment/2012/0518152146.html。

因此，仍需尽快制定具体的应对策略[①]。为此，日本经济同友会还专门发表题为“消费者眼中的电力系统创新”的报告，督促政府应实施电力系统改革，并对改革的路径及前景进行主动的规划及设计；同报告更是尖锐指出，电力供给应像其他产业一样，通过促进竞争以加速创新，孕育新的市场需求[②]。

除了上述三大经济团体的督促意见以外，日本国内的相关企业及研究机构也成为游说电力系统改革的“生力军”。日本瑞穗综合研究所的专题报告就指出，必须做好制度设计及周密准备，以便具体落实电力改革措施[③]。而中长期来看，日本应通过电力系统改革，构建多元化的电源供给体系，以适应稳定性（Energy Security）、经济性（Economy）、环境性（Environment Conservation）和安全性（Safety），即所谓“3E+S”的能源发展要求[④]。

由是观之，日本的企业界、经济团体以及研究机构等在电力系统改革问题上业已达成意见联盟，彼此均对包括电力供需失衡等在内的日本能源问题予以担忧，并督促政府尽快制定并落实相关改革措施，以解决这一现实矛盾。

第四，依托电力系统的改造，为新一轮的产业结构调整与升级创造条件。这主要表现在三个不同层面。

其一，电力系统的改革是引领日本灾区重建、国内产业转型升级的标志性工程。全球性金融危机之后，日本产业政策的重点发展方向是新兴及战略性技术密集型产业，如电动汽车及氢能源汽车、新能源、机器人、诱导性多能干细胞（iPS 细胞）等高精尖产业[⑤]。发展上述产业的优势在于，一方面容易突破产业发展的能源“瓶颈”，有利于减少相关产业的发展及扩张对石油、煤炭等传统能源的依赖性；另一方面，新生产的相关产品也可以部分或完全

---

① 日本経済同友会:『第17回企業白書』、2013年4月24日、第16頁。

② 日本経済同友会:「需要者の視点で電力システムのイノベーション」、2011年11月18日、第2頁。

③ 内藤啓介:「電力システム改革」『みずほリサーチ』、みずほ総合研究所、2013年6月、第13頁。

④ 内藤啓介:「2020年「電力自由化」へ交錯する期待と懸念」、みずほ総合研究所、2015年4月7日、第3頁。

⑤ 陈友骏:《论“安倍经济学”的结构性改革》，载《日本学刊》,2015年第2期，第83—84页。

摆脱石油、煤炭等传统能源的束缚，转而利用更为清洁且更容易获取的可再生能源等。与此同时，按照安倍政府的设想，福岛地区是日本灾后重建的重中之重，并将通过扶植以机器人、可再生能源为代表的高科技领域的研究及新产业，推动灾区的整体复兴[①]。由此，日本国内的灾区重建与产业结构升级就完美地结合在一起，二者相互助力、协同发展，共同对日本经济的整体复苏产生重要的促进作用。

其二，电力系统改革引发相关产业的兴起与发展，有助于扩大日本经济的涉足与纵深，并为日本产业结构的调整与升级创造足够大的市场规模和发展空间。

实际上，经历了20世纪70年代的两次石油危机之后，日本国内产业发展的主要特征就由原来的“重、厚、长、大”急速转变为“轻、薄、短、小”。在这一过程中，日本国内相关产业不断依托政策扶持与技术革新，在节能环保领域积累了重要的竞争优势。此后，日本实现了国内能源供需的基本平衡，有效促进了日本宏观经济的稳定运行。尽管如此，2011年突发的福岛核事故再度使日本遭遇臆测之外的“能源危机”，甚至一度引发前所未有的“电荒”。面对这一尴尬的窘境，日本仍意图借助新能源产业的发展及相关产业的联动，“转危为机”，为日本产业的结构性调整以及日本经济的整体性复苏创造重要契机，并从根本上缓解或解决可能长期困扰日本经济的电力问题。为此，日本政府倡导企业积极参与新能源产业及节能环保产业的开发与利用，并鼓励社会资本及公共资本参与相关产业的投融资建设。具体来看，以日本企业设备投资的变动趋势为例，2011年和2012年日本中小企业以“节能”为目的的设备投资同比各增加了58.1%和89.9%[②]，足以显现这一理念的经济效应。

另一方面，以光伏发电设备为例，据日本光伏发电协会公布的统计资料显示，2014年度（2014年4月至2015年3月）日本国内生产的太阳能组件

① 首相官邸:「安倍内閣総理大臣記者会見」、2015年3月10日、http://www.kantei.go.jp/jp/97_abe/statement/2015/0310kaiken.html

② 株式会社日本政策金融公庫　総合研究所:「第111回中小製造業設備投資動向調査・要約版：2014年度修正計画（9月調査）」、2014年10月22日、第4頁。

（solar module）出货量高达9872兆瓦（MW），同比增长14%，自2011年以来连续四年稳步增长，其中日本企业生产的太阳能组件为6766兆瓦（MW），约占国内总产量的七成[①]。由此可见，日本鼓励国内外企业努力在日本本土设立相关工厂并进行生产，同时日本国内企业亦显著提高了太阳能组件的生产量及市场供应量。与之相对应，2015年第一季度日本本土及驻外企业生产的太阳能电池（Solar Cell）出货量共计约为664兆瓦，同比增加31%，其中，驻外日资企业生产的太阳能芯片出货量超过46兆瓦，尽管与本土的日本企业生产的617兆瓦的规模相比，仍存在一定距离，但同比出现1412%的巨大增幅[②]，足以说明日本企业明显提高了海外太阳能电池的产能及比重。另一方面，我们再以海上风力发电为例，100万千瓦（kW）规模的相关设备投资能够为日本带来接近400亿日元的GDP拉动效应（假设相关设备的日本国产化率达到80%）[③]。鉴于此，日本风力发电协会专门向日本政府提出建议，为了实现2030年可再生能源占比达30%的目标，应提高风力发电总量至3620万千瓦，使其占日本总发电量的8.5%左右[④]。由此不难设想，大批量风电设备及技术研发的投入，不仅有利于相关产业的规模性扩张及经济效益的增长，更有助于日本在风电领域获取核心技术的新发展与新突破。

除此之外，值得注意的是，随着电力系统改革的稳步实施与深入推进，日本国内的新能源产业逐步走向成熟，并形成规模效应。与此同时，在部分的产业领域，日本企业依托核心技术优势，逐步占据了产业链的上流、前端，并积聚了较强的竞争优势。

其三，推动相关科技创新向纵深拓展，并实现与其他领域的互动发展。全球金融危机之后，新技术、新产业正在成为世界各国激烈竞争的制高点，

① 一般社団法人　太陽光発電協会:「日本における太陽電池出荷統計：2014年度第4四半期及び2014年度」、2015年5月21日、第2、5頁。

② 一般社団法人　太陽光発電協会:「日本における太陽電池出荷統計：2014年度第4四半期及び2014年度」、2015年5月21日、第4頁。

③ 一般社団法人　日本風力発電協会:「風力発電導入拡大に関する緊急提言」、2015年4月17日、http://jwpa.jp/pdf/2015.04.27kinkyuuteigen2030.pdf。

④ 一般社団法人　日本風力発電協会:「風力発電導入拡大に関する緊急提言」、2015年4月17日、http://jwpa.jp/pdf/2015.04.27kinkyuuteigen2030.pdf。

并且，在政府与市场的共同推动下，新一轮科技革命孕育兴起，战略性新兴产业不断涌现[①]。其中，电力产业的科技进步与技术创新，不仅涵盖新能源、新材料等重点领域，更涉及生物技术、海洋技术、智能制造、科学流通等多个战略性新兴产业，且容易取得事半功倍的积极效果。日本政府正是敏锐地捕捉到了这一产业发展的现实规律，进而改变对电力产业发展的传统观念，并借助相关的制度改革及资金投入，以扩大新兴电力产业发展对提升整体产业科技含量和国际竞争力的“蝴蝶效应”。

不仅如此，为了更好地辅助国内发电和输配电设施以及整个电力产业的规模化发展，日本政府甚至将ODA（政府开发援助）项目编入相关议程，希冀通过扩大对外出口及海外市场的需求，实现日本国内电力产业的规模化、标准化生产。例如，2015年5月，日本外务省宣布向印度提供总额为217.87亿的日元贷款（贷款利率为每年0.8%，偿还期限为20年，其中前六年只还息不还本），主要用于印度东部奥里萨邦的输电网及变电站设备建设[②]。除此之外，日本外务省、经产省和环境省等三大政府部门更是联合制定了“向地球温暖化发起攻击的外交战略”，提出“为了进一步加强日本在环境和能源领域的传统优势及技术革新，日本政府及民间资本将在五年时间内增加相关领域的国内投资1100亿美元”，当然，这必须以日本国家及地方基础性财政的收支平衡为重要前提[③]。由是观之，日本政府可谓是“倾囊而出”，利用金融政策、产业政策、甚至是外交政策等，资助国内电力产业的改革与发展。

① 隆国强:《新技术、新产业成为国际竞争制高点 全球新一轮科技创新风起云涌》，载《人民日报》，2015年5月22日。

② 日本外務省:「インドに対する円借款に関する書簡の交換」、2015年5月17日、http://www.mofa.go.jp/mofaj/press/release/press4_002122.html。

③ 日本外務省、経済産業省、環境省:「ACE: Actions for cool Earth（美しい星への行動）」（攻めの地球温暖化外交戦略）、2013年11月。

第三节　日本电力系统改革的发展趋势

2011年福岛核事故的突发，迫使日本被动性地改变了既定的能源战略，同时也引致日本电力系统改革进程的加速运转。需要指出的是，日本政府在此次电力系统的改革中扮演了积极且重要的角色，即，政府通过行政干预及政策引导等若干措施，帮助日本“转危为机”，以使其彻底摆脱困扰经济发展的电力能源问题，实现“长期、稳定、低成本”的电力自给①。顺着这一基本思路，我们不难判断日本电力系统发展的未来趋势及潜在影响。

第一，借助电力能源（二次能源）的系统性改革，加速煤炭、石油、天然气、光伏、风能等一次能源的多元化发展，进而缓解日本一次能源外部供给不稳定以及自给能力有限的过重压力。据日本政府公布的统计数据显示，2013年度（2013年4月—2014年3月）日本能源自给率仅为8.6%，而且，如果把核能视为进口能源，日本的能源自给率则进一步下跌至8.3%；与此同时，2013年度日本化石能源的依存度攀升至92.4%，其中，对石油资源的依存度仍维持在45%左右的水平②。个位数的能源自给率与超过九成的化石能源依存度无疑会增加日本对包括电力能源在内的整体能源安全的担忧，但同时更会促使其持续扩大对光伏、风能等可再生能源的关注程度及开发力度。

另一方面，由于光伏、风能、地热等可再生能源受到天气条件的较大制约，亦无法实现全天候的稳定供给，因此，利用这些一次能源进行发电的范围及条件就受到了相应限制，短期内更难以使其升格为“基础能源”③。更为棘手的是，可再生能源的开发与利用也容易产生种类繁多的矛盾。例如，生物能源的开发易与食物、饲料等产生竞争关系；水力开发及利用容易造成河

---

① 日本経済産業省資源エネルギー庁:「更なる再生可能エネルギーの導入拡大に向けた政策の方向性について」、2015年4月14日。

② 日本経済産業省資源エネルギー庁:「平成25年度（2013年度）エネルギー需給実績を取りまとめました（確報）」、2015年4月14日、第8頁。

③ 按照2014年4月11日日本政府通过的《能源基本计划》中所述的定义，“基础能源”是指发电成本低廉、运转稳定，且昼夜不间断、持续供应的能源。具体包括地热、水力、核能和煤炭等。具体内容参见日本経済産業省:『エネルギー白書2014』、2014年6月、第106頁。

流环境的破坏，同时影响相关区域的农业用水；风力的开发易受客观条件的制约，同时也会产生噪音问题；地热能源的利用阻碍温泉设施的开发，并可能破坏自然景观等[①]。因此，尽管开发及利用可再生能源有助于日本提高能源自给率、缓解能源对外依存度过高的风险，但这一效果的充分显现仍然需要等待较长时间。

第二，日本政府将进一步强化对电力系统的管控能力和统筹能力，进而实现其对日本电力产业及相关能源产业的“政治”领导。

实际上，日本政府已经借助不同方式逐步加强对电力公司的管控。以新能源发电为例，1997年日本就已经专门制定了“关于促进新能源利用的特别措施法”（日语名称为“新エネルギー利用等の促進に関する特別措置法”），以促进新能源发电。紧接着，2003年4月，日本又实施了“促进电力公司利用新能源的相关法律”（日语名称为“電気事業者による新エネルギー利用等の促進に関する法律（RPS法）”），其中规定2010年度新能源发电量应达到2003年度的3.7倍左右，即122亿千瓦时（kWh），相当于总销售电量的1.35%[②]。借此，日本相关电力公司的新能源发电业务必须接受强制性指标，同时日本政府也借之以加强对国内电力公司的制约与引导。

另一方面，日本政府从制度层面入手，依托相关法律的修订与完善，从根本上瓦解强大的电力利益集团对抗政府及相关政策的能力。以2015年6月新修订的《电气事业法》为例，其规定2020年4月之前日本大型电力公司必须剥离输电和配电部门，这实则破除了大型电力公司对日本电力市场的传统垄断，并能有效促进市场因素融入日本电力能源系统的改革。不仅如此，日本政府竭力保障新的能源企业进入电力行业的重要机会，更赋予此类企业平等地与大型电力公司展开竞争的权利。显然，这些举措的出台有助于从战略方向上表明日本政府支持可再生能源市场的发展及相关投资的决心与意图，也有助于日本政府的指令性政策能更为直接、更为高效地传导至整个电力能

① 塚越由郁：「再生可能エネルギー普及促進に向けた展望：普及に向けて克服すべき課題の検討」『みずほ政策インサイト』、みずほ総合研究所、2011年7月25日、第8、10頁。

② みずほ総合研究所調査本部：「新エネルギー発電の現状と今後の事業環境」『みずほリポート』、みずほ総合研究所、2003年7月29日、第1、19頁。

源系统。

第三，市场化调节电力市场的资源配置，实现电力能源供求结构长期且稳定的平衡性发展。说到底，日本在电力系统改革方面所做的一切努力，就是为了确保“长期、稳定、低成本”的电力自给[①]。诚如有学者所指出的那样，日本政府在考虑国家利益的同时，还需平衡经济界和公众等各方的利益。其中，“稳定和廉价的能源供给是经济界的生命线，但考虑到国际市场化石能源价格呈上升趋势以及碳税的逐步开征，化石能源并不符合经济界的长期利益，核危机后的能源政策若想得到日本国内经济界的支持，帮助其走出能源困局才是根本”[②]。在此背景下，日本政府积极扶持可再生能源市场的发展，并通过相关政策的引导与市场化操作，力求在一定时间内实现低价且自给的能源供给，尤其是廉价的电力能源供给。

第四，在确保电力供给稳定的条件下，逐步提升二氧化碳的减排标准，同时在国内产业内部落实有效、有序的减排步骤，扩大相关产业在节能减排问题上的领先优势。日本政府业已明确，力争2030年二氧化碳排放量较2013年减少26%。为了实现这一“宏伟”目标，日本亟须对包括能源产业在内的国内所有产业进行结构性调整与升级，而电力系统的改革揭开了这一系统工程的帷幕。更为重要的是，日本在规划自身产业方展方向以及与之相适应的产业结构调整政策的具体过程中，始终把约束性的资源和能源条件对日本产业发展造成战略性掣肘等核心因素考虑在内。为了应对此重大课题，日本希冀借助节能减排这一重要桥梁，促使能源产业与其他产业之间形成互助性的优势发展，进而推动日本整体产业的结构调整与转型升级。而且，就中长期来看，日本依然希望摆脱环境与资源问题、人口问题的制约，实现“脱离资源的发展型国家”模式[③]。

尽管如前所述，日本政府就国内电力系统改革制定了周密计划及具体政

① 日本経済産業省資源エネルギー庁:「更なる再生可能エネルギーの導入拡大に向けた政策の方向性について」、2015年4月14日。

② 郑文文、曲德林:《后核时代日本能源政策走向的三方动态博弈分析》，载《日本学刊》，2013年第4期，第104页。

③ ものづくり政策懇談会:「ものづくり国家戦略ビジョン(要約版)」、2005年11月、第3頁。

策，但不可否认，由于这一改革工程过于庞大，且涉及日本政治、经济、安全、社会等各个层面，因此，显然存在一定的落实难度及潜在风险。

第一，日本传统的政治经济体制始终制约其电力系统改革的实际进程。尽管在这一重大改革问题上，日本政府不断努力塑造自身的主导者、驱动者的形象，并希冀以此为范本，构建政治引领经济的新政经格局。但不可否认的是，这一改革的实质进程仍取决于政治与经济的妥协结果。质言之，日本政治实则是依附于日本经济的代言人，其政治格局及政策意志等严重受制于经济界的现实想法。因此，电力系统改革进程的过快与过激都会引发经济界的反弹、甚至是反对，并最终形成经济界与政治界相互对抗的态势，进而阻碍这一改革的实质进程。另一方面，观察日本政府过去已实施的诸多改革措施及经济政策，不难发现，与其说日本政府主动制定并实施了这些政策，毋宁说它实则满足了日本经济界的现实要求，被动性地成为政策的发布人和执行者。因此，从这一层面来看，“经主政从”的传统体制及政经妥协的最终结果是决定日本电力系统改革进程的主要因素。

第二，日本电力系统改革将长期受制于其能源结构发展的客观现实。应该说，电力系统改革能在一定程度上推动日本一次能源的多元化发展，并缓解其二次能源供给不足的压力，但却无法从根本上改变其“一次能源主要依赖进口”的长期现实条件。而更为重要的是，后者更决定了日本获取二次能源的方式、渠道及规模。因此，客观而言，日本未来电力能源的安全问题仍取决于外部环境的稳定性，并且，石油、煤炭、天然气等一次能源的国际价格波动仍是威胁日本电力系统稳定运营的关键因素。

另一方面，尽管日本政府竭力在国内推广并扶持可再生能源发电项目，但投入成本过高始终是制约后者发展的掣肘。根据日本地球环境产业技术研究机构的演算结果显示，随着可再生能源在日本整体能源结构中所占比重的扩大，其发电的平均单位成本是逐级递增的。此外，演算结果还显示，若要使日本发电成本在2030年保持最低，则它的能源结构组成中应包括25%的核能、25%的煤炭和15%的可再生能源；而发电成本最高的能源构成中就包含30%的可再生能源[①]。当然，满足上述演算结果的前提是日本必须重启核能发电项目，但无论怎样，日本必须面对的残酷现实是，可再生能源发电比重的增加无疑会引致日本平均电价的上涨及整体能源成本的上升，而这对于日本国内的大多数企业，尤其是部分濒临生存极限的中小企业而言，根本就是无法接受的。以针对日本商工会议所中小企业会员单位的调查结果为例，约90%的被调查对象能接受的电价涨幅在每度电3日元以内，其中，81%的被调查对象表示电价涨幅不能超过每度电2日元；57%的被调查对象只能接受每度电1日元以内的涨幅；甚至还有部分中小企业表示“已无力承担当前的电价水平”[②]。鉴于此，为了维持以广大中小企业为代表的日本企业的生存与利益，以经团联为首的163个行业团体已联名“上书”日本政府，反对征收诸如“地球变暖对策税”等不合理税费，并公然抱怨化石燃料进口费用的上涨，以及日元汇率的贬值导致能源成本猛增，同时生产用电成本亦随之增加约四成，进而阻碍了产业的正常发展。不仅如此，在一些耗电较高的行业，业已出现减产、停产或外移的情况[③]。从这一政策建言中可以解读出，日本国内的多数企业已难以承受现有的用电负担，更难以接受利用可再生能源发电后可能产生的用电成本，这显然不利于日本能源结构的变革与改善，也更有碍于日本电力系统的改革进程。

第三，日本电力市场自由化的目标或长期难以实现。实际上，实现电力市场的完全自由化，必须满足多个重要条件。比如说，发电、输电和配电业务的完全分离；电力零售业务的“零门槛”准入；打破电力市场传统的垄断结构，维护各竞争主体之间的平等性等等。尽管如此，日本国内的电力布局实则是以地区为单位的，具体被分为十个大区，每个大区设有一个相对较为独立的大型电力公司。因此，日本的电力系统就被包括东京电力、东北电力、关西电力等十大电力公司所完全垄断。更为重要的是，一直以来日本各

① 地球環境産業技術研究機構:「エネルギーミックスの分析と温室効果ガス排出見通し」、2015年3月31日、第14—15頁。

② 地球環境産業技術研究機構:「エネルギーミックスの分析と温室効果ガス排出見通し」、2015年3月31日、第16頁。

③ 日本経済団体連合会:「地球温暖化対策税の使途拡大等に反対する」、2015年11月9日。

个大型电力公司均得到地方及中央政府的财力及政策支持，积累了雄厚的垄断资本，不仅如此，这些电力公司的业务范围基本覆盖了地区内的发电和输配电等各个环节，还借助注入资本、购买股权等方式，对区内其他相关的电力企业实施“遥控指挥”。

另一方面，尽管经产省下属的咨询机构“电力系统改革专门委员会”对日本电力系统的改革提出了“三步走”的具体实施步骤，并明确要求到2020年为止实现输配电部门的分离，但却没有就如何打破大型电力公司对日本电力行业的实际垄断给予任何分析或解释①。此外，更为吊诡的是，经历3·11核事故之后，日本东京电力公司实际已濒临破产，但日本政府仍源源不断地对其进行资金扶持和政策援助，使其维持正常运转。由此可见，日本的大型电力公司对地方及中央政府具有强大的政治影响力，而打破其对电力行业的垄断状态是不可逾越的政策红线。有鉴于此，这一传统格局的长期存在势必阻碍其他企业或资本进入日本的电力行业，更阻碍了其电力市场改革的自由化进程，使日本的整个电力市场实则处于“被垄断”的状态。对于这一现实问题，日本国内的智库及研究机构也表示了强烈不满②。

此外，应该指出的是，由于历史条件的拘囿，中短期内日本国内的电力能源结构仍将呈现明显的东西隔离式布局。这样一来，日本国内可能产生的市场化供电机制，也仅限于国家内部次区域层面的价格竞争机制。这尽管在一定程度上抑制了地区性电价垄断现象的发生，但却难以形成覆盖日本全境的电力能源自由化产配送体系，更难以促成日本全国一体化的电力价格竞争机制。

① 「電力システム改革専門委員会報告書」、2013年2月、第50～52頁。

② 東京財団:「日本のエネルギー政策再構築：電力統合体制（Energy Integration）を構築しエネルギーの多元化を実現せよ」、政策提言、2014年9月、第5頁。

扩展阅读

刍议安倍经济学的“新旧三支箭”

2015年10月，日本安倍政府重新组阁。作为新政府的标志性工程之一，“安倍经济学”的“新三支箭”成为众人关注的焦点。鉴于此，有必要分析一下“新旧三支箭”之间的联系与区别，以便更好理解日本经济政策的主要内容。

首先看一下“安倍经济学”的“旧三支箭”，即，金融政策（第一支箭）、财政政策（第二支箭）与结构性改革政策（第三支箭）。其中，较为引人瞩目的就是金融政策。这里值得注意的是，安倍政府为了更为直接、更为稳妥地实施自己所设想的金融政策，从一开始就干涉日本央行的人事变动，并使自己的心腹——黑田东彦成为央行行长。这样一来，日本央行的性质就发生了剧变，逐步失去政策的独立性，并实质性沦落为日本财务省下属的一个分支机构。当然，作为政策干预的结果，日本央行毫无抵抗地赞同、并辅助实施安倍政府的金融政策，同时不断增加对日本国债的持有规模。

另一方面，结构性改革也是安倍经济学“旧三支箭”的重要倚重。具体而言，安倍政府希望通过结构性改革，逐渐建立以新兴产业为核心的高端制造业发展新模式。其中，以新能源汽车为代表的汽车产业、以机器人技术为核心的高端装备制造业，以及符合日本老龄化社会基本国情的医疗产业等，成为这一新模式的三大支柱。应该说，这一改革的总体方向是正确的，但具体的政策效果仍有待观察。

总体来看，“安倍经济学”的“旧三支箭”覆盖范围较为全面，其针对日本经济的现实弊端所开出的“药方”也较为准确，但囿于日本政治经济结构的僵化体系，以及传统利益集团的秩序固化，导致“安倍经济学”并没有取得理想效果。与此同时，或许内容“全面”是“安倍经济学”的一大亮点，但也正是因为“全面”，导致这一庞大的宏观经济政策难以聚焦，而且个别领域更难以有所踏实推进，最终导致政策整体的失效。

视线转至“新三支箭”。所谓“新三支箭”，具体是指：①2020年日本GDP规模增长至600万亿日元；②平均出生率增长达到1.8；③杜绝因家庭护理而放弃工作的现象发生。这里比较“新旧三支箭”，不难发现在内容上二者存在极大的关联性，且长期政策目标基本吻合。所不同的是，“新三支箭”更为具体、易懂，同时在未来判定政策效果时，可以借助上述指标性数据进行判断、评价。另一方面，尽管“新三支箭”只是聚焦在GDP、出生率、家庭护理等三个具体问题上，但不容忽视的是，日本若要完全实现“新三支箭”的预期目标，必须依赖于稳妥实施“旧三支箭”的既定政策。从这一层面来看，“新旧三支箭”既是互通的，又是互动的。

尽管如此，“新三支箭”在日本国内还是饱受诟病。如有媒体就指出，若要实现600万亿日元的宏伟目标，就必须保持年均3%以上的增长速度，而这一基本增长速度对当前的日本经济而言实属不易，因此，设定这一目标的妥当性与现实性有待考察。更有甚者就指出，安倍政府的当务之急是制定一些具体可行且有望实现的政策，同时确保实施相关政策的财政来源，避免“空中楼阁”般的政策设想。

这里，我们暂且不去评论“新三支箭”的现实性与准确性，但必须指出的是，未来日本经济的重点发展方向或许是明确的，即依托结构性改革实现日本经济的整体性复苏与发展质量的提升。这既是贯穿“安倍经济学”“新旧三支箭”的核心部分，也是决定“新三支箭”成败与否的关键所在。鉴于此，我们需要认真关注这个问题。

第五章 日本知识产权新政及发展趋势

为了应对经济的持续低迷，日本政府希冀提升制造业核心技术水平及国内产业的整体竞争优势，并以此带动日本经济的全面复苏。另一方面，作为“安倍经济学”的重要组成部分之一，产业结构的转型升级成为决定这一经济治理工程成功与否的关键。

在此背景下，产业结构的转型升级以及决定制造业生产水平的技术革新等就逐渐成为热点议题，成为日本各界关注的焦点。与此同时，与生产技术发展息息相关的知识产权问题亦备受关注。对此，日本政府也做了积极回应。它不仅有效提升了日本社会对知识产权问题的客观认识与价值认同，更完善了知识产权领域的相关制度及立法，还进一步夯实了知识产权制度在加速国内产业体系发展、促进核心技术研发中的作用与功能。

本章希望系统地阐述日本在知识产权领域的相关变革与推进，同时揭示日本政府实施这一战略性举措的实质动因，在此基础上，判断未来日本知识产权问题的发展动向及潜在影响。

第一节 日本政府持续加大对知识产权的保护力度

为了更好推进知识产权的保护力度与深度，日本政府不断推陈出新，不仅借助制度创新的优势，完善知识产权领域的相关立法，同时鼓励企业及个人的积极参与，促使知识产权问题晋升为日本的“全民工程”。具体而言，主要表现为以下各方面。

第一，积极改革并完善知识产权领域的相关制度。为此，日本政府具体推进了三个不同层面的布局与安排。

其一，加强与社会之间的信息沟通，及时、准确地对外发布政府在知识产权问题上的政策愿景与战略认知。为了向日本全社会更好地普及知识产权的相关知识，提升个人及企业对知识产权保护的重视度，同时也是更好地宣传政府在知识产权问题上的政策意图，“知识财产战略本部”自2010年起每年定期发布“日本知识财产推进计划”报告。这里值得注意的是，“知识财产战略本部”是附属于日本首相官邸的决策机构，受日本首相的直接领导，因此，它对外发布的观点可视为日本政府的官方意见，对理解日本在知识产权领域的政策变动等具有一定的权威性和可信度。另一方面，由于这一机构的人员构成不仅包括日本首相、内阁官房长官、经济产业大臣、文部科学大臣等政府权力部门的要员，同时还包括了知名的学者、画家、律师、企业总裁和相关业界的代表等，基本覆盖了与知识产权问题紧密关联的日本社会各个基层代表。这既便于日本政府及时、客观地了解和掌握国内社会对知识产权问题的真实想法和对政府政策的真实期待，也有助于政府通过这一常设机构，向国内及国际社会发布日本在知识产权问题上的立场与观点，并使之能更好地得以理解和推广。受首相官邸的影响，2015年5月28日，日本农林水产省也公布了《农林水产省知识资产战略2020》报告书①，并专门就如何保护日本的农林水产品等做了具体的战略规划。

其二，积极推进并完善知识产权领域的相关立法。作为其中的典型案例之一，2015年4月1日，日本开始实施新商标法。借此，日本允许使用以颜色、声音、动态、位置、全息影像等作为表现形式的新型商标②。2015年10月27日，日本特许厅（职能相当于“中华人民共和国国家知识产权局”）对外公布了首批新型商标（参见表5-1）。

---

① 日本農林水産省:「農林水産省知的財産戦略2020」、2015年5月28日。

② 日本経済産業省:「新しいタイプの商標の公開商標公報が発行されました」、2015年4月14日、http://www.meti.go.jp/press/2015/04/20150414001/20150414001.html（上网时间：2015年10月30日）。关于日本新型商标的具体说明，可参见侯继芸编译:《日本新商标法拟增五种类型商标申请》，中国国际贸易促进委员会官网，http://www.ccpit.org/Contents/Channel_3409/2015/0311/450415/content_450415.htm（上网时间：2015年11月18日）。

表5–1：日本特许厅首次批准新型商标（2015年10月27日公布）

	合计	其中				
		声音	动态	位置	全息影像	颜色
此次审核批准	43	21	16	5	1	0
（参考）2015年4月1日受理的申请数量（新商标法实施首日）	481	151	32	103	3	192
截至10月23日的申请总数（暂定）	1,039	321	70	214	11	423

资料来源：日本経済産業省:「新しいタイプの商標について初めての審査結果を公表します」、2015年10月27日、http://www.meti.go.jp/press/2015/10/20151027004/20151027004.html（上网日期：2015年10月30日）

与传统商标仅限于文字和图形等表现形式相比，新型商标在表现形式及应用范围上均得以扩展，这样既有助于提升日本品牌的可识别度，也能更为高效地保护日本品牌的声誉和市场地位。

除了新型商标以外，日本还积极导入相关新制度。2015年6月1日起，日本开始实施“地理标志”（GI：Geographical Indication）保护制度（根据2014年6月25日公布的《关于保护特定农林水产物等的名称》，2014年日本法律第84号），即允许特定的农林水产品注明其地理产地，以区别于同类产品[①]。对此，日本主流媒体之一的《日本经济新闻》刊发社论指出，构建知识产权领域的新制度，有利于保护其免于仿制品带来的损失，同时对生产者而言，这有助于强化农产品和水产品的竞争力，提高市场附加值[②]。不仅如此，为了进一步提高知识产权的保护力度，2015年7月日本国会通过了《专利法》、《反不正当竞争法》等相关法律的修正案，着重强调防止日本技术外流的重要性。

其三，进一步提升知识产权保护的便利化条件。为了减轻日本企业因知

① 日本農林水産省:「地理的表示保護制度活用支援中央窓口(愛称：GIサポートデスク)（フリーダイヤル及びインターネット)の開設について」、2015年5月14日、http://www.maff.go.jp/j/press/shokusan/sosyutu/150514.html（上网日期：2015年11月24日）。

② 「食品の地理的表示をいかせ」『日本経済新聞』、2015年6月29日。

识产权问题所产生的经济负担，日本政府不断改进工作方式，降低相关申请费用等，并鼓励更多企业积极参与到知识产权的维权行动中来。作为较为突出的表现之一，日本特许厅持续降低了商标等知识产权的注册费用。2015年2月，日本特许厅又对外宣布，将把商标注册费再下调25%左右，并考虑把商标注册后每10年缴纳的更新费也下调约20%[①]。不仅如此，日本政府还积极鼓励国内企业尤其是中小企业在海外申请专利、商标等知识产权保护，并给予政府主动承担一半申请费用的优厚条件[②]。另一方面，为了进一步提升专利等知识产权的国内申请渠道、减少不必要的繁琐程序，日本政府还开设了专门的窗口或部门，办理与知识产权相关的具体申请及业务。如上文所提及的地理标志保护制度，日本农林水产省专门开设了“GI Support Desk”（http://www.fmric.or.jp/gidesk/）专题网页，实时公布相关的申请条件、优惠措施、最新消息等，同时还设立免费热线电话和网络咨询平台，以便于国内企业及农户的咨询与申请。与此同时，又如下文即将提及的“知识产权商业评估书”制度，日本特许厅专门为此开设了门户网站（http://chizai-kinyu.jp/），既有助于企业实时获悉相关重要信息，也使这一新举措实现制度公开、程序公开、内容公开等，增加了政策的受众面和可信度。

第二，推进知识产权的市场化、金融化进程，提升日本社会对知识产权保护的积极性与参与度。为了促进日本国内制造业的蓬勃发展，尤其是由广大中小企业共同构建起来的“日本制造”的振兴，日本政府积极宣传并推广“知识产权金融化”的重要新概念。即，鼓励日本的金融机构对相关知识产权进行价值评估，并以估价为基础，对知识产权的持有者（企业或个人）实施金融贷款。受其影响，日本国内的制造业尤其是中小制造类企业的融资环境及融资渠道得以大幅改善，同时，日本金融机构的经营范围及贷款对象也变得更为丰富，且资金的安全性也获得一定保证。值得一提的是，据2013年末日本经产省中小企业厅公布的统计数据显示，日本企业总数共计386万家，其中，中小企业数为385万家，占所有企业总数的99.7%；小企业数为

① ［共同社2月10日电］《日本特许厅将大幅下调商标注册费》，2015年2月10日。

② 日本特許庁:「外国出願にかかる費用の半額を補助します」、更新日2015年9月8日、http://www.jpo.go.jp/sesaku/shien_gaikokusyutugan.htm（上网日期：2015年11月24日）。

334万家，占所有企业总数的86.5%[①]。有鉴于此，中小企业无可厚非地成为构建日本企业群体、甚至是日本经济的核心支撑，其重要性不容小觑。

另一方面，为了更好地激活日本中小企业的竞争力，日本政府启动了对中小企业拥有的知识产权的评估工作，并促使相关知识产权的“金融化”，以便使更多的中小企业能从金融机构获得贷款，扩大自身的生产及经营规模。具体来看，2014年起日本特许厅就试验性地启动了“知识产权商业评估书”（日语称“知財ビジネス評価書”）项目，后者是专门用以评估日本中小企业所拥有的知识产权的经济价值，并免费向国内的金融机构提供相关信息。最终，日本特许厅于2014年度内向22家金融机构共提供了51份“知识产权商业评估书”，并得到了这些金融机构的反馈意见[②]。紧接着，2015年度日本特许厅计划编制150份“知识产权商业评估书”，以进一步扩大国内中小企业和金融机构的受众面[③]。

在此基础上，2015年5月20日，日本经济产业省特许厅正式对外宣布，将启动“知识产权金融化促进事业”（日语称“知財金融促進事業”），其中就涉及对中小企业拥有的知识产权的经济价值进行全面评估、并编制“知识产权商业评估书”的具体规定。由此不难发现，日本特许厅的这一政策举措，一方面通过知识产权作价的方式，变相地增加了日本中小企业的资本容量与企业规模；另一方面，也帮助相关中小企业可以更为便利地获得银行等金融机构的贷款及融资。

① 日本経済産業省:「中小企業・小規模事業者の数（2012年2月時点）の集計結果を公表します」、2013年12月26日、http://www.meti.go.jp/press/2013/12/20131226006/20131226006.html（上网日期：2015年11月24日）。

② 肥塚直人:「事業性評価で注目される知財金融：特許庁の取り組みと効用」『金融財政ビジネス』、2015年9月7日、第6頁。

③ 肥塚直人:「事業性評価で注目される知財金融：特許庁の取り組みと効用」『金融財政ビジネス』、2015年9月7日、第7頁。

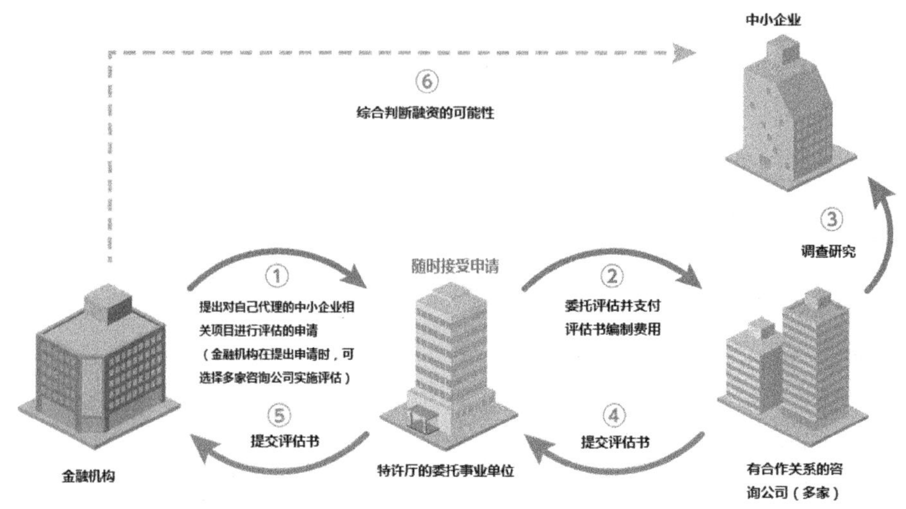

图5–1：日本“知识产权商业评估书”制度的流程图

资料来源：根据日本特许厅开设的“从知识资产的视角评估中小企业的金融促进支援”官网（http://chizai-kinyu.jp/）公布的信息，笔者编制而成。

通过观察日本“知识产权商业评估书”制度的流程图（图5-1），不难发现以下重要特征：①日本特许厅在这一制度中实质性地扮演了“信用中介”的角色。这既能促进这一制度有序、稳妥地落实与推进，也对咨询公司所提交的评估书承担政府担保的责任，以进一步凸显评估书的真实性与市场价值，更缩短了金融机构与中小企业之间的实际距离，促使二者之间的信息交流更为畅通、亦更为客观；②日本金融市场的规模被进一步扩大。日本中小企业所拥有的知识产权逐渐进入“金融化”程序，将进一步丰富日本金融市场的衍生产品种类，扩大市场的参与主体及潜在规模，同时也为未来知识产权的市场化交易奠定了必要的基础条件。③这一制度充分尊重了市场主体性的基本原则。举例而言，无论是金融机构选择申请项目及负责实施评估的咨询公司，还是其最终决定是否给予对象中小企业融资，都完全取决于金融机构自身，即金融机构可依据咨询公司所出具的客观评估报告独立做出是否给予贷款的判断，而以特许厅为代表的日本政府不会进行干预、甚至是施压。

表5-2：日本“知识产权商业评估书”项目的相关指定金融机构

	都道府县	数量	金融机构名称
1	北海道	1	北洋银行
2	岩手县	2	岩手银行、东北银行
3	宫城县	1	七十七银行
4	秋田县	1	秋田银行
5	山形县	1	莊内银行
6	栃木县	1	鹿沼相互信用金库
7	群马县	1	群马银行
8	埼玉县	1	埼玉理索纳银行
9	千叶县	2	京叶银行、千叶兴业银行
10	**东京都**	**10**	朝日信用金库、Sawayaka信用金库、城北信用金库、巢鸭信用金库、东京城市信用金库、东京信用金库、东京之星银行、东京东信用金库、瑞穗银行、理索纳银行
11	神奈川县	2	神奈川信用金库、横滨信用金库
12	富山县	2	新湊信用金库、北陆银行
13	福井县	1	福邦银行
14	山梨县	1	山梨中央银行
15	长野县	3	长野银行、长野信用金库、八十二银行
16	岐阜县	3	大垣公立银行、大垣信用金库、高山信用金库
17	**静冈县**	**4**	磐田信用金库、远州信用金库、静冈银行、静冈中央银行
18	爱知县	2	爱知银行、名古屋银行
19	三重县	2	北伊势上野信用金库、百五银行
20	大阪府	1	近畿大阪银行
21	**兵库县**	**7**	尼崎信用金库、神户信用金库、但阳信用金库、西兵库信用金库、播州信用金库、兵库县信用金库、兵库信用金库
22	奈良县	1	奈良中央信用金库
23	鸟取县	1	鸟取银行
24	岛根县	1	山阴合同银行
25	冈山县	1	中国银行
26	广岛县	1	红叶银行
27	山口县	1	山口银行
28	香川县	1	百十四银行
29	高知县	1	四国银行
30	熊本县	1	肥后银行
31	大分县	2	大分银行、丰和银行
32	冲绳县	1	琉球银行

资料来源：根据日本特许厅开设的“从知识资产的视角评估中小企业的金融促进支援”官网公布的信息「採択金融機関一覧」(http://chizai-kinyu.jp/offer/docs/list.pdf)，笔者编制而成。

另一方面，为了更为便利且高效地推进、落实“知识产权商业评估书”项目，日本政府专门指定了全国61家金融机构参与合作运营（参见表5-2）。从地理位置的分布来看，这些金融机构的地理位置分布覆盖了日本全境，这有助于各地方中小企业就地寻找对应的金融机构。不仅如此，从金融机构的组成而言，其中既包括了诸如瑞穗银行、理索纳银行等日本排名靠前的大型金融机构，同时也涉及大量的地方性中小金融机构，这不仅有助于增加日本金融行业的整体活力，为国内经济复苏增添新动力，同时更有助于促进日本国内中小金融机构的振兴，推动日本金融市场便利化的进一步发展。

第三，鼓励日本企业积极在海外维权并保护相关利益。日本政府积极鼓励企业及个人参与知识产权的维权工作。为此，日本首相安倍晋三可谓是“开路先锋”，他多次利用重要场合的演讲及谈话，阐述日本政府就保护知识产权的具体想法，同时希望全球社会能一同保护知识产权（参见表5-3）。令人印象极为深刻的是，作为日本首相的安倍晋三多次在讲话中强调知识产权的有偿性问题。2015年4月29日，安倍晋三在美国国会发表演说，强调“知识产权在太平洋市场不再是免费的班车”①。显然，安倍的此举一是为了凸显知识产权在现代社会生产、生活体系中的经济价值，并要求日本、美国乃至全世界的个人及企业应该尊重并保护知识产权；二是为了急切地提醒日本和美国的国民及企业应积极运用法律武器，保护自己已有或将会持有的知识产权不受侵害，必要时应争取经济赔偿；三是为了凸显日美两国在保护知识产权问题上的“盟友关系”，换言之，日本愿意在制定及完善国际知识产权相关规则、打击知识产权违法行为、促进全球知识产权保护工作的纵深发展等议题上，给予美国一切可给予的支持。

受到安倍政府的积极鼓舞，日本企业积极投身于知识产权的维权活动之中。作为标志性的案例之一，2014年3月，日本东芝公司以“NAND 型闪存”研究数据被非法泄露给韩国 SK 海力士公司为由，向东京地方法院提起民事诉讼，要求 SK 海力士赔偿损失。最终，双方协商决定 SK 公司向东芝支付

① 日本首相官邸：「米国連邦議会上下両院合同会議における安倍内閣総理大臣演説」、2015年4月29日、http://www.kantei.go.jp/jp/97_abe/statement/2015/0429enzetsu.html（上网日期：2015年6月16日）。

表5–3：日本首相安倍晋三就知识产权保护的相关发言

（2012年末 2015年11月15日）

时间	地点	具体内容
2013年2月22日	美国CSIS	日本不仅积极促进贸易、投资、知识产权、劳动及环境领域的规则制定，更应占据主导地位。
2013年2月28日	日本国会（施政方针演说）	在技术、服务、知识资产日益多样化的今天，为了确保公平且具有活力的国际竞争，就必须完善贸易、投资领域的国际规则。其中，日本不是被动的。无论是全球层面、地区层面、还是双边层面，日本都不应是规则的“等待国”，而应是规则的“创造国”。
2013年4月19日	日本首相官邸（发布“经济增长战略演说”）	当今时代已不仅仅是买卖工业产品，而是在全球范围内交易饮食文化、医疗系统、教育制度、交通及能源基础设施等。鉴于此，必须超越传统的货物贸易规则，在知识产权、投资、标准等新领域创建新规则。
2013年10月10日	记者招待会	TPP制定的规则不仅适用于货物贸易，也适用于服务、投资、知识产权及环境等更为宽泛的领域。
2013年12月19日	日本阿卡德米亚论坛	TPP的交涉就等最后的高层决断了。由于企业的活动将“去国界化”，因此，与知识产权、投资、政府采购、国有企业、环境治理、地方政府的适用规则等相关的所有难题，都必须迎刃而解。
2014年5月6日	OECD理事会	知识产权不应该是免费的班头。
2014年9月23日	美国CFR早餐会（发表演说）	TPP尝试在亚太地区内构建涉及关税、国有企业改革、投资、知识产权等广泛领域的、完全自由且公平的新规则。
2015年4月29日	美国国会（发表演说）	知识产权在太平洋市场不再是免费的班车。
2015年10月6日	记者见面会	TPP的优点不仅仅是零关税。它横跨服务、知识产权等广泛领域，塑造高质量的评价体系，共享公正的规则，并构建可持续发展的经济圈。更为重要的是，TPP强化了针对盗版、假货的应对策略，融合了知识产权的相关规则，这有利于我们更好地在海外市场推广诸如版权产品、地区品牌等日本的优势产品。
2015年11月6日	日本读卖国际经济恳谈会（发表演说）	TPP是横跨从服务到知识产权等广泛领域、具有高质量评价体系、透明且公正的规则。

资料来源：笔者根据日本首相官邸公布的各种资料，编辑而成。

330亿日元的和解金。与之相类似的是2015年10月，日本新日铁住金公司以特殊钢板生产技术被盗为由，起诉韩国浦项钢铁公司（Posco），最终此案以后者向前者支付300亿日元和解金的形式而了结。值得注意的是，两起诉讼中，日本企业均以知识产权受到侵害为由，向日本法院提起针对两家韩国大型企业的申诉，且赔偿金额均超过3000亿日元的大数字。更出人意料的是，两大韩国企业主动妥协，并最终向日本企业支付了超过300亿日元的“和解金”以终止法律程序。由是观之，日本企业在高新尖技术领域的确具备一定的竞争实力，并且，随着日本企业保护知识产权意识的上升，未来不排除相关诉讼日益增加的可能性。对此，中国企业应引起足够重视。

第二节　日本推动知识产权制度改革的动因

如上所述，为了保护并促进国内制造业的发展，日本加大了对知识产权的重视度，并通过修改相关立法及政策，提升知识产权在日本经济社会中的重要性。之所以日本会在知识产权问题上付出如此大的努力，其动力主要源自内、外部两个部分的不同影响。其中，外部因素主要源自以下三个方面。

第一，国际社会对知识产权问题的重视度持续升温，促使日本积极关注知识产权问题的发展动态，并与时俱进地修改并完善国内的相关制度及立法。

应该说，知识产权并非是全新议题，但随着全球生产条件及科技水平的逐步优化，知识产权保护的重要性亦愈发突出，这也促使其成为与全球贸易发展紧密关联的核心议题之一。实际上，早在GATT（关税及贸易总协定）时代，知识产权问题已是各参与方关注及谈判的焦点之一，并最终形成TRIPS（trade-related aspects of intellectual property rights：与贸易有关的知识产权协议）条款。进入WTO（世界贸易组织）时代，TRIPS条款正式生效，同时为了凸显知识产权保护问题在全球贸易中的重要价值，相关团体仍不断围绕这一重要议题进行协商、改进。另一方面，20世纪60、70年代，随着世界知识产权组织（WIPO：World Intellectual Property Organization）的成立，国际社会就共同参与知识产权保护进一步达成全面共识，同时也让全球共同治理并解决这一现实矛盾驶入快车道。

就在知识产权问题全球化的时代背景下，日本做出了较为积极的反映。二战结束后至20世纪末，日本建立了与国际标准相协调的知识产权法律体系[①]，在此基础上，日本又制定了详尽的“知识产权”发展战略。值得一提的是，2002年日本确立的知识产权立国战略，旨在“通过知识产权的创造、保护和应用，实现国民经济的健康发展和文化创造，提高企业国际竞争力，谋求国家的持续发展”[②]。在立足国内知识产权战略稳步发展的基础上，日本又将自身的视阈拓展至全球范围，并希冀依托全球性的知识产权保护规则与惯性，确保日本企业、日本技术、日本制造等在全球范围内的延伸与展开。为此，日本知识产权学会就提出政策建议，指出在当今知识产权全球化发展的时代，日本必须毫不犹豫地融入其中。与此同时，日本必须积极改革自身的知识产权制度，使之符合与他国知识产权制度展开竞争的要求。因此，日本必须加速推进四个方面的具体工作，即①知识产权制度战略；②企业战略；③产学合作战略；④人才培养战略等[③]。

由是观之，国际社会对知识产权保护问题的持续关注，促使日本愈发意识到这一问题的重要性与复杂性，进而积极改革并完善国内的相关制度，使之不仅符合知识产权全球化发展的必然要求，也满足日本企业乃至日本经济逐步膨胀和全球拓展的客观需求，更为日本企业参与国际竞争、维护其合法权益等创造有利条件。

第二，TPP协定所产生的变革推力。诚如日本有观点所述，TPP协定的核心是强化知识产权的保护体制[④]。TPP谈判久攻不下，其主要原因之一就是谈判各方在保护知识产权议题上难以达成共识，而这从一个侧面也显示出知识产权问题的重要性和敏感性。更为关键的是，知识产权问题还关涉一国的经济利益与现实矛盾，更影响到国家竞争力的战略性发展。鉴于此，日本在涉及与知识产权相关的TPP谈判中，基本保持了谨言慎行的态度，也更为担忧在这一敏感问题上产生“作茧自缚”的效果。

---

① 范超:《经济全球化背景下国际贸易中的知识产权保护问题研究》，东北财经大学博士学位论文，2011年5月，第57页。

② 范超:《经济全球化背景下国际贸易中的知识产权保护问题研究》，东北财经大学博士学位论文，2011年5月，第58页。

③ 日本知财学会:「技術・デザイン・ブランド・コンテンツにまたがるグローバル知財総合戦略の提言」、2012年12月8日、第4頁。

④ 「ＴＰＰ「ルール」 官民で海外戦略を強化しよう」『読売新聞』、2015年10月26日。

表5–4：TPP协定中有关“知识产权”的内容

主要章节		具体内容
第1章	TPP协定的意义	TPP旨在降低货物贸易的关税，同时促进服务、投资的自由化，更要在知识产权、电商交易、国有企业限制条件、环境等宽泛的领域构建适合21世纪发展的相关规则。
第3章	原产地规则和原产地手续	采用“完全累积制度”，便于TPP缔约国享受优惠条件。
第9章	投资	禁止对投资行为规定不合理要求，如本地采购、技术转让、专利使用率等。
第14章	电商交易	原则上不可以要求其他缔约国的相关当事方公开软件的源代码（Source Code）。
第18章	知识产权（TPP协定的知识产权所涉范围包括商标、地理标志、专利、工业品外观设计、著作权及未公开信息等。TPP针对知识产权的保护水平要高于WTO协定中的“与贸易有关的知识产权协议”（TRIPS协定），并进一步推进了对知识产权的保护和利用。）	**一 强化医药制品的知识产权保护** ① 确保专利的必要保护时间； ② 制定关于新药数据保护时间的相关规则； ③ 设计专利衍生制度（为后续医药制品获得有效专利创造条件）。 **二 商标** ① 简化商标权申请：缔约国必须签署马德里协定议定书（马来西亚、加拿大、秘鲁等未签约）和新加坡商标法条约（马来西亚、加拿大、秘鲁、墨西哥等未签约）； ② 针对商标的不当使用，制定法定损害赔偿及追加损害赔偿制度。 **三 专利** ① 延长专利必要的保护时间（针对登记时间超过五年、或审查时间超过三年的专利申请，延长其一定的专利保护时间）； ② 丧失新颖性的例外规定（发明者于申请专利前的12个月以内公开自身的发明成果，不影响其享有相关保护措施）。 **四 防止侵害网络著作权** **五 知识产权保护的权利行使** ① 跨国境维权的使用标准或等于或高于WTO・TRIPS及ACTA（反仿冒贸易协议）相关规则； ② 针对非法取得商业秘密、使用侵害商标权的标识及包装、盗版电影等行为，可判处违法者刑事责任； ③ 为应对制造及贩卖用于非法发射卫星电视及泄露有线电视信号机器的行为人等，给予刑罚及民事上的救济措施。 **六 著作权** ① 对著作（包括电影）、现场演出及唱片的保护时间至少为作者身故后的70年； ② 针对故意违法复制相关著作并达到一定商业规模的，权利人可在不用告知的情况下追究违法者的法律责任； ③ 针对侵害著作权的情况，制定法定损害赔偿制度或追加的损害赔偿制度。 **七 地理标志（GI）** ① 简化申请手续； ② 针对公开化的地理标志，制定提起诉讼的相关手续； ③ 就地理标志的保护及取消认定等制定相关规定。

资料来源：内閣官房TPP政府対策本部:「環太平洋パートナーシップ協定（TPP協定）の概要」、2015年10月5日。

根据表5-4的内容不难发现，TPP协定就知识产权保护做了极为详细、具体且苛刻的规定，这在一定程度上对日本现行的相关知识产权制度构成挑战。受其约束，日本被动性地加速启动了与知识产权保护问题相关的法律条文的修改工作。诚如前文所述，2015年6月起，日本开始实施地理标志保护制度，而相关法律实际上在2014年年中就已被审批通过；2015年7月，日本国会又通过了《专利法》、《商标法》和《反不正当竞争法》的修正案，进一步使提升了这些法律的实用性及可操作性。以日本新《专利法》为例，其大幅增加了与职务发明相关的内容规定，并降低了专利申请费用等；与此同时，新《商标法》更符合国际通行的“新加坡条约”的相关要求，适度放宽了商标认证的申请条件，并大幅降低了商标的认证及更新的费用①。与其相对，新《反不正当竞争法》着重加大了对日本企业葆有的商业秘密的保护力度，其中最为引人瞩目的是进一步扩展了“不正当竞争”的定义，明确规定不当使用保密技术，并将相关的制造商品进行转让为非法行为；与此同时，针对在日本以外非法使用日本国内经营者葆有的商业秘密的不当行为，处罚金额的上限提高至3000万日元，而针对法人行为的处罚金额上限更是提高至10亿日元②。

由此可见，TPP协定的谈判及基本达成，对日本修改国内的相关知识产权制度起到了显著的促进作用，也为新制度的具体内容设定提供了重要的参考范本。反观日本，它实则也在借助TPP带来的外在压力，促使国内的相关知识产权制度发生变革，使其更好地符合TPP规则的相关要求，并与知识产权全球治理制度的发展柔性对接。另一方面，由于日本现行的《著作权法》规定的著作权保护期限为作者终生及其死亡后50年，这与TPP所规定的作者死亡后70年的保护期限格格不入，因此，尽快按照TPP的相关内容修改《著作权法》，就成为日本的当务之急。而包括日本的政府及相关团体在内，已将此事纳入议事日程，估计不会拖延过久时间。

第三，与中国竞争的战略考虑，迫使日本构建遏制中国产业发展的新“政治牌”。由于知识产权问题不仅关涉企业利益的正常维护，更涉及国家利益的长远发展，因此，日本格外重视这一领域的改革与发展，尤其是与中国在知识产权问题上的战略性竞争。另一方面，由于中国制造业技术水平及科

① 日本参議院:「特許法等の一部を改正する法律案」(法律第五十五号)、2015年7月10日、http://www.sangiin.go.jp/japanese/joho1/kousei/gian/189/meisai/m18903189044.htm（上网日期：2015年11月29日）。

② 日本参議院:「不正競争防止法の一部を改正する法律案」(法律第五十四号)、2015年7月10日、http://www.sangiin.go.jp/japanese/joho1/kousei/gian/189/meisai/m18903189045.htm（上网日期：2015年11月29日）。

表5–5：在华日企就中国知识产权保护领域的相关建议

年份	具体意见
2010年	① 对精仿产品和假冒名牌行为加强查处。
	② 对假冒品的网络销售行为加强查处。
	③ 加强刑事处罚、执法透明度，加强对再次生产销售假冒品行为（再犯）的惩处力度。
	④ 加强管理当局自发的假冒品查处。
	⑤ 消除在保护知识产权问题上的地方保护主义壁垒。
	⑥ 关于《涉及专利的国家标准制修订管理规定（暂行）》，希望中国国家管理标准化委员会倾听日本产业界的意见，在国家标准制修订方面，充分考虑专利权人的权利，简化手续、明确判断标准。另外，希望在制定《涉及专利的国家标准制修订管理规定（暂行）》之前，充分听取企业的意见后再对《国家标准涉及专利的处置规则》进行讨论。
2011年	① 对零星化的假冒产品生产者、及共同实施不法行为的人，加强处理和揭发。
	② 加强对假冒产品生产者的行政处罚，如提高罚款金额，加强没收生产设备，同时希望在评估没收品价格时考虑正品的价格，并通知权利人行政处罚的结果。
	③ 为了加强针对假冒产品生产者的重犯行为的措施，希望加强对重犯者的处罚，加强与揭发重犯者信息的行政机关的信息共享。
	④ 为了加强针对假冒品生产的间接参与者的处罚力度，希望能对运送、保管假冒产品及提供仓库的行为，予以处罚。
	⑤ 在知识产权侵权诉讼中，减轻原告的举证责任，明确刑事案件的立案标准、评估没收品价格的标准。
	⑥ 对于假冒产品的网络流通，希望继续实施有效对策。
	⑦ 对店铺等商业设施的运营管理者进行指导，使其负有管理和监督假冒产品的责任。
	⑧ 关于《涉及专利的国家标准制修订管理规定（暂行）》，中国国家标准化管理委员会应倾听日本产业界的意见，在国家标准制修订方面，充分考虑专利权人的权利，简化手续、明确判断标准。此外，就如何实施这一规定，希望能反映日本产业界的意见。
	⑨ 因客户方的原因，技术、技巧的泄露风险可能阻碍日资企业的研究开发和技术转让，希望能完善法律法规制度，合理保护技术、技巧、商业秘密等。
	⑩ 关于职务发明创造的相关规定、外观设计的“简单说明”等，希望能用实际事例说明具体的指导方针。
2012年	**（一）适当保护研究开发成果、品牌**
	① 专利审查的快捷化、准确化。希望能在构建中日专利审查高速公路（中日PPH）问题上尽快达成共识，并进一步扩大快速审查的对象。
	② 信息提供制度（商标法）。希望能在商标法等相关法律中引入由第三方提供信息的规定，以提升权利的稳定性。
	③ 认可外文申请。希望能认可使用英语等外文的申请。
	④ 修改外观设计制度。希望认真研究外观设计申请，引进对新颖性及创造性的实体审查和以引进实体审查为前提的部分外观设计制度（保护物品某一部分外观设计的制度 ）。
	⑤ 放宽在先使用权的适用范围。
	⑥ 适当的商标审查。为了防止第三方恶意申请商标，希望在审查时考虑这一商标在中国本土的影响力、在外国的知名度、商标标识的显著性和地区品牌。
	（二）消除假冒伪劣行为
	① 共享查处信息。在中央及地方政府工商行政管理局、质量技术监督局、海关、公安之间共享处罚信息。同时，希望能够进一步采取措施，使行政机构及公安之间转交刑事诉讼更加顺利。另外，希望能通过采取将中国海关拥有的信息提供给权利人等措施，进一步加强与权利人的合作。为查处通过互联网销售假冒伪劣产品等违法行为，希望中国的互联网服务供应商（ISP）能与国外的ISP合作，采取共同的对策。
	② 估算违法经营额。明确并统一执行假冒伪劣产品的价格认定手续，正确估算假冒伪劣产品生产商的违法经营额。
	③ 撤除违法广告牌。
	④ 禁止外观模仿。
	（三）适当的权利运用
	① 提交评价报告书义务。关于无实审登记的实用新型权，希望能在行使权利时加入必须提交评价报告等一定限制。
	② 促进信息公开。进一步公开国家知识产权局、商标评审委员会的判决及人民法院的判决。另外，希望能设置除商业秘密信息外任何人都可以查看审查资料、评判资料的制度。
	③ 调整并执行相关技术许可制度。修订技术进出口管理条例中专利权人义务过重和执行时行政机构必须参与的规定。

（续表）在华日企就中国知识产权保护领域的相关建议

2013年	**（一）促进对研究开发成果和品牌的切实保护**
	① 申请手续的合理化和多样化。放宽权利要求书和说明书的记载要件及补正限制，同时认可英文或日文等外文申请，并允许外文申请中对译文的翻译错误进行订正。
	② 申请流程的合理化和正确化。将优先审查制度的对象扩大到“在中国首次申请且计划在国外申请”之外的专利申请。另希望尽快就构建中日专利审查高速路（中日PPH）正式达成一致意见，并且放宽条件，如扩大适用对象、实现申请公开前受理等；在实用新型和外观设计上引入实质性审查制度；对专利权和商标权的抢注采取对策，希望在专利法和商标法中规定“非法获得发明创造或商标内容的人不可进行申请”；改进现有的商标审核制度。
	③ 修改外观设计制度。引进实质审查，并以实质审查为前提引进部分外观设计、画面外观设计及秘密外观设计的制度；引进自我公开导致丧失新颖性的例外适用制度；将外观设计专利权的保护时间从10年延长到20年。
	（二）实现公正的竞争环境
	① 积极落实抑制假冒行为的各项措施。实现相关管理部门间的信息共享及手续便利化；对再犯行为加强惩罚；明确违法经营额的估算手续，对所举报的假冒行为进行合理处罚；赋予行政机关搜查各分工体间相互联系的权限，并完善法制规定，使外观设计专利权的间接侵权规定得以适用；撤除违法广告牌，并在法律规定中加入处罚措施，防止再犯。
	② 应对网络销售假冒伪劣产品的行为。希望中国构建一个统一的、ISP迅速删除假冒伪劣产品销售网站并防止出现再犯行为的机制。另外还希望中国的ISP与国外的ISP合作，实施共同的应对措施。
	③ 禁止外观模仿。
	（三）知识产权纠纷处理的公平化及合理化
	① 行使实用新型专利权时的义务。在实用新型制度中引入审查制度。如果立刻引入存在难度，则通过行使实用新型专利权时须提交评估报告作为义务，对行使此权利增加一定的法律限制。
	② 执行在先使用权制度的合理化。在不失去作为发明的相同性和事业目的相同性的范围内，认可实施形式和实施形态的变更。
	③ 促进信息公开。进一步公开国家知识产权局、商标评审委员会的裁定及人民法院的判决。另外，希望能设置除商业秘密信息外任何人都可以查看审查资料、裁判资料的制度。
	④ 调整技术许可相关制度。修订技术进出口管理条例中专利权人义务过重的规定。
2014年	**（一）促进对研究开发成果和品牌的切实保护**
	① 申请手续的合理化和多样化。放宽权利要求书和说明书的记载要件及补正限制，同时认可英文或日文等外文申请，并允许外文申请中对译文的翻译错误进行订正。
	② 申请流程的合理化和正确化。希望将优先审查制度的对象扩大到“在中国首次申请且计划在国外申请”之外的专利申请。另外，希望能尽快就构建中日专利审查高速路（中日 PPH）正式达成一致意见，并放宽条件，如实现申请公开前受理等；改善保密审查制度，即在中国产生的发明向外国申请专利时，无须进行保密审查即可申请；在实用新型和外观设计上引入实质性审查制度；对专利权和商标权的抢注采取对策，在驳回理由和无效理由中增加抢注；改进现有的商标审核制度，在审查中考虑该商标在外国的知名度、商标标志的显著性以及其是否是地区品牌，并希望在判断是否近似时，能够将不同商品服务类别的驰名商标也作为对象进行判断。并且在对驰名商标进行认定审查时，即使申请人提供的是与通常情况不太一样的资料，例如中国国内网页浏览数、网络销售数量、与中国行业团体的交流业绩等资料，也希望将其作为审查对象；引入商标审查的信息提供制度，并将第三方信息提供制度引入《商标法》中。
	③ 修改外观设计制度。引进实质审查，并且以实质审查为前提引进部分外观设计及秘密外观设计制度；引进自我公开导致丧失新颖性的例外适用制度；将外观设计专利权的保护时间从10年延长到20年。
	（二）实现关于知识产权的公正竞争环境
	① 抑制假冒行为的各项措施。希望中央及地方工商行政管理局、质量技术监督局、海关、公安之间对处罚信息实现共享。另外为防止再犯，希望能采取措施，使行政机关及公安之间的刑事移送更加顺畅，并希望通过采取将中国海关拥有的信息提供给权利人等措施，进一步加强与权利人的合作。希望切实推进严惩再犯行为的法律执行，并在全国范围开展此项工作；明确违法经营额的估算手续，并使其得到统一且切实的执行；赋予行政机关搜查各分工体间联系的权限，使外观设计专利权的间接侵权规定得以适用；迅速撤除违法广告牌，并为了防止再犯，考虑在法律手段中加入处罚措施。
	② 应对通过网络销售假冒伪劣产品的行为。希望进一步强化完善互联网服务供应商（ISP）的知识产权保护程序，并要求迅速删除假冒伪劣产品销售网站并防止出现再犯行为。另外还希望中国ISP与国外ISP合作实施相同的应对措施；加强查处互联网上擅自使用外国企业名称、代理店或专修中心等名称、以及使消费者误认其为与外国企业正式签约的企业网站。
	③ 禁止外观模仿。
	（三）知识产权纠纷处理的公平化及合理化
	① 行使实用新型专利权的义务。在实用新型专利制度中引入审查规定，如果立刻引入存在难度，希望通过提交评估报告、及第三方也能申请出具评估报告等措施，对权利人行使相关权利增加一定的法律限制。
	② 适当执行在先使用权制度。在不失去作为发明的相同性和事业目的相同性的范围内，认可实施形式和实施形态的变更。
	③ 强化判决的执行。通过扩大强制执行权，强化无法强制执行时的社会性制裁等，建立能够切实执行判决事项的体制。
	④ 促进信息公开。进一步公开国家知识产权局、商标评审委员会的裁定及人民法院的判决。另外，希望能设置任何人都可以查看除商业秘密信息之外的审查资料、裁判资料的制度。
	⑤ 调整技术许可相关制度。修订《技术进出口管理条例》中专利权人义务过重的规定。

资料来源：笔者根据中国日本商会公布的2010年至2014年版的《中国经济与日本企业白皮书》，编辑整理而成。

技研发能力的持续提升，促使知识产权保护在中国国内受到的关注度日益增长，并最终演变为知识产权制度改革的强大动力。在此背景下，中国知识产权制度的改革与落实出现大踏步地前进，不仅制度设计、体系完善等方面均取得显著成绩，同时专利权、著作权等申请数量亦逐年增加。对此，日本已表现出强烈的危机感与紧迫感。如日本知识产权学会公布的报告书中就曾明确指出，中国已瞄准知识产权大国的目标，并在实用新型、工业设计、商标权的申请数量上跃升世界第一位，更为重要的是，2010年中国专利的申请数量业已超过了日本，晋升为世界第二位①。

由此，强烈的对华危机感加剧了日本在知识产权问题上对中国的“敲打”，并不时以知识产权保护不力为由，要求中国政府对相关制度及措施进行系统性的改革与完善。举例而言，中国日本商会连续多年在其公布的白皮书中清楚写明，希望中国加强对知识产权保护的制度建设和政策实施②。诚如表5-5的内容所示，在华日企对中国知识产权领域所暴露出的各种问题陈述了改革的意愿，这从一个侧面反映出中国在知识产权问题上仍存在各种严峻的挑战与问题，但与此同时，这也从另一个侧面表明，日本希冀通过知识产权的打压，扩大日本企业在华的经济利益，同时适度减缓中国企业对日本企业构成的巨大生存压力，以确保后者在高新技术研发及应用领域的绝对竞争优势。

除了上述的外因之外，日本知识产权制度的改革动力也源自国家内部及自身发展的直接需求。

第一，日本经济界对知识产权制度改革的期盼，促成日本政府相关政策的落地与实施。实际上，制度框架不完善、保护力度不足、操作性不强等日本知识产权制度运营上的弊端，始终受到国内经济界的诟病。后者也通过不同渠道，不断“呈请”日本政府能推进知识产权保护领域的相关改革。

比如说，日本三大经济团体之一的经济团体联合会早在2013年初的政策建言中就清楚表明，日本的知识产权政策规划必须有助于强化日本企业的

① 日本知財学会:「技術・デザイン・ブランド・コンテンツにまたがるグローバル知財総合戦略の提言」、2012年12月8日、第3頁。

② 中国日本商会:《中国经济与日本企业2014年白皮书》，2014年，第7页。

竞争力、有助于经济复苏，不仅如此，它还要在稳固日本国内知识产权保护体系的基础上，构建内外联动的知识产权战略架构，以确保日本能在这一全球创新的时代中胜出[①]。为此，经团联提出了题为“面向《知识产权政策愿景》的建议”且内容极为详尽、细致的战略报告，供日本政府做决策参考。此外，就日本的保密技术在海外被非法盗用一事，经济团体联合会更是尖锐指出，日本应切实修改《反不正当竞争法》，加大对非法盗用日本知识产权等非法行为的惩罚力度，同时建立“官民合作论坛”，以协商合作的形式防止日本的技术信息被非法盗用[②]。

不仅如此，日本国内更有激进改革派的观点指出，企业应与相关技术人员签订保密协议，防止重要技术泄露，同时限制可以接触到核心机密的人员构成，并建立防止信息泄露的体制框架[③]。由是观之，这一举措实则进一步拓展了日本保密体系的延伸范围，将企业的高新技术研发人员及高级管理人员等也纳入国家整体保密体系之中，并意图从源头上阻绝日本技术非法外流的可能性。

另一方面，为了更好推动日本中小企业借助知识产权相关制度，提高自身竞争力的战略举措，日本另一主要经济团体——商工会议所——就知识产权的制度改革，直接向日本政府提出了八个方面的具体建议，即①完善商业秘密的保护制度并加强在此问题上对中小企业的援助（建议对象：经济产业省、财务省）；②稳妥实施新的职务发明制度并在此问题上增加对中小企业的援助（建议对象：特许厅）；③扩大针对中小企业获取知识产权的援助（建议对象：特许厅）；④鼓励中小企业巧用知识产权并充实相关政策（建议对象：特许厅、金融厅）；⑤加大打击仿制品、盗版等侵害知识产权的非法行为，援助中小企业的海外拓展（建议对象：特许厅、经济产业省）；⑥引导

① 日本経済团体連合会:「「知的財産政策ビジョン」策定に向けた提言：グローバル・イノベーション時代を勝ち抜く戦略的知財政策を目指して」、2013年2月19日、第1頁 http://www.keidanren.or.jp/policy/2013/015_honbun.pdf(上网日期：2015年11月30日)。

② 日本経済团体連合会:「海外競合企業による技術情報等の不正取得・使用を抑止するための対策強化を求める」、2014年2月18日、http://www.keidanren.or.jp/policy/2014/011.html(上网日期：2015年11月30日)。

③「技術の不正流出　企業の意識改革も必要だ」『産経新聞』、2015年10月5日。

并鼓励中小企业依托国际标准或国际认证等增强竞争力（建议对象：经济产业省）；⑦推进知识产权体系的全球化并提升竞争力（建议对象：特许厅）；⑧策划研修项目，增加人才培养（建议对象：特许厅）[①]。

综合日本经济界的各种政策建言，我们不难发现，日本国内对改革知识产权制度的呼声是强烈的，更是迫切的，而日本经济界的声音则是这一需求的集中体现。更为重要的是，透视日本新修订的《商标法》、《反不正当竞争法》等与知识产权保护密切相关的重要法律，我们惊奇地发现，新法律中所增加的条款与内容完全反映了经济团体联合会、商工会议所等日本经济界的政策建议，这也从一个侧面显示出后者对政府决策的强大影响力及政治游说能力。

第二，现实利益的驱动也是日本积极改革知识产权制度的内在现实动力。从日本政府公布的多份报告来看，毫无疑问，日本之所以竭力推动知识产权领域的相关改革，是因为的确存在现实利益的考量。而事实上，多年以来日本一直是知识产权的净收益国。以日本的经常收支为例，据日本财务省公布的统计数据显示，2014年日本企业通过向海外企业出租专利权等获取的收入，与因使用他人专利而支付的费用之差，即知识产权收支净额出现了16,973亿日元的盈余，较2013年增加26.45%[②]。这一盈余额也创下1996年有可比数据以来的最高纪录。更为重要的是，日本企业出租专利权等知识产权而获取创历史新高的收支盈余，至少存在三方面的“利好”：其一，大幅弥补日本贸易逆差所造成的收支失衡，并保证日本的经常收支仍能停留在盈余的安全状态；其二，拓展日本赚取外汇的渠道，为日本外汇储备的持续增长找寻到一条新路径；其三，有助于促进日本国内企业的再投资行为及日本经济的整体性复苏，换言之，随着因出租专利而获取的收入持续增加，日本企业便会进一步加大对知识资产的研发与投入，同时带动相关基础设施及设备投资的增加，并最终带动日本国内经济的全面复苏。当然，进一步从国家层

① 日本商工会議所　東京商工会議所:「知的財産政策に関する意見」、2015年2月27日、第2～6頁。

② 日本財務省:「国際収支の推移」、http://www.mof.go.jp/international_policy/reference/balance_of_payments/bp_trend/bpnet/sbp/s-2/6s-2-1.csv（上网日期：2015年10月30日）。

面来看，知识产权制度的健全与完善，可以带动与知识产权保护相关的就业增长，这又有助于缓解日本国内的就业压力。总之，如同日本主流媒体之一的《读卖新闻》所言，专利等知识产权能有效提升企业的盈利能力，更是提供经济发展原动力的重要资源[①]。

另一方面，日本希冀实施全球性知识产权战略，以进一步拓展并扩大日本的经济利益及国家利益。以日本的食品出口战略为例。日本希望弹性化地利用知识产权制度，以增加从海外市场获得的专利收入等，同时在未来10年有望翻番的世界“食品市场”中争取到一定的份额。为此，日本将通过政府与民间的共同努力，实施以下三方面的部署：①促使国际料理界尽可能多地使用日本食材（Made FROM Japan）；②积极在海外推广日本的农林水产品及相关食品（Made BY Japan）；③积极拓展日本农林水产品及相关食品的出口（Made IN Japan）[②]。

除了上述较为现实的经济利益之外，日本更希望借助知识产权制度的更新及衍生，推动日本经济的市场化改革。尽管后一个目标更为虚化、更为宏观，但不可否认，它的作用更为长远，产生的价值也更为宏大。诚如有观点所述，整个知识产权制度的核心是“私域的知识产权制度，它暗合市场领域的公平竞争制度，带动整个体制和机制的运行[③]”。站在这一视角来看，对于已经习惯了政府保护与政策扶持的日本经济而言，或许的确需要一场触及灵魂的、深层次的体制性变革，而承担这一重任的或许也只有知识产权的制度变革了。换言之，知识产权的制度完善或许是打开日本经济改革圣域之门的唯一钥匙。

第三，从制度层面保障日本产业结构的转型升级，并为实现“科技立国”的长远发展战略创造条件。为此，日本主要强调三个层面的努力。

其一，丰富并完善政府的经济政策，并为实现“安倍经济学”的改革目标奠定基础。尽管“安倍经济学”的涉及极为广泛，涵盖了金融政策、财政政策、产业政策、社会政策等各方面的内容，但毋庸置疑，结构性改革始终

① 「知的財産の活用　法改正を競争力向上に生かせ」『読売新聞』、2015年8月20日。

② 日本農林水産省：「農林水産省知的財産戦略2020」、2015年5月28日、第5頁。

③ 徐瑄：《视阈融合下的知识产权诠释》，载《中国社会科学》，2011年第5期，第47页。

是“安倍经济学”的重要突破口。更为重要的是，“安倍经济学”提出的结构性改革涵盖了制度结构层面和经济结构层面两个重要维度，同时坚持以创新为指导两个层面改革的基本理念，核心是提升日本的产业竞争力及经济发展质量，同时加强政府对国家宏微观经济运行的监管与治理①。鉴于此，知识产权制度的改革与创新不仅是在制度结构层面进一步充实了日本结构性改革的内容与框架，更为经济结构层面的转型与升级提供了“加速度”、“助推力”。在此背景下，构建多个能引领国际制造业发展方向、并具备一定竞争优势的产业集群，就成为“安倍经济学”结构性改革的首要目标，具体包括以机器人技术为核心的高端装备制造业、以氢能源为代表的新能源汽车产业、符合日本老龄化社会发展要求的高端医疗护理产业等等。这些新兴高端产业的建立有助于提升日本产业整体竞争力，同时也能为“安倍经济学”的成功做背书，但不可忽视的是，这些产业的孕育与发展均与知识产权保护紧密关联，后者也在一定程度上确保了这些新兴技术的成本收回及利益补偿。

其二，利用一切条件提升日本产品的附加值，并塑造日本品牌的国际效应及经济价值。如前所述，加强专利保护以推动技术创新，进而增加日本制造的科技含量，无疑是提升日本产品附加值的重要手段之一，但另一方面，打造日本制造的独有特色、培育日本品牌的国际知名度，同样也是提升日本产品附加值的捷径。为此，日本进一步强化了商标权的保护体系与措施，便于消费者更为直接且更为清晰地识别日本品牌的相关商品；日本导入了地理保护制度，不仅有利于对外宣传日本地方特色的相关产品尤其是农产品和水产品等，更有利于在国际市场扩大“日本制造”的商品范围及品牌影响力，并为形成一批“日本制造”的忠实国际买家创造条件。当然，日本政府之所以急于推动上述制度的落地，也是希望为日本产品的高价格做担保。换言之，相较于其他国家制造的同类产品而言，日本产品的销售价格一般相对较高，因此，“日本制造”的标签也可以在一定程度上消除消费者对高价产品的抵抗心理，甚至产生相当的购买欲。

其三，长期来看，知识产权制度的完备有助于实现日本“科技立国”战

① 陈友骏:《论"安倍经济学"的结构性改革》，载《日本学刊》，2015年第2期，第81—85页。

略设想，确保日本制造业长期竞争优势。实际上，在日本国内，小岛清教授提出的“边际产业扩张论”仍具有相当的市场，即，多数观点还坚持认为，日本应该逐次从已经或即将处于比较劣势的产业开始对外投资。在此理论背景下，日本提出了“科技立国”的发展理念，并逐步扩大对高新技术的研发与应用。显然，这有利于日本牢牢控制研发对象产品生命周期的创新阶段和逐步成熟阶段，确保日本在新产品国际竞争中的比较优势与竞争优势，更保证日本产业竞争力始终能依托新产品的研发而焕发勃勃生机。为了进一步巩固这一发展理念，2014年6月日本政府公布的《科学技术创新综合战略2014》报告中突出强调，日本必须在全球层面强化核心技术的研发，才能提升整体的产业竞争力，为此，日本亟须战略性推进始于技术研发阶段的标准化及认证体系，同时建立可以确保知识产权安全的战略架构[①]。由此可见，知识产权的法律框架被日本视为确保其长期竞争优势的有力武器，而知识产权的制度完备则从具体的操作层面，战略性地服务于日本“科技立国”的发展理念。

第三节　日本知识产权保护的发展趋势

综上所述，基于对经济利益的觊觎及国家发展战略的考量，日本积极推动知识产权制度的改革与落实。与此同时，沿着这一重要的思路框架，未来日本知识产权制度的发展方向已经基本明确。

第一，依据TPP、TTIP等新规则的相关规定，进一步完善日本知识产权的制度建设。应该说，当前涉及知识产权问题的国际治理与协调主要由WIPO和TRIPS两大政府间组织平行担当，但随着TPP、TTIP等地区性新规则的涌现，传统的知识产权制度运营受到极大挑战与冲击。与此同时，与挑战共存的是新规则所带来的改革动力。质言之，新规则在一定程度上适度反映了地区及国际经济发展的现实水平，也反映出制造技术、生产环境、研

① 「科学技術イノベーション総合戦略2014：未来創造に向けたイノベーションの懸け橋」、閣議決定、2014年6月24日、第51頁。

发能力的发展与进步，更反映出人类在生物医学、电子信息、智能制造等新兴领域所取得的崭新成果。而且，这些因素的叠加在一定程度上刺激了知识产权领域相关规则的修订与完善，也使传统规则的更新速度不断加快。

对此，应该说，日本做出了一个较为迅速且灵敏的反映。实际上，在TPP谈判还未达成最终框架之前，日本已经启动了知识产权制度改革的相关工作。不仅如此，TPP谈判一结束，日本政府随即组织不同界别、不同领域的专家学者进行协商议事，共同商讨应对TPP的政策措施。以知识产权领域的应对措施而言，日本知识产权战略本部综合了各方意见之后，公布了“知识产权领域的政策应对措施”，其中特别强调了TPP协定与日本国内法之间的整合性，同时建议对日本的专利及商标制度、著作权制度等进行修改[①]。由此可见，日本高度重视TPP等新制度的发展方向，更重视这类制度在地区及国际的适用范围与普及程度，同时借助其外力的助推作用，促使日本国内的制度性变革加速运转。

第二，积极参与构建地区乃至国际范围的知识产权治理机制，并争取新规则能充分反映日本的需求。从国家层面来看，日本加速知识产权领域的规则变革及制度创新，就是希冀构建与产业政策、科技政策、文化政策等相协调的知识产权制度体系，为日本构建超一流的国家创新体系、提升整体产业竞争力、培育日本国家的竞争优势创造制度性保障；从地区层面而言，日本的这一举动实则为重新构建地区内产业分工体系做准备，进一步夯实并提升日本在新产业分工体系中的地位与决定力；从全球层面而言，日本以自身的实际行动为“楷模”，一方面维护日本在世界知识产权领域的制度优势，另一方面，推动全球知识产权治理体系的变革，稳固日本在新体系中不可动摇的主导地位。不仅如此，更借助全球知识产权保护的制度框架，遏制中国等发展中国家生产力的发展、甚至是后者的经济增长。

除此之外，日本会更为重视在网络领域的知识产权保护工作，加强网上维权的力度与深度。具体而言，就是要建立一套“严密监控、密切跟踪、严

---

① 日本知的財産戦略本部:「知的財産分野におけるＴＰＰへの政策対応について（案）」、2015年11月24日。

厉打击、防止再犯”的网络知识产权保护制度，同时借助具有较高科技含量的网络监控设施与反制手段，防止日本网络知识产品被非法泄露，并保护其应有的经济效益。与此同时，这更是确保日本网络的安全性、稳定性与高质量性的重要方式之一。

第三，在国内和国际两个层面推动知识产权相关立法的完善与落实，为日本企业的维权创造更多便利条件。其主要涉及两方面的内容。

其一，确保日本企业在他国获得绝对化的最大经济利益。《日本经济新闻》的社论就曾尖锐指出，重要的技术情报一旦被外国所窃取，则不仅损害个别企业的利益，更可能威胁日本的市场就业[①]。这一观点直白地反映出日本对国家利益的重视度，同时，也反映出日本在知识产权问题上的真实期待与战略思考。因此，也就不难想象为何日本竭力推动实现知识产权领域的国内标准与国际标准的对接、日本规则的地区化及国家化等等？就以声音、色彩等为表现形式的商标而言，一旦在日本提出申请，则立刻适用于已加入国际商标协定的所有成员国，这样一来，新商标制度的应用则更有利于将日本品牌推向海外市场[②]。另一方面，日本会进一步发展并完善产学研合作的分工体系，鼓励或督促大学积极将自身握有的知识产权投入企业生产，并帮助购买产权的相关企业提高竞争力。

其二，扰乱或遏制他国核心产业的布局与发展，进而迫使他国的产业构成转变为日本产业国际分工中的一个节点。当代社会，知识产权制度已是创新型国家维护技术优势、实现创新发展的战略武器[③]。而所谓知识产权领域的维权行动，实则在一定程度上限制了竞争对手的模仿与制造，间接性地亦保护了知识产权所有人的经济利益。但值得注意的是，对于发展水平不一、产业层级不同的国家而言，知识产权的存在对后发国家的相关产业形成与发展实则构成不利因素。因此，对于部分发展中国家或后进国家而言，与其说是面对源自发达国家企业的知识产权维权行动，毋宁说是遭遇了发达国家设

① 「法改正を機に企業は攻めの知財戦略を」『日本経済新聞』、2015年7月11日。

② 「音と色の商標　ブランド戦略の武器にしたい」『読売新聞』、2015年4月20日。

③ 吴汉东：《知识产权法的制度创新本质与知识创新目标》，载《法学研究》，2014年第3期，第104页。

置的、限制自身产业发展的制度“瓶颈”。对此，中国也应该加以足够重视并积极应对。

扩展阅读

第三次安倍内阁任务艰巨

2015年10月7日，日本首相安倍晋三实施了自2012年底上任以来的第二次内阁改组。总体来看，安倍此次改组，保留了内阁及自民党内的核心领导成员，同时部分回应了自民党党内及联合执政的公明党的要求，增加了一些新政治面孔，也基本做到了党内各派阀之间的政治平衡。

就安倍此次的人士改组而言，其充分说明安倍本人对于过去这段时间的政治工作尤其是他对与主要内阁成员及自民党之间的磨合与沟通等总体较为满意，并且令其“骄傲”的是，之前日本国会强行通过了其梦寐以求的新安保法案，同时自己也在无竞争对手的情况下，再度成功当选自民党党首，可谓是“众望所归”。

另一方面，此次安倍改组的一大亮点就是新设了“一亿总活跃”担当大臣。毫无疑问，安倍在新内阁中设立这一新职位，就是为了更好地落实他提出的“一亿总活跃社会”的目标，同时释放信号，同时也表明新内阁的工作重心将更多偏向于国内经济治理。

毋庸置疑，经济工作是新安倍政府的重中之重。就此，日本主流媒体之一的《读卖新闻》刊发社论，既指出治理经济应成为新安倍政府的头等大事，同时也希望新政府能在经济上有所建树、取得突破[①]。

实际上，为了更好地回应日本社会对经济复苏的期待，安倍在此次改组之前就已经做了战略安排，并提出所谓的“新三支箭”计划，即“①GDP增长至600亿日元；②出生率增长达到1.8；③没有人因家庭护理而离职”。但

① 「安倍改造内閣　経済最優先を結果で明示せよ」『読売新聞』、2015年10月8日。

期待终究是期待，其距离最终的实现仍有漫长的路程。反观过去安倍政府的经济治理工作，应该说，自2012年底上台以来，安倍的“旧三支箭”计划并没有取得稳妥的落实，许多原定的经济目标亦并没有完全达成。不仅如此，消费税的提增以及日本人口数量的持续减少等负面因素的叠加，造成日本经济在过去的近三年时间内并没有产生根本性的复苏，甚至个别季度还出现了大幅度的经济衰退，以至于日本及国际的相关经济界人士开始质疑“安倍经济学”的正确性和妥当性。鉴于此，在原计划并没有获取预期效果的情况下，安倍政府又提出“新三支箭”计划，难免有些转移视线焦点的嫌疑。但无论怎样，若要完全达成安倍提出的“新三支箭”计划，需要安倍政府及日本社会付出巨大努力，更需要日本在政治及经济层面做出深层次的结构性改革。

除了上述艰巨的经济任务之外，新安倍政府还将面临国内的巨大挑战与压力。具体而言，尽管此前日本国会已经通过了新安保法案，但这离开法案的具体实施及落实，尚有一段较长的距离。与此同时，日本在野党在此次安保法案的斗争中，彼此就共同抗衡执政党等重要议题上达成了一定共识，这显然会进一步加剧未来安倍内阁的执政难度以及自民党与其他在野党在日本国会的博弈。

另一方面，尽管在安倍看来，TPP协议的基本达成对他和日本而言都是利好消息，但这未必就能表明所有的日本政客及国民都和安倍抱有同样的观点和看法。接下来，安倍政府亟须向日本国会及全体国民做出详细的解释，尤其是关于TPP对日本的利弊两面，都需要有深刻的阐述，以便于民众更好地理解与支持。但与之形成鲜明对比的是，至今为止安倍政府实则都在躲避这一问题，尤其是关于TPP可能对日本经济和社会造成的弊端，其却总是支支吾吾、语焉不详，甚至在个别核心问题上竭力逃避、只字不提。这无疑会增加日本民众和在野党的担忧与疑惑，更可能引发国内反对力量的再度跃起，进而在TPP协议进入国会审议的阶段爆发出大规模的反对声。有鉴于此，不能排除日本国内反TPP与反安保的人士凝聚在一起，合流为反安倍政府和自民党的强大力量。

综上所述，新面孔并不代表新成绩。对于新安倍政府而言，真可谓是任重而道远。

第六章
“积极和平主义”与安倍政府的外交理念分析

2013年9月末日本首相安倍晋三访美，利用不同场合高调宣扬起“和平主义”。在美国哈德逊研究所的演讲中，安倍提出把日本建设成“积极和平主义”国家，并自愿担当引领“积极和平主义”发展的旗手[①]。在之后联大的一般性辩论中，安倍重申日本将举起“积极和平主义”的旗帜，并以此为基本立场，更加积极参与维和行动（PKO）等联合国的相关集体安全保障措施[②]。

借此，和平主义（Pacifism）俨然成为安倍政府对外政策的核心理念。《布莱克维尔政治思想百科全书》中，和平主义的解释是“一种信仰，它认为一切战争都是错误的，不论它所为之而战的理由是如何的好，也不论它给一个国家造成的威胁是什么”[③]。这里需要特别指出的是，战后的日本对和平主义始终具有特殊的感情，而反对战争就是其核心内容。更为重要的是，战后“和平宪法”的有效实施更在制度层面保证了和平主义在日本的生存与发展。

---

① 安倍晋三:「2013年ハーマン・カーン賞受賞に際しての安倍内閣総理大臣スピーチ」、首相官邸、2013年9月25日。

② 安倍晋三:「第68回国連総会における安倍内閣総理大臣一般討論演説」、首相官邸、2013年9月26日。

③ 邓正来主编:《布莱克维尔政治思想百科全书》，北京：中国政法大学出版社，2010年7月，第409页。

相比较而言，安倍的“和平主义”显然没有升格至信仰的高度，更没有明确排除战争的可能，甚至有悖于战后日本和平主义理念，其实质目的是为了摆脱“和平宪法”的束缚，也很可能把日本引入局部性纷争，甚至是一场战争。

对此，日本主流媒体之一的《朝日新闻》严厉抨击了安倍“和平主义”的居心叵测，认为安倍政府借用和平主义，谋求国内民众与国际社会对日本修改集体自卫权解释的理解，进一步达成修改宪法解释的目的。更为重要的是，在日本宪法第九条指导下的和平主义与包含行使集体自卫权的“积极和平主义”大相径庭，安倍不应含糊其辞以求蒙混过关[①]。由此可见，安倍政府倡导的和平主义是虚伪的，其政策理念与实际行动完全相悖，美丽的“和平主义”外壳无法遮掩其暗涩的扩张主义内心世界。

本章希望较为全面地刻画出安倍政府伪和平主义的政策构成，尤其是急于调整日美关系结构的重要部分，在此基础上，深层次剖析政策形成的主要动因与理论支撑，深入浅出地揭露安倍政府的保守主义及扩张主义本质。

第一节 安倍政府“积极和平主义”的现实表现

自民党安倍政府启动以来，就竭力扭转民主党政府在应对内外关系上的不利局面，谨慎处理日美关系的发展，同时，政治上极为强调防卫安全的重要性，突出军事独立的必要性，表露出严重的“准军事保守主义”倾向[②]。总体来看，安倍政府在制度框架、能力建设、政治导向等多个领域入手，推动日本走上充满军事扩张意图的政治道路。

第一，安倍政府为发展日本军事实力，急于突破以和平宪法和日美同盟条约为代表的、限制日本军事扩张的内外部制度束缚。

在日本国内，战后“和平宪法”被保守势力视为有碍日本军事发展的桎梏。安倍二度就任首相以来，无视国内民意及国际社会的极力反对，不断抛

① 「社説：首相国連演説－平和主義と言うのなら」、『朝日新聞』、2013年9月28日。

② 陈友駿：《日本的新政治经济观》，北京：时事出版社，2013年4月，第47页。

出有关修改战后“和平宪法”的极端言论。安倍在第一次国会施政演说中，更是怂恿广大的议员及民众参与修宪的讨论[①]，以削弱日本社会对这一敏感政治议题的传统禁忌。安倍政府的二号人物、副首相麻生太郎更是大放厥词，暗示日本应该效仿德国纳粹政府的做法，“不知不觉地”修改宪法[②]。如此不堪入耳的政治疾风业已严重侵蚀日本社会和平主义的基础，致使其国内支持修改宪法的人口比重始终维持在半数以上[③]。

除了内部的修宪问题，安倍政府更急于调整“非对称的”日美同盟关系，尽管后者被大多数日本保守主义政客视为对外关系的基石，同时也有少数观点认为其是日本发展军事的羁绊。为此，日美两国分别于1978年和1997年两度修改《日美防卫合作指针》。但令日本失望的是，已修订的防卫合作指针（1997年签署，1999年5月日本国会通过）依旧对日本军事的发展和扩张造成严重掣肘，其原因就在于：（1）由于1960年修订的“日美安全保障条约”（Treaty of Mutual Cooperation and Security between the United States and Japan）并未改动，因此，修改后的防卫指针并不能从法律视角创建日美合作的新框架；（2）新防卫指针没有赋予日本自卫队应对地区性突发事件的独立行动权[④]。而且，美方对新防卫指针也心存疑虑，认为即使它可以顺利实施，但也无法从根本上解决日美防卫体系中的非对称性及其他矛盾[⑤]。为此，安倍政府竭力推动防卫指针的重新修订，以扩大日本的军事存在及可管控范围。2013年10月3日，“日美安保磋商委员会”（2+2）会议在东京举行。如日本

① 安倍晋三:「第百八十三回国会における安倍内閣総理大臣施政方針演説」、首相官邸、2013年2月28日。

② 《日副相麻生称修改宪法应学纳粹》，载《新华网》，2013年7月31日。

③ 「自民や維新に追い風か…憲法改正「賛成」過半数」、『読売新聞』、2013年4月30日。

④ Aurelia George Mulgan, “Beyond Self-defence? Evaluating Japan's Regional Security Role under the New Defence Cooperation Guidelines,” *Pacific Review*, Vol.12, No.3, October 2000, pp.227-228.

⑤ Robert G. Sutter, Japan-U.S. Relations: Issues and Outlook-Findings of a CRS Seminar, CRS Report for Congress, Congressional Research Service, 97-1050 F, 11 December 1997, p.4.

所愿，美方同意在2014年底前完成《日美防卫合作指针》的再修订计划[①]。另一方面，为了安抚美国对日本的猜忌与担忧，安倍反复明确表态，在进一步提升日美同盟关系的同时，日本将与葆有共同价值观和安全利益的国家加强合作[②]。而实际上，日本的独立外交已与日美同盟框架渐行渐远。

第二，在硬件和软件上积极扩充军备，并为日本军事的“走出去”搭建牢固平台。2013年被称为日本的“军事复国元年”，借助国家安全保障战略、新《防卫计划大纲》、《中期防卫力量整备计划》等三份安保文件以及为之提供法制、机制保障的日本版国家安全委员会、《特定秘密保护法》等，安倍内阁完成了战后日本安全战略的重大蜕变[③]。

硬件上，为了扩充军备，扩大自身军事管控范围，增加投入成为安倍政府的当务之急。2013年8月30日，日本防卫省公布的2014年度防卫预算共计约4.82万亿日元（约482亿美元），较2013年度增加3%[④]，创1992财年以来防卫预算的最大增幅[⑤]。更有甚者，2015财年日本政府预算案中，防卫预算总额超过5万亿日元，创历史新高，这是日本防卫预算连续第三年增加[⑥]。

其次，安倍政府明确“科技强军”的战略路线，注重海陆空军备实力的全面升级。继“日向号”之后，“出云号”准航母也于2013年8月6日下水，这将极大地提升日本自卫队的海上战斗力。此后不久的10月9日，日本防卫省向媒体公开了最新机动战车，计划于2016年对陆上自卫队实施部署[⑦]。此外，安倍政府瞄准太空技术的发展与应用，一方面研制并发射了各类不同类

---

① Joint Statement of the Security Consultative Committee, *Toward a More Robust Alliance and Greater Shared Responsibilities*, By Minister for Foreign Affairs Kishida, Minister of Defense Onodera, Secretary of State Kerry & Secretary of Defense Hagel, 3 October 2013, p.3.（http://www.mofa.go.jp/mofaj/files/000016028.pdf）

② 安倍晋三:「ゴラン高原PKO（UNDOF）隊旗返還式　安倍内閣総理大臣訓示」、首相官邸、2013年1月20日。

③ 杨伯江:《安倍式“正常国家化”走不通》，载《人民日报》，2014年2月24日。

④ 日本防衛省:『我が国の防衛と予算：平成26年度概算要求の概要』、第51頁。

⑤ 《日大幅增加防务预算申请额 着眼“离岛防卫”》，载《新华网》，2013年8月31日。

⑥ 刘秀玲、冯武勇:《日本防卫预算连续第三年增加》，载《新华网》，2014年12月12日，http://news.xinhuanet.com/world/2014-12/11/c_1113611957.htm。

⑦ 《日本防卫省公开最新机动战车》，载《新华网》，2013年10月10日。

别的侦察卫星，构建立体式、全方位的信息安全网[①]，另一方面成功研制并发射“艾普斯龙”新型火箭发射器，为下一阶段低成本、高效率的太空军事化建设打下扎实基础。

除了硬件条件上的积极筹划，安倍政府更关注从软性机制上剔除诸多不利于日本军事发展的限制与约束。

其一，扩大军事防御的地理空间。日本妄称太平洋上的冲之鸟礁是日本海外的孤岛，并企图“以礁充岛”以扩大自己的领海面积及自卫队防御范围。不仅如此，中日钓鱼岛、日韩及日俄领土争端的迅速升级也暴露出日本政府相同的非分之想。

其二，强化预防性的安全意识。安倍政府极为强调绝对军事实力的重要性，亦更为重视“先发制人”型的危机治理与管控模式。有鉴于此，安倍政府积极筹划重新修订日本的防卫大纲，并意图仿效欧美国家，组建“国家安全委员会（NSC）”，使其成为统揽国家安全事务的最高决策机构。

其三，寻求修改集体自卫权的宪法解释，扩大自卫队行使武力的权限与自由，也为自卫队的海外部署创造积极条件。2013年9月19日，安倍政府中负责安全保障政策与危机管控的官房副长官助理高见泽将林在自民党安保相关联合会议上，就被允许行使集体自卫权后自卫队的行动范围表示，自卫队并非决不去地球的另一边，暗示自卫队在日本周边以外地区行使武力的可能性[②]。此后不到一年时间，2014年7月1日安倍内阁就通过了修改宪法解释、解禁集体自卫权的内阁决议案，意味着日本彻底放弃了战后以“专守防卫”为主的安保政策方针[③]。

其四，修改“武器出口三原则”，为日本武器及相关制造技术的合作研发、进出口交易等提供放行。事实上，安倍政府上台以后，始终无视“武器

① 2013年1月27日，日本在鹿儿岛县种子岛宇宙中心成功发射两颗间谍卫星，即“雷达4号”情报收集卫星和一颗光学传感实验卫星。

② 「自衛隊派遣「地球の裏側」否定せず　集団的自衛権めぐり、官房副長官補が言及」『朝日新聞』、2013年9月20日。

③《日本正式通过解禁集体自卫权内阁决议案》，载《新华网》，2014年7月2日，http://japan.xinhuanet.com/2014-07/02/c_133453365.htm。

出口三原则”的约束性存在。2013年7月，日英两国政府签署了交换军事与反恐机密情报的“情报保护协定”，并同意共同开发武器零部件。日本将日英军事合作关系定位为“仅次于日美军事同盟关系”之后的、最重要的军事安保合作关系[①]。不仅如此，2013年9月30日，安倍政府宣布三菱重工、石川岛播磨重工业公司、三菱电机公司等三家企业加入F-35战机的国际联合生产体制，后者已被确定为自卫队下一代的主力机型。更有甚者，2014年4月1日，安倍内阁竟然通过决议，决定以“防卫装备转移三原则”取代“武器出口三原则”，为日本出口武器装备及军事技术创造“充足”条件[②]。

其五，扩大军事合作的对象及范围，为自卫队“出海”制造借口。借助与菲律宾、越南等国家进行海洋领域的安全合作，与波兰、英国、美国、韩国、澳大利亚等国家举行联合军演，以及参与联合国的维和行动等，自卫队的出海远征已基本实现常态化、机制化。

第三，毫不隐晦地进行危机政治宣讲，向国内民众灌输保守主义思想，营造有利于日本军事扩张的整体右倾社会环境。历史问题尤其是对日本战败的错误解读显然成为安倍政府实施保守主义政治教育的主要工具。

安倍在二度就任首相后不久，就发表了《致新国家》一文，其中把领导自民党夺回执政权比喻为一场重要的战斗，其根本目的是要把日本从战后的历史中拖回到日本国民的手中[③]。荒唐的语意暴露出安倍逃避历史问题的用意，也表明他对二战后的国际政治体系及日本的国际地位极度不满。或许埼玉大学名誉教授长谷川三千子的一席话代表了日本保守势力的共同“心声”：“战后”一词致使日本背负了不该有的历史负罪感，因此，日本及日本普通民众应终结“战后”的思想约束，并从中解脱出来[④]。更有观点认为，日本可

① 《日英要搞联合军演遏制中国》，载《新华网》，2013年8月26日，http://news.xinhuanet.com/world/2013-08/26/c_125243045.htm。

② 刘军国:《从原则禁止到原则解禁 日本政府放弃“武器出口三原则”》，载《人民日报》，2014年4月2日。

③ 安倍晋三:「新しい国へ」『文藝春秋』、第91巻第1号、創刊90周年記念、2013年1月1日発行、第133頁。

④ 長谷川三千子:「「戦後」を終わらせる覚悟」『Voice』(PHP研究所)、2013年7月号、第86～95頁。

以暂时搁置“历史认识”问题，待宪法第九条修改以后，对日本的历史压力自然就会急剧衰减[①]。显然，他们的意图是诱导日本政府及民众逃避历史问题，逃避历史罪责。就这样，历史事实转变为累赘，安倍政府意图通过诱导促使民众接受“崭新的”历史认知。为此，作为保守势力代表之一的安倍更是“身先士卒”，公然表示不会原封不动地继承“村山谈话”[②]，安倍的党内亲信、自民党政务调查会长高市早苗称，有必要讨论修改“村山谈话”中有关“侵略”的部分[③]。尽管如此，囿于国内及国际社会的批评与指责，安倍最终还是不情愿地表示将继承为日本殖民侵略历史谢罪的“村山谈话”。

但是，安倍政府并不甘心吞下失败的苦果，随即通过参拜靖国神社的形式，动员民众对二战重新认识，同时进行保守主义政治教育。安倍在2013年4月春季例行大祭时以首相名义向靖国神社供奉祭品。2013年8月15日是日本二战投降68周年纪念日，身为首相的安倍非但不阻止内阁成员的参拜，更是以自民党总裁身份投机取巧地自费支付“玉串料”（祭祀费）以示参拜之意。当日参拜靖国神社的日本议员逾百人，足以说明日本保守势力的嚣张跋扈。据日本主流媒体《读卖新闻》的调查结果显示，支持首相参拜靖国神社的民众比例竟高达46%，而持“不支持”意见的民众比例仅为36%，二者相差10个百分点。另有42%的受调查对象认为应该修改对慰安妇问题表示道歉的“河野谈话”，而对此持反对意见的比例仅为35%[④]。鉴于此，日本社会在安倍政府的掌控下，整体右倾的趋势愈发显著。与此同时，对安倍及其政府的支持率久高不下致使安倍本人也忘乎所以，出人意料地表示愿意接受“右翼军国主义者”的称号[⑤]，再度验证其伪和平主义的真实一面。

① 中西輝政:「憲法改正で歴史問題を終結させよ」『Voice』(PHP研究所)、2013年7月号、第57頁。

② 《国际社会猛批安倍言论 否认“村山谈话”是倒行逆施》，载《人民日报》,2013年4月25日。

③ 《日本自民党政务调查会长称有意修改“村山谈话”》，载《新华网》，2013年5月13日。

④ 「首相の靖国参拝「すべきだ」４６％…読売調査」『読売新聞』、2013年7月23日。

⑤ 「「積極的平和主義」の理念打ち出す…講演で首相」、『読売新聞』、2013年9月25日。

第二节　安倍政府“积极和平主义”的形成动因

观察安倍政府的一系列“积极”表现，不难判断，其所谓和平主义是不折不扣的伪和平主义，富含激进的扩张主义和保守主义成分，而这也从根本上决定了伪和平主义的发生、发展及基本属性。安倍政府的伪和平主义，其目的是巩固自身的保守统治及维持日本的综合国力和国际影响力，核心是积极的军事扩张，本质是日本狭隘的民族观、价值观。因此，安倍政府伪和平主义的形成与日本国内保守主义意识形态的发展息息相关。

第一，安倍政府的伪和平主义是当前环境下日本保守主义政治思想在外交及战略层面的集中表现，与日本战后的传统保守主义、新保守主义及民族保守主义一脉相承，同时也反映出保守主义思想的发展与衍生。

在战后经济资源有限的条件下，日本选择了“弃武从经”的吉田路线，即在发展经济与军备之间做出适当的平衡与取舍[①]，但这并不表示信奉传统保守主义的日本政治家放弃了对重建政治大国、军事强国的觊觎。日本经济迈入发达经济体的队列之后，以中曾根康弘为代表的新保守主义势力鼓吹“战后政治总决算”，意图修改和平宪法使日本“名正言顺”地重走军事发展及扩张之路[②]。之后，小泽一郎的“日本改造计划”、石原慎太郎等人的“日本国家发展战略”等陆续登场，为日本建设政治大国、军事强国理论造势。此后，民族保守主义政治家在实现政治大国和军事强国的目标中，取得了日本政治的主流地位[③]，其理论核心亦逐渐聚焦于“否认日本侵略历史、反对‘一国和平主义’、鼓吹恢复日本‘民族自信心’和‘民族精神’、要在国际上发挥‘更大作用’”[④]。基于战后日本保守主义思想发展脉络的梳理，我们

① 陈友骏:《日本的新政治经济观》，北京：时事出版社，2013年4月，第25页。

② ［日］中曾根康弘著；联慧译:《日本二十一世纪的国家战略》，海口：海南出版社、三环出版社，2004年3月，第125—127页。

③ 高洪:《试论当代日本政治中的“民族保守主义”》，载《日本研究》,2006年第1期，第36页。

④ 张伯玉:《从大选看当代日本政治中的民族保守主义》，载《日本学刊》，2005年第6期，第23页。

对照安倍政府的既有政策，不难发现其竭力宣扬的“积极和平主义”与保守主义密切关联，二者在基本立场、核心内容及本质目标上存在显著的一致性。因此，“积极和平主义”是日本保守主义政治思想的延续，实现政治大国与军事强国的“抱负”仍是它的真实觊觎，其政治内涵亦依旧是追求日本国家利益的最大化。

第二，伪和平主义是安倍政府转移民众关注焦点、缓解国内悲观主义情绪的政治伎俩。日本经济的持续衰颓与社会问题的复杂丛生导致国内危机意识加重，进而产生被国际社会完全边缘化的担忧。在此背景下，为了维持日本的综合国力和国际影响力，安倍政府把安全问题作为主要突破口，急于建构日本式的国际安全观，促使国际体系朝向有利于日本的方向转变。

日本经济在泡沫经济崩溃以后基本陷入停滞状态。日本2010年把保持42年之久、世界经济第二强国的位置转让予中国的事实，进一步加剧了国内社会的失落与焦虑。著名战略学家大前研一甚至发出感叹，日本很可能沦为中国“10%的国家”，并如同寄生于牛只的苍蝇一样依附于中国[①]。与此同时，日本人口亦进入了自然衰减阶段。据日本总务省公布的统计数据显示，2012年日本总人口约为1.2596亿，较2011年减少22.3万人，为连续第二年的负增长（2011年人口减少约20.2万），而且，超过65岁以上的人口高达3181万（2013年9月的预测值）[②]，标志着日本社会同时遭遇老龄化与萎缩化的双重危机。更为严重的是，3·11大地震的余威仍在发酵，福岛核事故的悬而未决增加了经济复苏的困难，而全世界对核辐射的恐慌很可能使日本背负难以承担的愧疚与罪责。

在此背景下，安倍政府选择以安全问题为突破口，力推所谓和平主义国际安全观，希望维持日本综合国力，扭转国势衰颓的趋势。当然，这样做也有利于转移世界看日本的焦点，更有助于日本推动国际体系朝向对其有利的方向发展。日本防卫研究所（NIDS）研究员竹友彦（Tomohiko Satake）认为，20世纪90年代日本的安全观业已发生重大改变，即由“专守防卫主

① 大前研一著；郑礼琼译：《应对中国：日本经济对策》，青岛：青岛出版社，2010年12月，第140页。

② 日本总务省的统计数据。

义”影响下的、狭隘的国家防卫（national defense）转变为广域的国际安全（international security），涉及围绕周边事态（shuhen jitai）和国际贡献而实施的行动[①]。就在国际安全观的虚华掩饰下，安倍政府大张旗鼓地加大了安全上的投入，甚至肆无忌惮地实施“防御扩张”。一般而言，“防御扩张”包括两个重要组成部分：一是空间范围上的，这主要利用扩大军事防御的地理范围及广域空间，以提升自身的安全；二是时间上的，即通过先发制人的军事行动，在敌方采取有效进攻行动之前就对对方造成致命性的破坏和打击，抑或是致使对方失去制造威胁的能力。后一防御扩张的概念具有预防性的（preventive）重要特征。最为典型的例子就是英国前首相托尼·布莱尔在“安全全球化”（security globality）中提出的“积极的先发制人”（progressive pre-emption）重要概念[②]。安倍政府的防御扩张可谓是时间上和空间上兼而有之，其根本目的是构建合法、独立、全面、强大的军队建制和安全体系，并通过军事国际化的跳板，把日本塑造成名副其实的政治和军事大国。

第三，安倍政府觊觎依托美国“亚太回归”的战略机遇，从根本上扭转“中强日弱”的国家发展态势，并竭尽所能维持日本在整个亚洲地区的核心地位。“日本的‘新国家主义’派作为当前日本对外战略的主导者，用冷战思维把美国‘重返亚太’错位为冷战格局的亚洲重演，并在臆想的‘日美联合对抗中国崛起的威胁’这一结构中自我重塑，确立了紧随美国、围堵中国的战略基调”[③]。当然，为了支撑起这一伴有戏剧色彩的盲目乐观，他们也从不同维度建构起独树一帜的理论依据。

其一，中国的崛起是日本的最大安全威胁，同时也会带来地区局势的不稳定。日本国内保守势力始终沿用冷战思维，歪曲解读中国的和平崛起，不断鼓吹朝鲜等邻国的潜在威胁。日本国内更有观点认为中国会成为第二个

---

① Tomohiko Satake, “The Origin of Trilateralism? The US–Japan–Australia Security Relations in the 1990s,” *International Relations of the Asia-Pacific*, Vol. 11, No. 1, Jan 2011, pp.100-102.

② Bhubhindar Singh & Philip Shetler-Jones, “Japan's Reconceptualization of National Security：the Impact of Globalization,” *International Relations of the Asia-Pacific*, Vol. 11, Issue 3, Sep 2011, p.518.

③ 蔡亮:《日本“新国家主义”派的对外战略构想与困境》，载《现代国际关系》，2012年第7期，第22页。

苏联，借此挑唆中美两国的矛盾，为日本修改宪法和争取国际空间创造条件[①]。更有极端主义观点认为，韩国在朝鲜核危机的刺激下会转而研发核武器，这样一来，日本便会陷入中国、朝鲜、韩国、俄罗斯等有核国家的包围圈[②]，就此，日本应为持有核武器而修改宪法[③]。此外，日本防卫省于2013年春秘密实施了对自卫队的能力评估，而中国侵占钓鱼岛、朝鲜导弹攻击日本等多种紧急事态却成为其中的假定条件[④]。身为安倍政府“关于安保及国防能力恳谈会”会长、日本国际大学校长的北冈伸一竟然在《读卖新闻》上公开撰文，称日本不可能发动战争，而与其相比，中国有发动战争的足够动机[⑤]。日本京都大学名誉教授中西辉政更是“直言不讳”地表态，当前中日两国均把对方视为军事上和外交上的“第一强敌”[⑥]，肆意刻画中日之间剑拔弩张的紧张气氛。

其二，美国在中日之间业已完成了战略性＊边，而日本成为当仁不让的大赢家。美国国会的参考报告就曾明确指出，日本经济在20世纪90年代和21世纪头几年所遭遇的麻烦，促使美国改变了对日本的基本认识，即由“陷入困难的国家”替代了原来的“经济威胁”[⑦]。与此同时，中国经济实力的崛起也促使美国的政策制定者，把关注的焦点从日本转移到中国上来[⑧]，这在一定程度上也有助于日本在美国印象中树立“弱者形象”。

---

① 日高義樹:「「中国の軍事的脅威」が崩壊する日」『Voice』(PHP研究所)、2013年2月号、第142～150頁。

② 武貞秀士:「核武装化する朝鮮半島に対峙せよ」『Voice』(PHP研究所)、2013年4月号、第134頁。

③ 日高義樹:「日本が核武装化する日」『Voice』(PHP研究所)、2013年8月号、第104～105頁。

④ 「自衛隊だけで奪還　困難」『読売新聞』、2013年9月21日。

⑤ 北岡伸一:「戦前と現代、同一視は不毛」『読売新聞』、2013年9月22。

⑥ 中西輝政:「中国は「革命と戦争」の世紀に入る」『Voice』(PHP研究所)、2013年8月号、第73頁。

⑦ Richard P. Cronin, William Cooper, Mark Manyin & Larry A. Niksch, *Japan-U.S. Relations: Issues for Congress*, CRS Issue Brief for Congress, Congressional Research Service, Order code IB97004, updated 9 May 2005, p.12.

⑧ Richard P. Cronin, William Cooper, Mark Manyin & Larry A. Niksch, *Japan-U.S. Relations: Issues for Congress*, CRS Issue Brief for Congress, Congressional Research Service, Order code IB97004, updated 9 May 2005, p.12.

其三，美国“亚太再平衡”战略的实质是遏制中国持续增长的国家实力及地区影响力。在日本保守势力看来，美国的“回归亚洲”战略也罢，“重视亚洲”战略也罢，显然都是针对中国的，并且这一新战略折射出强烈的军事色彩。因此，日本应紧抓美国亚太回归战略的重要机遇，扭转战略局势的不利，并依托美国发展自己的军事实力[①]。日本学者武贞秀士认为，日本应强化日美同盟关系，并依靠美国的援助，提升自身的战斗力，以强化日本整体的防范能力[②]。日本防卫大臣小野寺五典在其撰写的《修改自卫队法以直面新威胁》一文中，通过叙述中日钓鱼岛争端、朝鲜核危机以及东亚局势剧变等，主张日本必须深化日美同盟合作，并强调修改自卫队相关“约束性”法律的必要性和重要性（集体自卫权就是其中之一）[③]。日本防卫省更是极力主张增加自卫队的作用，帮助美军在亚洲和欧洲的转型与重新调配，减少美军驻在对驻在地社会造成的负担[④]。说到底，日本就是希望借日美同盟的掩护，暗地里做“违法的”军事扩张。

第四，日本国内保守势力大行其道的背景下，“反吉田主义”的政治呼声急遽抬头，其鼓吹“安全独立”以帮助安倍政府实现军事扩张的意图，进而“修正”战后日美关系的非对称性。正如丹尼尔·施耐德（Daniel Sneider）所言，尽管吉田主义在日本仍具有显著地位，但所有政治色谱中的许多日本人实际上都不喜欢这种本能的对美依赖战略（a strategy of reflexive dependence on the United States）[⑤]。日本学者日高义树甚至祭出修改“日美安全保障条约”的旗帜，主张现行的安保条约只能解释二战结束后的日美关

① 古森義久:「オバマ二期目の“標的”となる中国」『Voice』(PHP研究所)、2013年1月号、第94頁。

② 武貞秀士:「核武装化する朝鮮半島に対峙せよ」『Voice』(PHP研究所)、2013年4月号、第134頁。

③ 小野寺五典:「新たなる脅威に自衛隊法改正で立ち向かう」『Voice』(PHP研究所)、2013年4月号、第54～59頁。

④ Richard P. Cronin, William Cooper, Mark Manyin & Larry A. Niksch, *Japan-U.S. Relations: Issues for Congress*, CRS Issue Brief for Congress, Congressional Research Service, Order code IB97004, updated 9 May 2005, p.4.

⑤ Daniel Sneider, "Japan's Daunting Challenge," *National Interest*, Issue 124, Mar/Apr 2013, p.39.

系，并不适用于现实环境[①]。为了彻底改变日美关系的非对称格局，“反吉田主义”的政治势力不断在日本国内宣扬日美同盟的结构性弊端。

其一，日美同盟关系的“遏制”功能阻碍了日本军事的正常发展。尽管与美国的结盟为战后的日本提供了重要安全保障，但同盟关系的实质却是美国束缚了日本的军事重建及军事扩张，因此，唯有对日美关系进行大幅修正，才能使日本的军事发展返回至正常道路上来。如同埃利斯·克劳斯（Ellis S. Krauss）等学者从政治经济学的视角对日美、美德、美英的经济合作进行比较分析时，极为形象地把美国比喻为希腊神话中的美杜莎，暗示接近美国同样也伴有危险的存在[②]。需要指出的是，“同盟束缚论”与“美杜莎美国论”的实质并不相悖，其核心思想是对霸权稳定论主导下美国利益最大化的警惕与畏惧。

其二，美国并不愿被动性地卷入涉及日本的军事纷争，相反，日本更容易因卷入美国挑起的军事纷争而利益受损。钓鱼岛问题就是个实例。尽管美国承认日本对钓鱼岛的施政权，但倘若日本为钓鱼岛挑起与中国的军事冲突，美国一定会在军事介入上万般犹豫[③]。因此，与其说美国可以为日本提供高度的安全保障，毋宁说与美国的结盟很可能使日本被动性地卷入地区纷争，并承担不必要的责任与开支。因此，日本应与美国保持适当距离，“独立自主”地发展自身军事实力。与此同时，日本须尽快改变防卫安全完全依赖美国的态度，须对获取美军庇护的困难逐渐增加做好必要的思想准备[④]。

其三，日本担忧被美国边缘化，最终导致日美安保条约的失效，进而导致日本游离出美国的外交视野。日本学者佐佐淳行指出，希望美国能与中国而不是日本来共同保卫太平洋的安全是令人极为担忧的观点，但在美国国

① 日高義樹:「日本が核武装化する日」『Voice』(PHP研究所)、2013年8月号、第105～106頁。

② Ellis S. Krauss, Christopher W. Hughes & Verena Blechinger-Talcott, “Managing the MedUSA: Comparing the Political Economy of US-Japan, US-German, and US-UK Relations,” *Pacific Review*, Vol. 20, Issue 3, September 2007, pp.257-271.

③ 宮家邦彦:「巨大すぎる国家の外交的アキレス腱：我が国が連携すべき「中国の隣国」はどこか」『Voice』(PHP研究所)、2013年5月号、第64頁。

④ 日高義樹:「弱腰オバマ政権が北朝鮮に屈する日」『Voice』(PHP研究所)、2013年6月号、第97頁。

内，持此类见解的政治家逐渐增多起来[①]。为了防止这一现象的发生，应该修改1960年缔结的日美安全保障条约。与此同时，为了防止美国单方面废弃日美安保条约，应该给条约设定一个明确的有效期[②]。表面上，此番言论是希望加强并深化日美安保条约，但实际上这是为日本彻底摆脱美国的军事束缚创造条件，即待到条约失效，日本就有权决定不续约并不受约束、“独立自主”地发展并壮大自己的军事实力。

总之，“依附论”也罢、“同盟束缚论”也罢、“对美不信任”也罢，这些观点的共通点都是意图绕开和平宪法的束缚，发展并壮大日本独立的军事实力，重塑日本军事强国的形象。

第三节　“积极和平主义”掩饰下的相关政策走向

通过安倍政府的军事扩张政策及政策形成的深层次动因分析，我们不难发现伪和平主义的真实意图。可以想象，安倍政府未来的政策走向亦基本维持在充满扩张主义和保守主义特征的“伪和平主义”道路。

在现实主义思想的代表人物汉斯·摩根索看来，“国家与国际政治之间有着强有力的联系。这种联系既可以将一个国家推向权力角逐的最前沿，也可以让一个国家失去积极参与核心竞争的能力”[③]。安倍政府希望凭借所谓和平主义的政治理念为主线，把保守势力所突出渲染的、国家安全深受严重威胁的日本，与和平环境仍不断遭受地区纷争挑战的国际社会串连在一起，进而在国际政治体系新一轮的变革中重新确立日本的立足点。更为重要的是，虽然东京逐渐成长为独立的行为体，但它并不寻求完全的自立，而是更倾向于在双边、地区和全球机制中定位自己的角色[④]。就如安倍在美国CSIS（美

① 佐々淳行:「日米安保条約を百年同盟に」『Voice』(PHP研究所)、2013年4月号、第85頁。

② 佐々淳行:「日米安保条約を百年同盟に」『Voice』(PHP研究所)、2013年4月号、第85～86頁。

③ ［美］汉斯·摩根索著;［美］肯尼斯·汤普森改编；孙芳、李晖译:《国家间政治》，海口：海南出版社，2008年9月，第36页。

④ Robert A. Manning & Paula Stern, “The Myth of the Pacific Community,” *Foreign Affairs*, Vol. 73 Issue 6, November/December 1994, p.91.

国国际战略研究中心）发表政策演说时所强调的，日本同处于两个层面的重要位置，一是地理上位于亚太与印太两大逐渐崛起的重要地区；二是国际政治范畴上制度改革的主导地位。其中，这里的制度是指管理贸易、投资、知识产权、劳动及环境的规则[①]。显然，安倍政府在谋划日本的地区及全球新战略，这与美国著名战略学家布热津斯基的观点完全吻合。“一个政治上有更大影响力的日本，特别是谋求国际承认的日本，不可能在影响世界和平的更关键的安全问题或者地缘政治问题上回避表明自己的立场”[②]。

另一方面，安倍政府的所谓和平主义，其基础仍是日美同盟，而且，日美同盟条约对日本的对外战略和军事扩张仍具相当的制约性。尽管如此，安倍政府绝不会公然挑战美国对日本的“实际统治”地位。值得关注的是，尽管安倍政府的激进政策不可能完全消除日美关系的非对称性，但还是会产生一定的政策效果，至少日本可以适度地增加其在同盟体系内的活动空间，当然，前提是得到美国的许可与默认。因此，不难想象日本会想方设法在以下方面寻求突破:（1）彻底解禁集体自卫权（collective self-defence），提高自卫队参与军事行动的可行性与可操作性，同时赋予自卫队参加间接、甚至是直接军事冲突的合法性;（2）加入以美国为核心的西方国家武器研发及全球采购体系，不断提升日本武器的高科技含量及领先优势，同时竭力扩大日本在全球武器出口市场的占有份额;（3）在规模和频率上更为积极地参与联合国主导的维和、反恐、打击海盗等多边行动，并以此为基点，增加自卫队海外派遣的机会，训练并累积实际作战能力;（4）在亚太、中东、甚至是全球范围内新设自卫队海外基地，全方位部署军事力量，升格日本的国际军事存在;（5）扩大对美国和其他盟友的后方支援（real support）。这涉及多个层面的内容，如支援行动的边际范围可以具体到哪？提供武器和弹药，还是仅维持非武器类物资补给和物流配送等？与此同时，所谓“后方”的具体位置如何界定？一旦美国或其他盟友卷入地区性军事冲突，此时的后方是指远离冲

① 安倍晋三:「日本は戻ってきました」（2013年2月22日、CSISでの政策スピーチ）、首相官邸、2013年2月23日（http://www.kantei.go.jp/jp/96_abe/statement/2013/0223speech.html）。

② ［美］兹比格纽·布热津斯基著；中国国际问题研究所译:《大棋局：美国的首要地位及其地缘战略》，上海：上海人民出版社，2007年1月，第144页。

突发生地的区域？还是冲突的直接发生地？（6）最根本的目标之一就是循序渐进地修改宪法第九条，使日本“合法化”地扩大军事实力及军事影响力，并让自卫队名正言顺地成为合法的军队，实现日本的防卫自主权（defense autonomy）。

最后，安倍政府伪和平主义的实际诉求主要聚焦于中国的和平崛起以及随之产生的地区及全球体系变革。为遏制中国持续上升的发展势头、逆转地区及国际局势的变动并使之朝向有利于日本的方向转移，安倍政府高调宣扬所谓和平主义，表面上是在国际社会建构日本式的普世价值，本质上是在理论上与道义上编织遏制中国的工具，扩大共同防范中国的盟友。安倍政府甚至希望借助所谓和平主义意识形态的认同，把中国推上国际道义及法律准则的审判台。不仅如此，安倍政府构建所谓民主国家价值观联盟，挑唆中国与周边国家间的海洋问题争端，干涉中国内政，与台独、藏独、疆独分裂势力保持密切联系等，根本目的就是为了孤立中国，进而滞缓中国前进的步伐。而且，日本“坚定”地选择加入美国为核心的TPP（泛太平洋经济伙伴关系），表明其政治思维仍停留于经济问题与军事问题一元化的冷战时代，其实质目的亦是为加强与美国的合作关系以共同应对中国的军事存在[①]。

这里，值得注意的是，2015年3月25日日本海上自卫队最大的舰艇——“出云”号直升机护卫舰开始服役。但出人意料的是，日本国内右翼势力借机炒作，认为“出云”号的设计和使用是为了遏制中国，以强化对中国潜艇的警戒监视能力。对此，不禁让人有些毛骨悚然。

需要指出的是，尽管中日关系在2014年末出现明显转圜，之前中止的部分双边协商及多边协商亦在陆续启动。这一良好的局面实属来之不易，需要加倍珍惜。此外，尽管两国的多数学者对中日关系的未来走势持有谨慎乐观的态度，但这并不意味着中日关系一定会转危为安，仍需要多方的共同努力、合作应对。鉴于此，日本右翼势力若继续挑衅，“拨弄”两国关系的正常发展，最终很可能再度危及中日关系的发展大局。对此，各方有识之士应

① 金俊行：「TPP推進論に見られる危うい安全保障観」（田中祐二、内山昭編著：『TPPと日米関係』、株式会社晃洋書房、2012年9月10日、第160～175）。

引起足够重视。

另一方面，这一事件的发生折射出多条重要信息，需要加以重视。第一，安倍政府的“军事扩张计划”已取得“重大进展”。自2012年末上台以来，安倍政府始终强调“强军路线”的重要性，并不断修改相关法律，为日本的“军事走出去”创造条件。安倍政府陆续制定了“日本国家安全保障战略”和“日本新防卫计划大纲”以及为期五年的“日本中期防卫力整备计划”，修改了“武器出口三原则”（现已改为“防卫装备转移三原则”），甚至借助内阁决议解禁“集体自卫权”等。安倍政府一系列的动作表明，日本的军事发展逐步由后台转向前台，而“出云号”的服役可视为“战略性的突破”。

第二，日本保守势力对中国存有严重的戒备心理。在日本国内，炒作中国问题已是“习以为常”的政治手法，这不仅为保守势力创造了生存所需的政治空间，也为他们所鼓吹的“军事扩张计划”赢得了市场。受其影响，2015年度超过5万亿日元的防卫预算轻而易举地获得了日本国会的批准。这不仅创造了日本防卫预算的新高，也是安倍政府执政以来连续第三年的防卫预算增长。不仅如此，保守势力仍不断引导社会舆论的关注点聚焦于中国正常的军事发展，并千方百计地加以放大、抹黑，从而为其所鼓吹的“中国威胁论”添油加醋。这一做法是极为错误的，也是极不理智的。因此，只要日本国内政治被危险的保守势力所掌控，遏制中国的基本态势与中日政治关系的紧张局面就不会发生改变，而且，随着日本伪和平主义及军事扩张的持续膨胀，中日间的政治矛盾极有可能被进一步激化，这需要引起中日两国有识之士的足够认识。

第三，中日关系的发展需要摒弃零和思维模式。中国和日本同是东亚地区的大国，也是影响世界经济和政治发展的重要国家，双方的共同努力有利于彼此的合作与发展，也有利于更好地维护地区及世界的和平与稳定。换句话说，发展好中日关系需要有大局观、整体观。中国并没有对“出云号”服役做过多解读，日本也无须对中国做过多猜想，以免引起不必要的误会与隔阂。

扩展阅读

站在二战胜利结束70周年的大门前

2015年是第二次世界大战胜利结束70周年的重要节点。对于任何一个参与过二战，或者是经历过二战，又或者是受到二战间接性影响的国家及地区而言，二战的历史是痛苦的，也是难忘的，更是充满启示价值的。总体来看，主要表现为以下几个方面。

第一，尽管战后的世界仍存在着诸多非稳定因素，但和平与发展的大趋势不会发生逆转。二战结束以来，尽管在世界的不同角落、不同时间发生了不同规模、不同长度的局部战争和地区战争等，但世界性的大战并没有发生，世界和平与发展的总体趋势并没有改变，人类社会反对战争、追求和平的基本理念没有发生动摇，更没有出现丝毫逆转的迹象。换言之，全世界的绝大多数人群都在思考避免战争的合理做法，同时也在为世界的和平发展积聚必要的力量。

第二，隆重纪念二战胜利结束70周年是为了更好地牢记历史，避免重蹈历史覆辙。在二战胜利结束70周年的重要日子里，相信全世界热爱和平的国家及地区都会不一而同地举办形式多样的纪念活动。这不仅折射出整个人类社会对历史的反省与思索，同时也教育我们要牢记历史、勿忘历史，同时更激发全球公民对未来的展望与愿景，希望以面向未来的视角憧憬今后美好的生活。

第三，回顾二战历史是为了防止保守主义、激进主义的扩张，更是对军国主义复辟的警惕与诘责。毋庸置疑，引发二战的根本动因是保守主义及激进主义在部分国家的过度膨胀，而且后者最终演变为这些国家发动对外侵略的“口实”。对此，整个世界仍是心存余悸的。尽管如此，在当今世界的一些国家中，仍然存在着保守主义、激进主义的政治思潮，甚至这一思潮出现了急遽扩张的显著势头，成为主导其内部政治的主要意识形态。对此，我们必须给予足够的重视。与此同时，我们还应该注意到，保守主义、激进主义等非稳定因素正对这些国家的内部稳定及相关的地区安全问题造成不同程度的威胁，而且，世界和平与发展的总体趋势也受到一定的负面影响。

最后，也是最为重要的，70周年对于战后的国际社会而言是一个重要的时间节点。自二战结束以来，全球结构由两极化完全转变为多极化，国际秩序变得更为公平、更为高效，民主与平等的基本理念也在全世界范围内得到了长足的进步与发展。70年里，发展中国家与发达国家间的差距逐渐缩小，不同肤色、不同种族的人群也更为融合、更为和睦，在联合国及各国政府的共同努力下，国际社会的主旋律也由战后初期的四分五裂、对立分化转变为平等互利、合作共赢。

总而言之，人类社会不允许残酷的杀戮，更不允许历史的倒退。当今世界需要认真回顾并客观总结这段痛苦且艰难的历史，更需要用和平发展的战略眼光来谋划历史前进的道路。

第七章
安倍政府的“新五项原则”及对东盟政策的调整

东亚地区的权势结构因中日两国综合国力的逆转而发生嬗变，这对日本造成了巨大的心理压力。面对自身国势的式微和中国国家实力及影响力的稳步增长，日本出现了急遽的焦躁与不安，并试图通过遏制中国的相对发展以销蚀自身的战略危机。为此，日本安倍政府在全球范围内开展现实主义外交，一是为实现日本经济及国势的复苏而谋求积极、有利的国际环境，二是与中国在国际影响力、地区权势乃至分野话语权等问题上形成针锋相对的竞争态势，以减缓或遏制中国快速发展的态势，并试图获取相对的战略性优势。其中，表现最为凸出的就是安倍政府对东南亚国家联盟（ASEAN：Association of Southeast Asian Nations：东南亚国家联盟，以下简称“东盟”）的现实主义外交。

提及安倍政府对东盟的现实主义外交，其不自觉地受到了日本国内现实主义政治思潮的影响及制约，渗透着严重的“实力支配主义”及“利益至上原则”，其战略目标不单纯是谋求维护及扩大日本在东盟地区的现实利益，更意图与东盟的个别成员，乃至东盟整体建立以合作应对“中国威胁”为基本价值观、以集体遏制中国发展为战略目标的“同盟体系”。基于这一基本考虑，安倍政府通过政治、经济、安全等多个维度对东盟国家展开了现实主义外交。

这里必须指出的是，由于日本现实主义外交的出发点存在严重扭曲，且自身的战略视野存在一定局限，致使安倍政府意图把整个东盟转变为遏制中国的战略盟友的基本设想不切实际。而且，由于安倍政府对东盟的现实主义外交存在“继承性、破坏性、争议性、自我性”的明显缺陷，它的整体外交战略构想可能因此而陷入全局性破产的境地。

这里需要补充的是，战后日本与东盟之间开展正式的官方交流，可以追溯至20世纪70年代。之后，日本政界不断涌现过老福田主义、宫泽主义、新福田主义等极具代表性的理念与思想，为日本与东盟双边外交关系在过去40多年中取得长足发展做出了积极贡献。

不仅如此，2013年正逢日本与东盟建立友好合作关系40周年。右翼势力统治下的安倍政府“巧妙”利用这一重要时间节点，在稳固双边经贸合作关系的基础上，深化二者在地区政治、经济、安全等各个维度上的政策拟合度。更为重要的是，作为深化双边合作的战略动机之一，日本觊觎东盟未来能成为其重要的盟友，以共同遏制中国日益递增的地区及国际影响力，并构建对华战略“包围网”。

本章将从现实主义外交的理论视角入手，详细阐述现实主义外交的概念及特征等。在此基础上，通过论述安倍政府对东盟成员及东盟整体在经济、政治、安全等领域所实施的一系列外交举措，揭示其对东盟外交的本质及基本特征。

第一节　“新五项原则”的提出与安倍政府的政治举措

一、现实主义外交的基本概念

国内有学者认为，“外交是影响国际政治格局走向的重要因素，也是国家实现安全战略目标的重要手段”[①]。现实主义者的代表汉斯·摩根索则把外交视为缓和、抑或是最小化国家间政治冲突的工具[②]。基于既有相关论述的基本共识，不难发现国家属性的外交行为具有高度的政治性与明确的动机

① 孙德刚著:《准联盟外交的理论与实践：基于大国与中东国家关系的实证分析》，北京：世界知识出版社，2012年8月，第1页。

② ［美］汉斯·摩根索（Morgenthau, H.J.）著;［美］肯尼斯·汤普森（Thompson, K.W.）改编;孙芳、李晖译:《国家间政治》，海口：海南出版社，2008年9月，第385页。

性，任何国家层面外交行为的发生势必会带来相应的政治效果。更为重要的是，正是因为外交活动及相关外交政策的重要性，所以历来各种政治思潮都试图在外交政策制定及实施的过程中发挥影响，而外交政策借此亦会不同程度地受到身处不同时代背景的政治思潮的作用与制约。

在对“外交”有了一个基本的概念认识之后，我们把关注点聚焦于本章的核心议题“现实主义外交”。提及现实主义外交一词，它是由“现实主义”与“外交”二者共同构建的合成词，前者是关于意识形态层面的概念叙述，后者是涉及行为体的实践操作。从所展示的涵义来看，现实主义外交是现实主义政治思潮与外交活动相结合的产物，既涵盖思想层面的现实主义理念，同时也涉及现实主义行为体的具体外交实践活动。更为重要的是，尽管现实主义外交具有所有外交活动共同拥有的基本属性——政治手段功能，但现实主义的政治思潮对其灌输了“国家利益至上”、“权力斗争”等特殊属性，再加上国家间相互竞争的历史经过与时代变迁，现实主义外交逐渐演变为一种“唯利是图”的外交“典范”。也就是说，为了维护或拓展自身的国家利益，现实主义的行为主体会运用各种手段及方法，包括威胁、劝诱、妥协、退让等等，甚至不乏超越道德底线的现象发生。

另一方面，也正是因为现实主义在意识形态层面制约并影响外交主体及它的具体实践行为，所以现实主义外交从根本上折射出现实主义思想的追求与理念[①]。换言之，现实主义外交的基本价值观是现实性的，是以自我为基本出发点的“中心 - 扩散式”思维方式，这也就决定了其实现路径的自私性与目标设定的利己性，同时也决定了它不同于其他外交范式的诸多特征。

第一，现实主义外交是一国现实主义政治思潮的表现形式之一，并为这一政治思潮的发生、发展及扩张营造有利的外部环境。外交是政治的延续，也是为国内政治服务的。现实主义外交同样也是国内政治的延伸，同时也反

① 现实主义存在着一贯的范式，其核心观点包括：①人性恶，并由此引申出国家的自私本性；②自然状态说，在国家间则表现为无政府状态；③人和国家的私欲在自然状态中表现为对权力的追求，由此导致人与人之间、国家与国家之间冲突的基本特征；④权力与利益是决策的决定因素，其重要性超过道义和理想。具体内容，请参见：李刚：《现实主义传统中的“国家至上”原则》，载《国际论坛》，第8卷第6期，2006年11月，第6页。

映国内政治受现实主义或制约或主导或影响的事实。

第二，现实主义外交注重实力因素在对外政策中的支配地位。在现实主义者看来，实力是维护或拓展一国国家利益的基础，也是决定外交政策内容、走向及目标的实质性因素。一个国家或许由于实力的原因，不得不在某些场合放弃或牺牲某些利益[①]。

第三，现实主义外交存在着明显的政策分层。由于现实主义者认为实力是决定外交战略及相关政策的根本性因素，因此针对不同实力的国家自然也就出现不同的层级区分。换言之，面对与自身国家实力相比较弱、相等或较强的不同对象国，现实主义外交会对其进行清晰的层次区分，并相应地制定风格迥异的外交战略及详细政策。具体而言，实力相对较弱的国家行为体的对外政策更多着眼于保障本国的军事安全、经济发展及社会稳定，争取有利于自身生存与成长的外部环境。反之，一个实力较强的国家则更有资本，因而也更有可能向外推销自己的意识形态、价值观念和政治主张[②]。

第四，现实主义外交存在明显的利益取舍、利益交换。值得注意的是，这里的“舍”并不是指因实力不济而主动放弃国家利益，更多体现在为谋求特定利益而主动进行利益的鉴别、取舍与交换。也就是说，现实主义外交会为谋求特定战略利益而采取“利诱”措施，并在利益的长期性与短期性之间实施平衡性考量。

第五，现实主义外交的战略目标是实现决定性或相对性的“均势”。“均势”是构建现实主义思想的关键词，而在现实主义外交中，均势含有两个方面的涵义：其一，与外交对象之间形成均势；其二，与外交对象之间建立合作关系或结为盟友，以共同与实力较强的第三方形成均势。不仅如此，谋求均势的方式并非完全依赖实力的绝对性超越，也可以是在某一阶段实力差距的相对性缩小乃至消除。

基于前文的特征性分析，我们不难发现现实主义外交业已成为横亘当前

① 刘亚东:《理想主义与现实主义：中美两国外交思想一个侧面的研究与比较》，载《国际政治研究》，1992年第2期，第68页。

② 刘亚东:《理想主义与现实主义：中美两国外交思想一个侧面的研究与比较》，载《国际政治研究》，1992年第2期，第72页。

国际政治舞台的主流外交范式，被美国、日本等西方国家普遍接受并灵活运用。与此同时，通过解析美、日等国家的具体外交政策及演进方式等，更有利于我们深化对现实主义外交的认识与理解。本章选取日本安倍政府对东盟的外交为研究对象，一方面是因为它清晰地展现出“逐利”、“谋求均势”等现实主义外交的独有特质，另一方面也是基于地缘政治等重要因素的考虑，认为其对东盟的外交演进最为直接、也最为鲜明地反映出安倍政府的急功近利。

更为严峻的是，现实主义外交思潮的存在放大了安倍政府对地区局势及国际形势发展的悲观主义情绪，甚至加剧了其对中国和平发展及对外影响力稳步增长的担忧与恐惧。而且，中日之间实力差距持续扩大，进一步加剧了日本对自身安全的焦虑与彷徨，进而导致安倍政府的外交政策愈发陷入激进的现实主义深渊。

二、安倍政府对东盟现实主义外交的展开

安倍政府希望维持其主导的东亚地区旧秩序，并在经济、政治、安全等各个领域千方百计谋求对华的平衡性发展，同时希冀通过外交努力及与包括东盟在内的外部力量的积极配合，尽可能实现中日在地区秩序发展问题上的对立均势。

值得注意的是，外交是重要的政治手段，而安倍政府对东盟的现实主义外交首先突出表现在政治分野。

第一，安倍政府积极加强与东盟国家间的政治联系，提升东盟在日本外交整体战略中的重要地位，并在中国与东盟之间营造显著的对比性反差政治效果。实际上，高层政治互访与交流是2013年日本与东盟双边关系发展的最大亮点。安倍政府一上台就对东盟实施了高密度、高强度的外交“轰炸”。安倍本人可谓“身先士卒”，就任首相后的第二天，就与印度尼西亚总统苏西洛和越南总理阮晋勇举行电话会谈（2012年12月28日）[①]，为新政府

① 安倍就任首相后的第二天（2012年12月28日），分别与澳大利亚总理杰拉德、印度总理辛格、印尼总统苏西洛、越南总理阮晋勇、英国首相卡梅隆、俄罗斯总统普京等六国首脑举行了电话会议。

的外交布局明确基本方向。不仅如此，上任仅10个多月，他就成为遍访东盟所有成员国的首位日本在任首相。2013年1月，安倍访问越南、泰国和印度尼西亚（16–18日），5月访问缅甸（24–26日），7月造访马来西亚、新加坡和菲律宾（25–27日），10月到访文莱（9–10日），11月访问老挝和柬埔寨（16–17日），一年内就实现了遍访东盟成员的计划。此外，安倍政府还积极把东京营造成东盟成员政治高层的外访首选。2013年内，安倍在东京分别接待了来访的印尼外长马蒂·纳塔莱加瓦（2月14日）、新加坡荣誉国务资政吴作栋（3月13日）、缅甸全国民主联盟主席昂山素季（4月18日）、文莱国王哈吉·哈桑纳尔·博尔基亚（5月13日）、新加坡总理李显龙（5月22日）、泰国总理英拉（5月23日）、菲律宾外长德尔罗萨里奥（5月23日）、越日友好议员小组主席苏辉若（8月2日）、越南外长范平明（9月13日）、东盟秘书长黎良明（11月5日）等多名政府高级官员及政治领袖。更为重要的是，2013年正逢日本与东盟建立友好合作关系40周年，为此，安倍政府专门举办“日本·东盟特别首脑会议”，以进一步夯实并提升二者的战略合作关系。

第二，安倍政府借助对东盟的旧政治遗产，因势利导发布外交新原则。不可否认，战后日本对东盟外交首度形成基本共识的标志是“老福田主义”。1977年8月，日本首相福田赳夫访问东南亚并参加东盟首脑会议。其间，他就日本的东南亚外交提出“老福田主义”，其中主要包括：日本不做军事大国；日本与东南亚国家心心相印、互相依赖；日本加强与东盟各国的相互合作，并促进与印度支那三国的相互信赖关系[①]。继“老福田主义”之后，1993年1月，日本首相宫泽喜一出访东盟四国时在泰国曼谷提出了强调以亚太外交为中心的“宫泽主义”，突出在冷战格局终结之后日本与亚洲国家协调合作的重要性，并体现宫泽政府“美亚并重”的外交战略[②]。显然，宫泽主义提升了东盟在整个亚太地区的战略高度，显露出日本希望与东盟加强地区层面合作的意愿。亚洲金融危机之后，日本又提出了新宫泽协定（New Miyazawa Initiative，1998年10月），表示愿意通过传统的双边渠道，对东盟

① 廉德瑰：《日本对东南亚的政治“切入”》，载《日本学刊》，2010年第4期，第36页。

② 徐万胜等著：《战后日本政治》，天津：南开大学出版社，2009年7月，第128页。

国家提供金融援助，以应对亚洲金融危机[①]。2008年5月22日，日本首相福田康夫在"亚洲的未来"国际交流会议上发表演讲，对推动亚洲的共同进步做出五项承诺，其中包含有"坚决支持东盟的一体化与发展"[②]。日本的这一表态意味着老福田主义向新福田主义的发展，同时也清晰透露出日本希望在经济与政治上加强与东盟合作的决心与信心。在前人栽树的基础上，2013年1月18日，日本首相官邸网站刊登了安倍计划发表的、题为"自由海洋的恩惠：日本外交的新五项原则"的演讲稿，清晰阐明了安倍政府对东盟外交的新五项原则。需要指出的是，安倍政府提出的"新五项原则"在一定程度上代表了日本"新亚洲主义"的范本，对其开展亚洲外交具有重要的指导意义。

新"五项原则"的具体内容如下[③]：

（1）东盟位于太平洋与印度洋的交界，以思想、表达、言论的自由为代表的人类普世价值必须在这里繁荣兴旺；

（2）海洋对日本而言至关重要，治理海洋必须通过法律和规则，而非实力；

（3）日本的外交追求自由、开放且相互融合的经济（合作）；

（4）日本希望进一步充实与东盟国家间的文化交流；

（5）促进青年一代的交流。

值得一提的是，安倍政府把与东盟的双边关系确立为日本外交的最重要基轴[④]。这一直白的"政治拉拢"表明日本决定把这一双边关系提升至与日美同盟关系同级的核心地位，凸显出东盟在安倍政府外交平衡战略中的支点性功能。

第三，安倍政府借助公共外交的平台，对东盟地区倾销日本的思想观和

---

① Lai Foon Wong, "China–ASEAN and Japan–ASEAN Relations during the Post-Cold War Era," *Chinese Journal of International Politics*, Vol. 1 Issue 3, January 2007, p.391.

② 日本国驻华大使馆:《直到太平洋成为"内海"的那一天：对"共同前进"的未来亚洲的5项承诺》，日本国内阁总理大臣福田康夫在国际交流会议"亚洲的未来"2008上的演讲，2008年5月22日。

③ 安倍晋三:「開かれた、海の恵み：日本外交の新たな5原則」、首相官邸、2013年1月18日。

④ 安倍晋三:「開かれた、海の恵み：日本外交の新たな5原則」、首相官邸、2013年1月18日。安倍因急于处理发生在阿尔及利亚的日本人质绑架事件，提前结束外访回国。

价值观。安倍本人亲自坐镇东京，接待了参加青少年交流事业“JENESYS 2.0”的东盟地区青少年代表团（2013年4月1日）和缅甸少数民族代表团（2013年4月2日），为日本与东南亚地区国家的公共外交确定主基调。另一方面，2013年正逢日本与东盟建立友好合作关系40周年，政治意义非同一般。为此，安倍政府于2013年12月专门召开“日本·东盟特别首脑会议”，邀请东盟国家领导人群访东京，一则通过首脑峰会的重要形式纪念并宣扬日本与东盟国家友好合作所取得的成绩，二则借此契机，进一步夯实并加强日本对东盟地区的影响力工程建设，部署下一阶段官方及民间的交流合作形式与内容。此外，围绕这一重要的政治节点，日本外务省自2012年9月起就精心安排了百余场形式多样的公共外交活动，内容包括介绍日本传统文化及地方特色食品的推介会、经济合作研讨会、政策对话会、投资说明会等①。借此，日本不但加强了与东盟地区国家的全方位友好交流，而且也利用人文交流的重要渠道，向东盟地区输出价值观和思想观。

另一方面，为削弱中国在东盟的既有影响力与感召力，针对缅甸、柬埔寨、老挝等东盟成员国，安倍政府展开特色外交，以蚕食中国在东盟的传统友邦与合作阵营。值得注意的是，安倍政府在对缅、柬、老三国输出金元援助的同时，积极输出日本式的民主价值观。比如说，安倍政府与老挝于2014年4月举行了首轮安保对话②，并专门向老挝政府公务员提供2.75亿日元留学奖学金③。针对柬埔寨的青年一代公务员，安倍政府拨出了2.95亿日元专门设立“人才培养奖学金计划”④。更有甚者，安倍政府对缅甸直接祭出“人权外交”的旗帜，不仅要求缅甸政府释放政治犯、推行言论自由的政治制度，

① 日本外務省:「日・ASEAN友好協力40周年：イベントカレンダー」、2013年10月23日（2013年12月3日、http://www.mofa.go.jp/mofaj/files/000017814.pdf）。

② 日本外務省:「第1回日本・ラオス安全保障対話の開催」、2014年4月23日。（http://www.mofa.go.jp/mofaj/press/release/press22_000031.html）

③ 日本外務省:「ラオス人民民主共和国に対する無償資金協力に関する交換公文の署名について」、2014年5月9日。（http://www.mofa.go.jp/mofaj/press/release/press22_000055.html）

④ 日本外務省:「カンボジアに対する無償資金協力「人材育成奨学計画」に関する交換公文の署名」、2014年5月28日。（http://www.mofa.go.jp/mofaj/press/release/press23_000050.html）

甚至意图改变缅甸的选举机制[①]，从顶层设计的方式彻底改变缅甸的政治面貌及外交立场。显然，安倍政府的上述外交举动带有强烈的政治改造意图，对中国与周边国家长期保持的友好合作关系构成实质性威胁。

不仅如此，安倍政府甚至在东盟与中国之间建构明显的政治错位感，并意图拉拢东盟一起建立“反华统一战线”。如前所述，安倍2012年末上台之后就迫不及待地启动了与东盟国家间的政治互动，而与之形成鲜明对比的是杳无音信的中日首脑会谈[②]。实际上，安倍政府在刻意凸显外交策略上的区别对待，亦希望借对待东盟和中国两个外交选项上的明显态度落差，体现其对东盟关系的“特殊感情”。与此同时，安倍政策肆意丑化中国形象，把中国和平发展所取得的实力增长扭曲为引发地区动荡的非稳定因素，并借机扩大“反华同盟”。日本主流媒体《读卖新闻》就曾发社论指出，为了阻止中国“通过实力改变现状”的尝试，日本必须与美国、东盟紧密合作，坚决敦促中国进行自制[③]。2014年香格里拉对话（Shangri-La Dialogue）上，日本与部分东盟国家就批评中国而形成的“默契”，明确表明了安倍政府在“反华”问题上的用心良苦。

第四，安倍政府利用ODA（Official Development Assistance：官方开发援助）对东盟地区实施金元外交，笼络民心。从以往的统计中不难发现，日本的ODA完全覆盖了10个东盟国家，援助金额上也达到了一定数量的积累。尽管与2002年实际援助支出的数字相比，近些年日本对东盟国家的援助支出出现了显著下滑，但部分年度支出金额仍接近10亿美元的可观规模。

2013年12月14日“日本・东盟首脑峰会”上，安倍政府更是罔顾国内财政拮据的现实条件，也根本不考虑“口惠而实不至”的外交后果，承诺未来五年将向东盟提供总计约两万亿日元的ODA，设立金额为1亿美元的2.0

---

① 日本外務省:「第2回日・ミャンマー人権対話の開催（概要）」、2014年5月20日。（http://www.mofa.go.jp/mofaj/press/release/press22_000061.html）

② 尽管安倍本人在不同场合声称希望与习近平主席实现首脑会谈，但参拜靖国神社、否认战争行为、激化钓鱼岛问题、丑化中国形象等安倍拙劣的政治表现却造成了中日关系的进一步恶化，同时也激化了中日间的既有矛盾，致使中日关系始终无法回归至正常发展轨道上来。

③ 「首相アジア演説　積極平和主義の実行が重要だ」『読売新聞』、2014年6月1日。

版日本・东盟统合基金（JAIF）[①]。

表7–1：日本对东盟国家的ODA统计（2002–2011年）

（净支出基准，单位：百万美元）

国家	2002年	2003年	2004年	2005年	2006年	2007年	2008年	2009年	2010年	2011年
印度尼西亚	538.30	1,141.78	-318.54	1,223.12	-90.25	-222.46	-284.92	-512.79	61.14	-633.71
柬埔寨	98.58	125.88	86.37	100.62	106.25	113.56	114.77	127.49	147.46	130.93
泰国	222.43	-1,002.22	-55.59	-313.89	-453.51	-477.35	-748.48	-150.31	-143.54	-184.01
菲律宾	318.02	528.78	211.38	276.43	263.58	222.16	-280.72	-8.36	-87.73	-566.89
越南	374.74	484.24	615.33	602.66	562.73	640.04	619.04	1,196.36	807.81	1,013.05
马来西亚	54.15	79.15	256.50	-2.14	201.70	222.97	113.83	91.78	-53.16	-21.01
缅甸	49.39	43.08	26.81	25.49	30.84	30.52	42.4	48.28	46.83	42.50
老挝	90.09	86.00	71.73	54.06	64.05	81.46	66.29	92.36	121.45	48.51
东盟国家合计	1,747.93	1,488.93	897.04	1,968.40	686.43	612.06	-356.06	881.61	901.54	-169.45

注：东盟国家合计的数据中，包括日本对文莱和新加坡提供的ODA；柬埔寨于1999年加入东盟。

原始资料）OECD/DAC。

资料来源：日本外務省国際協力局編:『政府開発援助（ODA）国別データブック2012』、第5頁、「表－4 東アジア地域に対する我が国国別二国間ODA実績」(http://www.mofa.go.jp/mofaj/gaiko/oda/shiryo/kuni/12_databook/pdfs/01-00.pdf)。

安倍政府借举办“日本・东盟首脑峰会”的机会，大规模推进金元外交，对参会的东盟国家一掷千金，以谋求后者在政治、经济及战略上的全面支持。其中，日本给予越南541.68亿日元的低息贷款，以帮助其扩建水力发电站、健全城市交通及修建国际机场等[②]；日本向菲律宾提供687.32亿日元的低息贷款，部分用于灾后重建，部分则用于提升菲律宾海警的实力[③]。尽管我们经常强调ODA的利他性，但不可否认，ODA同时兼具了利他（道义性）

① 日本外務省:「日・ASEAN特別首脳会議（概要）」、2013年12月14日（2013年12月25日、http://www.mofa.go.jp/mofaj/area/page3_000594.html）。

② 日本外務省:「ベトナムに対する円借款3件に関する交換公文の署名」、2013年12月13日(http://www.mofa.go.jp/mofaj/press/release/press4_000424.html)

③ 日本外務省:「フィリピン共和国に対する円借款に関する交換公文の署名」、2010年10月18日（http://www.mofa.go.jp/mofaj/press/release/press4_000415.html）。

和利己（战略性）的双重性质[①]。显然，安倍政府对东盟国家实施的ODA战略带有强烈的利己性和战略性的特征。具体而言，安倍政府明确把越南和菲律宾两个与中国存在领土争议的国家作为重要援助对象，其背后的用意是昭然若揭的。尤其是对菲援助中，借着提升海难救助水平和海上执法能力的幌子，竟有高达187.32亿日元的低息贷款流向菲海岸警卫队的账户[②]，而且，安倍政府还承诺提供菲律宾海警一定数量的舰艇，其根本目的就是希望借菲律宾之力共同对抗中国。此外，安倍政府还承诺提供老挝95.17亿日元的低息贷款，分别用于扩建万象国际机场（90.17亿日元）和缓和老挝国内的贫困问题（5亿日元），同时提供9.48亿日元的无偿资金援助，以帮助老挝完善国内的相关基础设施等[③]。针对柬埔寨，日本拿出了32.337亿日元的无偿资金援助，以帮助其完善国内的道路、医疗、古迹修缮等基础设施建设[④]。

尽管如此，上述的政治举措似乎仍不能满足或达到安倍政府对东盟的政治觊觎。为了更直接、更明确地凸显东盟在日本外交中的重要地位，安倍政府索性在其公布的亚洲政策安排中，把东盟归类为与美国、澳大利亚等并列的盟邦、友邦范畴[⑤]，间接性地把东盟与中国进行了政治身份上的区分。

三、安倍政府加强对东盟安全事务的干涉

与政治、经济领域相比，安倍政府在安全问题上借助东盟力量制衡中国的意愿更为明显，实际的动作指向也更为直接，这对中国的国家安全及周边

① 徐顕芬:『日本の対中ODA外交：利益・パワー・価値のダイナミズム』(現代中国地域研究叢書1)、株式会社勁草書房、2011年11月25日、第3頁。

② 日本外務省:「フィリピン共和国に対する円借款に関する交換公文の署名」、2010年10月18日（http://www.mofa.go.jp/mofaj/press/release/press4_000415.html）。

③ 日本外務省:「ラオス人民民主共和国に対する円借款等に関する書簡の交換」、2013年12月15日（2013年12月25日、http://www.mofa.go.jp/mofaj/press/release/press4_000423.html）。

④ 日本外務省:「カンボジアに対する無償資金協力（「シハヌーク州病院整備計画」,「国道1号線改修計画」及び「アンコール・ワット西参道修復機材整備計画」）に関する交換公文の署名」、2013年12月15日（http://www.mofa.go.jp/mofaj/press/release/press4_000425.html）。

⑤ 安倍晋三:「第13回アジア安全保障会議（シャングリラ・ダイアローグ）安倍内閣総理大臣の基調講演」、首相官邸、2014年5月30日。(http://www.kantei.go.jp/jp/96_abe/statement/2014/0530kichokoen.html)

安全构成严峻挑战。不仅如此，安倍政府对东盟的现实主义外交反映出它竭力拓展日本军事行动能力及范围的强烈觊觎，同时也流露出不折不扣的进攻性现实主义成分。

其一，安倍政府积极向东盟国家灌输保守主义的“和平理念”，并意图与其建构所谓共同安全意识的价值观同盟。不可否认，东盟地区的安全与稳定关乎日本的核心利益，甚至直接影响日本的国家安全。这里借用一下日本驻东盟大使相星孝一的原话，即“东盟地区直接牵连日本国家的生死存亡。相当于国家生命线的日本海上运输线路横贯这一区域，所以日本必须确保东盟地区的和平与稳定”①。通过回味这位大使的直白表述，我们就不难理解为何日本总是对东盟地区的安全事务牵肠挂肚，又为何其总是担忧中国会与东盟国家开展过多的安全合作。

实际上，为了更好排挤或制衡中国在东盟安全问题上贡献的努力，同时也为日本的对外安全合作找寻美丽嫁衣，安倍政府不断尝试在对东盟国家的外交政策中融入安全因素，并试图编织以“积极和平主义”为基础的“日本·东盟安全意识同盟”。为此，安倍政府借助不同场合触碰东盟国家安全意识的敏感神经，肆意建构并渲染中国实力增长对东盟地区海洋安全构成威胁的谬论，同时激化中国与部分东盟国家之间的海洋争端，并试图将局部问题扩大至中国与东盟整体之间的全局性矛盾。显然，安倍政府故意把中国置于与日本、东盟完全对立的一面，并依赖对外在威胁的基本共识，做实其与东盟之间的共有安全价值观。

除此之外，安倍政府更是借助反恐、反海盗、海上安全救助、海上灾害的防治与救助、核不扩散问题等非传统安全议题为切入口，拓展日本与东盟之间在安全问题上的交集。尽管这些非传统安全议题并不直接触及东盟国家的安全敏感神经，但却很好地起到了“润物细无声”的效果，在一定程度上弱化了东盟国家对日安全上的顾忌与疑虑。据日本外务省2014年3月末公布的“东盟对日舆论调查”结果显示，受访的东盟七国（印度尼西亚、马来西亚、缅甸、菲律宾、新加坡、泰国和越南）普遍认为日本是其最值得信赖的

① ASEAN日本政府代表部：「相星大使挨拶」（http://www.asean.emb-japan.go.jp/abprof_j.html）。

国家及最重要的伙伴[1]。更为出人意料的是，支持日本成为联合国安理会常任理事国的比重竟然高达81%，而越南的同一调查结果更是超过91%，位居各国之首[2]。借此，安倍政府对东盟的现实主义安全外交为日本维护自身安全、扩张海外安全利益发挥了一定作用，但也对东盟国家的安全意识建构形成误导，致使个别东盟成员国及个别人群在认识中国发展海洋权益问题上产生偏见与妄想。

其二，安倍政府主动介入南海问题，积极扮演扶弱抗强的“英雄”角色，意图借助第三方的非对称实力对抗以制衡中国。安倍政府并不愿在南海问题上扮演旁观者的角色，也不会放弃中国与越南、菲律宾等个别东盟国家之间因海洋权益纷争而发生局部冲突的机会，相反，它选择了以大步流星的方式推进与越南、菲律宾等国家间的军事合作，甚至觊觎将日美同盟条约的适用范围扩散至整个东南亚地区。2014年4月25日美国白宫网站公布的《日美联合声明》在论及中国南海主权问题时竟公然表述道，美日两国正致力于帮助东南亚沿海国家树立海洋主权意识（maritime domain awareness）、建立海上安全防御能力，以使其更好地执法、打击非法贩运和武器扩散及保护海洋资源[3]。日美两国的表态显然是对部分东盟国家在南海问题上挑衅中国的默许与支持，而奥巴马政府的此番不当表述更是助长了安倍政府介入南海问题的“勇气”和“决心”。

果不其然，安倍政府随后进一步扩大了对菲律宾、越南两国的政策支持，并把此前仅停留于纸面的政策设想逐一落实于政策行动，毫不遮掩地开

① “最值得信赖国家”选项的调查结果显示，日本的得票率高达33%，中国仅为5%，其余九国的得票率分别为：美国16%、英国6%、澳大利亚5%、新西兰4%、德国3%、俄罗斯3%、韩国2%、印度1%和法国1%。此外，就“东盟的重要伙伴”选项的调查结果显示，日本的占比达到最高的65%，以下依次为中国48%、美国47%、韩国37%、澳大利亚30%、英国24%、印度22%、德国17%、俄罗斯17%、法国15%和新西兰14%。具体内容，请参见：日本外務省:「ASEAN調査」、2014年3月31日、第17～22、33、48頁。

② 日本外務省:「ASEAN調査」、2014年3月31日、第48頁。

③ The White House, “U.S.-Japan Joint Statement: The United States and Japan: Shaping the Future of the Asia-Pacific and Beyond,” For Immediate Release, 25 April 2014. (http://www.whitehouse.gov/the-press-office/2014/04/25/us-japan-joint-statement-united-states-and-japan-shaping-future-asia-pac)

始肩负起向菲、越供给军事物资的重任。2014年5月，安倍政府明确表态有意向越南提供海上巡逻船，并把当时越南国内发生反华暴力游行的原因单方面地归结为中国所引发地区局势急遽紧张所致[①]。接下来6月的日、菲首脑会晤之际，双方就日本对菲提供巡逻船一事达成共识，并就海洋安全问题达成实质性“反华”联盟[②]。安倍政府通过对菲、越两国的军事利诱，建构起在海洋问题上共同制衡中国的“铁三角”，并趁机介入整个东盟地区的安全事务。

第二节　安倍政府加速发展对东盟的经济联姻

一、日本·东盟双边贸易基本保持稳定增长的态势

对日本而言，东盟始终在其对外经济分布中扮演着极为重要的角色，也受到日本政府及经济界的颇高评价。这里借用日本官方的文字表述，即“对日本企业而言，东盟作为消费市场和生产据点的重要性与日俱增，为进一步创造更加有利于日本企业进行商务投资的经济环境，日本必须支持并推动东盟的经济整合进程”[③]。由此可见，日本扩大对东盟的经济渗透，其主要目标就是抢占更广阔的市场，攫取更丰富的经济利益。而在中日关系陷入僵局的大背景下，这一经济行为也被赋予了特殊的战略意义，即通过深化与东盟之间的经济合作，巩固日本在引领地区经济秩序发展中的核心地位，同时给中国经济的后续发展制造约束性的外部环境，借此实现中日经济相对的均势增长。

在日本外务省官网上，详细地介绍了日本与东盟之间紧密的经济联系。日本普通民众的生活中，55%的虾、98%的菠萝、50%的液化天然气和78%的眼镜镜片均源自东盟国家的进口，与此同时，印尼和文莱是日本重要的能源供给国，每年对日出口大量的天然气和石油。更为重要的是，东盟国家也

---

① 外務省:「ダム・ベトナム副首相による安倍総理表敬（概要）」、2014年5月22日（http://www.mofa.go.jp/mofaj/s_sa/sea1/vn/page3_000792.html）。

② 日本外務省:「日・フィリピン首脳会談（概要）」、2014年6月24日（http://www.mofa.go.jp/mofaj/s_sa/sea2/ph/page3_000823.html）。

③ 日本経済産業省:『通商白書2013』、2013年6月、第67頁。

是日资企业的重要“工厂”，在印尼、越南、泰国、马来西亚等东盟国家的日资企业生产着品种繁多的日用品、家电制品、汽车零部件等[①]。由此可见，日本与东盟的经济联系业已渗透至普通民众的日常生活，成为日本经济不可或缺的重要组成。

表7–2：日本与东盟的贸易概况（2005—2012年）（单位：亿美元）

日本对东盟出口

年份	总额	食品	原材料	矿物燃料	化工制品	原材料制品	一般机械	电子机械	运输机械	其他
2005	760.7	3.1	6.9	3.9	64.0	131.6	165.9	212.3	84.8	88.1
2006	763.5	3.2	7.5	4.0	67.9	136.9	156.3	217.3	73.4	96.9
2007	869.9	4.2	8.5	18.2	77.1	159.8	180.5	221.6	92.6	107.6
2008	1,028.0	5.6	10.8	47.1	84.5	204.1	213.8	226.5	116.4	119.2
2009	804.5	4.8	9.4	39.7	67.7	142.3	154.5	180.3	102.6	103.2
2010	1,124.6	5.9	13.0	42.6	94.0	212.8	237.6	249.6	142.3	126.8
2011	1,227.3	7.4	15.0	53.7	103.8	237.9	261.2	244.5	156.3	147.5
2012	1,297.9	7.9	16.4	37.9	96.7	251.7	302.9	261.4	184.6	138.3

日本对东盟出口

年份	总额	食品	原材料	矿物燃料	化工制品	原材料制品	一般机械	电子机械	运输机械	其他
2005	730.8	56.0	59.1	194.8	38.7	65.6	75.0	150.8	8.1	82.7
2006	799.9	57.0	85.1	214.6	41.0	76.5	75.7	151.4	9.7	89.0
2007	869.0	58.0	105.2	240.7	41.3	79.8	71.9	161.1	12.3	98.7
2008	1,061.2	72.1	93.7	393.1	48.0	85.7	75.4	166.3	16.1	110.9
2009	779.4	71.7	72.6	222.6	37.3	68.0	57.2	135.7	10.8	103.3
2010	1,006.2	77.2	111.1	284.1	55.2	84.9	72.9	174.4	20.3	125.9
2011	1,246.1	97.4	121.3	418.5	70.3	106.3	76.8	182.8	22.1	150.6
2012	1,296.0	98.9	91.9	473.2	77.1	102.8	78.9	181.9	29.3	162.0

资料来源：日本贸易振兴机构官网（http://www.jetro.go.jp/world/japan/stats/trade/excel/commodity_cty_im_2012.xls）。

① 日本外務省:「ASEANと日本～アジアの平和と繁栄のために」、2010年10月18日（2013年12月18日、http://www.mofa.go.jp/mofaj/press/pr/wakaru/topics/vol64/index.html）。

另一方面，随着经济联系的日益紧密，日本与东盟的双边贸易也随之出现积极的增长态势，彼此间的贸易地位亦逐年提升。2011年日本对东盟的进出口总额约为19.8万亿日元，占其贸易总额（约为134万亿日元）的14.8%，东盟位列中国（对华贸易占日本贸易总额的20.6%）之后，成为日本第二大贸易伙伴[①]。与其相对，2011年东盟对外出口总额为9568亿美元，其中对日出口占13.3%，位列中国（对华出口占17.1%）、EU（对EU出口占13.8%）之后的第三位，日本由此成为东盟的第三大出口贸易伙伴；2011年东盟国家对外进口总额为9241亿美元，其中对日进口占14.1%，仅次于对华进口占比的19.1%，由此日本成为东盟的第二大进口贸易伙伴[②]。

总体来看，受国际金融危机的负面影响，2009年日本与东盟之间的进出口贸易出现严重下滑，出口总额由1028亿美元跌至804.5亿美元，骤减21.7%；进口总额由1061.2亿美元下滑至779.4亿美元，减少约26.6%。除此之外，日本与东盟的双边贸易基本呈现出逐年递增的态势，贸易总额由2005年的1491.5亿美元猛增至2593.9亿美元，增长1102.4亿美元，增幅高达73.9%。

除保持基本稳定的增长态势以外，日本与东盟的双边贸易凸显以下诸多特点。

其一，日本与东盟的进出口贸易总体保持高度均衡。从2005年至2012年的八年时间，尽管双边贸易出现持续增长态势，但进出口之间的贸易差额始终保持在较低水平。最高的进出口贸易差额发生在2010年，数额为118.4亿美元，约占当年双边贸易总额的5.56%。

其二，日本对东盟的出口商品主要集中于一般机械、电子机械和运输机械等机械类产品和原材料制品。这里，2005年三大机械类产品（一般机械、电子机械和运输机械）对东盟的出口贸易总和（由2005年的463亿美元增加至2012年的748.9亿美元，增幅高达61.7%）占日本对东盟出口贸易总额的

① 日本外務省アジア大洋州局地域政策課:『目で見るASEAN：ASEAN経済統計基礎資料』、2012年11月、第13頁。

② 日本外務省アジア大洋州局地域政策課:『目で見るASEAN：ASEAN経済統計基礎資料』、2012年11月、第7頁。

60.9%，而2012年这一比重仍保持在57.7%。

其三，矿物燃料、电子机械、食品、原材料、原材料制品等是东盟对日本的主要出口商品。值得注意的是，食品、原材料和矿物燃料等三类商品贸易中，日本对东盟存在巨大的贸易逆差。以2012年为例，日本对东盟的食品、原材料和矿物燃料的贸易赤字分别为91亿美元、75.5亿美元和435.3亿美元，三者的总和逾600亿美元。

据此，日本在食品、原材料及能源物资上对东盟存在严重依赖。更为关键的是，这些进口商品作为牵动日本经济发展的战略性物资，其发挥的功能与作用不可小觑，这亦更加凸显东盟在日本对外经济及整体经济发展进程中的重要地位。另一方面，日本在工业制成品尤其是具有一定技术含量的机械类产品贸易中，实际上握有对东盟国家的技术垄断优势。同时，通过产业内贸易垂直分工的模式，日本对东盟国家出口大量的零部件及中间产品，并借助后者较为低廉的劳动力和土地设施，完成最终产品的组装及出口销售。

表7–3　日本与东盟的贸易分工指数（2005—2012年）

年份	总额	食品	原材料	矿物燃料	化工制品	各原材料制品	一般机械	电子机械	运输机械	其他
2005	0.02	-0.89	-0.79	-0.96	0.25	0.34	0.38	0.17	0.83	0.03
2006	-0.02	-0.89	-0.84	-0.96	0.25	0.28	0.35	0.18	0.77	0.04
2007	0.00	-0.87	-0.85	-0.86	0.30	0.33	0.43	0.16	0.77	0.04
2008	-0.02	-0.86	-0.79	-0.79	0.28	0.41	0.48	0.15	0.76	0.04
2009	0.02	-0.88	-0.77	-0.70	0.29	0.35	0.46	0.14	0.81	0.00
2010	0.06	-0.86	-0.79	-0.74	0.26	0.43	0.53	0.18	0.75	0.00
2011	-0.01	-0.86	-0.78	-0.77	0.19	0.38	0.55	0.14	0.75	-0.01
2012	0.00	-0.85	-0.70	-0.85	0.11	0.42	0.59	0.18	0.73	-0.08

注：分工指数=（日本对东盟出口—日本对东盟进口）/（日本对东盟出口+日本对东盟进口）

资料来源：根据JETRO公布数据，笔者编制（http://www.jetro.go.jp/world/japan/stats/trade/excel/commodity_cty_im_2012.xls）。

另一方面，由贸易分工指数的分析可知，日本与东盟在食品、原材料、矿物燃料、运输机械等商品贸易上存在显著的水平分工特征（数值的绝对值接近于1，参见表7-3）。而且，近些年随着日本资本大量流入东盟国家及日资企业的战略布局新调整，东盟域内日资企业的产品技术含量有所增加，并形成了一定的域内产业链循环，从而引发日本与东盟之间的部分贸易水平化分工程度有所下降。

二、日本加速对东盟国家的战略投资

对于日本经济而言，东盟国家的经济身份无疑是多重的。贸易伙伴、潜在主要市场、生产基地、原材料来源地等，任何一种属性都无法单独阐述东盟对日本经济的重要性。

表7–4： 东盟与其他地区经济体的比较（2011年）

	加盟国	人口（亿人）	GDP（万亿美元）	人均GDP（美元）	进出口贸易（万亿美元）
ASEAN（东南亚国家联盟）	10国	5.98	2.14	3571	2.49
EU（欧盟）	27国（德国、法国、意大利等）	4.95	17.55	35440	11.81
NAFTA（北美自由贸易区）	3国（美国、加拿大、墨西哥）	4.61	17.99	39025	5.38
南方共同市场（MERCOSUR）	5国(阿根廷、巴西、巴拉圭、乌拉圭、委瑞内拉）	2.77	3.31	11964	0.85

原始资料：人口、名义GDP的统计数据来自World Bank, World Development Indicators database；贸易数据源自IMF, Direction of Trade Statistics, May 2012。

资料来源：日本外務省アジア大洋州局地域政策課:『目で見るASEAN：ASEAN経済統計基礎資料』、2012年11月、第2頁、「表：他の地域経済統合体との比較（2011）」。

通过比较东盟与其他主要经济合作体的基本情况不难发现，与NAFTA、EU等世界主要的经济合作体相比，东盟仍处于实力相对较弱的发展阶段。2011年东盟的GDP总规模和人均GDP均为EU或NAFTA的1/10左右，甚至与南方共同市场也有一段较为显著的发展差距，显现出典型的发展中国家及地区的基本特征。尽管如此，其近六亿的人口规模超越了现有的任何一个经济合作体，2.5万亿美元的进出口贸易规模接近EU的近1/4、NAFTA的一半，预示着东盟未来巨大的市场发展潜力。在此背景下，日本的对外经济战略早已将东盟纳入规划范围之内，并通过贸易、FDI（对外直接投资）等经济交流方式，不断夯实日本在东盟地区的经济基础，逐步扩大对东盟整个地区的经济渗透。

据日本瑞穗综合研究所发布的2012年度企业调查结果显示，关于今后计划重点开展业务的国家或地区（多选），选择东盟地区的企业占总数的44.7%，自1999年度该调查开始实施以来首次位居榜首。与此相比，一直稳居首位的中国占比为36.7%，排名下降至第二位[①]。值得注意的是，关于重视东盟的理由（多选），72.4%的企业表示“当地市场有扩大趋势”，占比最多；28.6%和23.3%的被调查企业表示“可以作为面向日本及其他国家的出口基地”和“易于采购零部件及原材料”[②]。另一方面，日本贸易振兴机构对在华日资企业进行了问卷调查，结果仅有60%的企业表示愿意继续扩大在华业务，而有7-8%的被调查企业表示“撤销在华的所有业务”[③]。这既清楚地反映了中日关系深陷“政冷经凉”僵局的事实，同时也从另一侧面阐明日本企业加大对东盟地区关注的主要动因。

受其影响，日本企业在大财团、大公司的带领下，对东盟国家实施“大进军”。以三菱财团旗下的主要企业为例，2012年12月，日本三菱东京UFJ银行与缅甸合作银行签订谅解备忘录，宣布成立战略联盟，三菱东京UFJ银行亦借此契

① みずほ総合研究所:「中国からASEANへのシフトに舵を切り出す日本企業：2013年2月アジアビジネスアンケート調査結果」『みずほリポート』、2013年5月14日、第45頁。

② みずほ総合研究所:「中国からASEANへのシフトに舵を切り出す日本企業：2013年2月アジアビジネスアンケート調査結果」『みずほリポート』、2013年5月14日、第45頁。

③ 来源于日本新任驻沪总领事小原雅博在2013年10月23日的“就职交流会”上的发言。

机进军缅甸金融业[①]；2013年7月，三菱东京UFJ银行宣布收购泰国大成银行[②]，12月与后者签订业务合作谅解备忘录[③]。2013年2月三菱汽车、三菱商事与第一缅甸投资有限公司（First Myanmar Investment Company Ltd.）等签订合作备忘录[④]，5月共同在缅甸的仰光市内开设了第一家三菱汽车服务店[⑤]；紧接着10月，三菱汽车公司又宣布2014年起在缅甸销售新车的决定[⑥]。此外，2013年9月田边三菱制药株式会社宣布扩建在印尼的工厂规模以增加产能[⑦]，10月三菱重工与马来西亚的当地企业签署合作备忘录，共同致力于马来西亚国内智能交通管理系统的开发与应用[⑧]。

正是由于日本企业把东盟地区选为重要的投资对象，促使大规模的日本投资涌入这一地区。据日本贸易振兴机构公布的统计数据显示，2013年前三季度日本对东盟地区的FDI流量就超过了130.75亿美元（其中第二季度猛

---

① 于景浩：《日本新任副首相首访缅甸：日缅加强“战略性外交关系”》，载《人民日报》，2013年1月4日。

② 株式会社三菱UFJフィナンシャル・グループ、株式会社三菱東京UFJ銀行：「タイ大手商業銀行アユタヤ銀行の株式取得について」、2013年7月2日（http://www.bk.mufg.jp/news/news2013/pdf/news0702.pdf）。

③ 株式会社三菱東京UFJ銀行：「バングラデシュ大手民間銀行プライム銀行との業務提携について」、2013年12月5日（http://www.bk.mufg.jp/news/news2013/pdf/news1205.pdf）。

④ Mitsubishi Motors Corporation：「三菱自動車、三菱商事、YSH、FMI、ミャンマーにおけるアフターセールス事業に関する覚書を締結」、2013年02月15日（http://www.mitsubishi-motors.com/publish/pressrelease_jp/corporate/2013/news/detail4647.html）。

⑤ Mitsubishi Motors Corporation：「ミャンマーにおいて三菱自動車サービスショップ一号店を開設」、2013年5月27日（http://www.mitsubishi-motors.com/publish/pressrelease_jp/corporate/2013/news/detail4672.html）。

⑥ Mitsubishi Motors Corporation：「三菱自動車、ミャンマーにおいて新車販売を開始」、2013年10月7日（http://www.mitsubishi-motors.com/publish/pressrelease_jp/corporate/2013/news/detail4707.html）。

⑦ Mitsubishi Tanabe Pharma Corporation：「インドネシアにおける新製剤棟 建設に関するお知らせ」、2013年9月9日 発表（http://www.mt-pharma.co.jp/shared/show.php?url=../release/nr/2013/MTPC130909.html）。

⑧ 三菱重工グループ：「マレーシアのITS化推進に向け地元企業2社と協業 タッチアンドゴー社およびクアトリズ社と覚書（MOU）を締結」『Press Information』、第5435号、2013年10月18日発行（http://www.mhi.co.jp/news/story/1310185435.html）。

增75.65亿美元），同比增长140.4%①。与其形成鲜明对比的是，过去基本保持稳步增长态势的日本对华FDI在2012年第二季度之后出现了明显的下滑，而且，进入2013年之后，日本企业转移或减少对华投资的趋势愈加显著，致使日本对华FDI季度净流量的规模逐渐跌至25亿美元以下。

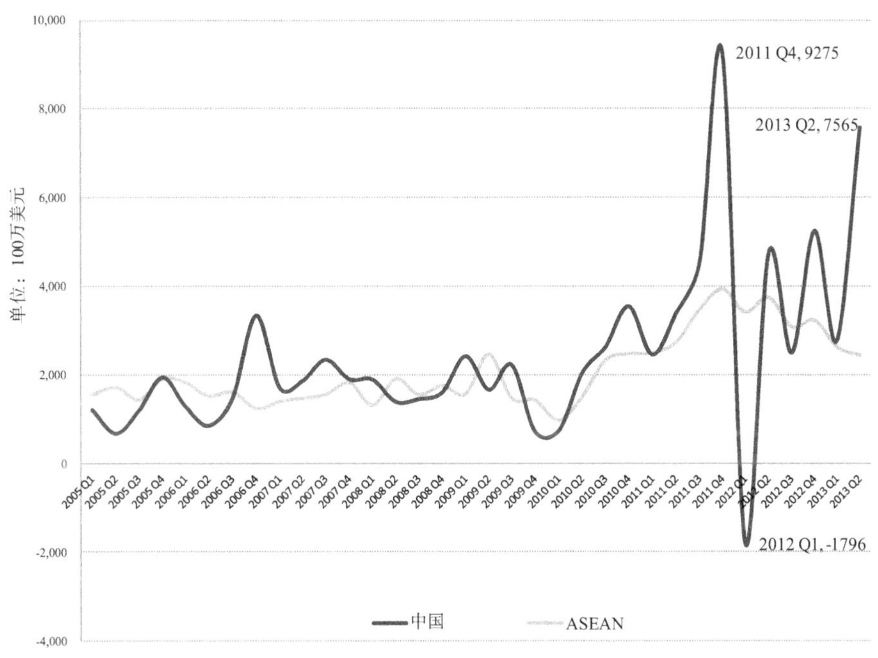

图7-1　日本对东盟的FDI变动趋势（净流量）

资料来源：日本贸易振兴机构官网（http://www.jetro.go.jp/world/japan/stats/fdi/data/country1_13Q2.xls）。

三、日本意图削弱中国在东盟的经济影响力

第一，日本在物质层面加强与东盟成员国之间的经济交往，急速增加对东盟国家经济资源的投入，削弱对华经济依赖度，并意图摆脱以中国大陆为核心的日本海外经济分工体系的结构性束缚。

事实上，日本经济界正悄然无声地进行着新一轮的战略布局，对外投资

① 日本貿易振興機構（http://www.jetro.go.jp/world/japan/stats/fdi/data/country1_13Q3_p.xls）。

成为直观反映这一变化的佐证。继2013年日本在东盟的资产存量增加139.89亿美元之后，2014年第一季度日本又向东盟追加投资53.66亿美元，同比增加93.79%。与之相比，2013年日本在华资产存量增长49.17亿美元，2014年第一季度追加投资额仅为12亿美元，同比出现54.36%的负增长①。通过上述两项差距斐然的投资额度的对比不难发现，日本在逐步减少对华投资，并且已将未来海外投资的重点与经济关注的焦点转向了东盟。

当然，在这场声势浩大的“经济工程”中，安倍政府俨然扮演着“引路人”的关键角色。实际上安倍政府启动以来，其就借助不同场合向日本企业及民众释放“中国不再重要”的政策引导，而中日经贸关系的明显降温又进一步为安倍政府的“去中国化”说辞提供政治说服力，且二者完全陷入“彼此相得益彰的互证阶段”。另一方面，中国政府主动调整国内经济结构、放缓经济增速，安倍政府却将其塑造为“去中国化”的有力说辞，致使日本国内经济界及相关企业盲目跟风。据日本国际合作银行（JBIC）公布的调查结果显示，未来三年内日本企业海外投资的首选对象国的前20位包括了除文莱以外的所有九个东盟国家，而且，多数东盟国家的2013年排名较2012年的调查结果均有不同程度的攀升，仅马来西亚从2012年的11位下跌至12位②。与之形成鲜明对比的是中国的排名由2012年的第一下滑至第四，其中不少受访企业认为中日政治关系的前途未卜是造成企业失去对华投资信心的

① 笔者根据日本贸易振兴机构公布的统计数据计算得出。截至2013年末日本在东盟的资产存量为1362.58亿美元，较2012年增加139.89亿美元，同比增加11.44%；在华资产存量2013年为981.32亿美元，较2012年增加49.17亿美元，同比仅增加5.2%。2013年日本在东盟与在华投资存量的差距进一步扩大至381.26亿美元。具体数据，请参见：日本貿易振興機構:「直接投資統計」（http://www.jetro.go.jp/world/japan/stats/fdi/）。此外，据中国商务部2014年7月15日公布的数据显示，2014年上半年日本实际对华直接投资额为24亿美元，同比减少48.8%。具体内容请参见：[共同社北京7月15日电]《日本2014年上半年对华投资减半》，2014年7月15日。

② 日本国際協力銀行:『わが国製造業企業の海外事業展開に関する調査報告：2013年度 海外直接投資アンケート結果（第25回）』、業務企画室 調査課、2013年11月、第20頁。此外，在2013年日本企业海外投资首选对象国的统计中，东盟国家的排名依次为印度尼西亚（1位，2012年为3位）、泰国（3位，2012年4位）、越南（5位，持平）、缅甸（8位；2012年10位）、菲律宾（11位；2012年15位）、马来西亚（12位；2012年11位）、新加坡（16位、持平）、柬埔寨（17位、持平）、老挝（20位；2012年23位）。

重要因素之一[①]。可以说，中国与东盟二者对日本经济的重要性业已发生实质性改变，而安倍政府希望见到的对华经济均势发展至少已经得到日本经济界的充分肯定与积极响应。

第二，安倍政府在战略层面利诱东盟国家共同参与美国主导的东亚及亚太地区经济合作框架，并意图借助 TPP 的成功构建，与中国争夺地区经济主导权的核心位置。日本国内的主流观点认为代表传统国际经贸体系的 WTO（世界贸易组织）业已落后于时代发展的步伐，取而代之的是以 TPP、TTIP、RCEP、日欧 FTA 等为代表的新经贸合作机制，简言之，世界进入了超规模 FTA（Mega FTA）时代[②]。这其中，TPP 的出现改变了经济合作的力学结构，使超规模 FTA 的中心由东亚转移至整个亚太地区，并进一步巩固了美国主导的基本趋势[③]。

与此同时，尽管世界进入了多个地区经济整合程序一同迸发的时代，但日本对 TPP 和 RCEP 二者却存在着明确的主次之分。即 TPP 为主、RCEP 为辅的“主次论”业已成为统领日本对外经济发展战略的主流思想。更有甚者认为 TPP 对 RECP 具有显著的驱动性功能，前者谈判进程的滞缓极有可能对后者造成严重的拖累[④]。这一简单的“主次排序论”实则反映出日本就东亚乃至亚太地区经济秩序一厢情愿的战略设想，也暴露出“TPP 先行、RCEP 随后”的日本地区经济一体化战略演进步骤。

另一方面，日本认为中国对 TPP 的态度是对抗的，并且希望依托增加对东盟各国、印度等国家的出口，推动RCEP的建立[⑤]。显然，这里隐藏的潜台

---

① 日本国際協力銀行:『わが国製造業企業の海外事業展開に関する調査報告：2013年度 海外直接投資アンケート結果（第25回）』、業務企画室 調査課、2013年11月、第22頁。

② 馬田啓一:「TPP交渉とアジア太平洋の通商秩序」『国際問題』、第632号、2014年6月、第8～9頁。

③ 馬田啓一:「TPP交渉とアジア太平洋の通商秩序」『国際問題』、第632号、2014年6月、第8頁。

④ 清水一史:「RCEPと東アジア経済統合：東アジアのメガFTA」『国際問題』、第632号、2014年6月、第23頁。

⑤ 清水一史:「RCEPと東アジア経済統合：東アジアのメガFTA」『国際問題』、第632号、2014年6月、第26頁。

词是对中国而言，RCEP 是第一位的，而 TPP 则并不做过多考虑。鉴于此，极力推动“主次论”的安倍政府把中国视为其地区经济合作战略中的“异己”，并意图进一步提升与东盟、抑或是部分东盟国家在地区经济整合中的共识与合作，以稳固日本在统合地区经济一体化问题上的主导力与影响力。更为直白地说，在安倍政府看来，东盟既是与日本共同构建 TPP 等新经济体系的潜在战略盟友，同时又是日本遏制中国在牵引地区经济一体化进程中发挥主导力或影响力的天然屏障。

为了更好地实现上述预期效果，安倍政府积极地扮演说客的角色，怂恿或鼓励部分东盟国家参与美国所主导的 TPP，由此，日本不仅成为 TPP 多边经贸合作机制的重要谈判方，更是附属于美国、构建亚太多边经贸新制度框架的“副班长”。安倍政府的此举不仅意在帮助美国维持亚太经济主导地位，拖延日本在东亚地区发挥重要引导力的旧经济秩序的寿命，同时也是对中国持续、稳定增长的地区经济主导力及影响力的牵制与制衡，更是希望通过自身主导东亚地区的经济一体化，虚构中、日在地区经济结构中的均势效应。

第三节　安倍政府强化对东盟外交的动因解剖

在安倍政府的领导下，日本之所以高强度、高密度地扩大对东盟的外交资源投入，主要是因为日本对东盟存在着现实层面与战略层面的双重需求。更进一层而言，日本把东盟视为潜在的战略盟友，希望后者能成为日本战略转捩的全方位支撑之一。

第一，安倍政府希望推动东亚乃至整个亚太地区的政治新格局朝向有利于日本发展的方向位移，并在此过程中确保并维护日本经历战后长期发展所积累起来的比较优势。

经过金融危机的洗礼，全球政治体系进入新一轮调整，接踵而至的是，东亚乃至整个亚太的传统政治格局与地区秩序亦随之发生巨大改变。即，随着东亚及整个亚洲地区经济实力的日益增长，其在世界政治与全球经济中的重要性亦逐步攀升，其中，东盟俨然成为加速这一结构性调整、支撑亚洲域内贸易增长与经济发展的关键支柱之一。与其形成鲜明对比的是，日本在地区政治格局中的传统优势日渐式微，导致其引领地区秩序变革的能力及话语权均受到制约。东京女子大学茂木敏夫教授指出，尽管日本居支配地位的东亚地区结构自中日甲午战争结束之后业已持续了百余年，但是，这一传统的地区结构正在发生巨幅变动，而且，促成这种结构转变的最根本动因是中国的崛起[①]。东京大学教授藤原归一指出，日本传统的亚洲外交具备三大基本前提：①日本与亚洲各国之间存在经济差距；②地区经济中的阶层秩序没有发生改变。如雁行发展理论所描述的那样，日本位居地区分工的顶点，援助亚洲各国并带动地区经济的发展；③日本经济援助的扩大同时产生改善和稳定政府关系的效果。但是，这三个前提随着时代的变迁都已发生改变[②]。由是观之，日本学界业已敏锐地觉察到东亚乃至更广范围内地区发生结构性转变的事实，尖锐的评论中折射出这一结构性调整显然对日本保持传统地区优势造成掣肘的担忧。

另一方面，对于东亚及亚太地区的格局演变、潜在战略盟友的选择等战略性问题，日本国内的政治社会实际上也早有一定的思想准备。日本前首相中曾根康弘就曾设想构建包括东盟各国在内的“亚太共同体”，并鼓励东盟各国在其中担当重要职责[③]。不仅如此，还可以建立“东亚自由贸易圈”，设立“东亚各国的金融协议会”，在引领地区结构性转变的过程中积极发挥并发展日本的优势[④]。但是，当前日本地区性外交的传统优势业已消融，迫使其必须创造新的外交优势及战略性合作资源，以维系日本居于较优层级“俯视外交”的地区格局。借此，日本亟须寻求并确立新的地区性战略盟友，以一同构建有利于日本自身发展、并且能在一定程度上维护日本传统优势及政治话语权的地区性新秩序。由此，日本选择东盟作为潜在的战略盟友，既有顺理成章的必然性，也有时不我待的紧迫性。

① 茂木敏夫:「伝統的秩序をどう踏まえるか：東アジア新秩序の構想をめぐって」『国際問題』、第623号、2013年7・8月、第42頁。

② 藤原帰一:「アジア外交とその時代」『国際問題』、第623号、2013年7・8月、第3頁。

③ アリフィン・ベイ著；小林路義編:『アジア太平洋の時代』(中公叢書)、中央公論社、1987年12月、第23頁。

④ ［日］中曽根康弘著；联慧译:《日本二十一世纪的国家战略》，海口：海南出版社、三环出版社，2004年3月，第106—107页。

第二，日本希望把东盟塑造为支撑其全球贸易及整体经济发展的战略新支点，同时也是辅助日本引领地区经济秩序变革的战略性同盟伙伴。通过东亚经济模式的转换，日本重新确认其在东亚乃至整个亚太地区内的经济引领作用。

2009年9月在韩国·首尔召开的第七届“东亚论坛”上，日本派出以驻东盟大使鹿取克章为首的七人代表团，其中，日本邮船涉外组长班目哲司在其发言中就明确表示，东亚地区已进入经济增长模式的新时代，不能再继续维持过去依附于欧美贸易的传统经济增长战略。但是，（东亚地区）仅靠亚洲的域内贸易是无法消化其过剩产能的，所以（东亚地区）应避免世界经济的板块化，构建起同时依靠亚洲域内贸易和对欧美国家的域外贸易，这样一种“双柱支撑型（笔者译）”的经济增长模式[①]。

据此不难发现，日本不仅在竭力强调亚洲贸易与经济的重要性，规划东亚经济双重依托的新增长模式，同时也在为日本外向型经济的新一轮发展寻找重要出路。换言之，尽管“贸易立国战略”在日本经济发展模式中的重要性有所衰减，但中短期内对外贸易仍是决定日本经济发展的重要因素，因此，扩大新的贸易市场及贸易伙伴，而不仅仅依附于传统的欧美市场无疑是振兴日本经济、缓解贸易增长压力的当务之急。另一方面，贸易增长与生产规模扩张始终是紧密关联的课题。随着与日本相关的贸易进出口的迅速增加，日本企业急于扩大既有的生产规模或增设新的生产设施，因此，避免了一定的政治风险且劳动及用地成本低廉的东南亚国家就成为日企或从国内外迁或择地新建的首选对象。就此，有日本学者曾指出过，日本企业大量进军东南亚并不是单纯为追求低廉的工资和用地成本、逃避治理污染的费用以及低价获取生产原料等，这更是日本企业“国际战略”的重要一环[②]。

或许这位学者的只言片语只表述了一半涵义，还有另一半无疑是日企进军东南亚国家亦是日本国家发展战略的重要组成。日本著名东南亚问题专家

---

① 東アジア共同体評議会『東アジア・フォーラム（EAF）第7回年次大会報告書』、2009年10月、第4～5頁。

② 市村真一編著:『日本企業インアジア』、東洋経済新報社、1980年7月31日第1刷発行、1982年10月15日第2刷発行、第10～11頁。

矢野畅教授指出，东南亚地区的核心区域在20世纪六十年代以后就日益具备现代化的经济功能，并逐步成为以贸易、国际金融为代表的所有经济流的中枢据点[①]。因此，多年以来日本政府的大量经济援助流向东盟，并不单纯是经济层面的救贫纾困，更是地区政治层面的战略性经营与布局。作为重要的佐证之一，安倍政府的“经济振兴战略”中就明确提出，与2011年相比，2020年日本对包括东盟在内的新兴市场国家及地区的出口额以及在其境内的日资企业的销售额实现翻一番的目标[②]。与此同时，日本将利用日本与东盟友好合作40周年关键节点的契机，逐步放宽对东盟各国居民的入境签证审核要求，增加东盟各国的访日游客数[③]。由是观之，东盟在日本对外经济战略中的地位业已超越了原材料供应地、加工及生产基地等传统功能，新增的重要销售市场及游客来源地等功能定位进一步凸显日本对东盟的经济依赖。

第三，中日关系因钓鱼岛领土争端而持续恶化，促使日本战略重心及资源投入加速偏向东盟地区，并期待后者中的部分国家、甚至是所有国家能成为抗衡中国的“同路人”。

日本政府重要智库之一的东京财团曾在一份政策建议报告中如是写到，当前的东盟之所以备受世界的瞩目，主要因为它肩负着美国亚太回归战略的核心功能，而且，南海是中国海洋战略的显要门户，其位置存在与东盟直接关联，再加上中美两国结构性的对立，致使美国极为重视与东盟的对话与交流。与此同时，与发达国家经济发展普遍受挫相比，东盟总体6% 的经济增长率吸引了世界投资者的目光，也使其作为重要市场的魅力甚至超越了中国和印度[④]。从此份战略性的政策报告中不难发现，在日本看来，东盟的重要性离不开中国和美国及二者之间的结构性矛盾，其不仅是美国亚太回归战略的核心环节，中美两个大国战略对冲的交集，更是日本可以加以利用，构建

---

① 矢野暢編:『東南アジアの国際関係』(講座 東南アジア学：第九巻)、株式会社弘文堂、1991年7月10日、第23頁。

② 首相官邸:『日本再興戦略』、閣議決定、2013年6月14日、第89頁。

③ 首相官邸:『日本再興戦略』、閣議決定、2013年6月14日、第20頁。

④ 東京財団:「安倍外交への15の視点：ナショナリズムよりもリアリズムの追求を」、2013年8月、第10頁（2014年1月6日、http://www.tkfd.or.jp/files/doc/2013-02.pdf）。

对华遏制联盟的显要对象。

据此，日本可谓是不惜血本地在中国与东盟之间钉楔子，并觊觎从政治、经济、文化、社会等各个层面分化中国与东盟之间日趋紧密的合作关系。日本国内甚至还有观点赤裸裸地“坦白”了日本与东盟合作的根本诉求，即在中日两国围绕钓鱼岛问题相持不下的背景下，日本应加强与东盟和印度之间的合作，以共同牵制中国①。显然，无论东盟在共同遏制中国问题上的态度与行动如何，日本至少就此“谋略”有过一定的考虑，并且，也诚如上文所述，的确亦采取了一些相应的措施与政策。

这里，有必要指出的是，实际上，日本在应对中国和平崛起的问题上，对东盟的战略诉求主要存在以下三个方面：其一，挑唆东盟的个别国家与中国就南海部分岛屿的归属权问题发生正面冲突，并逼迫东盟整体介入所谓的对华领土争端，进一步致使涉华双边矛盾的多边化、甚至是国际化；其二，说服东盟国家积极加入以日本为核心的对华战略包围圈，共同遏制中国迅猛发展的势头及日益增长的地区影响力；其三，降低日本过高的对华经济依存度，并使东盟成为降低其对外经济依存度过高风险的重要依托；其四，加强与东盟之间的双边合作关系，为缓解日本与周边国家及地区紧张关系制造一定的缓冲区。因此，日本尽最大努力团结东盟不仅是为了应对中国的影响力扩大，同时也反映出其外交战略与布局业已发生转变的事实。日本最大的报业媒体《读卖新闻》曾就此刊发社论，强调在与中国和韩国关系非稳定的条件下，日本深化与东盟的合作具有战略意义②。

第四节　安倍政府“新亚洲主义”的局限性

一、安倍政府对东盟外交的四大基本特征

综上所述，安倍政府通过政治、经济、安全等不同维度的政策组合，对东盟及其各个成员国展开了形式多样的外交活动。但因为安倍政府在对东

① 「社説：ASEAN外交　きめ細かい協力蓄積を」『毎日新聞』、2013年7月25日。

② 「首相アジア演説　ＡＳＥＡＮ重視戦略の表明だ」（読売社説）『読売新聞』、2013年7月27日。

盟的外交实践中表现出显著的逐利性，并刻意追求对华均势的战略效果，致使其外交战略及相关政策不可避免地陷入现实主义泥潭，凸显继承性、破坏性、争议性、自我性的四大基本特征。

第一，安倍政府对东盟的现实主义外交始终残留着日本对东盟外交的传统政治倾向，也正是这种“继承性”致使其无法抛弃对东盟国家的传统思维模式。实际上，日本对东盟成员国始终存有多维的概念性区分，这亦促使它对各个东盟国家的外交政策时常发生严重偏离，甚至会产生相距甚远的差异政策，最终加剧东盟内部的相互竞争与整体不协调。具体而言，日本对东盟主要存在三种不同范畴的区分：①地理区位上，东盟被分为海洋东盟国家与陆地东盟国家；②就是否参与 TPP 问题，东盟又被分为越南、新加坡、马来西亚、文莱及菲律宾（菲律宾已启动关于参加 TPP 的国内政治讨论）等组成的参与集团及其他非参与集团；③就对华关系，东盟被肢解为友好、中立、纷争（越南、菲律宾）等三股不同的对华政治势力。这一概念性的区分体现出日本对东盟国家外交思辨的灵活性，但同时也折射出其对东盟成员国业已存在先入为主的身份鉴别，致使其外交政策容易陷入“旧瓶装新酒”的窠臼，难以有根本性的政策创新，甚至在一定程度上暴露出“肢解东盟”的战略企图。

第二，安倍政府对东盟的现实主义外交存在一定的破坏性，不利于东盟整体的团结与协作，更有损东盟自身的向心力及引导力建设。现实主义外交的基本原则之一就是逐利，而逐利的基本表现之一就是符合自身利益的对象就保留，不符合的就打压或抛弃。上台以来始终以现实主义原则为外交准绳的安倍政府自然无法逃脱这一定律的束缚。尽管目前安倍政府对个别东盟国家的外交策略没有明显的打压或抛弃等，但针对不同国家的政策偏好与政策力度已经在东盟内部形成了差异性效果，并进一步加剧东盟内部的实力落差。

另一方面，安倍政府对东盟的现实主义外交实际上不仅平衡或抑制了中国的影响力与号召力，同时也对东盟的主导力造成负面影响。就以代表地区经济一体化的 RCEP 和 TPP 为例，尽管东盟希望主导 RCEP 的进程以综合或平衡地区大国在经济一体化议题上所发挥的影响力，但由于美、日等地区大国试图以“TPP先行、RCEP随后”的战略逻辑重新构建以美国为核心的亚太经济秩序，并不断向部分东盟国家抛出“橄榄枝”逼其就范，从而造成东盟成员国之间就地区经济一体化的意见分歧日益突出。长此以往，原本就缺失必要向心力的东盟势必会失去对RCEP等经济一体化进程的主导力，最终也只能无奈接受地区经济主导权被传统大国再次剥夺的结果。

第三，对东盟外交是安倍政府整体外交战略中的一个布点，但却由点及面地充分反映出其整体外交战略的争议性。安倍政府的现实主义外交无法摆脱“逐利”的基本属性，这也决定了它的东盟外交同样难以回避争议性的束缚。这里的争议性不仅表现为外交政策创新的有限性，同时也体现在相关政策缺乏重要支撑及战略纵深，亟须合理性与合法性的正确研判。就以安倍政府承诺向菲、越提供海上巡逻船以制衡中国的海上活动为例，尽管安倍政府名义上旨在维护东盟地区的稳定及南海的航行自由权等，但施以军事援助的行为显然不利于缓和地区矛盾，更是对地区和平及未来发展的破坏和践踏。

另一方面，由于安倍政府的对外战略及相关政策存在诸多的争议性，致使外界难以对其做出较高的客观评价，甚至也很难认可其部分的所作所为。据美国皮尤研究中心2014年7月公布的调查结果显示，65%的越南受访者认为“安倍在国际局势下能够采取正确行动”，55%的菲律宾受访者持有同样的观点。与之相比，中国仅有15%的受访者认同这一观点，韩国受访者的同一比例更低至5%[①]。由此可见，安倍政府的现实主义外交并没有在东盟内部形成普遍共识，即便是越南、菲律宾等与安倍政府结为实质性“反华统一战线”的国家，也没有对安倍政府的外交政策葆有完全的信任。此外，惯有日本天然盟友之称的美国也存在35%的不信任比例，日本国内的不信任比例更是高达40%（参见表7-5）。

① Pew Research Center, *Global Opposition to U.S. Surveillance and Drones, but Limited Harm to America's Image: Many in Asia Worry about Conflict with China*, 14 July 2014. (http://www.pewglobal.org/2014/07/14/global-opposition-to-u-s-surveillance-and-drones-but-limited-harm-to-americas-image/)

表7–5：各国对安倍晋三外交政策的信任度评价

	信任 （Confidence，%）	不信任 （No Confidence，%）	不知道 （Don't know，%）
越南	65	9	26
日本	58	40	2
马来西亚	57	19	25
孟加拉国	56	29	14
菲律宾	55	25	21
泰国	53	19	28
美国	49	35	17
印度尼西亚	46	28	26
巴基斯坦	25	12	62
印度	21	16	64
中国	15	70	14
韩国	5	94	2

资料来源：Pew Research Center, *Global Opposition to U.S. Surveillance and Drones, but Limited Harm to America's Image: Many in Asia Worry about Conflict with China*, 14 July 2014, p.40.

第四，安倍政府外交政策最为显著的特征，也是现实主义外交最为直接的基本特征就是自我性、或称自我中心性，主要表现在两个不同侧面。

其一，决策立场的自我性。就安倍政府对东盟的外交而言，其政策的基本立场并非完全是国家，甚至偏重于自身及其所代表的保守主义政治集团。鉴于此，安倍政府针对东盟的逐利行为不仅是指以东盟为特定对象攫取日本所需的发展利益，同时也包含借助对东盟国家的种种外交举措，为国内的保守主义政治势力突破日本法律束缚制造各种便利条件，而后者甚至垄断了政策主导的优势。

其二，政策目标的自我性。地缘政治等各种因素的综合促使安倍政府外交视线的焦点集中于东盟，这也就产生了前文所阐述的对东盟现实主义外交的诸多举措和具体政策。如前所述，安倍政府对东盟外交的重要觊觎之一是希望东盟能与其合作构建“反华统一战线”，并共同形成能与中国分庭抗争的均势效果。不仅如此，安倍政府更希望借东海危机、南海危机等地区形势的不稳，创造有利于日本保守主义扩张势力发展的有利条件。视线转至日本国内。安倍政府不顾国内、国际和平力量的反对，强行修改“武器出口三原则”、解禁“集体自卫权”等，其行为业已构成了实质性违宪。但更为令人担忧的是，内部政治的“突飞猛进”加剧了安倍政府对“中心-扩散式”政治思维方式的笃信，也刺激了其对营造“积极”外部环境的急切期待，同时也迫使其更加努力地找寻有利的外部政策突破口。基于这一逻辑判断，安倍政府激进的现实主义外交不仅是在为日本武器出口培养潜在的市场与客户，更是为日本军事的走出去创造更为广泛的可能性。

二、安倍政府对东盟外交的主要缺陷

尽管安倍政府对东盟倾注了极大的关注，并意图将后者培养成“战略性盟友”，但不可否认，东盟的意愿与安倍政府的期待相距甚远，在一些重大及敏感的现实问题上甚至与其完全相悖，这尤其表现在涉华、对华问题上。正因为日本的东盟战略存在不切实际的内生困境，以及其外交政策的制定和运用等与现实环境完全脱钩，这就导致日本对东盟的政策效果存在严重的局限性与偏差性，政治思维也因保守主义的严重侵蚀而陷入彻底的僵化状态。

第一，日本对东盟的外交思维中过分强调日本的主观意志，忽视对方的真实需求。安倍政府意图用冷战思维的错误方式影响对方、改造对方，使其成为日本保守主义右倾道路的盟友。说到底，日本把东盟视为改造的对象，而绝非是合作的对象。对此，日本学者胜间田弘教授早有告诫，东盟极为重视其在东亚地区合作中的核心地位。若要否定这一基本前提，只会招来东盟的反感①。

自2012年末安倍政府启动以来，其就不断鼓吹价值观外交的重要性，

---

① 勝間田弘:「構成主義と東アジア地域の秩序:「ASEAN流フォーラム」の意義と欠陥」『国際問題』、第623号、2013年7·8月、第27頁。

并试图在东亚乃至整个亚太地区构建以日本为核心的价值观同盟，以遏制异质价值观的影响力扩大。更为重要的是，安倍政府的这一做法，显然与日本国内急剧兴起的保守主义思潮别无二致。日本学者就曾批判性地指出，东亚地区缺乏统一的自由主义价值观[①]，借此暗示在东亚地区传播并推广自由主义价值观的必要性和迫切性。不仅如此，日本著名学者片山裕教授甚至把东盟国家归为四大类：第一类是包括菲律宾、泰国、印度尼西亚在内的民主主义国家；第二类是“半民主主义”或者称“灰色体制”国家，包括新加坡和马来西亚；第三类是正处于民主化建设初期阶段的缅甸；第四类是维持社会主义体制的越南、柬埔寨和老挝[②]。日本学者借用所谓“民主价值观”的评判标准区分东盟国家，既折射出日本对东盟国家价值观多样性的不满，同时也表明其对自身价值观未被东亚周边国家及地区普遍接受的强烈愤慨，更说明日本对在东南亚地区传播所谓正确的自由主义价值观、推广价值观外交存有幻想。据此，日本战略性地向东盟灌输“自由主义思想”，突出自由主义价值观在构建东亚地区新秩序及促进东南亚地区政治与经济发展中的潜在功能。

应该说，安倍政府改造东盟的努力从一开始就犯了本末倒置的错误，即它没有建立正确的目标出发点，就开始了不切实际的浮想联翩，甚至对东盟国家的发展道路与自主选择指手画脚。值得注意的是，日本的所谓自由主义价值观是否正确？即使假设日本的价值观是正确的，东盟国家是否愿意接受，而日本的价值观又是否适用于东盟国家？充满强烈主观意志性色彩的日本外交根本没有顾及这些必要且重要的基本前提，最终走向对东盟抱有不切实际幻想的“死胡同”。就以2013年12月的“日本・东盟特别首脑会议”为例，安倍政府在东京设下“鸿门宴”，邀请东盟各国首脑赴会，原本希冀可以借机构筑对抗中国、甚至是遏制中国的统一战线，但事与愿违，与会的多国首脑并没有对安倍政府不切实际的渴望给予积极回应，更没有意愿与日本

---

① 勝間田弘:「構成主義と東アジア地域の秩序:「ASEAN流フォーラム」の意義と欠陥」『国際問題』、第623号、2013年7・8月、第20頁。

② 片山裕:「東南アジア諸国の政治と経済の課題」『国際問題』、第625号、2013年10月、第2頁。

构建所谓价值观同盟，以共同对抗抑或是遏制中国的发展。显然，这与安倍政府的初衷大相径庭。

第二，安倍政府对东盟的外交缺乏平等对待的真诚，缺乏长远且富有战略性的思考，缺乏战略与战术的统一性，工具主义与利益至上主义的色彩浓重。

日本外交的战略重心仍停留于欧美，尤其是对美外交是重中之重，其决定了日本外交的全局性战略的走向，中短期内不可能发生根本改变，同时也就决定了日本与其他国家及地区的双、多边外交军事从属性的，出现的政策调整也仅为因应而变。在此背景下，日本不断提升对东盟的外交资源投入，其背后的真实动因是金融危机之后日本对外经济的依赖度不断向亚洲地区倾斜，迫使它对传统的外交战略做出适当调整，并提升对亚洲外交在整体外交结构中的重要性。与此同时，日本因领土争端、错误历史观等复杂问题的交集，与中国、韩国、俄罗斯等周边国家及地区的关系普遍陷入僵局。为了打破日本周边外交的僵局并实施亚洲外交政策的重要调整，它就把东盟确立为其亚洲外交的主攻对象，也是唯一可能有所建树的外交突破口。据此，日本对东盟的外交构想、甚至是“战略盟友”的设想从本质上就是短视的、功利性的，并没有为整个东亚乃至亚太地区的和平与稳定做足够的考虑。日本防卫大学校长国分良成教授曾撰文指出，日本所兴起的“亚洲热”是极为情绪化的，带有很强的功利性，抑或是为了单纯地反对美国，而并没有真正认识到日本自身就属于亚洲国家行列的事实①。

另一方面，为了在钓鱼岛问题上牵制中国、博取优势，安倍政府不断挑唆越南、菲律宾等东盟国家挑起并参与和中国在南海海域的领土争端。由于这一行为与多数东盟国家的真实意愿完全背离，致使东盟的和谐与团结出现裂痕，甚至存在分化的危险，这与营造和平友好的东亚地区环境完全相悖，也有违于安倍政府“积极和平主义”的外交理念。

① 国分良成:『中華人民共和国』、ちくま新書215、株式会社筑摩書房、1999年9月20日、第9頁。

扩展阅读

略谈安倍政府的真实觊觎

2015年1月26日，日本第189届例行国会开幕。此届国会是第三届安倍内阁启动后的首次国会，同时也标志着安倍政府全面进入2015年工作新阶段。更为重要的是，国会的开幕再度引爆了执政的自民党与民主党为代表的国会在野党之间的角斗与妥协。

值得注意的是，经过2014年末一场突如其来的众议院大选，安倍政府实际上已经完成了对2015年工作的计划与安排，换言之，安倍政府2015年内政外交工作的基本目标业已明确，具体表现为以下五个主要方面。

第一，对内对外竭力宣扬并展现日本战后“积极和平主义”的作为，使日本能够彻底摆脱“战后体制”的束缚。有必要指出的是，就“战后体制”而言，日本国内保守主义政治势力中始终存在着一种“挣扎”的声音，认为日本若要实现政治大国的觊觎，首先必须脱离战后体制的桎梏。换言之，二战的阴影始终伴随着日本战后成长的足迹，尽管其曾一度是世界第二、现在仍是世界第三经济大国。另一方面，2015年恰逢二战结束70周年，也是国际社会共同反思历史、憧憬未来的重要时刻。而在安倍政府看来，这一关键时点的出现无疑为其创造了绝佳的政治机会，并冀望依靠一场“酣畅淋漓”的告别演说，使日本与战后体制彻底说再见。为此，安倍政府及安倍本人已经开始了“动员”工作。不久前在电视访谈节目中，安倍就刻意地回避了“殖民统治”、“侵略”和“谢罪”等与日本二战历史紧密联系的关键词，遭到了国内外舆论的强烈抵制与批判。

第二，在对外经济合作中挑选“合理”且“合适”的选项加以推进落实。就当前日本正在商议的对外经济合作而言，应该说，摆在安倍政府面前的选项还是较多的。不仅有美国主导的TPP、中日韩三边共同协商的FTA，还有涵盖了多数东亚国家的RCEP以及日本与不同经济体之间正在进行谈判的双边FTA等种类繁多的经济合作协定。但就目前而言，安倍政府所表现出的现实态度更倾向于先达成TPP，随后再在RCEP或中日韩FTA问题上寻求突破，对此，日本国内有相当一部分的政界及商界人士深感忧虑，争论的焦点主要集中于日本在TPP问题上的利益得失。

第三，谨慎处理涉及中日关系、日韩关系及周边关系的敏感问题，尽可能保持逐步缓和的总基调，谋求调整与周边国家的紧张关系。由于受到内、外环境的严重制约，安倍政府或许会在历史问题、领土问题等敏感问题上持有较为谨慎的态度。换言之，在不触及各方政治底线的基础上，日本可能会更多地依赖于政治“擦边球”的战术，实现在中日关系、日韩关系及对周边关系问题上的发展及突破。

第四，以“抓重点”的工作方式推进日美两国间的全方位合作。具体来看，安倍政府处理对美关系主要围绕两件事情展开。一是与美方重新修订日美防卫合作指针，使其不仅在战术上、更在战略上能对美方提供更好的“呵护”，同时也加速日本自卫队的“借船出海”；二是尽可能推进落实冲绳美军普天间基地的既定搬迁计划，终结当前横亘在日美关系发展中的最大悬案。两件事情中，尽管前者并不会遭遇很大的阻力，且美方也已经表态愿意积极地配合，但后者显然已走入困局，甚至存在全盘阻碍日美安全合作的可能性。有鉴于此，上述两件事之间看似没有直接关系，但实际上二者却彼此影响、互为关联。与此同时，这一错综复杂的相互关系的存在，无疑增加了安倍政府夯实及拓展日美合作关系的难度，同时更增加了未来日美关系发展的不确定性和不稳定性。

第五，也是最为重要的，就是尽快落实“安倍经济学”所倡导的诸项改革措施，促使日本经济“止跌回升”、重开新局。值得注意的是，安倍政府的执政基础是“安倍经济学”的成功。2014年末安倍领导的执政联盟之所以能获取日本众议院大选的胜利，其中最主要的动因就是日本民众对“安倍经济学”依然葆有强烈的觊觎和期待。对此，安倍政府必须予以积极回应。但是，面对国际经济复苏乏力、国内经济持续萎靡的交困状态，“安倍经济学”的改革任务可谓并不轻松。不仅要针对内外经济环境的新动态，制定出相应的改革及发展新措施，同时也要针对“安倍经济学”自身的政策薄弱及欠缺，进行全面且合理的改造与重塑。

总而言之，上述五个问题是安倍政府的五项主要任务，同时也与安倍政府的执政寿命息息相关。但必须指出的是，其中一些问题的合理性有待商榷，应该引起各方有识之士的关注与思考。

第八章
日美能源合作的新动向及对中国的影响

2014年3月11日是日本3·11大地震三周年纪念日。美国白宫发表充满政治用意的追悼声明，明确表态美方会在能源经济及相关问题上给予日本必要的支持①，以彰显日美同盟关系的“历久弥坚”。实际上，日本与美国是战后政治及军事的盟友，但在能源领域，尤其是在石油、天然气等化石能源领域，日美两国并没有形成极为密切的合作关系，甚至在如何开发及利用中东石油等能源政策上存在一定龃龉。但是，美国页岩油气革命的出现与日本福岛核事故的爆发改变了日美两国间既有的能源合作格局，两国在能源领域的合作关系亦随之发生质变，即逐步由“竞合并存”走向“全面结盟”的转型期。换言之，日美能源新合作模式促使两国深化合作的战略纵深，进一步拓展日美同盟关系的广度与维度。

借此契机，日本政府提出“对日资源稳定供应国”概念，认为以美国为重要组成的美洲能源供给新轴心的崛起，将使日本有机会通过比较稳定的方式（太平洋能源运输线）增加从美国、加拿大等国进口能源，并减少从“不稳定供应国”以及经由不太稳定的能源运输线（例如经常有海盗出没的马六甲海峡等）的能源进口，从而更有效地维护日本的能源安全②。基于上述基

① White House on Third Anniversary of Great East Japan Earthquake, The White House, Office of the Press Secretary, 11 March 2014, http://iipdigital.usembassy.gov/st/english/texttrans/2014/03/20140311296172.html#axzz2vpCoVQr1.

② 汪巍:《日美能源合作的新趋势》，载《中国经济时报》，2013年11月6日。

本判断，日本对美展开了全方位的能源外交，其重要的战略觊觎之一就是争取美国对日出口 LNG（liquefied natural gas：液化天然气）。对此，出于经济利益与战略利益的双重考虑，美国在 LNG 出口问题上对日本施以积极回应，并借此希望进一步构建以发达能源技术为支撑的日美能源同盟体系。鉴于此，未来如何确保我能源体系安全，实现趋利避害、灵活应对将是中国能源战略发展的重要课题。

本章希望以日美能源合作的新动向为重要线索，深究日美两国在能源领域展开紧密合作的深层次动因及战略觊觎，在此基础上，探讨日美共同建立能源同盟的可能性发展及对中国的相关影响。

第一节　安倍政府提速对美能源合作进程

3·11大地震之后，日本的能源政策及相关战略发生重大变化。就电力供应系统而言，原定构建以核能发电为主要支撑的供电体系的长期计划被基本否定，取而代之的暂行安排是以火力发电为主体、新能源为重要辅助的新供电体系。新体系中，核能的重要性及安全性被重新评估，石油和天然气的海外进口成为制约日本电力系统及整体能源体系稳定发展的关键问题。对于日本能源战略的嬗变，美国并没有熟视无睹，相反却给予了积极回应。有鉴于此，能源合作在日美同盟关系中的重要性进一步提升，并促使日美同盟关系的内容及内涵发生重大转变。

第一，日美能源合作的领域与范围持续扩大，美国对日出口 LNG 成为双边合作的新亮点。

3·11大地震发生以后，日本国内深陷“谈核色变”的窘境。为了缓和国内民众对国家核电发展战略的强烈担忧与质疑，日本政府迫于无奈，采取了“减核、停核”的应急性措施，阶段性地或停止或减少核电站的使用。尽管如此，作为重要的补救措施之一，日本迅疾从国际市场增加了石油和天然气等化石能源的进口，用以增加火力发电，弥补国内的电力供给不足。借此，日本能源需求结构发生激变，与此同时，恰逢美国的页岩油气革命为其天然气的对外出口创造了绝佳条件，两个偶然性因素的对接促使日美间的能源合作半径逐渐向纵深发展。

值得一提的是，从1973年开始，美国就把产自阿拉斯加的LNG出口至日本，至今已有40多年的历史，而且，2006年之前基本保持着稳定的对日供应数量，但此后出口量急遽下滑，2012年的对日出口总量跌落至94.32亿立方英尺[①]。为了进一步扩大对日LNG的出口，美国能源部已批准包括Freeport Project（自由港项目，2013年5月17日批准）等在内的多个向美国的非FTA（自由贸易区）国家出口LNG的申请，为增加对日出口LNG敞开大门。截至2014年3月24日，美国能源部已批准7个向非FTA国家出口LNG的项目申请，分别由Sabine Pass Liquefaction、Freeport LNG Expansion和FLNG Liquefaction、Lake Charles Exports、Dominion Cove Point LNG、Jordan Cove Energy Project、Cameron LNG、Freeport LNG Expansion和FLNG Liquefaction等公司承担[②]。

更需注意的是，尽管美国能源部逐步缓和对LNG出口的严格限制激起了美国国内一些能源消费团体的质疑[③]，但美国政府积极开发并对外出口天然气的决心难以撼动，更何况出于战略层面的考虑，对日本等盟友出口其所急需的能源更有助于美国稳固在亚太及世界范围内的影响力和控制力。2013年10月美国能源部长厄内斯特·莫尼兹（Ernest Moniz）更是在日本公开表示，美国的政策制定者正竭尽所能地加速LNG出口项目的审批工作，

① US Energy Information Administration, http://www.eia.gov/dnav/ng/hist/ngm_epg0_eng_sak-nja_mmcfm.htm.

② 截至2014年3月24日，除批准7项向美国的非自由贸易协定国出口LNG的申请以外，美国能源部（USDOE）还批准36项向美国的自由贸易协定国出口LNG的申请，其中2项为附加条件后批准申请。据此，向自由贸易协定国出口LNG的累积申请量已达到38.51 Bcf/d，向非自由贸易协定国出口LNG的累积申请量为35.86 Bcf/d，二者总和为74.37 Bcf/d。具体内容请参见：US Department of Energy, *Applications Received by DOE/FE to Export Domestically Produced LNG from the Lower-48 States (as of March 24, 2014)*. http://www.energy.gov/sites/prod/files/2014/03/f13/Summary%20of%20LNG%20Export%20Applications.pdf

③ 美国重要能源消费者团体之一的产业能源消费者（Industrial Energy Consumers of America）对政府大力推动LNG出口表示不满，担忧天然气消费需求的增长会危害美国的消费者及工农业相关部门。详细内容参见：Industrial Energy Consumers of America, *IECA Comments on House Committee on Foreign Affairs Hearing on The Geopolitical Potential of the U.S. Energy Boom*, 25 March 2014. http://www.ieca-us.com/wp-content/uploads/03.25.14_House-Foreign-Affairs-Hearing_LNG.pdf

并希望在未来数年内扩大美国对日的天然气出口[①]。此外，日美经济评议会（Japan-US Business Council）与美日经济评议会（US-Japan Business Council）共同对美国政府和国会发出倡议，希望它们尽最大努力探明美国的页岩油和页岩气的新储量，并实施以市场为基础、有助于美国能源生产的相关政策[②]。无疑，重量级商会的积极发言势所必然地会转变为着实有效的政策游说，因此也不难理解为何美国政府会加速批准LNG开发及出口的相关项目。

另一方面，面对突如其来的美国页岩气革命，日本国内普遍持有积极的态度，其理由也是不言而喻的。日本若能从同盟国——美国那里进口LNG，则可以减少对中东能源的依赖程度[③]。甚至有学者提出，页岩气革命宣告了天然气黄金时代的到来[④]，暗示日本应把握机遇调整现有的能源战略。作为对此的积极回应，日本首相安倍晋三更是踊跃充当政策游说的"开路先锋"。他借助访美之机大声疾呼"Buy my Abenomics"，并不时强调能源安全与"安倍经济学"获取成功的紧密关联性[⑤]。显然，安倍出人意料的言行举动凸显日本亟须美国在对日能源合作问题上抛出橄榄枝，同时也表明美国在救助日本能源危机中所占有的举足轻重的地位。安倍的觊觎无疑是日本现实需求的完整表述，说到底，日本希冀美国的能源革命能成为缓解日本能源消费压力的"救命稻草"。

与此同时，为了配合日本政府对美的能源外交，日本主要财团与燃气公司等纷纷涌入美国的天然气开发及出口项目。比如说，住友商事和东京燃气公司联合申请马里兰州的Cove point项目，该项目最大年出口能力为500万

① US energy chief sees LNG exports flowing to Japan in 'few years', 31 October 2013, http://www.platts.com/latest-news/natural-gas/tokyo/us-energy-chief-sees-lng-exports-flowing-to-japan-27582533.

② 「第50回日米財界人会議共同声明（仮訳）」、ワシントンDC、2013年11月15日、第2頁、http://www.jubc.gr.jp/jpn/active/pdf/50/50%20JS%20J.pdf。

③ 村松秀浩:「米国のシェール開発・生産をめぐる動向」『石油・天然ガスレビュー』、第48巻第1号、JOGMEC、2014年1月、第29頁。

④ 湯原哲夫:「大震災がもたらしたエネルギー危機とその克服のためのエネルギー戦略」、2013年3月22日、http://www.canon-igs.org/column/energy/20130322_1780.html。

⑤ 首相官邸:「ニューヨーク証券取引所　安倍内閣総理大臣スピーチ」、2013年9月25日、http://www.kantei.go.jp/jp/96_abe/statement/2013/0925nyspeech.html。

吨；中部电力和大阪燃气公司联合申请德克萨斯州的 Freeport Project，该项目初始出口规模为440万吨，最大年出口能力为1300万吨；三井物产和三菱商事联合申请路易斯安那州的 Cameron Project（卡梅伦项目），该项目最大年出口能力为1200万吨[①]。

第二，清洁能源等新能源的技术合作取代传统的化石能源进出口合作，升格为日美双边能源合作的重点，并为战略层面的长期能源合作找寻到重要突破口。

随着经济全球化与一体化的发展，能源合作的内容与外延不断扩张，实质与内涵也更为丰富、深刻，传统的能源进出口已无法诠释国家间能源合作的全部，能源安全、技术开发与合作、环境治理、能源经济等新议题成为谈判与协商的重要部分。以此为背景，日美间的能源合作不仅尝试在天然气等传统化石能源领域寻求新突破，更强调在开发及利用能源的高新技术领域建立起战略性合作伙伴关系，尤其是在能源安全、能源环保技术、化石能源清洁技术、节能增效技术等核心领域取得重大突破。

为此，日美两国的政治界人士实则倾注大量心血，成为重要的推动力。2009年11月日美两国举行首脑会谈，发表了“日美清洁能源技术合作”的共同声明。2010年11月日本首相菅直人（当时）与美国总统奥巴马举行首脑会谈，决定设立“能源智能社会倡议（Energy Smart Community Initiative）”和“日美清洁能源政策对话”。在此基础上，日本经济产业大臣大畠章宏（当时）与美国能源部长朱棣文（当时）举行会谈，明确了上述两个倡议的具体内容。截至2012年底，日美清洁能源政策对话（U.S.-Japan Clean Energy Policy Dialogue）已于2011年2月和7月、2012年3月和12月顺利举行了四届会议。

与此同时，日美两国的能源合作不仅仅停留在建立会谈机制的务虚层面，更是渗透至联合开采的实际操作层面。2012年5月，由美国能源部牵头，美日两国在美国阿拉斯加北坡地区成功进行了从可燃冰[②]中提取天然气的试

① 余木宝:《美国页岩气成日本天然气供应新选择》，载《中国石化》,2013年7月，第100页。

② 亦称甲烷水合物（Methane hydrates），是甲烷气体和水分子形成的笼状结晶，将二者分离，就能获得普通的天然气。它通常存在于大陆架海底地层以及地球两极的永久冻结带。

验[①]。2013年7月美国能源部长厄内斯特·莫尼兹与日本经济产业大臣茂木敏充发布联合声明，表示美日两国将继续进行可燃冰开采技术的联合试验活动，并且，两国还将在能源安全、民用核能及清洁能源的研发等问题上进一步深入合作[②]。实际上，美国对与日本在可燃冰的开采及利用问题上展开合作抱有极大兴趣。阿米蒂奇·奈报告始终被外界视为美国对日政策白皮书，就在其最新一期的报告书（2012年8月CSIS发布，The U.S.-Japan Alliance: Anchoring Stability in Asia）中，深化美日两国的能源合作关系成为醒目且重要的政策建议。作为具体落实的方法之一，美国通过与日本加强共同开采可燃冰的合作实验与技术研发，扩展美日能源合作的深度与广度，提升美国对日天然气出口的潜能[③]。另一方面，近年来美国由于经济不景气削减了对开发及利用可燃冰的经费投入，但日本始终对此斥巨资并在开采技术上斩获长足进步，这一事实引起美国的高度关注。而且，日本的“可燃冰革命”与美国的“页岩气革命”遥相呼应，一东一西的能源革命为二者自身的能源安全战略注入正能量，更改变了亚太地区及世界能源格局的发展趋势。

第三，确保能源供给安全尤其是核能的安全利用成为日美能源合作的重点之一。迫于福岛核事故的惨痛教训，日本国内对民用核技术及核设施的发展持有较强的抵触情绪，这也阻碍了民用核技术在日本的正常应用与发展，也掣肘日本核电基础设施的项目出口。尽管如此，日美两国间的民用核技术合作并未受到负面影响，相反，为了尽快完成对业已废弃的福岛核电站及相关核反应堆的清理工作，日美两国都在积极、主动地推进这一项目的双边合作。为此，2012年3月日美两国就核安全的共同研究交换协议书，开始就核安全、核限制、核事故的应对、放射性废弃物的处理、核设施的废止、高技术的核发电设施及核燃料的循环利用等多个议题建立合作研究机

---

① U.S., Japan Successfully Test Methane Hydrate Technologies, 3 May 2012, http://iipdigital.usembassy.gov/st/english/article/2012/05/201205034999.html#axzz2qzgnvVcV.

② Joint Statement between U.S. Department of Energy and Japan's Ministry of Economy, Trade and Industry, 24 July 2013, http://energy.gov/node/712681.

③ Richard L. Armitage & Joseph S. Nye, The U.S.-Japan Alliance: Anchoring Stability in Asia, A Report of the CSIS Japan Chair, Center for Strategic and International Studies (CSIS), August 2012, pp.3-5. (http://csis.org/files/publication/120810_Armitage_USJapanAlliance_Web.pdf)

制[①]。2012年4月日美首脑会谈之际又决定设立高级别对话，以推动日美间的核能合作。此后7月日本派出外务省审议官（副部级），与美国能源部副部长共同就民用核能合作议题开启了日美双边委员会。值得关注的是，日美双边民用核能合作委员会（U.S.-Japan Bilateral Commission on Civil Nuclear Cooperation）决定设立5个主要工作组，议题涉及民用核能的研究开发、东京电力公司福岛第一核电站的废弃与环境治理、紧急事态管理、核安全、核能的安全利用及限制[②]。这样一来，日美两国间的核能源信息交流与技术合作趋向机制化、常态化，彼此的核能领域合作亦升格为战略层面的制度设计，为下一步在地区及全球推广日美同盟为核心的核能安全标准及能源安全价值观提供先决条件。

第四，日美两国在扩大双边合作的基础上，持续推动它们在多边及地区能源问题上的合作与互动。

有关日美共同新建的能源双边机制，除上述的日美清洁能源政策对话、日美双边民用核能合作委员会等政府官方层面的合作机制以外，还设立了日美可再生能源政策商业圆桌会议（U.S.-Japan Renewable Energy Policy Business Roundtable）等官民并举的合作交流模式[③]。不仅如此，日美两国更是倚重多边及全球的场合在议题设置、制度改革、机制维护、共识培养与建设等方面推动彼此间的能源合作。具体而言，在国际能源署（IEA：International Energy Agency）、APEC（the Asia-Pacific Economic Cooperation）、清洁能源部长会议（CEM：the Clean Energy Ministerial）、国

① 日本経済産業省:『エネルギー白書2013』、第259頁。

② 日本経済産業省:『エネルギー白書2013』、第259頁。

③ 第一届日美可再生能源政策商业圆桌会议于2012年12月在日本东京举行；第二届于2013年12月11日在美国加利福尼亚州劳伦斯·利弗摩尔国家实验室（Lawrence Livermore National Laboratory）举行。值得一提的是，圆桌会议采取官民协作、共同研讨的方式进行，不仅为日美两国可再生能源合作的内容与方向建言献策，也为两国企业磋商具体合作项目搭建平台。比如说，第二届圆桌会议中，东芝、清水建设、三菱重工、前川制作所等14家重量级企业代表日方参会，而美国方面出席此次会议的有通用电气（GE）、太阳能码头（Solar Dock）等16家新能源领军企业。具体内容请参见：日本経済産業省:「「第2回日米再生可能エネルギー等官民ラウンドテーブル」を開催します」『News Release』、2013年12月9日。http://www.meti.go.jp/press/2013/12/20131209002/20131209002.pdf。

际能源论坛（IEF：the International Energy Forum）及东亚峰会（EAS：the East Asian Summit）等不同地区及国际多边平台上，日美两国在能源领域上的合作与互动日趋频繁，并逐步演变为能源利益共同体。值得注意的是，伴随着日美两国在亚太地区竭力推动TPP以构建贸易与经济合作新制度框架的同时，二者也已基本明确，在巩固和发展双边能源合作的基础上，以APEC为重要平台继续推进并扩大双边能源合作的既定政策与战术，争取形成以日美同盟为主导的、亚太地区统一的能源安全合作体系。

这里，保证能源供给线尤其是海上能源运输线的畅通和安全显然成为日美能源合作的重要目标之一。2013年10月召开的“日美安保磋商委员会”（2+2）会议发表的联合声明中，毫无掩饰地提及日美同盟的地区性贡献，而海洋安全的保障被明确写入其中[①]，使人很容易联想到日美军事协作以共同维护日本海上能源通道安全的场景。实际上，为了最大限度地满足日本对海上能源运输线安全的要求，美国实际采取了逐步放开对日军事力量出海巡防的严格限制，并支持日本转变角色，成为维护海上通道安全的直接参与方。作为这一战略的先行示范之一，2012年4月日本自卫队首次参加了在菲律宾举行的美菲共同军事演习，与此同时，日美两国政府就共同使用太平洋海域美军基地问题达成共识[②]。2014年3月日美两国又在东京举行了运用太空技术的首次海洋监视桌面演练，旨在通过相互交换并完善卫星所获的航船信息，强化对东海、南海等海域的监视能力[③]。鉴于此，日美两国间信息共享、情报互换的层级与内容持续提升，支撑二者安全保障合作的技术领域也由传统的陆地、海洋升级为太空，更为重要的是，借助卫星技术的共同信息收集，帮助日美两国能够更为高效、更为实时地监控至关重要的海上能源运输补给线。

① 「より力強い同盟とより大きな責任の共有に向けて」（概要）、日米安全保障協議委員会（「2+2」）共同発表、2013年10月3日、http://www.mofa.go.jp/mofaj/files/000016026.pdf。

② 朱晓琦：《日本能源战略中的东南亚取向》，载《太平洋学报》，第20卷第5期，2012年5月，第64—71页，第70页。

③ 《日美将举行首次海洋监视桌面演练》，载《人民日报》，2014年3月27日。

第二节　日美能源合作的利益驱动新机制

毋庸置疑，日美两国持续推动双边能源合作的发展，既存在现实需求的交汇，也凸显战略利益的共谋。说到底，合作需求是双向性的，合作基础是现实性的。

第一，安倍政府意图推进日美能源的战略性合作，争取美国对日能源政策的最大优惠，缓解日本国内持续高涨的能源供应紧张及经济增长压力。

能源政策是“安倍经济学”的关键组成，也是实现日本经济复苏的核心支撑，更是关系到日本政治、经济、社会有序发展的重大问题。但是，石油、天然气等化石能源的大规模进口成为制约日本经济发展的软肋，不仅占用了数目庞大的外汇盈余，同时也使日本陷入持续的高额贸易赤字，更危及日本整体的经济安全。

自2011年日本发生福岛核事故以来，其国内核电工业基本陷入停滞状态。为了弥补因核能缺失而留下的电力能源供给不足，日本唯有从海外急遽增加石油、天然气等化石能源的进口以维持必要的电力能源供应。由此，日本的进口贸易额急剧增加，长期维持的贸易收支盈余亦随之由正转负。2011年至2013年，日本对外贸易逆差分别为322.77亿美元、872.50亿美元和1196.84亿美元（2010年日本的贸易黑字高达755.78亿美元），贸易赤字呈现出逐年递增的显著态势[①]。其中，矿物性燃料的进口额从2011年至2013年分别为2733.35、3026.85和2838.17亿美元，与2010年1977.55亿美元的矿物性燃料进口额相比，增加幅度高达700至1000多亿美元。受其牵连的不仅是贸易收支，就连日本长期以来始终维持高额盈余的经常项目收支也被迫转为负数。2014年1月日本经常项目赤字额更是接近1.59万亿日元（约合159亿美元），突破月赤字额的历史最高纪录。据此，能源进口费用的急遽增加业已成为日本经济复苏的掣肘，同时也是妨碍“安倍经济学”展示更佳效果的沉

① 笔者根据日本贸易振兴机构官网公布的统计数据计算得出。值得一提的是，2011年日本贸易收支出现赤字是时隔31年的首次，并且，2013年1196.84亿美元的贸易赤字额刷新了日本的历史记录。

重负担。借用一句日本政府官方的表述，对化石能源依赖程度的增强，导致日本国家财富的大量流出，并扩大了能源供给的不稳定性[①]。换言之，化石能源进口的剧增不仅深刻影响日本能源体系的稳定与安全，更成为日本宏观经济上难以摆脱的桎梏。

这里需要强调的是，安倍政府对能源问题的全局性及重要性实际具有较为清醒的认识，政权初始的较长一段时期内，它在“去核电”问题上始终保持模糊态度，显然就是基于日本国内能源供给短缺与国民反核电情绪高涨的残酷现实所做出的无奈选择。2014年4月安倍政府最终通过《能源基本计划》，明确表明将核电定位为“重要的基荷电源”，同时写明推动核电站重启的基本方针[②]。显然，这暴露出日本在面临国内能源供给紧张的局面前难以彻底抛弃核电的困境，同时也折射出日本亟须拓宽外部能源供给的迫切要求。在此背景下，拓展对美能源的战略性合作，尤其是剔除美国对日出口LNG的诸多限制是缓解日本能源供给压力的当务之急。

第二，日本意图扩大日美同盟条约的覆盖与内涵，并借助美国的能源庇护，把天然气的进口重心及外部压力转移至美国，以增加日本能源安全的保险系数。

对于日本及其调整后的能源政策而言，美国能否放行对日出口LNG是关系全局的重要问题，也容易产生积极的正效应。具体而言，主要表现为以下诸多方面的结构性调整与优化。

①化石能源进口结构的优化。美国对日出口LNG有利于日本优化进口石油与天然气之间的比重，实现化石能源进口的结构性优化。福岛核事故发生之后，日本电力能源结构的重心就逐渐从核能发电向依赖石油、天然气等化石能源的电力事业大幅倾斜。受其影响，石油及天然气等化石能源在日本进口货物贸易中的占比急剧攀升（参见表6-1）。2013年日本的进口贸易总额约为8389亿美元，而矿物燃料的进口贸易额却高达2838亿美元，占比为

① 日本経済産業省:『エネルギー基本計画』、2014年4月、第8頁、http://www.enecho.meti.go.jp/topics/kihonkeikaku/140411_energy.pdf。

② 日本経済産業省:『エネルギー基本計画』、2014年4月、第21頁、http://www.enecho.meti.go.jp/topics/kihonkeikaku/140411_energy.pdf。

33.83%。在矿物燃料的进口中，主要是原油、天然气等化石能源，进口额分别为1472.23亿美元和730.24亿美元。因此，观察进口额的数目就不难发现，原油是日本最主要的能源进口商品，且原油的进口额是天然气的两倍多。形成鲜明对比的是，2005年日本原油的进口额约为天然气的4.5倍，这也意味着原油是日本化石能源进口的绝对主力，其在日本能源结构中的重要性亦可见一斑。转换视角来看，日本通过多年的技术改革及积极的能源外交，逐渐削弱了原油在其化石能源进口中的绝对占比，同时也降低了日本对原油资源的过高依赖度，进而形成对原油与天然气双重依赖的相对平衡状态。当然，对美进口LNG的实现更有利于创造这一较为理想的能源进口结构，也便于日本更为灵活地调整相关能源政策。

表8-1：日本矿物燃料的进口变动（2005—2013年）（单位：亿美元）

	2005年	2006年	2007年	2008年	2009年	2010年	2011年	2012年	2013年
进口总额	5,186.38	5,792.94	6,210.84	7,560.86	5,522.52	6,914.47	8,530.70	8,885.84	8,388.89
矿物燃料	1,322.04	1,604.96	1,720.09	2,642.26	1,525.38	1,978.08	2,733.35	3,026.85	2,838.17
原油	799.98	992.35	1,046.09	1,549.72	812.77	1,069.05	1,428.72	1,538.10	1,472.23
石油制品	134.56	160.59	168.65	226.60	122.94	181.31	278.97	309.37	280.53
挥发油	100.74	119.54	132.72	161.02	94.56	141.54	191.83	186.80	183.71
LNG	180.76	228.81	267.05	447.17	304.11	394.54	601.41	754.92	730.24
LPG	62.42	80.81	84.28	115.31	63.54	88.51	111.33	128.14	111.32
煤炭	137.48	138.72	147.79	293.31	220.19	240.49	308.25	292.14	238.21

资料来源：日本贸易振兴机构官网。（http://www.jetro.go.jp/world/japan/stats/trade/）

②能源进口来源地分布的结构性平衡。美国对日出口LNG有利于日本能源进口来源地分布的结构性平衡。就当前日本的能源进口来源地分布情况来看，日本的石油、天然气等化石能源进口对中东地区存在严重依赖。具体而言，2013年日本83%的原油、30%的LNG进口自中东地区[①]，中东形势一有风吹草动，就可能对日本能源的稳定供给造成影响。而且，就石油供给的

① 日本経済産業省:『エネルギー基本計画』、2014年4月、第9頁、http://www.enecho.meti.go.jp/topics/kihonkeikaku/140411_energy.pdf。

稳定与安全而言，日本建有全面的石油战略储备制度（2014年1月末日本的石油战略储备量可以满足190天的市场需求量），与其相对，天然气并没有建立相对健全的战略储备制度，这就迫使日本竭力推进能源进口来源地的多元化战略，以更好地分散或降低包括石油、天然气等在内的能源供应体系的结构性风险。另一方面，巴勒斯坦与以色列的传统矛盾以及新爆发的茉莉花革命导致中东局势持续动荡，与此同时，美国的伊朗政策及中东政策的不确定性进一步增强，致使日本的石油、天然气等化石能源进口主要依赖中东地区的现有战略难以长期维系。巧合的是美国国内页岩油气革命的突然升温，为日本拓阔化石能源的进口渠道、稀释能源进口过于集中于中东地区的潜在风险提供重要机遇。由此，出于确保国内能源稳定供给、实现能源进口来源地分布多元化、均衡化的现实考虑，日本主动调整了能源政策，把天然气进口的主要来源地逐步从中东向北美和澳洲倾斜。

另一方面，能源进口来源地分布的多元化发展，为日本平衡能源运输通道的结构组成、降低仅凭单一水道运输绝对规模进口能源的风险创造条件。值得注意的是，日本国内右翼政治势力不断炒作南海航行的自由与安全等子虚乌有的问题，并借助中国威胁论等保守主义言论挑唆菲律宾、越南等涉及南海航道的地区性国家与中国发生频繁的政治龃龉，从而进一步渲染南海航道、马六甲海峡等重要运输线的非安全性。在此背景下，日本国内强化了对从美国进口 LNG 的关注度，同时亦希望借助这一新能源窗口加速其能源通道的主输送线从“印度洋 -- 南海运输线”向“太平洋运输线”倾斜。

③能源进口价格的结构性改善。日本进口美国的 LNG 有利于其实现能源进口价格组成的结构性平衡，降低能源进口的总成本。美国国内天然气的定价标准主要是以 Henry Hub 价格为基准，并且其价格远低于亚洲及国际市场的天然气价格。鉴于此，日本若能以 Henry Hub 价格为参考依据从美国进口 LNG，不仅可以实现进口来源地分布的多元化，更实现了进口采购定价机制的优化[①]。就目前市场来看，美国天然气 Henry Hub 价格约为3-4美元，

① Ken Koyama, *The Changing LNG Situation in Japan After March 11*, James A. Baker III Institute for Public Policy, Rice University, 23 October 2013, p.19.

即使加上液化及相关的运输成本之后，LNG的出口价格一般也可以控制在9-10美元，这比高达16-18美元的亚洲LNG价格优惠不少①。

④海外能源合作投资项目所在地的结构性扩容。一般而言，日本能源企业海外合作及并购的主要对象集中在中东、非洲等传统的资源出口地区，而对美能源合作也仅为有限的能源进口及能源技术研发等。可以说，起初美国并不是日本在能源领域的主要合作方。但是，页岩油气革命的爆发，把美国一举推高至资源开采及规模性出口的潜在大国，这也使美国可能成为对日能源出口的潜在大国。作为对此信息的积极回应，日本能源企业纷纷大举进入美国市场，其中不乏把开发美国页岩气作为公司战略性投资的重要案例。譬如说，日本大阪燃气公司2014年公布的新中期经营计划中，海外投资总额由原来的1800亿日元猛增至3600亿日元，增长幅度高达100%，同时作为海外战略性投资项目之一，大阪燃气将全面参与美国的天然气项目②。除此之外，石油资源开发、住友商事、丸红、伊藤忠商事、三井物产、日挥等日本的大财团也均以参股的形式加入了美国不同的页岩油气开发项目，甚至个别项目的参股权高达50%③。

第三，美国觊觎经济增长的现实需求以及天然气实现大规模开采与生产之后的潜在出口能力，为美国实施对日出口LNG提供积极的刺激因素。当然，政治利益的攫取及与周边国家在能源出口问题上的竞争关系加剧也是美国的重要考量。

与此同时，页岩气开采技术的发展与进步为美国掀起了一场能源新革命，并推动美国天然气的生产规模持续增加。据美国能源信息局公布的统计数据显示，美国国内页岩气的开采量自2007年逐年增长，2012年末业已攀

① Ken Koyama, *The Changing LNG Situation in Japan After March 11*, James A. Baker III Institute for Public Policy, Rice University, 23 October 2013, p.19.

② 大阪ガス株式会社:「大阪ガスグループ 新中期計画（2014—2016）Catalyze Our Dreams」、2014年3月13日、第7～8頁。

③ 磯川晃邦:「シェールガス・オイルの現状と展望：我が国に与える影響に関する考察」『Mizuho Industry Focus』、Vol.117、みずほコーポレート銀行産業調査部、2012年12月13日、第7頁、「図表7：我が国企業による北米シェール権益の取得事例」。

升至约10.3万亿立方英尺①。并且，在2011年至2040年的30年间，美国页岩气的生产规模将增加113%②。受其影响，美国天然气的生产量将保持在年均1%左右的增长速率（2011-2040年）③，且2040年的生产规模较2011年增加44%左右④。更为重要的是，由于天然气生产规模的持续扩容，美国能源信息局预计美国将在2020年之前转变为天然气净出口国⑤。由此可见，页岩气革命改变了美国天然气的生产规模，也改变了美国天然气的进出口结构，同时还扩大了美国对日出口LNG的可能性。

另一方面，出于战略层面的考虑，或者说，为了维护并扩大美国的经济利益，美国的政界在能源生产及出口问题上基本形成了较为统一的意见。在第三份阿米蒂奇报告《美日同盟：亚洲稳定之锚》中，执笔者毫不隐晦地竭力主张，尽管自1969年之后日本从美国的阿拉斯加进口了相对少量的LNG，但这是远远不够的，尤其是日本经历了3·11特大地震之后，日本亟须扩大天然气的进口。由此，美国必须松绑对日天然气出口的限制，甚至与日本组建如同军事同盟（Military Allies）般的自然资源同盟（Natural Resource Allies）⑥。2013年10月10日，美国国会众议院能源与电力委员会（Subcommittee on Energy and Power）举办题为"美国LNG出口的地缘政治意涵与互惠效应"的研讨会，分别邀请来自日本、韩国等10个国家的外交官及能源事务顾问与众议院两党议员展开对话。与会的各国代表均不约而同地敦促美国尽快审批并通过LNG出口项目，以承担起世界能源外交中的领

① US Energy Information Administration, U.S. "Natural Gas Gross Withdrawals from Shale Gas," http://www.eia.gov/dnav/ng/hist/ngm_epg0_fgs_nus_mmcfA.htm.

② U.S. Energy Information Administration, *Annual Energy Outlook 2013*, April 2013, p.79.

③ U.S. Energy Information Administration, *Annual Energy Outlook 2013*, April 2013, p.78.

④ U.S. Energy Information Administration, *Annual Energy Outlook 2013*, April 2013, p.79.

⑤ U.S. Energy Information Administration, *Annual Energy Outlook 2013*, April 2013, p.78.

⑥ Richard L. Armitage & Joseph S. Nye, *The U.S.-Japan Alliance: Anchoring Stability in Asia*, A Report of the CSIS Japan Chair, Center for Strategic and International Studies (CSIS), August 2012, pp.3-4.

导地位。对此，委员会主席维特菲尔德（Whitfield）给予了较为积极回应[①]。2014年3月16日，美国国会众议院能源与电力委员会又专门召开了“21世纪能源问题的利益与挑战：燃料供给与基础设施”的听证会，从维特菲尔德主席的开幕词中就不难解读出美国国会对发展国内能源基础设施、提升美国能源出口竞争力的强烈兴趣[②]。正是因为得到了国会在能源问题上的策应，奥巴马政府才能借页岩气革命，大举推动能源制度改革，调整能源进出口结构的战略布局，其中也包括对日出口LNG的重要项目。

当然，页岩气革命的受益方不仅仅是美国一家，其他富含页岩气的相关国家同样也能成为页岩气开采与出口的潜在大国。这里需要强调的是，尽管美国能源部业已批准了部分对非FTA（包括日本在内）出口LNG的项目，但由于受国内政治及反对势力的牵制，未来实际的出口规模尚处于激烈的博弈中。这样一来，美国与北美大陆的资源富产国，尤其是与加拿大、墨西哥之间的能源出口竞争日益加剧。据美国能源信息局公布的信息显示，尽管同属北美大陆的墨西哥、加拿大还未建成出口LNG的专属码头及相关设施，但它们国内已建有进口LNG的专属码头及相关设施。令美国最为担忧的是，只要对这些LNG进口专属码头进行一定的改造，它们同样可以肩负起LNG出口的功能。与此同时，从地理位置上来看，加拿大的Canaport港就邻近美国的Northesat Gateway、Neptune LNG等LNG进口港，亦同样面对大西洋；墨西哥的Energia Costa Azul和Manzanillo两港坐落于太平洋沿岸，而Altamira背靠墨西哥湾，一东一西遥相呼应，共同构建起LNG内外流动的

① Members and Foreign Diplomats Discuss Mutual Benefits of U.S. LNG Exports, 10 October 2013, http://energycommerce.house.gov/event/geopolitical-implications-and-mutual-benefits-us-lng-exports. 此次研讨会邀请的外交官和能源事务顾问分别来自捷克、匈牙利、海地、印度、立陶宛、新加坡、韩国、日本、泰国和波多黎各等十个国家。

② Opening Statement of the Honorable Ed Whitfield, Subcommittee on Energy and Power, Hearing on the “Benefits of and Challenges to Energy Access in the 21st Century: Fuel Supply and Infrastructure,” 6 March 2014, http://energycommerce.house.gov/sites/republicans.energycommerce.house.gov/files/Hearings/EP/20140306/HHRG-113-IF03-MState-W000413-20140306.pdf.

战略三角[①]。与此同时，上述LNG进口港的位置与美国国内的相关设施形成激烈竞争，部分港口的地理优势也显然优于美国的同类港口，更有利于与中国、日本等亚太国家进行LNG进出口贸易。此外，加拿大也已加入到对日出口LNG的行列[②]，这无疑会影响整个北美地区对日出口LNG的市场结构及规模，同时也会刺激美国加紧扩大对日LNG的出口规模，以抢占市场有利先机。

第三节　日美能源合作的战略性突破及发展趋势

如上所述，日、美两国基于自身利益的不同诉求，均对能源领域的彼此合作示以极为积极的态度。但是，相较于日美安全合作而言，双方的能源合作起步较晚，合作紧密程度也相对较浅。所不同的是，日美能源合作具有显著的后发性优势，并在能源政治、能源经济、能源安全等不同范畴持续取得重要的战略性突破，有效推动了日美能源同盟体系的构建与完善。

不仅如此，日美两国在能源问题上进一步加强合作，标志着二者的同盟关系由政治、安全的传统合作领域辐射至涵盖能源、经济等在内的更广范围。需要指出的是，能源同盟是特定能源出口国与进口国之间围绕能源开发、利用、贸易与消费等问题建立的、带有特定政治目标的同盟关系。能源同盟关系通常具有以下诸方面特征：①能源出口国与进口国拥有共同的政治目标；②能源出口国与进口国共同实现对特定能源品种的控制与开发；③能源出口国与进口国共同建立特定能源品种的运输通道并保障其安全；④能源出口国与进口国就特定能源品种达成符合其共同政治目标的交易价格。

① US Department of Energy, “LNG Import & Export Terminal Maps,” 18 December 2012, http://www.energy.gov/sites/prod/files/2013/04/f0/LNG%20Import%20%26%20Export%20Terminal%20Maps%2012-18-2012.pdf。

② 据日本共同社的新闻称，2013年3月加拿大政府批准日本三菱商事、中国石油天然气集团、韩国天然气公社、荷兰皇家壳牌等四家企业在加拿大西部开发页岩气，并同意上述四家企业25年内每年出口2400万吨LNG。此外，2013年9月日本首相安倍晋三访问加拿大，其中页岩气的开发及对日出口LNG是日加谈判的核心议题之一。具体内容请参见：[共同社3月4日电]《加拿大政府批准三菱商事等4家企业开发页岩气》，2013年3月4日。

美国扩大对日LNG出口强化了日美构建能源同盟的可能性，也使安全同盟向能源同盟扩展的趋势进一步加深。日美同盟在能源及安全问题上的利益交汇点日益增多，政治默契与共同诉求亦会发生质的变化，其主要特征体现在以下几个方面。

首先，日、美两国不断加强能源政治的协调与合作，并在部分涉及能源安全的地区政治问题上保持政策与行动的相互配合。具体来看，这不仅包括日美双边能源政治的协商与合作，同时也涵盖了针对第三方的日美能源政策协调，其中表现尤为突出的就是在敏感地区的能源问题上日美两国所保持的政策协调性与一致性。

通过观察20世纪90年代以来发生在中东地区的多场战争以及阿富汗战争、乌克兰问题等诸多影响世界能源政治发展的重大事件，不难发现日、美两国已然巧妙地把能源议题与安全议题融合在一起，并在确保双方能源安全的基本前提下，实施紧密关联且高度统一的地区能源政策。就以乌克兰危机为例，尽管对俄制裁会激起俄罗斯或减少或停止对日本的能源供应，进而削弱日俄间既有的及可能开展的能源领域双边合作，但安倍政府依旧追随美国的“大棒”政策，对俄实施了包括金融限制手段等在内的一系列制裁措施。显然日、美两国业已在乌克兰问题上确立了高度一致的地缘政治目标，并意图通过日美安全同盟的基石效应挤压俄罗斯在这一问题上的主导力及影响力，同时遏制俄罗斯利用“能源牌”对日、美、西欧等国家实施反制措施的能力。

另一方面，日本实际上希冀提高外部能源供应的稳定性，摆脱对“不可靠”能源的过重依赖，并缓解其自身的能源需求与美国中东政策之间的矛盾冲突。鉴于此，为了迎合美国打击伊朗、俄罗斯的政治意图，日本有条件地减少了对中东及俄罗斯的能源进口。但需指出的是，做出如此反应的日本反而在对外能源问题上获得了更多的政策议价空间，也有助于其在对俄政策、中东政策上谋求更多的经济利益。

这里有必要提一下安倍政府对俄政策的转变。实际上，随着近期乌克兰问题的持续升级，欧美等国家与俄罗斯之间的关系愈发紧张，转眼间追加并扩大制裁措施已然成为西方大国对俄政策的主基调。在此背景下，日本安倍政府俨然选择与欧美等西方国家站在同一阵营，并借助持续增加对俄的制裁措施，逼迫后者在乌克兰问题上让步、退缩。

与此同时，观察日俄关系在乌克兰问题爆发后的走势，不难发现，安倍政府实则改变了上台初期的对俄一贯政策，其对俄政治态度亦由利诱、笼络、靠近的积极一面转变为疏远、制裁、打压的消极一面，可以说发生了颠覆性的态度嬗变。尽管日本国内仍有部分人士对普京总统的访日颇有期待，但不可否认，安倍政府对俄态度的嬗变业已影响到日俄首脑峰会的气氛，甚至不排除俄方取消或拖延普京访日行程的可能。总而言之，日俄关系已经遭遇难以回避的挫折，日俄间解决领土纷争的前途亦变得更为暗淡、渺茫。

值得关注的是，安倍政府调整对俄政策是主动性的“顺势而为”，是综合考量地缘政治条件后的战略性决策，其根本目的是为了更好地拓展其对外政策及外交战略，具有一定的安倍主义色彩。更为重要的是，安倍政府对俄态度的转变有利于深化它与美国之间的合作关系，也促使日本的对外政策尤其是对俄政策更为紧密地捆绑于美国的外交战略及亚太战略之中。换言之，即安倍政府的努力是在增长日本外交政策的美国色彩，同时凸显它的亲美形象。与之相对，尽管外界对于安倍政府及安倍本人的亲美举止葆有多种怀疑，甚至有人认为安倍政府存在“脱美的私欲”，但至少在处理此次与俄罗斯相关的问题上，安倍政府再一次证明了其对美国的忠诚，也说明当前日本的外交政策没有、也不会偏离美国设定的轨道。

另一方面，安倍政府迅速调整对俄政策凸显日本“影子外交”的传统特征。众所周知，二战结束以来的历届日本政府在外交决策上基本墨守“追随美国”的政治陈规，即美国认为是正确的即正确；美国认为错误的即错误。无独有偶，安倍政府在应对乌克兰问题时同样继承了其前辈的基本态度，萧规曹随紧跟美国，并成为发起对俄制裁措施的“排头兵”。安倍政府的“站队行为”明显不利于日本解决与俄罗斯之间的领土争端，更不利于建立日俄之间包括能源合作在内的战略性协作关系。因此，安倍政府的此举是放弃了对俄关系发展的前景，转而期望美国能给予其在外交及军事等领域更大的发展自由度。

由是观之，通过对比安倍政府对俄和对美两种截然不同的政治态度，我们不难发现它显然把美国因素视为外交及战略的首要考量，把日美关系视为对外关系的第一要务，把日美同盟关系视为自身安全及地区安全秩序的基本保证，把美国的亚太再平衡战略当作自身复苏性反弹的战略机遇。依据这一现实性的逻辑思维，我们也就不难理解为何安倍政府会在对俄政策上做出“豹变”的缘由。

此外需要强调的是，此前安倍政府积极发展对俄关系的最大觊觎就是俄罗斯的对日能源出口，因为后者关联日本能源体系的安全与稳定，甚至影响“安倍经济学”的成功与否。尽管如此，乌克兰问题的爆发致使安倍政府放弃了此前对俄关系的一贯方针，甚至挑战莫斯科在对日能源合作上的耐心与积极性，这无疑是损人不利己的。但究竟是何种力量推动安倍政府做出如此重要的抉择？其背后的深层次因素值得认真思考。作为其中一项不可规避的重要因素，近些年美国国内持续发生并发展的页岩气革命发挥了举足轻重的作用，也就是说，美国页岩气的开发及开采为对日能源出口增添了希望，也使日本在能源问题上实现进一步依托美国的支持成为可能。而且，即便日本在短时间内仍无法实现能源独立，但在安倍政府看来，增加对美能源进口至少能在一定程度上确保日本能源供给体系的完整与稳定，也能够最大限度地放松其在外交战略上的自由空间。借此，它放弃了对俄态度的一贯方针，并做出转变对俄政策的重要决定。

最后，与日、美等西方大国对俄态度形成鲜明对比的是，俄罗斯并没有对来自于日本等西方国家的制裁措施流露出丝毫的畏惧，也没有屈服于上述诸国的意思，相反莫斯科却是选择了更为强硬、更为直接的应对态度，这也进一步激化了俄罗斯与西方国家间的关系。按照这一节奏，日俄关系的发展或许会偏离正常轨道，亟须战略性的政治修正。

其次，日、美两国持续在能源经济上加深融合度，同时依托新能源开发等创新工程为双边能源合作确立战略性发展方向。其中，最为引人瞩目的就是日美两国共同确保对各自蕴藏油气资源的控制，并相互参与开发。一方面，日本企业通过并购或参股的方式参与美国页岩油气资源的开发及生产；另一方面，美国通过在政治及军事层面驰援日本拥有“领海”资源开发的正当性，与日本联合开采海底可燃冰，进而染指其他海地矿藏资源。据预测，日本太平洋近海海岸的南海海槽（从日本静冈县骏河湾至九州以东海面约700平方公里、深约4千米的海槽）存有约1.1万亿立方米的可燃冰，这一规模可满足日本11年的天然气消费量。而且，自2001年起日本就投入数亿美元进行从可燃冰中提取天然气的技术研发[①]。2013年3月12日，日本石油天然气金属矿产资源机构（JOGMEC：Japan Oil, Gas and Metals National Corporation）宣布日本率先在海底可燃冰中成功提取天然气[②]。据此，周边海域丰富的可燃冰蕴藏量以及成功开采的技术与经验，为日本积极参与日美能源同盟建设增添沉重砝码，也使未来日美间能源流动的单向性依赖转变为双向性互助成为可能。由此不难发现，以美国的页岩气、日本的可燃冰为主要对象，日美两国正在构建双向能源互助开发合作框架，并且依托这一重要平台，利用高新技术的交流与合作，推进战略层面的能源同盟建设。

再次，日、美两国已悄然在能源安全上做战略性谋划与安排，并把合作的重心落实于运输安全这一核心问题上。能源安全在能源同盟体系中的重要性自不待言，日美两国也已将合作的触手伸向这一领域，并希冀借助对能源运输载体的垄断及黄金水道的掌控，以确保双边能源运输的安全与通畅。换言之，日美两国共同提高相关能源品种（主要是LNG）的海上运输能力，其中涉及运输载体与运输通道两个不同层面的具体含义。

一方面，就运输载体而言，作为在零下162摄氏度低温下运输LNG的专业船舶，LNG运输船是国际公认的高技术、高难度、高附加值的“三高”产品，目前只有美国、日本、韩国和欧洲少数国家的船厂能够建造。而且，与日美双边在国家层面逐步建立能源战略同盟的缓慢推进方式相比，日美两国的LNG运输船舶建造商之间的合作可谓是捷足先登。譬如说，三井造船株式会社就与其他日本造船企业联合竞标建造专用于美国LNG出口项目的运输船。三井商船等日本数家航运公司计划至2020年订购90艘全新的LNG

① Japan achieves first gas extraction from offshore methane hydrate, *REUTERS*, 12 March 2013, http://www.reuters.com/article/2013/03/12/us-methane-hydrates-japan-idUSBRE92B07620130312.

② Japan achieves first gas extraction from offshore methane hydrate, *REUTERS*, 12 March 2013, http://www.reuters.com/article/2013/03/12/us-methane-hydrates-japan-idUSBRE92B07620130312.

运输船，预计总花费达176亿美元，专门用于从北美和澳洲进口LNG[①]。另值得关注的是，"安倍经济学"政策导致的日元贬值有助于提高日本造船企业的竞标优势[②]，也有利于日本船运企业占据日美之间LNG海上运输的市场份额。

另一方面，运输通道的问题直接关系到日美海上运输的航线距离与航程安全等。为此，美国积极致力于拓宽巴拿马运河工程，以缩短美国大西洋沿岸至日本的航线距离。当然，巴拿马运河的拓宽从战略层面也有利于美国天然气生产商参与亚洲天然气市场的竞争，并为未来数年内将美国的天然气出口至日本、韩国和中国等亚洲国家提供捷径。需要说明的是，全球现有的约370艘LNG运输船中，只有21艘符合通过巴拿马运河的现行条件。而一旦巴拿马运河拓宽工程按预计进度于2015年底完工，届时80%的LNG运输船都将得以顺利通行[③]。另据全球著名信息公司IHS的预测，巴拿马运河的拓宽使美国出口至日本的LNG运输线路大为缩短，出口成本也相应减少1.5美元/百万英热单位。即使再算上大约0.3美元/百万英热单位的巴拿马运河通行费，节省的成本仍可达到1.2美元/百万英热单位的可观数字[④]。

最后，也是更为重要的是，一旦日美能源同盟体系得以构建并发展完善，双方各自对于利益诉求的功利性，会驱使二者把能源同盟关系的合作焦点，迅速由政治利益转向更为实际的经济利益。鉴于此，日、美两国共同推动亚洲天然气市场定价方式的变革，促使该区域市场天然气价格与油价脱钩，转而采用现货市场价或区域市场枢纽价，从而实现定价机制的多元化。为此，美国希望利用天然气出口打造其可以发挥一定影响力的且更为透明的国际天然气市场，促使亚、欧、美三大区域天然气市场更加紧密地相互关

---

① Japan shippers plan to order 90 new LNG tankers worth $17.6 billion by 2020, Nov. 29, 2013, http://www.reuters.com/article/2013/11/29/us-japan-shippers-plan-idUSBRE9AS05V20131129.

② Japanese shipbuilder to bid on LNG tankers for U.S. trade, 16 September 2013, http://www.arcticgas.gov/2013/japanese-shipbuilders-bid-lng-tankers-us-trade.

③ International Energy Agency (IEA),Medium-Term Oil and Gas Markets 2010(Paris: International Energy Agency, 2010), p. 264, http://www.iea.org/papers/2011/mtogm2010.pdf.

④ U.S. gas via Panama frightens LNG exporters worldwide, *Reuters*, 5 September 2013, http://business.financialpost.com/2013/09/05/u-s-gas-via-panama-frightens-lng-exporters-worldwide/.

联。届时，具有显著竞争力的美国天然气将在亚洲市场占据一席之地。而且，亚洲天然气的市场化定价方式将吸引包括美国在内的天然气供应大国把出口重点转向亚太，从而加剧未来亚洲 LNG 市场的价格竞争，并促使该区域的天然气长期价格保持低位运行①。而日本作为这一市场中的主要买家之一，上述情况的出现无疑会帮助其从中获益，进而刺激其为日美能源同盟体系的发展做更多贡献。

第四节　日美能源合作的对华影响

能源合作扩大了战后日美双边的安全合作范围，并促使日美同盟体系的辐射半径进一步延伸。与此同时，日美能源合作着实改变了两国各自的传统能源政策，并成为引领其能源政策或能源战略新调整的关键性因素。而且，日美能源合作改变了两国能源运输往来的轨迹，并逐渐形成一条横跨太平洋的能源补给主干道，进而影响世界能源运输网线的基本格局。

鉴于此，对于能源消费及进口大国的中国而言，上述变化所产生的影响无疑是深远的。对此，中国不仅需要战术层面的积极应对，更亟待战略层面的综合评估。直观地看，日美能源合作的直接结果或许是构建以亚洲市场为主体、由中美日三边共同参与的天然气定价机制。这样一来，亚洲天然气的市场化定价有助于中国降低天然气的进口及使用成本，并推动中国国内天然

① 另就目前的情况来看，亚太天然气市场相对落后，尚未形成反映实际供求关系的市场体系。20世纪60年代和70年代初，日本开始从文莱和美国阿拉斯加按照长期协议价格方式进口LNG，进口价格采取固定价格方式，为0.5美元/百万英热单位。1973至1974年，第一次石油危机爆发，导致石油价格飙升。为了保障LNG供应安全，日本与一些新增LNG供应商重新制定了一种与石油价格挂钩的定价方式，被称作“日本清关原油价格”（Japan customs-cleared crude，JCC）。JCC定价方式主要是在价格系数乘以原油价格，再加上一个与船运成本相关的常数。价格乘数一般为0.1485—0.1525之间，代表天然气和原油之间热当量换算关系。20世纪80年代，石油价格暴跌，JCC价格演变为“S曲线”方式，并为LNG价格制定上下限，以保护买卖双方不会因为石油价格剧烈波动而造成重大损失。此后，韩国在进口LNG时也采取类似定价机制，这种价格机制逐渐主导了整个亚洲天然气定价机制。2006年，中国首次从澳大利亚进口LNG时，也采用类似定价方式，但是价格乘数较小，只有0.0525。具体内容请参见董秀成:《世界区域性天然气市场如何定价》，2013年12月30日，http://blog.caijing.com.cn/expert_article-151291-63290.shtml。

气定价机制的改革，从而进一步提高天然气在中国能源消费结构中的比重，缓解中国完成温室气体减排与应对气候变化承诺目标的压力。此外，作为间接的影响之一，亚洲天然气定价机制的形成亦有利于中国以更为合理的价格获得俄罗斯及中亚国家的天然气供应，进而为促进中国能源进口的多元化战略添加重量级砝码。

当然，对于日美能源合作的认识与思考不能仅停留于正面的期待，同时也要看到其对华可能产生的不利影响。具体而言，突出表现在以下主要方面。

第一，日美两国极有可能构建能源合作同盟，这将对国际能源格局产生重大影响。尽管新格局的产生有助于中国减少与日、美两国在中东能源进口中的竞争因素，但却会进一步增大中国的安全与外交责任。换言之，随着日美两国对中东化石能源依赖程度的降低，中国与日美两国围绕中东能源展开地缘政治竞争与商业竞争的刺激因素也会相应减少。但是，由于伊朗及阿拉伯半岛国家仍是中国未来一段时期内重要的油气资源进口来源地，中东地区的和平与稳定事关中国的切身利益。因此，中国维护中东能源供应与运输安全的责任将进一步加大，在中东事务方面的表现将更加活跃，与美国在伊核、阿富汗问题等地区热点事务上的利益博弈亦将更为频繁。

第二，日美能源同盟的形成致使中国在进口美国能源时处于相对的不利地位，增加中国为获取美国能源而必需付出的外交游说成本，同时掣肘中国外交资源的运用空间及实际效果。更具挑战性的是，由于美国出口 LNG 的海上运输主干道——太平洋运输线——完全受制于日、美两国的共同监管，这就对中国进口美国 LNG 的海上航运安全构成一定的风险。值得关注的是，当前太平洋能源运输通道安全主要是由美国海军负责维护，美海军太平洋舰队总部就设在太平洋上的夏威夷，同时在日本冲绳、关岛等地均设有基地。不仅如此，美国正积极论证并推进与军事盟友共治太平洋的可能性和可行性，同时战略性地邀请日本、韩国等军事盟友参与太平洋航线的安全维护。美国甚至已多次策划并实施了有多个盟友参加的、在太平洋区域内举行的联合军演，并利用卫星及太空技术，对太平洋海域实施全方位的立体式监控。

第三，日美能源同盟的形成促使日本在美国的支持与协助下加快海洋资源（尤其是可燃冰）的开采力度，其中涉及在部分争议海域内的资源开发，这势必会加剧中日两国在海洋问题上的龃龉。提及中日间的海洋竞争问题，东海油气田的开发及钓鱼岛领土的归属问题是双方矛盾的焦点所在。二者表面上是领土主权的争夺，实质上也包含有海洋及海底资源的开发及归属问题。对于资源贫瘠的日本而言，“向海洋要资源、依靠海洋造能源”成为日本摆脱能源过度依赖外部供给、实现能源部分自给的唯一路径，因此，日本势所必然地会在海洋问题及相关海洋领土问题上与中国纠缠不清。吊诡的是，美国似乎乐于见到中日之间围绕海洋问题展开激烈博弈的局面，甚至对日本为获取海洋能源及海底资源所采取的出格行为表现出一定的默许。显然，这助长了日本借助日美安全同盟的“庇护”，在海洋资源、能源的开发及利用等涉及国家、地区利益的重要问题上，与中国发生正面冲突。另一方面，日益增强的能源供需联系使日美两国更加紧密地捆绑起来，加大共同防范中国海军对太平洋能源运输线构成所谓“威胁”的力度，阻止中国海军突破第一、第二岛链，走向太平洋深蓝海域。而且，就现实情况来看，日美两国正把钓鱼岛及其周边海域作为阻止中国海军迈入太平洋的战略要冲，并越来越明确其联手制华的立场，对中国维权的正当行动造成巨大压力。

第四，能源同盟形成推动日美两国的经济合作朝着结盟方向发展，从而进一步巩固并发展两国政治—军事盟友关系，为日本配合美国重返亚太、遏制中国创造空间。出口天然气无疑可使美国在拉日本加入 TPP 时处于更加有利的谈判地位，同时通过向日本等亚太国家出口天然气，美国得以在能源供应领域协调、强化与这些国家的经济联系，从而进一步获取推动 TPP 谈判的良机，提高自身压制中国并维持亚太经济事务主导权的能力。更为重要的是，美国的最终目的不限于此，其更是希望让天然气出口转化为美国在亚太地区新的地缘政治优势，巩固美日、美韩、美菲等安全合作成果，使它们成为在亚太与美国共同维护地区安全稳定的可信赖盟友。更有甚者，天然气也可能沦为美国联手欧盟、日本在世贸组织对抗中国限制稀土出口的工具，鉴于此，中美两国间的一系列经贸诉讼与摩擦或许难以避免。

本章小结

日美两国基于战后安全同盟的基础，积极寻求在能源领域的新合作，并取得了一定的战略性突破。尽管如此，由于日美两国各自在能源合作问题上的基本出发点均为维护或扩大自身利益，因此就不可避免地会给这一双边合作带来诸多不确定性因素。更为重要的是，能源合作的结果可能导致日本深陷美国的战略陷阱，持续徘徊于合作与独立的矛盾之中。

第一，日美能源合作的深入发展致使日本直接面对美国能源市场变动及能源战略调整所产生的外部风险。日美能源合作与日美安全合作存在类似性，绝对的主导权被美国所把持，日本在这一合作关系中不可避免地再度成为被动型合作对象，始终面临源自美国单方面的不可测外部风险。譬如说，鉴于天然气尤其是页岩气开采产生的严重污染，美国可能设置不同障碍以控制、抑或是限制页岩气的国内产量，导致其对外出口的天然气数量不足，无法满足包括日本在内的海外市场的基本供应；另一种可能是，美国国内天然气销售价格的上升引发出口价格联动性上涨，进而造成日本进口美国 LNG 的成本大幅增加，而对美能源进口演变为日本挥之不去的进口包袱。

第二，能源合作加重了日本对美能源的战略依赖，同时亦造成日本制定及调整其能源战略的主动性因素锐减，相关政策的可浮动空间急剧萎缩。实际上，日本能源战略的根本落脚点在于能源的稳定供给，最理想状态是实现能源的自给自足，至少是摆脱对外过高的能源依存度。3・11 大地震之前日本对核能所给予的极高期望，明确解释了其对能源战略的基本诉求。有鉴于此，日本积极推动日美能源同盟形成与完善的命题并非不可思议，至少中短期条件下它有助于日本提升能源供应系统的稳定与安全。当然，作为必须付出的代价之一，日本把关系其国家利益及国家安全的核心问题与美国经济利益紧密捆绑在一起，导致其能源战略及国家整体战略进一步受制于美国，且对美被动性急剧增加。

第三，日美能源合作难以掩饰日本的战略困境，其能源战略与政治战略之间的目标龃龉直接威胁日美同盟系统的稳定性。日本能源政策的基本目标包括能源安全（Energy Security）、经济增长（Economic Growth）和环境保护（Environment），简称能源“3E”目标。在这一目标指导下逐步形成日本能源战略体系，其中包括能源储备战略、能源进口战略和能源开发战略[①]。三者中能源开发战略是日本能源战略的核心与关键，也是日本实现能源安全的绝对性保障。更为重要的是，对于追求政治独立目标的日本而言，摆脱美国的能源束缚或许是至关重要的前提性条件。为此，日本唯有尽可能从美国的能源战略及经济利益中寻求解脱，并借助技术优势实现能源的自我生产、自我供给，攫取能源供给与安全的相对独立性。由是观之，日本争取能源相对独立的发展路径是其能源战略拓展的必由之路，但一定程度上会引发日美能源同盟彻底走向瓦解，甚至动摇日美两国既有的安全同盟体系。

第四，能源合作或为美国的政治诱饵，逼迫日本在经济问题上做出重要妥协。为了在策略上进一步笼络日本，美国政府显然加快了向非 FTA 国家出口 LNG 的审批进度，并且短期内完全有可能转变为对日 LNG 出口的主要供应国。2013 年以来，美国能源部连续批准了 Freeport Project 等若干个出口 LNG 的重大项目，与之前久拖不决的态度形成鲜明对比。更为凸出的是，LNG 出口项目的申请源源不断地流向美国能源部，这为日美两国进一步扩大能源合作储备潜能。据美国能源信息管理委员会公布的资料显示，截至 2014 年 3 月 24 日，美国能源部明确表示除了业已批准的 7 个项目之外，另有 23 个向非 FTA 国家出口天然气的项目申请正被其受理，结果有待审查后公布[②]。鉴于此，美国在对日出口 LNG 问题上始终握有绝对的主动权，而且，由于美国的法律规定可以向与其已达成 FTA 的国家出口天然气，这就迫使日本千方百计希冀加入以美国为核心的 TPP，甚至不惜牺牲部分国家利益，因为这可以帮助日本避免美国对其出口 LNG 的繁琐审批程序及高昂的政治游说成本。

---

① 何一鸣:《日本的能源战略体系》，载《现代日本经济》，2004 年第 1 期，第 50 页。

② US Department of Energy, Applications Received by DOE/FE to Export Domestically Produced LNG from the Lower-48 States (as of March 24, 2014). http://www.energy.gov/sites/prod/files/2014/03/f13/Summary%20of%20LNG%20Export%20Applications.pdf.

扩展阅读

日美同盟关系步入新合作阶段

2014年10月8日，日美两国政府公布了《日美防卫合作指针》修订工作的中期报告，激起了国际社会的普遍关注。尽管这份报告并不是最新版本的日美防卫合作指针，也称不上涵盖了日美安全合作的所有具体内容，但其释放出诸多的重要信息。

其一，报告的公布标志着日美防卫合作指针的修订工作已然取得重大进展，并顺势助推新指针的协商及签署。需要指出的是，2013年10月的“日美安保磋商委员会（SCC）”，即我们俗称的“日美2+2”会议上，日美双方已就修改1997年版的安保合作指针达成共识，此后经过多种形式、不同场合的交流及磋商，终于在一些核心问题上达成双边共识。此次公布的报告尽管只是粗略概括了日美双方就安全合作的一些新思路、新想法，但却极富战略性指导意义，为未来新指针的出台搭建了基础性框架。

其二，日本军事走出去的战略意图日渐清晰。众所周知，战后的多届日本政府以实现“国家正常化”为己任，不断推动日本军事的向外延伸。但为了不引起周边国家及美国的警惕和忌惮，日本采取了切香肠式的做法，一小步、一小步地推进军事向外走的发展战略。从最早的警察预备队到自卫队，再到参加联合国的维和行动、修建海外军事基地等等，日本军事的存在感及影响力在不断地形成、持续地发酵。总而言之，日本政府始终遵循“从无到有、从次到好”的基本战略方针，逐步突破军事发展上的重重阻碍。

其三，美国对盟友的安全依赖倾向日益增大。显然，安全合作对于日美两国而言分别具有不同的意义。这里，如果说日本是“借船出海”，则美国是“开辟航道，发现新大陆”。通过观察以往的历次指针修改报告，不难发现，实际上美国是在不断回应日本所谓的安全诉求，同时逐步释放日本军事发展的有效空间。这其中不仅仅是因为日美关系发展需要适应新条件、新环境，作为双边关系核心环节的安全合作自然需要不断地调整、更新，同时也含有美国综合国力日渐式微，难以维系其战后充当“国际警察”所需的庞大开支。而日本正是看准了美国的这一薄弱环节，千方百计地加大对美的安全游说工作，寻找突破空间，而其努力工作的成绩全都反映在了日美安全合作指针的具体内容之中。当然，日美防卫合作仅是美国全球安全合作中的一小部分，也没有达到美国与北约等盟友之间的融合度，但日美安全合作的发展趋势是显著的，美国的战略性收缩与日本的战略性演进之间所形成的鲜明对比，符合当下美国全球安全合作的基本要求，也是美国“以退求进”安全战略指导思想的展现。

尽管如此，仍需指出的是，日美安全合作走势的更新并不代表日美安全合作的基本结构就此发生改变。换言之，日美安全合作的主动权仍掌握在美国手中，“美国放一点，日本拿一点”的基本格局没有任何实质性的改观。与此同时，日美安全合作中的不确定因素依然存在。譬如说，日美安全合作的灰色区域如何界定？具体又涵盖哪些内容？等等，都亟待双方进一步的协商、明确。与此同时，冲绳地区领导人的选举即将拉开帷幕，这势必会对美军普天间基地的搬迁工作产生冲击，同时也关联日美关系的未来走向。除此之外，非安全因素同样也牵连日美之间的双边合作。举例而言，久拖未决的TPP谈判业已影响到日美之间的经济关系，而美国人的傲慢态度着实引发了日本的不满与抱怨，这一效应的发散或多或少地抑制了两国间的经济合作空间，并对其他的双边合作构成掣肘。

此外，更为重要的是，作为一个历史遗留问题，日美安保条约的结构性矛盾仍然存在。毋庸讳言，战后美国政府所签署的、包括日美防卫协定等在内的诸多安全合作条约都是冷战背景下的产物，与条约本身所标榜的“追求和平与安全”的宗旨格格不入。因此，如何妥善地修改或废除这些不合时宜的条约、协定等，无疑是美国、日本等当事国的主要任务之一。但是，就目前的安全合作而言，无论怎样美主日辅（美国主导、日本辅助）的结构性特征仍会保持较长一段时期。

第九章
全球经济治理体系的变革与安倍政府的政策应对

二战结束以来，国际政治与经济环境发生了翻天覆地的变化。随着经济全球化、一体化的不断深入，日本经济亦经历了复苏与发展的关键期，并一度成为世界第二大经济体。与日本经济递进式崛起相伴而行的是日本亦在逐步融入国际经济体系，凭借其参与并推动全球经济治理机制的发展与完善的同时，日本也借此完成了自身角色的转变，实施并拓展本国的国家战略。

日本作为经济全球化、一体化的最大受益者之一，其享誉全球的“出口立国”战略之所以能够成就日本战后经济的辉煌历史，主要的外因就是依赖稳定且有序的国际经济体系的蓬勃发展。但是，拘囿于日本与国际经济体系联姻的特殊性，以及严重的对美依赖性、利益驱动性以及地区导向性的因素制约，即便是日本崛起为举足轻重的世界级经济大国之后，它也未能成为全球经济治理的关键角色。进入新世纪以后，日本对外经济战略的重点又有所调整，最大限度地保持自己在国际经济体系中的优势地位，实现自身利益的最大化[①]。

作为参与并推动全球经济治理机制发展的重要国家之一，日本的经典案例值得我们给予更多的关注与研究。本章站在经济全球化发展的宏观视角，回顾战后日本经济的成长历程及其在全球经济治理机制的发展中扮演的角色，并归纳出日本在参与全球经济治理过程中所表现出的主要特征。借此探

① 吴寄南著:《新世纪日本对外战略研究》，北京：时事出版社，2010年9月，第228页。

究日本始终未能引领全球经济治理发展方向的深层次原因，探讨全球经济治理的合理模式与改革方向。

第一节　战后日本参与经济全球化的进程

战后日本满目疮痍。作为经济全球化、一体化的绝对受益者，日本在经历战后经济的全面恢复期之后，随即回归并融入了美国所主导的国际经济体系，并迅速成长为世界主要经济体之一，同时也成为推动经济全球化发展的建设性力量。大致来看，战后日本经济的全球化步骤可以细分为以下四个阶段。

第一阶段，日本国内经济的全面恢复期（1945年二战结束至20世纪50年代末、60年代初）。

二战结束以后，日本国内经济萧条、万象凋敝。1946年日本的工矿业生产指数均比战前（1934年至1936年平均水平）下降70%，农业下降40%；人均实际国民生产总值和实际消费水平分别相当于战前的50%和60%[①]。在驻日盟军最高司令官总司令部（GHQ：General Headquarters）的托管下，日本通过进口粮食、石油等重要保障物资，以维持国内经济系统的复苏性运转。除此之外，国内经济系统基本完全游离于国际经济体系之外，经济政策的重心主要落在尽快修复因战争而导致的混乱经济秩序。1949年，日本的经济政策走上了美国人所设计的“道奇路线”，以遏制当时较为严重的通货膨胀。与此同时，日元汇率维持在1美元=360日元的固定水平，不仅为恢复和扩大日本对外贸易创造了良好条件，也有利于日本经济之后的高速增长[②]。更为重要的是，1950年6月爆发的朝鲜战争，为日本带来了刺激经济复苏的重要“特需”。这一时期，源源不断的外汇收入保障了启动国内经济复苏所亟须的原材料进口，也为日本纺织业与钢铁业的快速发展奠定了基础性条件。继“特需景气”（1950—1953年）之后，日本又陆续经历了“神武景气”（1955—

① 张季风:《日本加入关贸总协定与对外开放经济体制的确立》，载《外国问题研究》，1994年第3期，第20页。

② 张季风著:《日本经济概论》，北京：中国社会科学出版社，2009年3月，第7页。

1957年）、“岩户景气”（1959—1961年）两个重要的经济增长阶段，帮助日本完全摆脱“战后经济”的阴影，并逐渐成为国际经济体系中的重要一员。

经济基础的迅猛发展为日本确立开放经济体制、积极参与全球经济治理创造了先决条件，具体可以归纳为以下几个重要方面：

① 国内政治确立稳定体制，明确“弃武从经”的发展路线，有利于日本经济走向全面复苏。日本经济能够从战后的萧条快速步入稳定发展期，与国内政治的相对稳定息息相关。日本国内的自由党与民主党于1955年合并，结成自由民主党，并一举揭开自民党独统日本政坛近40年的“五五年体制”。政治体制的相对稳定为日本经济政策保持延续性、统一性创造了条件，“弃武从经”的吉田路线更为日本参与世界经济的分工与合作、发展并改善经济协作关系奠定了战略口径的统一。

② 导向型产业政策帮助日本建立战略型产业发展布局，并为自身参与国际竞争做好积极的准备。战后初始，日本凭借劳动力优势，大力发展劳动密集型的纺织业，并通过纺织品的大规模出口赚取进口机械设备、原材料等所亟须的外汇收入。日本政府又专门制定了倾斜性的产业政策，重点扶植国内重化工业的发展与扩张。这样一来，1959年日本业已成为世界第五大粗钢生产国，第一大造船工业国，此外，纺织、石油化工等产品均具备了一定的国际竞争力[①]。

③ 日本经济借助竞争机制的适当引入，恢复了自立的能力，并确立了市场经济体制。市场经济体制的确立为日本接下来深度参与国际分工、国际交换与国际合作做好了必要的准备。在这一转变中，日本国内实现了由管制经济体制向资本主义经济体制的完全转变，并为市场力量的逐步释放提供了意识形态上的合法性保障。

第二阶段，日本开放经济体制的确立与完善（20世纪60年代初至1985年广场协议）。

日本经济经过战后15年的休养生息，基本恢复了元气，并在个别领域实现了重要突破。

① 赵光瑞:《日本贸易自由化对我国入“关”的启示》，载《日本研究》,1994年第2期，第13页。

此背景下，1960年池田勇人内阁发表《国民收入倍增计划》，提出1960至1970年的十年间，实际经济增长率每年须达到7.2%，以实现国民收入翻一番的总体目标。这一宏伟的经济发展战略极大地夯实了日本民众对于经济增长的信心，也有利于加速实现该计划的所定目标。

1964年10月，奥林匹克运动会在东京开幕，随之而来的是持续三年的奥运景气（1962—1964年）。此后，日本经历了战后经济扩张持续时间最长的“伊弉诺景气”（1965—1970年）。日本从1955年至1972年的年平均实际经济增长率高达9.3%[①]，一举跃升为世界第二经济大国。此时的日本凭借战后创造的经济奇迹，在世界经济大家庭中取得了举足轻重的地位，使其在国际经济体系中的协调能力与协商话语权与日俱增。

发生于20世纪70年代的两次石油危机，让能源严重依赖海外进口的日本饱尝了痛苦的滋味，迫使其急速调整产业发展的战略方向。受其影响，日本应对性地调整了主要产品的竞争特质，由“重厚长大”转向更为合理的“轻薄短小”，以寻求经济平稳增长的转圜。总体而言，这一阶段日本经济存在以下几点主要特征。

① 日本全面贯彻并实施“贸易立国”战略，贸易规模与贸易条件均斩获长足进步。1961年日本的货物贸易总额突破100亿美元关口；1965年实现2.82亿美元的货物贸易盈余，这是日本战后的首个贸易出超纪录；1967年日本的货物进出口贸易分别突破100亿美元（出口为104.42亿美元；进口为116.63亿美元），帮助这一年的日本货物贸易总额攀上200亿美元的大关；1971年日本的货物贸易盈余额为42.83亿美元，实现十亿级的贸易黑字，成为名副其实的贸易强国；1974年日本的货物进出口贸易额飙升至1174亿美元，首次达到千亿级的贸易往来；1978年日本的贸易盈余飙升至182.89亿美元，实现贸易黑字由十亿级向百亿级的逾越；直至1985年广场协议签署，日本的货物进出口贸易额业已分别增加至1771.64亿美元（出口）和1304.88亿美元（进口），实现贸易盈余466.76亿美元（参见图表1）。日本对外贸易在二十多年的时间内实现了几何倍数的增长，并为日本赚取了足够的外汇收

① 张季风著：《日本经济概论》，北京：中国社会科学出版社，2009年3月，第9页。

入。随着日本对外贸易的规模扩张以及与世界经济的关联度增强，日本受到外部经济环境的制约程度亦水涨船高。

表 9–1：日本的货物贸易发展（1948—2011 年） 单位：百万美元

年份	货物出口	货物进口	货物贸易总额	货物贸易盈余
1948	258	684	942	-426
1949	510	905	1,415	-395
1950	825	964	1,790	-139
1951	1,351	1,988	3,340	-637
1952	1,269	2,023	3,292	-754
1953	1,275	2,408	3,683	-1,134
1954	1,629	2,399	4,029	-770
1955	2,011	2,471	4,482	-461
1956	2,501	3,230	5,730	-729
1957	2,858	4,286	7,144	-1,428
1958	2,873	3,033	5,906	-160
1959	3,456	3,599	7,056	-143
1960	4,055	4,491	8,546	-436
1961	4,236	5,810	10,046	-1,575
1962	4,916	5,636	10,553	-720
1963	5,452	6,736	12,188	-1,284
1964	6,673	7,938	14,611	-1,264
1965	8,451	8,169	16,621	282
1966	9,776	9,523	19,299	254
1967	10,442	11,663	22,105	-1,221
1968	12,971	12,988	25,959	-16
1969	15,990	15,023	31,013	967
1970	19,318	18,881	38,199	436
1971	23,995	19,712	43,707	4,283
1972	29,088	23,863	52,951	5,226
1973	37,017	38,389	75,406	-1,372
1974	55,469	61,948	117,417	-6,479
1975	55,819	57,860	113,679	-2,041
1976	67,304	64,895	132,198	2,409
1977	81,083	71,340	152,423	9,744
1978	98,211	79,922	178,133	18,289
1979	102,299	109,831	212,130	-7,532

续表

年份	货物出口	货物进口	货物贸易总额	货物贸易盈余
1980	130,441	141,296	271,737	-10,855
1981	151,495	142,866	294,361	8,629
1982	138,385	131,499	269,884	6,886
1983	146,965	126,437	273,402	20,528
1984	169,700	136,176	305,876	33,524
1985	177,164	130,488	307,652	46,676
1986	210,757	127,553	338,310	83,204
1987	231,286	151,033	382,319	80,253
1988	264,856	187,378	452,234	77,478
1989	273,932	209,715	483,647	64,217
1990	287,580	235,368	522,948	52,212
1991	314,793	236,999	551,792	77,794
1992	339,895	233,247	573,142	106,648
1993	362,265	241,624	603,889	120,641
1994	397,273	275,228	672,501	122,045
1995	443,116	335,885	779,001	107,231
1996	410,922	349,152	760,074	61,770
1997	420,956	338,754	759,710	82,202
1998	387,935	280,484	668,419	107,451
1999	419,354	311,261	730,615	108,093
2000	479,296	379,510	858,806	99,786
2001	403,241	349,090	752,331	54,151
2002	416,726	337,194	753,920	79,532
2003	471,816	382,930	854,746	88,886
2004	565,673	454,543	1,020,216	111,130
2005	594,860	514,931	1,109,791	79,929
2006	646,737	579,587	1,226,324	67,150
2007	714,211	619,737	1,333,948	94,474
2008	782,049	762,631	1,544,680	19,418
2009	580,719	550,530	1,131,249	30,189
2010	769,773	692,426	1,462,199	77,347
2011	822,564	854,073	1,676,637	-31,509

资料来源：United Nations Conference on Trade and Development: UNCTAD STAT(http://unctadstat.unctad.org/TableViewer/tableView.aspx)。

② 日本彻底摆脱了战后经济萧条的景象，对外贸易的全球化融入与发展使日本经济思想的分析单位亦由国家个体延伸至全球视野。随着贸易摩擦的数量与烈度的骤增，日本愈发意识到与他国协调以合作推进经济治理的重要性。

③ 贸易盈余的急剧增加也为日本带来了“成长的烦恼”，各国纷纷采取更为严厉、更为苛刻的态度来抨击日本的“重商主义”。最为典型的案例莫过于日美两国间的贸易摩擦。尽管日美间的经济纷争基本都以自愿出口限制（VER：Voluntary Export Restriction）、自愿增加进口（VIE：Voluntary Import Expansion）等日本对美的单边妥协而鸣金收兵，但其中也折射出日本借助出让经济利益以维护外部有利发展环境的用意与决心。

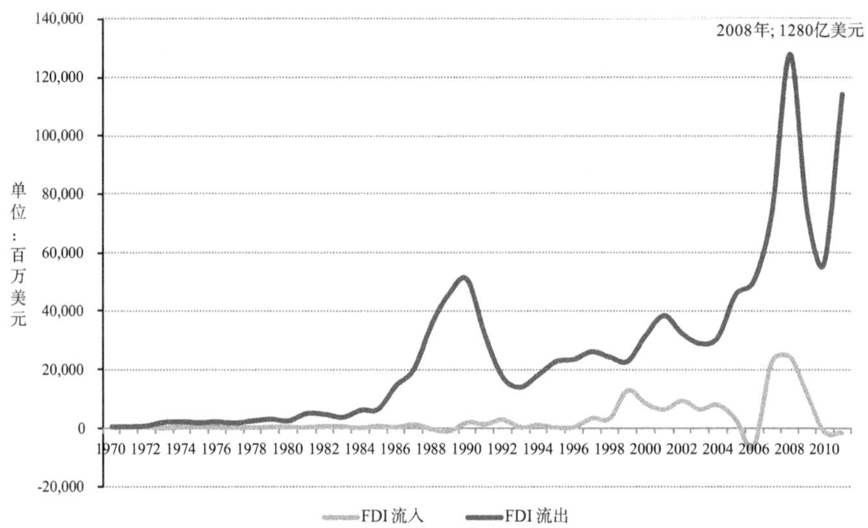

图9-1：日本的FDI流入与流出（1970—2011年）

资料来源：United Nations Conference on Trade and Development: UNCTAD STAT(http://unctadstat.unctad.org/TableViewer/tableView.aspx）.

第三阶段，日本经济结构调整的战略转型期（1985年广场协议之后至1997年亚洲金融危机）。这段时期，日本经济基本结束了高速增长的传奇经历，回归至低速、平稳的发展态势，泡沫经济的急遽崩溃致使日本不自觉地迎来了“持久不衰”的经济萧条。但是，高企的日元汇率部分掩盖了日本经济增长减弱的事实，同时也加速了国内企业向海外市场扩张的步伐，并一举推动日本经济全球性布局的战略发展。

1985年末，日本的对外纯资产已高达1298亿美元，取代美国成为世界头号债权国[①]，而美国却沦为了不可思议的债务国。这一日美之间的巨大落差向外界强烈地昭示日本经济的新辉煌成果。大规模资本向外输出的客观事实，促使日本审视并思考经济问题的立足点由国内视角跃升至全球视野，并希望在全球经济发展中释放日本式的正能量。随着日本在世界经济中的地位提升，国内要求抬高国际政治地位的声音亦不绝于耳，最具代表性的是，以前首相中曾根康弘为首的新政治保守主义势力的遽然崛起。日本在这一时期所兴起的“政治大国”梦想，其根源在于日本的经济实力已跻身于世界主要发达经济体行列，且未来的经济发展难以回避地受制于、抑或是受惠于国际经济体系的秩序运行与规则设定，因此，积极参与并有效融入国际经济体系的改革与发展，使其朝向有利于日本经济发展的战略方向前行，成为日本政治的重要使命。简言之，参与并适度改革国际经济体系亦是日本实现政治大国化之梦的重要方式之一。

从这一层面来看，1985年的广场协议，表面上看似日本无奈地接受了以美国为核心的发达经济体联盟所发出的、针对日元汇率低估的集体责难，但实际上这也折射出日本觊觎落实世界经济协调路线的意愿，并借此机遇，夯实与发达经济体之间在治理世界经济上的合作，获取由主要发达经济体所垄断的国际经济体系中的话语权与影响力。由此而言，广场协议彻底揭开了日本与西方发达经济体尤其是与美国之间在共同治理世界经济上的全面合作，至少日本在这方面亦相应地取得了一定的主动权与话语权。

在此背景下，由前日本银行总裁前川春雄主持的“为实现国际协调的经济结构调整研究会”于1986年4月向日本政府提交著名的“前川报告”（原文名：为实现国际协调的经济结构调整研究会报告书），其中涉及：①扩大

① ［日］竹内宏著，吴京英译：《日本现代经济发展史》，北京：中信出版社，1993年5月，第323页。

内需；②实现向国际协调型产业结构的转换；③进一步改善市场渠道，增加制成品的进口；④稳定国际货币汇价和实行金融的自由化、国际化；⑤大力推进国际合作，并为世界经济做出与日本国际性地位相称的贡献；⑥建立相应的财政、金融政策；⑦对政策的实施状况进行跟踪观察等，促进日本经济向国际协调型结构发展的七项重要建议[①]。此后不久，日本就按照前川报告的设计，成立了以首相中曾根康弘为领导核心的经济结构调整推进本部，指导并推动日本国内不合理的经济结构的改造工程，加速日本经济国际化战略的推进进程。由此，日本向世界大规模地输出直接投资（FDI），这一趋势在泡沫经济崩溃之前达到了空前的高潮（参见图7-1）。

第四阶段，日本经济转变战略倚重的关键期（1997年亚洲金融危机之后）。

这一阶段，日本的国内经济仍然深陷长期的低迷，与其相比，日本的海外经济却保持着平稳且良好的发展态势，并成为构建日本整体经济系统的重要组成部分。另一方面，以美国为核心的北美自由贸易区（NAFTA）在促进经济增长、推动贸易自由化方面产生了积极影响，从而在全球范围内刮起了“地区主义”热。一时间，地区经济合作成为各国制定对外经济合作战略的重要考量。作为经济大国的日本自然也无法逃脱这一经济意识形态的猛烈冲击，对外经济合作的理念上不自觉地出现了全球主义与地区主义的竞争。

① “前川报告”所提出的意见建议中，主要有三方面的重要内容与全球经济治理直接关联。具体而言，“实现向国际协调型产业结构的转变”具体涵盖以下几点内容：①转变产业结构并积极地促进产业调整。积极推进产业调整，加强适应产业结构转型的技术开发，实现社会和经济的信息化和系列化，推动服务业随着自由支配时间的增加和消费结构的多样化而发展。大规模压缩煤炭生产，增加煤炭进口；②促进对外直接投资。政府应援助缔结双边投资保护协定，充实并扩大海外投资保险制度，参加国际投资担保组织；③推进适应国际化的农业政策。在明确未来发展方向的前提下，谋求彻底改善农业结构，在重点培育核心农户的基础上，进一步充分发挥市场机制的价格政策，促进农业的合理化。除基本农产品以外，增加进口国内外差价大的农产品，同时实现农业的合理化和效率化，以减少国内外差价。其次，“稳定国际货币汇价和维持国际货币汇率”的内容包括：①适当地稳定和维持国际货币汇率；②金融和资本市场的自由化以及日元的国际化，包括多样化投资资产，扩大并加强流通市场。此外，“大力推进国际合作，对世界经济做出与日本国际地位相称的贡献”的具体内容涉及：①推进国际合作；扩大来自发展中国家的进口；制定对累积债务问题的对策；推进经济和技术合作；推进科学技术和文化方面的国际交流。②积极推进新一轮国际谈判。

最终，地区主义作为日本在这场理念竞争中的胜者，加速了日本向地区一体化，尤其是东亚经济一体化合作的转向。作为最有力的证据之一，日本在亚洲金融危机之后曾希望组建以日本为核心的亚洲版货币基金组织，但迫于多方的压力与反对，无疾而终。

另一方面，中国经济的和平崛起带动了东亚及周边地区的经济迅速增长，这也吸引了日本把经济发展的战略性目光逐渐聚焦于这一重要地区。2008年的全球性金融危机直击了日本，迫使其在时间节点的末梢再度无可奈何地吞下了又一个“失去的十年”。在欧美地区经济中饱尝失败的日本，也愈发坚定了在亚洲地区的经济拓展战略。日本对亚洲经济政策的重新定位，尤其是与中国、韩国及东南亚国家之间的积极合作，直接关系到日本经济能否迅速且顺利地走出金融危机的阴影，也决定了日本能否维护其在亚洲的重要经济地位[①]。

总体来看，当前的日本遵循了“携地区自重”的原则，借助加强日本与亚洲国家之间的经济互补关系及日美之间的军事互助关系，扩展自身的外交空间。这正体现了日本依托亚太、攻坚全球大竞争的新认识观。

第二节　日本参与全球经济治理机制的轨迹梳理

庞中英教授指出：二战以后的经验表明，理论和实践上的全球经济治理指的还是国家对世界经济的调控，而且，国家和国家的联合是通过一系列的国际制度和规则来调控、治理世界经济的[②]。国际制度和国际规则主要分为三大类，即①正式的、全球多边的国际规则和制度性的安排，它们试图使世界经济建立在规则的基础上，使参加这些规则的国家都按照规则办事、受到规则的约束；②非正式的、只有数个国家参与的国家集团机制，参与国通过一定的机制和安排，磋商和协调它们之间的经济政策；③地区性的经济治理，即在某个地区内的邻国之间实现经济整合和贸易和投资政策的和谐化与

① 陈友骏:《金融危机下的日本亚洲经济合作战略》，载《亚太经济》,2010年第1期，第39页。

② 庞中英:《1945年以来的全球经济治理及其教训》，载《国际观察》,2011年第2期，第1页。

自由化[①]。

延续着上述的重要思路，日本政府无论是理论上还是实践中都是战后日本参与全球经济治理的主要载体，且分别以不同的形式参与并影响了全球经济治理机制的构建与完善。尽管随着日本经济对外开放度的提高以及市民社会的迅猛发展，许多日本的跨国公司及非政府组织（NGOs）业已涉足世界经济领域的诸多事务，并发挥其相应的功能与作用，但它们的影响力或作用力毕竟是有限的，甚至与行使国家主权权力的政府相比，前者在全球经济治理中的建设性作用基本上微乎其微。因此，这里有必要针对日本战后以国家为载体所参与的全球经济治理机制作简要梳理。

如前所述，战后的日本满目疮痍，国内政治、经济秩序混乱，驻日盟军最高司令官总司令部成为当时日本的实际最高权力机构。由此，日本的战后复苏也完全依附于美国的对日政策及预期目标。最为典型的表象之一就是1949年美国提出的“道奇计划”，其充分反映出美国觊觎改造日本的经济结构与发展面貌的真实意图。此后不久，朝鲜战争的爆发促使美国急于提升日本在其全球战略中的地位，紧接着，1951年在旧金山签订的《对日媾和条约》与《日美安全保障条约》结束了日本的被占领状态，使之顺利转变为独立国家，并拥有了相对独立的经济发展政策。

20世纪50年代日本产业政策的促进出口范式，代表着日本发展主义从军事型向贸易型过渡的起始，至60年代末这种转换业已基本完成[②]。诚如日本国内的“贸易主义”者的观点所示，战后的日本面临着人口多、出生率高、资源少、生活水平低等诸多基本矛盾，为此，唯有依赖“实现工业化、扩大出口”的19世纪英国道路，在世界的范围内妥善解决日本经济的尖锐矛盾[③]。借此，日本很快就把重振经济的希望统一至“贸易立国”战略上来，这

① Joseph M. Grieco & G. John Ikenberry, *State Power and World Markets: The International Political Economy*, W. W. Norton and Company, 2003, pp.289-230. 转引自庞中英:《1945年以来的全球经济治理及其教训》，载《国际观察》，2011年第2期，第1页。

② ［美］高柏著，安佳译:《经济意识形态与日本产业政策：1931—1965年的发展主义》，上海：上海人民出版社，2008年5月，第23、30页。

③ 张季风:《日本加入关贸总协定与对外开放经济体制的确立》，载《外国问题研究》，1994年第3期，第20页。

也决定了其在经济重建的肇始就亟须融入世界经济的整体运行体系。

果不其然。1952年日本提出申请，希望加入GATT（General Agreement on Tariffs and Trade：关税与贸易总协定，WTO的前身），以成为世界贸易体系中的正式一员。凭借美国的暗中相助，日本于1955年成功晋升为GATT大家族的一员，并为自身的贸易发展创造了良好的外部环境[①]。20世纪50年代末、60年代初，日本的对外贸易特征逐步发生变化，对外贸易及对美贸易盈余均呈现快速膨胀的趋势，并在20世纪60至70年代跻身全球主要贸易大国的行列。尽管如此，迫于多方面政治、经济因素的忌惮，日本在世界贸易体系中并未发挥主要的引领性作用[②]。

值得一提的是，日本加入GATT之时，考虑到其仍处于战后过渡的特殊阶段，GATT默许了日本的进口限制等诸多非合理措施，一直到1963年日本才由GATT第12条适用国转为第11条适用国（不能以国际收支状况为由实行进口限制）。美国在帮助日本重返战后世界贸易体系的过程中，发挥了无可替代的关键作用，这也进一步强化了日本对美的依赖性，使其牢牢地捆绑在以美国为核心的国际经济体系之中。尽管如此，日本因顾忌农业问题的羁绊，同时又希望贸易减让谈判能排除农业政策，所以，日本在国际贸易体系的改革问题上一直都是缩手缩脚、进展缓慢。

除了尽快融入战后的世界贸易体系之外，美国同样希望日本能够尽快加入其所主导的国际金融体系，以扩充这一体系框架的规模与影响力。在此背景下，1953年日本加入IMF（International Monetary Foundation：国际货币基金组织）和WB（World Bank：世界银行）。同样，有鉴于日本仍处于战后过渡期，IMF容许其适用于第14条规定，并默认了日本的外汇管制等保护政策的暂时性豁免。但是，随着日本对外贸易的快速增长，尤其是对西方发达国家贸易盈余的急剧膨胀，各国对日本放开经常项目管制的呼声日渐势强，西欧国家相继放弃外汇管制的豁免权，转而与美国一同并肩对日本在此问题上施加巨大压力。受其影响，1964年4月，日本终于转为IMF第8条规定适

① 1956年12月18日，日本加入联合国（United Nations），正式回归国际政治舞台。

② 周士新：《东亚参与全球经济治理的发展前景》，载《亚太经济》，2011年第4期，第3页。

用国（不能以国际收支状况为由实行外汇限制），自动承担起外汇交易自由化等重要义务。同月（1964年4月），日本加入了OECD（Organization for Economic Co-operation and Development：经济合作与发展组织），开始履行逐步实行资本自由化的义务，这标志着日本与全球的经济关联度日趋紧密，日本也正式入列发达工业化国家集团，并顺利完成向开放型经济体的嬗变。

正如许多学者所论述的那样，日本在融入国际经济体系的过程中同样伴有经济大国的成长烦恼。以公布《贸易、外汇自由化计划大纲》（1960年6月）[①] 和《贸易和外汇自由化促进计划》（1961年）[②]、加入OECD、成为IMF第8条款国和GATT第11条款国为标志，日本经济的国际化和贸易、资本自由化在20世纪60年代后显现出空前的势头，对外国际竞争也悄然加剧[③]。这一现实性的竞争环境激发日本与主要经济强国进行合作治理的意愿与决心，用以缓和对日竞争的紧张气氛。

发生于20世纪70年代的两次石油危机，对包括美国、日本等在内的所有发达经济体均造成巨大冲击。日本经济结束了高速增长的发展阶段，经济增长率与生产率均出现严重的滑坡，这促使日本强烈地意识到与发达经济体合作，共同应对国际突发经济问题挑战的必要性与紧迫性。1975年11月为了应对石油危机，西方发达国家组建了“六国集团”（美国、日本、英国、法国、西德、意大利六大工业国，翌年加拿大加入），后发展为“七国集团”（G7）[④]，作为世界第二经济强国的日本也当仁不让地跻身这一国家主义范式

① 日本的《贸易、外汇自由化大纲》把国内产品分为四类：①尽快自由化的商品包括钢材、棉制品等；②三年内自由化的商品包括特种钢、合成纤维制品等；③需一定时间后才能自由化的商品，包括工业机械、小汽车、硫酸氨、纸类、铜、砂糖等；④长时期内自由化困难的商品，包括大米、小麦、果汁、柑橘、奶酪制品、肉类等。与此同时，该计划目标把进口自由化率由1960年4月的40%提高到三年后的80%。关于此大纲的具体内容，请参见赵光瑞：《日本贸易自由化对我国入“关”的启示》，载《日本研究》，1994年第2期，第13页。

② 关于《贸易和外汇自由化促进计划》的具体内容，请参见赵光瑞：《日本贸易自由化对我国入“关”的启示》，载《日本研究》，1994年第2期，第13页。

③ 江瑞平：《法人垄断资本主义：关于日本模式的一种解析》，载《中国社会科学》，1998年第5期，第154页。

④ 1997年俄罗斯的加入，使G7升格为G8。

的全球治理机制[①]，并确立了它在以发达国家为主导的全球性非正式经济治理机制中的一席之地。这之后的一段时期，日本逐渐深度融入了全球经济治理体系，但仍没有发挥积极主动的牵引作用。

20世纪80年代中叶是日本参与全球经济治理的显著分水岭。日本在全球经济治理问题上的泾渭分明，不仅源于外部力量的强烈要求以及与经济大国地位相称的行为匹配，更多发自内生性政治野心的急遽扩张。但由于日本的货币政策在压低日元汇率上存在操纵的嫌疑，以及日本"重商主义式"的国内经济政策饱受争议，这就造成日本与全球经济治理的结合，势所必然地会加剧相关国家在全球经济治理框架内的博弈程度，并将政策协调的主要矛头转向汇率和国际收支问题，而日元也成为汇率自由化问题上的主要受攻击对象。与此同时，日本的参与促使经济治理的协调对象发生了相应的规模扩张，由传统的汇率和国际收支等小范围经济领域扩容至国家的经济预期目标、经济政策的龃龉等涉及宏观经济面的较宽泛范围。

另一方面，广场协议签订之后，日本掀起向全球大规模输出资本的狂潮。与此同时，国内保守政治的"大国化"欲望急遽膨胀，为日本参与全球视野的经济治理注入重要动力。这里值得注意的是，两次石油危机之后，G7实质上已经升格为发达国家协调世界经济发展的主要组织形式，也标志着发达国家经济体之间的多边协调步入新阶段。日本作为亚洲唯一的代表，也是世界第二大重要经济体，自然而然地就被西方发达国家视为亚洲地区经济体的核心领导者，这也为日本在地区经济事务中发挥引领性作用奠定了坚实基础。

尽管如此，日本对经济治理的浓厚兴趣却始终局限在亚洲地区之内，这种倾向在20世纪90年代末的亚洲金融危机之后变得愈发明显。如前文所述，日本甚至一度觊觎能组建以它为核心的亚洲版货币基金组织。尽管此事无果而终，但西方国家及IMF等全球性的经济治理机构并没有在应对亚洲金融

---

① 所谓国家主义范式的全球治理理论，其基本主张仍是强调国家在全球治理中的主导性地位。在国家主义范式的全球治理主义者看来，国家和国家之间的合作仍分别是实现全球治理目标的终极单位和最有效途径。具体内容，参见张胜军:《全球治理的最新发展和理论动态》，载《国外理论动态》，2012年第10期，第26页。

危机中表现出应有的积极作为，这让日本找寻到了拓展自身参与并引领经济治理机制发展的可行空间，也更加坚定了其“先地区、再全球”的经济治理合作化道路。

受此重要思想的影响，日本启动了在亚洲地区内双多边经济合作的摸索。2002年1月13日，日本和新加坡缔结了“日新经济合作伙伴关系协定（Japan-Singapore Economic Partnership Agreement，简称 JSEPA，2002年11月生效）”，其中规定取消除农产品以外的所有商品关税。这是日本与外国缔结的第一个 FTA 协定，也是亚洲地区第一个两国间的 FTA 协定。2002年11月，日本外务省公开发表《日本的 FTA 战略》报告书，表明将与东盟缔结 EPA（Economic Partnership Agreement：经济合作协定）置于优先地位[①]。之后，日本与墨西哥（2005年4月生效）、马来西亚（2006年7月生效）、泰国（2007年11月生效）、智利（2007年9月生效）、菲律宾（2008年12月生效）、印度尼西亚（2008年7月生效）、文莱（2008年7月生效）、越南（2009年10月生效）分别缔结了 EPA，并与东盟也达成了 EPA（2008年12月生效）。日本与瑞士之间的 EPA 于2009年9月生效，与印度的 EPA 于2011年8月生效，而且，随着2012年3月日本与秘鲁的 EPA 生效，日本业已与全球12个国家、1个地区建立了战略性经济合作关系。与此同时，日本亦在协商或研究与其他国家及地区之间的 EPA，如澳大利亚、韩国、蒙古、加拿大、哥伦比亚、中日韩 FTA、RCEP（Regional Comprehensive Economic Partnership：区域全面经济伙伴关系）等[②]。

此外，2008年爆发了全球性的金融危机。这场危机的影响超过了“9·11”事件，因为后者并没有改变国际格局，但金融危机却严重地冲击了西方的价值观和信心，其影响可与苏联东欧解体相提并论[③]。作为这场危机最大的国际政治产物之一，就是 G20组织的规格与影响的遽然提增。而日本作为重要的全球经济体之一，也成为见证并叙写这一历史的重要一员。日本

① 吴寄南著:《新世纪日本对外战略研究》，北京：时事出版社，2010年9月，第161页。

② 日本経済産業省:「我が国のEPA取組状況」、2012年12月（http://www.meti.go.jp/policy/trade_policy/epa/file/epa_japan.pdf）。

③ 吴寄南著:《新世纪日本对外战略研究》，北京：时事出版社，2010年9月，第51—52页。

也是这场危机的严重受害者，而且，这场危机对日本所造成的负面影响至今仍在不断发酵。从日本参与G20机制建设的过程中我们不难解读出这样的信息，即，随着日本经济与全球经济之间的依赖性与联动性的递增，日本要求参与治理并影响国际经济体系发展的意志与能力亦在日益增强，而日本整体经济结构也紧随着国际经济体系的变革作相应调整。其中，较为典型的案例就是日本加入TPP谈判。一方面，日本愿为早日达成TPP坦诚合作，但另一方面，因迫于保护国内农业部门的政治高压，日本在TPP谈判中难以有所突破，甚或阻碍了谈判的预期进程。

第三节　日本参与全球经济治理的主要特征

通过前文的分析，我们不难发现，日本融入并推动全球经济治理的发展与日本经济复苏、成长的经历紧密关联，而且，二者之间的亦步亦趋凸显以下几点特征。

第一，日本参与国际经济体系建设、推动全球经济治理机制发展的实践过程，既符合日本经济外交政策的总体性要求，也迎合日本发展经济、增强国力的客观需要，更流露出日本融入全球体系的过程与方式的独特性。具体而言，日本参与全球经济治理的主要动因在于谋求一个有利于自身发展且稳定的国际经济环境，这也是日本经济外交希望实现的总体目标之一。值得注意的是，日本在渐进性参与全球经济治理的实践过程中，由经济合作机制的被动受益者逐渐演变为推动机制改革与完善的利益攸关方。日本能在战后迅速实现高速增长，回归世界经济的中心舞台，很大部分得益于IMF、GATT等战后新建立起来的全球经济治理机制，也正是基于这些机制的共同作用，各国货币的稳定汇价、进口关税的大幅削减以及自由贸易的全球性推广等才得以实现，这些都为日本的出口导向型经济增长创造了绝佳的外部条件。

但是，日本在20世纪60年代末成为世界第二大经济体之后，战后所盛行的保守的、封闭式的经济模式就此走到尽头。换言之，日本经济与全球经济的互动关系步入“唇亡齿寒”的新阶段。作为世界主要经济体之一与经济合作机制的重要获益者，日本也必须承担相应的责任、提供必要的公共产品，以维护国际经济体系的有序运行。由此，日本逐步调整了参与全球经济治理机制的应对姿态，并形成了独具一格的“日本特色”。这里，所谓“日本特色”就是就如何发展并完善全球经济治理机制，日本并不主动提议或主导相关的意见与建议，但也不回避承担部分的责任。关键要因就是，日本希望借助参与全球经济治理的机制建设，强化其在国际社会政治强国的形象。据日本外务省公布的数据显示，2011年4月的时间节点，供职于IMF的日本人职员共计50人，占IMF职员总数（1973人）的2.5%，其中，干部职位的3人分别担任IMF副执行理事、亚太地区事务所长和亚太分局副局长①。此外，日本一直都是联合国、IMF、WB等地区及国际组织的“慷慨”贡献者（参见表7-2），这也成为其要求“入常”及提升相应国际政治地位的最强硬“资本”。

表9–2　日本向国际组织及相关机构的出资额（2010年）

（亿日元）	联合国（包括各类基金、项目等）	联合国专门机构	世界银行及IMF等相关机构	其他（除世界银行以外的地区发展金融机构）	合计
ODA	1,145.0	81.0	1,857.8	1,171.0	4,254.8
非ODA	6.2	14.1	0.0	89.9	110.2
合计	1,151.2	95.2	1,857.8	1,260.9	4,365.1

资料来源：日本外務省:「国際機関等への拠出金・出資金等に関する報告書（平成24年作成版）概要」、2012年4月（http://www.mofa.go.jp/mofaj/gaiko/oda/shiryo/sonota/k_kikan_24/pdfs/gaiyo.pdf）。

第二，日本参与并推动全球经济治理机制的发展过程中，既体现一定的积极性，同时也存在严重的依附性，而后者主要受制于“日美同盟”关系的掣肘。具体而言，战后的日本并没有因二战的重大挫折而在回归国际政治、经济大家庭问题上，表现出丝毫的懈怠与不顾。相反，日本的主动性与积极性让很多人都感到意外。无论是战后不久即主动申请加入GATT、IMF、OECD等全球性的重要经济合作组织，抑或是石油危机、广场协议等关键议

① 日本外務省:「国際機関等への拠出金・出資金等　一覧表（平成22年度・国際機関別）」（http://www.mofa.go.jp/mofaj/gaiko/oda/shiryo/sonota/k_kikan_24/pdfs/087.pdf）。

题上所表现出的配合与妥协，还是筹建及完善以日本为核心的一些地区性经济合作组织等，日本的主观能动性在其中均产生了一定的积极效果。可以说，日本与全球经济治理机制的联姻，并非是日本单方面被动性的接受，也存在日本主动投入的成分。尽管如此，美国主导了战后国际经济体系的发展，并导演了经济一体化的重要过程，这其中包括迫使日本就贸易、投资的自由化和便利化，多次实施相关改革。实际上，美国是战后日本融入全球经济治理机制、参与国际经济体系的始作俑者，其所产生的推动力与约束力在某种程度上，要超出整个全球体系对日本所造成的影响。而且，延续着日美同盟关系中“美主日从”的主基调，日本在全球经济体系及相关治理机制的构建与改革等问题上竭力与美国保持高度一致，没有发生任何“僭越”。说到底，美国是经济全球化的倡导者和主导者，而日本只是一个参与者，并不具备引领经济全球化的基本条件，今后也未必有这样的条件。

另一方面，需要指出的是，日本之所以会形成基本依附于美国的全球经济治理政策，不仅是战后国内外政治条件的约束、经济成长的亟须等客观条件的作用所致，更与国际经济环境的发展与变迁息息相关。1973年以前的布雷顿森林体系时代，全球经济主要依靠IMF、WB、GATT等国际组织来进行协调，基本凭借国际协定所确定的制度而展开“硬协调”。但1973年之后，以美元为中心的布雷顿森林体系崩溃，世界经济领域中的制度协调凸显一定的疲软状态。在此背景下，世界经济主要依赖发达经济体之间经济政策的“软协调”，以谋求各主要经济体及世界经济能维持健康、持续的稳定增长。当然，这里的“软协调”只是相对于制度协调层面的“硬标准、高要求、强执行”而言的，实际转入政策协调之后，世界经济的运行更多地取决于主要经济体之间无固定模式的彼此约束以及“不确定效果”的相互妥协的结果。但是，基于利益自觉基础之上的“软协调”甚至比之前的制度协调更具特定的约束力与执行力。这里，日本针对出口美国的纺织品、钢铁、电视机、汽车等各类商品所逐一实施的自愿出口限制措施等，就是日本参与全球经济治理的代表性范式之一。日本也完全是基于利益自觉的前提考虑，而对美国的强权政治给予战略性妥协，尽管直观上这类协调的受益方仅为美国一家，并且，这些措施完全以日美两国间的双边协定等形式而得以确认。

第三，20世纪90年代以来，日本推动国际经济体系改革、构建并完善治理机制的战略重心业已偏向地区层次的双多边合作，尤其是在亚洲及太平洋地区的经济一体化。但需要指出的是，日本的这一战略调整并不能说明其对改革国际经济体系、推动全球经济治理机制发展的兴趣已荡然无存[①]。准确地说，日本的战略选择回归了“先小后大，先地区、后全球”的路径依赖，希望通过稳固日本在地区经济合作机制中的核心地位，提升其在国际经济体系中的话语权与影响力。实际上，日本传统的战略视野就是基于地区整合为重要支点的，二战时期提出的“大东亚共荣圈”，战后经济高度增长时期所推崇并实践的“雁行生产模式”等，都是以地区经济的高度一体化为重要战略目标的，并以此为基础，规划并设计全球贸易和经济体系的发展方向。再譬如，日本在20世纪60年代就曾提出过建立“太平洋经济圈”的构想[②]。另一方面，通过前文的分析可知，日本在步入新世纪之后，就与亚太地区的一些主要国家缔结了双边或多边的经济合作协定，并在努力探寻建构诸如TPP、中日韩FTA、RCEP等地区性经济合作机制的可能性与可行性，以推动亚太地区经济合作体系的有序发展。当然，在这一重要的体系变革与机制构建的过程中，日本不希望因自身经济实力的相对衰退，而失去其在地区层面所保有的任何政治优势。其中，日本竭尽所能独揽亚洲开发银行（ADB：Asian Development Bank），这一亚太地区最为重要的金融机构的行长一职，就是最具说服力的论据之一。

第四，利益驱动的基本政治思维拘囿了日本参与地区及全球经济治理的政策维度与政治作为。实际上，日本推动国际经济体系改革、完善全球经济治理机制建设的动机正逐步发生位移，更多趋向于维护、甚至是扩张自身在世界经济中的利益所得，而以往日本所宣传并推介的为维持世界经济的稳定与发展而积极提供公共产品的贡献精神日渐式微。这里，借助以下这一典型

① 日本一度在全球气候变化问题表现得极为积极，并为《京都议定书》的最终形成与签署做出了相当卓越的贡献。但必须指出的是，日本在气候变化问题上也存有重要的经济动机。即，日本在高调宣扬全球气候变化危机的同时，也在为日本的环境治理技术做广告，并以此推介、甚至是兜售日本的环境技术，博取高额的经济利润。

② 吴寄南著：《新世纪日本对外战略研究》，北京：时事出版社，2010年9月，第159页。

案例，我们或许能够获取更为直观的认知。审议会机制一直都是日本政府制定相关政策的重要咨询机制，日本中央政府的各个省级部门（相当于中国的“部级单位”）内部就设有分门别类、五花八门的审议会机制。按照日本政府的行政任务安排，有关对外贸易等相关事务均是经济产业省的管辖范围，而在经产省内部下设的“产业构造审议会”则是制定及实施日本贸易政策的重要决策与咨询机构。值得注意的是，这一审议会旗下所设的“WTO小组”早已于2005年10月更名为“通商政策组”[①]。尽管日本政府并没有在组别的更名上做更多的解释，但这一具有象征意义的更名举动清楚地揭示了日本关于贸易政策及对外经济战略的态度转移，即日本关注贸易问题的焦点由变革并完善WTO规则为主导的全球贸易体系，转变为以争取国家利益为驱动的对策性贸易政策研究。换言之，视角的转变，表明日本的利益驱动性趋势愈发显著。时至今日，日本参与全球经济治理的核心理念并没有摆脱利益驱动的传统思维，其在全球经济组织中的谈判、妥协、合作等一切政治活动，其宗旨与目标仍是为了最大限度地争取并维护日本自身的国家利益。这势必会限制日本在全球经济治理中的政策空间与能力发挥。

第四节　安倍政府应对全球经济治理的主要举措

随着世界政治经济格局发生深刻转变，新的多边及国际层级的经济治理机制不断涌现，其中，最为主要的代表之一就是G20（20国集团）。而对于安倍政府而言，G20既是其展现日本经济治理能力的新兴平台，更是其施展政治攻势，影响全球经济发展走势的重要场合。

另一方面，应该说，从G7、G8、一直到G20，日本始终是国际经济治理舞台中的重要参与力量。而安倍政府既继承了这一宝贵的政治遗产，同时也期望能借助G20的新平台，对全球经济治理施加日本独特的影响力。

第一，安倍政府保持了日本政治的一贯作风，希冀借助G20等大型的多边外交舞台，营运“大国政治”的外交实践。就以往历届的G20相关会议上，

① 日本经济产业省的主页（http://www.meti.go.jp/committee/gizi_1/13.html）。

日本的首脑外交、政要外交表现出频率高、内容广、时效强、有效服务日本经济发展的明显特征。而且，通过最高领导人之间的直接对话，促进了日本与其他国家关系的稳步提升，同时也搭建了经贸合作的有效平台。此外，日本还积极将金融危机、IMF的改革、朝鲜问题、气候问题等紧扣时代主题的新热点、新议题、新思潮，引入G20的协商平台。不仅如此，日本更是通过一系列的首脑倡议和政治主张，提出应对性强、示范性强、操作性强的“三强”政治提议，为日本的“大国政治”目标铺平道路。这些在安倍政府中也屡有表现。

第二，尽管在G20平台上日本的对美态度有过曲折，但总体趋势并未改变，日美间的合作在安倍时代更是得到了进一步升华。金融危机时代的G20峰会上，日本政府强烈地表达了“积极救灾、力挺美元”的坚定决心，也就是说，在日本看来，以美元为基础的全球货币体系，其根本不能发生动摇。2009年8月末，日本国内发生“政治变天”，民主党取代此前长期执政的自民党，成为参众两院第一大党并开始执政。在G20机制中，日本也表现出一定的“脱美”迹象，希望自身能够发挥更多自发性、主导性的作用。但是总体来看，日本倒向美国的趋势并未改变，也无意挑战或更改美国在G20中的主导地位。进入安倍政府的时代，日本更为积极地表现出“对美一边倒”的姿态，不仅把美国的多数倡议视为自身参与全球经济治理的政策底线，更是坚定地维护以“美国霸权主导”及“美元单极化”为基础而形成的传统国际政治经济秩序。当然，作为回报之一，美国默认了日元巨幅贬值的事实，并在G7、G20等多边经济治理机制中积极支持、维护“安倍经济学”，以增加后者的合理性及合法性。

第三，安倍政府进一步加剧了中日两国在G20机制中的相互竞争。实际上，中国实力的上升及影响能力的扩大，始终是日本参与G20的一大疑虑。日本的部分主流媒体就曾出现过类似的言论，即推动G20真实成长的主要因素是2008年爆发的全球性金融危机。而为了应对危机，G7被迫敞开大门，并欢迎欧盟、中国、巴西、印度等国际主要政治力量的加入。鉴于此，未来这一发展趋势的最终结果将是G20取代G7，成为主导世界政治、经济格局的核心力量。但需要指出的是，在G7机制中，只有日本是作为亚洲的唯一代表参与其中，在国际政治、经济的框架设计中发挥其特殊的代表性作用；而在G20机制中，日本占有地位的特殊性、优越性就无法显现，并且很大程度上要受制于实力强大的中国，甚至有时还需转让出部分其在G7机制中所持有的特权与地位。而且，更为重要的是，日本极为担忧中美“G2模式”的形成，这会导致日本被彻底的边缘化，甚至造成日本在G20等国际经济治理机制中的政治空白。因此，与G7相比，日本参与G20的政治热情不高，担忧被中国完全边缘化是其最大的心理矛盾。安倍政府并没有摒弃上述的政治困境，反而进一步加剧了中日在G20机制中的竞争关系，致使双方在地区及全球经济治理等重要问题上屡次出现意见纷争。

另一方面，由于“安倍经济学”并没有产生实质性的经济拉动效应，致使日本经济形势仍然深陷不利局面。与此同时，日本国内的固定资产投资尤其是用于生产性设备投资规模的扩张具有较大难度，对其未来的经济增长造成负面影响。更为严重的是，日本的长期就业问题凸显，短期雇佣工与临时工在整体就业结构中的比重有所扩大，这极有可能造成日本未来失业率的迅速上升，并导致整体国民收入与国内消费支出的减少。

面对这一窘迫的局面，安倍政府竭力扮演经济“唱多者”的角色，通过政府公布的“经济形势评估”，持续上调经济增长预期，一来增强民众个人消费的信心，二来鼓励企业积极实施固定资产投资，以稳固经济复苏的基础与势头。但是，日本的国家债务问题不容小觑。据日本财务省公布的最新数据显示，日本的国家债务业已超过1000万亿日元，并呈现出急剧上升的趋势。需要指出的是，由于日本国债的认购者基本来自于其国内的相关机构，因此，短期内日本并不存在爆发主权债务危机的风险，但中长期国家主权债务危机的发生概率骤增，直接威胁到日本政府的财政稳定性及未来财政政策的制定空间。

鉴于日本经济的多重性矛盾与世界经济复苏乏力的不争事实，安倍政府“巧妙地”在多届G20相关会议上表现出“战略积极＋战术消极”的基本态度。即，安倍政府会对参与G20的协作性谈判表现出较浓厚的兴趣，尤其就“促使世界经济走出阴影、尽快实现复苏性增长”等议题发表积极的观点；但另一方面，安倍政府竭力要求G20机制避免谈论过于具体的经济指标性问题，尤其是政府的债务安全指标、金融量化宽松度等直接涉及日本经济软肋的相关议题。此外，安倍政府存在大肆操纵日元汇率的嫌疑，尽管美国等国际社会就此方面的指责声音有所弱化，但安倍政府也会谨防G20相关会议重提“汇率自由化”的相关议题。

本章小结

诚如一些学者所言，决定国家影响全球经济治理的因素主要体现在三方面：国家实力、与其他国家联合扩大影响的能力及其在国际和地区治理中享有话语权[①]。但是，必须指出的是，上述所涉的三方面因素在国家影响全球经济治理问题上，只能是必要但非充分条件，这在日本的案例中表现得尤为突出。战后日本经济经历了迅速复苏、高速增长与平稳发展的重要阶段，有助于其提升自身的国家实力及国际影响力。日本是经济全球化、一体化的绝对受益者，也是借此实现经济快速增长的典型国家，因此，这一重要历史事实深刻影响着日本的全球经济治理理念的发展。但是，由于日本参与全球经济治理的战略意图明显夹杂着利益驱动的局限性，这就导致日本不可能自始至终坚持这一治理所需的全球经济治理框架及其相关原则。由此，除上述三方面因素之外，国家影响全球经济治理的结构分析中还应添加国家的战略意图，这一内生性的重要因素。

另一方面，日本的故事也反证了美国在全球经济治理中的绝对领导。全球经济治理实际上是由美国所塑造的[②]。而且，美国在全球经济治理中发挥影响力、主导力的同时，也在潜移默化地向国际经济体系及其他相关国家灌输美国标准的经济治理理念，其中很大一部分就是以“华盛顿共识”为代表的新自由主义经济理念。尽管日本的国家资本主义在融入国际经济体系的过程中仍保留了部分自身经济发展的特色与理念，但不可否认，日本也未能完全躲开这股洪流所造成的巨大损害，泡沫经济崩溃之后的“失去三十年”可

① 周士新:《东亚参与全球经济治理的发展前景》，载《亚太经济》，2011年第4期，第3页。

② 庞中英:《1945年以来的全球经济治理及其教训》，载《国际观察》,2011年第2期，第2—3页。

以说是最为形象、贴切的表述。

更为重要的是，经济自由主义的膨胀与泛滥，业已威胁到国际经济体系的有序运行。倚重经济全球化、一体化的深入发展，西方国家的跨国公司在世界范围内拓展业务、扩张规模，与此同时，也加剧了全球范围内的资源掠夺战，残酷的剥削进一步扩大了南北之间的贫富差距。因此，美国所主导的全球经济治理、或者说新自由主义经济理念所笼罩的全球经济治理模式备受质疑。全球性金融危机的发酵及欧洲主权债务危机的影响扩散，造成一些主要的西方国家无暇他顾，甚至倒行逆施，“大张旗鼓”地举起了贸易保护主义的旗帜，对国内的一些夕阳产业、濒临淘汰的产业实施庇护。归根结底，这些都是新自由主义经济理念所倡导的“市场调节”的失败，也是笃信市场原教旨主义而导致的严重后果。与此同时，由于新自由主义经济理念极为推崇个体经济利益的最大化，这就引发了全球经济治理过程中，个别国家经济利益的让渡与全球经济利益最大化之间的矛盾凸显，并最终迫使全球经济治理回复至强权政治主导的“野蛮”状态。由此可见，未来全球经济治理的核心内容、也是亟待攻克的难题就是，必须确保发展中国家与发达国家在全球经济治理的政治舞台上享有同等的权利。并以此为契机，构建新型的全球经济治理模式，弘扬平等互信、包容互鉴、合作共赢的精神，推动国际经济体系朝向更为公正、平等的方向发展。

扩展阅读

日本缘何在亚投行问题上举棋不定？

2015年3月31日是接收亚洲基础设施投资银行（AIIB：Asian Infrastructure Investment Bank，下文简称为“亚投行”）新意向创始成员国申请的截止日期，对此，日本安倍政府表示暂不做出是否加入的判断。换言之，安倍政府仍在这一问题上保持观望态度，但也为下一步的政策操作预留空间。

与安倍政府在亚投行问题上的暧昧态度相比，日本国内的学界及经济界却持有较为积极且明确的态度。比如，日本主流媒体之一的《日本经济新闻》不久前发表社论称，鉴于欧洲主要国家纷纷申请加入中国提议筹建的亚投行，日本亦应积极参与相关的合作进程[①]。《每日新闻》更是撰文表示，亚投行肩负着提升亚洲未来发展的重任，日本若不主动参与这一国际组织，则是亚投行的损失，更是日本的损失[②]。

除此之外，日本国内也不乏反对的声音。右翼媒体《产经新闻》甚至意图丑化中国提议筹建亚投行的动机，认为这是在故意制造与日美抗衡的新经济体系，其实际价值如同正处于谈判进程中的TPP[③]。“产经”的这一表态既表露出日本国内保守势力在亚投行问题上的一致观点，同时也将安倍政府所持有的、不切实际的“抗辩思维”暴露无遗，这无形中也制约了中日关系的正常发展。

这里需要指出的是，事实上，安倍政府及日本国内的保守势力对加入亚投行主要存有三点疑虑。第一是中国的“绝对主导权”。日本保守主义的主要观点认为，中国不仅是设立亚投行的倡导者，也将是“主导”亚投行相关谈判进程的“驾驭者”，甚至更可能成为今后亚投行运营过程中的“最高决策者”。第二是亚投行对日美主导的亚洲开发银行的“挑战性”。日本担忧亚投行的建立会边缘化亚洲发展银行，进而边缘化日本在亚洲经济发展中的积极作用。这样一来，日本势必会失去其在亚洲经济合作中的主导地位，并转让部分的“特殊待遇”。第三，亚投行对现行国际经济秩序的“破坏性”。日本国内保守主义观点仍“坚持”认为，金融危机后的国际经济秩序仍是美国主导下的有序竞争，而日美合作在其中扮演了至关重要的角色。但亚投行的建立无疑会颠覆这一传统的、“稳定的”运营体制，致使国际经济秩序陷入新一轮的“动荡”。

除了上述的疑惑之外，安倍政府始终在亚投行问题上举棋不定，暴露出明显的矛盾心理。具体而言，即，一方面日本既希望与亚投行暂时保持一定

---

① 「中国が主導するインフラ銀に積極関与を」、『日本経済新聞』、2015年3月20日。

② 「社説：アジア投資銀行　積極関与を考える時だ」、『毎日新聞』、2015年3月24日。

③ 「［主張］中国主導の投資銀　恣意的運営を防げるのか」、『産経新聞』、2015年3月18日。

距离，从而可以获得足够的应对时间和空间；但同时也并不愿意被亚投行所疏远、甚至是边缘化。基于此，安倍政府既不清楚地表明拒绝参加合作谈判的意愿，同时又借助所谓“运营透明和审查公平”等造词，间接性地触碰亚投行的组建机制，使日本保持与亚投行之间“若即若离”的互动关系。

另一方面，安倍政府的矛盾心理源自美国对亚投行的暧昧态度。即，美国始终没有在亚投行问题上展现明确的态度，致使日本只能在同一问题上举棋不定。受其影响，日本唯有持续关注美国在亚投行问题上的政策动向，并不时给予相应评论。尽管如此，安倍政府始终不敢逾越美国的步伐、率先表态。与此同时，令安倍政府更为担忧的是美国的“单飞”，即美国可能会在不事先告知日本的情况下单独表态，加入亚投行谈判，进而使日本最终未能踏准时间节点，陷入进退两难的境地。因此，与其说日本在不断地研究对策、加速做出判断，毋宁说它仍在等待美国的最终表态，以确保自身的亚投行政策与美方保持高度的一致。

由此可见，日本在亚投行问题上的政策举措仍受制于美国，这也延续了日本在国际政治中的一贯表现。更为重要的是，亚投行问题也暴露出日本狭窄的国际视野观。即在日本政界，亚投行普遍被视为中国主导的新国际经济合作机制，并对日美两国主导的亚洲开发银行（ADB）等合作机制构成实质性挑战。为此，需要提醒的是，任何地区性经济合作机制的产生与建立，都会不同程度地影响既有的地区及国际经济体系。至于这一新机制能否较好地促进或完善现有的经济体系，使后者可以更为符合、亦更为适应时代的发展要求，就需要相关国家的共同努力、密切合作。这一基本原则适用于其他国际组织或地区性合作机制，同样也适用于亚投行。

第十章
安倍政府对台经济政策动向及日台关系走势

随着2016中国台湾“选举”的临近，日本安倍政府在对台政策上表现出“弃马盼蔡”的强烈倾向。不仅如此，它介入我台湾事务的“进取性”愈发昭著，并逐渐“由暗变明、由虚转实”。安倍政府的对台政策实则反映了日本国内保守势力的基本态度，后者与台湾民进党及“台独”势力交往甚密，鉴于此，民进党的上台执政显然更为有利于安倍政府及日本保守势力影响、甚至是操纵台湾岛内政治生态的演变以及相关对日政策的形成和实施，因此，它们急切盼望2016年台湾岛内能够发生执政党的轮替和民进党的上台执政。

本章希望就安倍政府对台政策做系统性分析，从中探寻其对台政策的具体规划及可能影响，在此基础上，战略预判日台关系的未来走向及对中日关系发展大局的潜在影响。

第一节　安倍政府对台经济政策的新动向

在安倍政府看来，台湾问题始终是其牵制中国的有效“政治牌”，而且，这在中日关系陷入僵局之时显得尤为昭彰。尽管安倍政府与台湾马英九当局之间不断在政治问题上爆发难以调和的冲突，但它及日本保守势力并不愿意放弃台湾，更不愿意放弃在台的一切经济利益及政治影响力。

与此同时，由于2016年台湾选举的迫近，安倍政府在对台政策上做了全新布局。即一方面，它尽可能避开与马英九当局的政治冲突，采取“迂回前进”的方式推进日台间的“政治交流”；但另一方面却积极贯彻“以经促政”、“以民促官”的基本方针，觊觎以经济合作为依托、民间交流为杠杆，构筑“政冷经热”的日台关系新格局，同时为接下来可能到来的民进党执政做好准备。为此，安倍政府积极调整了对台政策，并凸显以下三方面的重要“导向”。

第一，安倍政府以笼络台湾“非马派”政治人物为导向，着手进行后马英九时代的对台政治布局，同时，在政客对象的蓝绿构成上更倾向于具有明显“台独”特征的民进党人士。

作为台湾岛内的主要政治话题之一，“总统”马英九与“立法院院长”王金平之间的政治恩怨可谓是家喻户晓的事实。日本巧妙地利用了这一政治矛盾，于2015年4月成功邀请王金平访问日本。期间，王金平会晤了执政的自民党党首谷垣祯一等多位日本政坛重量级人物，并促使日台双边政策在一定程度上有所沟通。

当然，与“蓝派”政客相比，日本更为重视对台湾“绿派”政客的笼络与收买，甚至公然邀请“台独”政客访日，借机疏通与“台独”势力及民进党之间的管道联系。2015年7月，“台独”代表人物李登辉受邀访日。为了凸出李登辉访日的政治意义，日本竟安排其在国会众议院议员会馆发表演讲，包括文部科学大臣下村博文等在内的约400名国会议员前去捧场。不仅如此，更有传闻称李登辉在日期间，身为首相的安倍晋三竟亲自与其秘密会晤，以示对“台独”势力的认可与支持①。更加令人难以置信的是，李登辉

① 据《新华网》的报道，针对李登辉赴日本公开演讲，鼓吹“台独”等，我国台办发言人马晓光表示，“我们坚决反对任何国家为‘台独’活动提供舞台，对日方允许李登辉窜访日本强烈不满。李登辉公开发表‘台独’言论，美化日本对台湾殖民统治，妄称钓鱼岛属于日本，遭到两岸一致谴责。他的卑劣言行，让两岸同胞更加看清‘台独’分裂势力对两岸关系和平发展和中华民族整体利益的极端危害性，必将遭到两岸同胞唾弃”。我外交部发言人陆慷指出，“李登辉是顽固‘台独’分子。日方不顾中方严正交涉，为李登辉赴日从事‘台独’活动放行并提供便利。中方对此表示严重关切和强烈不满。台湾问题事关中国核心利益，中方一贯坚决反对任何人以任何形式在国际上从事‘台独’分裂活动，坚决反对任何国家为‘台独’分子提供政治平台。我们严肃敦促日方恪守《中日联合声明》等四个政治文件的原则和向中方作出的郑重承诺，坚持一个中国原则，慎重妥善处理涉台问题，避免给中日关系制造新的政治障碍”。

也不负日本所望，再度放出“钓鱼岛属于日本”的卖国言论。继李登辉之后，即将代表民进党参加2016年台湾选举的蔡英文应安倍晋三的胞弟、日本国会众议员岸信夫的邀请，于2015年10月访日。期间，蔡英文受到日本高规格的“政治礼遇”，在东京更是与日本跨党派国会议员组织日华恳谈会成员进行交流，并可能秘密会晤首相安倍晋三,一同规划日台关系的发展路径及合作重点[①]。显然，蔡英文对自己能够赢得2016年选举充满信心，并已着手谋划选后的对日政治布局；而反观安倍政府一边，其也已把蔡英文视为下届台湾地区领导人的不二人选，并尽可能与其建立工作乃至私人的合作关系。

第二，安倍政府以提升日台经济合作的层级为导向，强化日本对台经济的掌控能力，并借此构筑“政冷经热”的日台关系新格局。值得关注的是，所谓提高经济合作层级，突出表现在以下三方面。

其一，日本急遽扩大对台投资。日本加速了对台资本的输出，尤其是对台制造业的渗透与控制。据日本贸易振兴机构（JETRO）公布的数据显示，2011年3·11大地震发生以后，大量日本资本随即流入台湾岛内，招致当年日本对台输出资本流量高达8.62亿美元。此后的2012至2014年，日本进入台湾的直接投资流量分别为1.19、3.3和4.71亿美元，呈现出逐年递增的明显趋势，2015年上半年这一数据更是攀升至3.1亿美元。受其影响，2014年末日本在台资本存量已超过122.64亿美元，较2013年末的118.08亿美元，增加了近4%，并且保持了自2000年以来持续增长的稳定态势[②]。另一方面，日本进一步加强了对台湾企业、尤其是一定规模以上的制造类企业的收购与兼并。依据日本贸易振兴机构的统计，尽管2014年日本对台投项目数减少至488件（2013年同数据为618件），但投资金额却猛增至5.49亿美元，同比增加了34.3%，平均每个项目的投资金额为112.5万美元。其中，2014年日

① 蔡英文的访日时间为2015年10月6日至9日，为期共四天。蔡英文的访日行程极为诡异，充满政治意图。其中，不仅包括访问日本首相安倍晋三的故乡山口县，同时更含有赴首都东京会晤日本国会议员的安排，还参观了与台湾铁路产业有深度合作的日立制作所等。期间，蔡英文还借故经由岩国军民两用机场，凸显其对日美安保条约及日台安全合作的“关心”。

② 日本贸易振兴会机构的官网。

本对台制造业的并购项目数仅为96件（2013年同数据为176件），但投资金额同比却增加了57.1%，超过2.7亿美元，平均单个项目的出资额高达287.18万美元，大幅超越所有对台投资项目的平均出资额。作为最为典型的案例之一，日本日立制作所与台湾华城电机合资建厂，日方为此投入资本约2,448万美元①。

其二，安倍政府竭力激发台湾参与日台经济合作的积极性，并觊觎用日台双边互动的平衡模式取代日本单向主导的非对称模式。实际上，日本企业入台投资的主要目的已由占领台湾市场，逐渐转变为与台湾企业一起，共同开发第三方市场。而且，日本企业为开辟海外市场，亟须削减成本、拓展日企以外的市场渠道，而台企完全可以补足日企的这些短板，因此，二者之间存在强烈互补关系②。有鉴于此，安倍政府积极鼓励日企赴台投资，并伺机占据台湾的核心制造业等。与此同时，安倍政府也积极为台资入日创造机会和条件，鼓励台企参与日本国内的经济建设。

在此背景下，2014年台湾对日投资额猛增至6.8亿美元，较2013年的1.7亿美元增长近三倍。其中，标志性的台湾投资项目就是中国信托商业银行以约五亿美元的价格，全资收购日本东京之星银行（Tokyo Star Bank）。此外，日本夏普（SHARP）公司因经营不善，濒临破产。对此，台湾鸿海精密工业公司有意出资相助，双方的合作事宜也在紧锣密鼓的进行之中。一旦达成，必将成为日台经济合作的新范本。

除此之外，为了更好地营造双边互动的平衡模式，日本不断要求台湾方面为日台经济合作“背书”。2014年11月，日本与台湾签署了包括旅游、核能管制信息交流、专利程序以及日台间人员出入境管理等四个领域的合作备忘录。加上2013年日台双边已经签订的涉及铁路、药剂及渔业等领域的合作备忘录，日台经济合作的框架及层级日益深化。

其三，安倍政府极为强调对台基础设施领域的合作与对接，为日台战略经济合作的全面展开奠定扎实基础。作为代表性的实例之一，“铁路牌”是

① 日本貿易振興機構:「ジェトロ世界貿易投資報告2015年版」、http://www.jetro.go.jp/world/gtir/2015.html（上网日期：2015年10月10日）。

② 台北市日本工商会:『台北市日本工商会2014年「白書」』、2014年11月6日、第5頁。

日本对台常用、常新的政策手段之一。此前，日台双方在台湾新干线的建设上就曾有过密切合作，这为二者接下来在基础设施领域进一步展开合作制造了由头。2015年2月日本东京站与台湾新竹站结为“姐妹车站”。嗣后不久，日本京滨急行电铁公司与台湾铁路管理局就签署了《友好铁路协定》。紧接着3月，日本西武控股公司与台湾铁路管理局也签署了合作协定。借此，日台双方的铁路运营管理机构实际已完成对接。另一方面，除铁路之外，海运设施及相关信息的对接也成为了日本对台渗透的重要对象。2015年4月冲绳与台湾签署了缔结“伙伴港口”合作意向书。尽管代表台湾方面签字的是“台湾港务公司”，而代表冲绳的则是“那霸港管理组合”（管理者为县知事翁长雄志），但值得注意的是，这是台湾港务公司首次与日本港口单位签约，对未来日台间海运物流信息的共享创造重要条件。由此可见，安倍政府实则依托“经济合作”的借口，不断表露出对台经济布局的野心，同时也在强化日本在台湾岛内的经济影响力及掌控力。

第三，安倍政府以不断促进并强化日台民间交流为导向，激发台湾民众的对日感情，并逐步预热可能到来的日台政治友好气氛。不言而喻，在日本开展的对台活动中，民间交流既是可以顺利绕过台湾行政当局干预、阻挠的最佳捷径，也是基本绝缘于敏感政治因素以外的“政治牌”。战后历届日本政府始终把对台民间交流放在极为重要的位置，对此，安倍政府也不例外。更为重要的是，因与马英九当局之间的“官方交流”频频遭遇挫折，安倍政府对台政策的重心逐步转变为“轻政重民”。受其影响，日台间的民间交往日渐频繁。2014年日台人员往来数量达到446万（其中，台湾赴日人数为283万；日本赴台人数为163万），再度刷新历史纪录。不仅如此，日台双方均希望尽快将这一数字扩大至500万以上，以进一步夯实日台民间交流的基础。

另一方面，在对台民间交流中，安倍政府尤为注重对台民心工程的建设。由于3・11大地震之后，台湾方面给予了日本大量捐款，因此，日本一直假借“报恩”之名，深度介入台湾的民生事件，并在高雄气爆等台湾重大社会事件中频频现身。不仅如此，凭借台湾游乐园发生粉尘爆炸的“契机”，日本医生会与台湾医师公会全国联合会于2015年7月30日签署了援助协议，约定发生大规模灾难时互派医生支援[①]。但吊诡的是，此次签约的地点却被安排在台湾“外交部”，致使原本的民间协议充满了政治色彩。此外，日本郡是（GUNZE）公司还向台湾捐赠了价值约2300万日元（约合人民币116万元）的人造皮肤。值得注意的是，由于日本对台的捐赠及援助等一般经由不带官方背景的日本红十字会的渠道，所以其政治用意隐藏较深，也较难被察觉。

以上内容是安倍政府对台政策的具体新动向，这也基本符合日本保守势力在台湾问题上的政策考虑与战略布局。总体来看，这些内容的叠加强烈地折射出安倍政府的对台政策存在“亲民进党”、“提升日台经济合作层级”、“增加台湾对日依赖性”等三大显著特征。

其一，安倍政府对台政治的重心已明显倒向以“台独”为显要标志的民进党一边，并在2016年台湾选举中提前“押宝”民进党获胜。而更为重要的是，与其说日本是在等待民进党2016年的上台执政，毋宁说日本是在加剧、抑或是提升民进党上台执政的可能性，并觊觎后者掌权后能一改国民党对日的强硬政治态度。为此，安倍政府在相关领域已经启动了民进党上台执政的政策布局及人脉拓展。

其二，安倍政府主打对台经济牌，并有意绕开马英九当局，竭力提升经济合作在日台关系中的显著性。一方面，它“有条不紊”地向台湾进行资本渗透，意图彻底把台湾塑造成日本经济的“备胎”；另一方面，它利用对“非马派”政治人物的笼络，营造“日台亲善”的友好局面，为经济渗透扫除政治障碍。

其三，安倍政府在努力提升台湾对日本的依赖度，并尽可能迫使后者对日本做出战略保证。一个显著的事实是，一方面，它正在不断营造所谓“台湾牌”的分量及波及效应，增加抗衡中国大陆的筹码；另一方面，它也伺机借助政党、经济、文化、社会等不同渠道，继续深入干涉台湾事务，扩大日本在岛内的政治亲和力及影响力。

---

① ［共同社台北7月31日电］《日台签署医疗援助协议 大灾害时可互派医生治疗》，2015年7月31日。

第二节 安倍政府对台新经济政策的形成动因

应该说，日本对台政策出现前文所述的基本特征，既存在一定偶然性，同时也有一定必然性。毋庸置疑，台湾岛内的政治局势、两岸关系的突飞猛进以及马英九当局强硬的对日态度等，均是迫使安倍政府调整对台政策的有效动因。

第一，马英九当局对日态度过于强硬，致使日本逐渐失去对马英九及国民党的期待，转而希冀民进党掌控台湾，以扭转日台政治关系的僵局。具体来看，近期日台间的矛盾焦点主要表现在两个方面。

其一，台湾抵制日本食品的进口。2015年5月，台湾以福岛核事故引发食品核污染为由，加强了对日本食品的进口限制。值得关注的是，2011年3月日本发生福岛核事故后不久，台湾方面就采取了应急措施，禁止从日本的福岛、茨城、千叶、枥木、群马等五个县进口食品。在此基础上，新措施进一步要求日本在对台出口食品时，必须附上原产地证书、检测放射性物质等。这对本已捉襟见肘的日本对台食品出口而言，可谓是雪上加霜，进一步抬高了日本对台食品出口的门槛和成本。尽管日本方面包括首相安倍晋三、自民党干事长谷垣祯一、官房长官菅义伟、农林水产大臣林芳正等重量级政治人物通过不同渠道施加压力，希冀台湾方面能改变初衷，但事与愿违，台湾最终还是如期实施了这一食品进口限制措施，致使日台经济关系乃至政治关系均受到影响。作为报复措施之一，日本在台实施限制措施后的三天，即2015年5月18日以违反《渔业主权法》为由，扣押了台湾的“胜吉安”号渔船，并逮捕了船长陈天顺。

其二，台湾成为“保钓”、“护钓”的积极力量，并与中国大陆形成一定默契。自日本2013年9月“国有化”钓鱼岛以来，台湾海巡署等多个部门的公务船时常出没于钓鱼岛及其周边海域，甚至也与日本海上保卫厅的船只发生过多次“正面冲突”。日本在应对大陆公务船的“保钓”、“护钓”行动中，业已感到疲于奔命、力不从心，再加上台湾方面“游击战”袭扰，致使其完全失去了抗衡之力。更为重要的是，两岸在保钓问题上的携手一致，加剧了日本在钓鱼岛问题上的担忧，更使其原本在对台问题上的整体心理优势彻底崩溃。不仅如此，在安倍政府看来，马英九当局在钓鱼岛问题上所表现出来的对日强硬态度，已经阻碍了日台政治关系的正常发展，并且，这一局面在马英九任内或许难以改观。

由此可见，马英九当局对日实则采取了较为强硬的政治态度，致使日台间的部分潜在矛盾逐渐浮出水面，并最终演变为阻碍双边交流的“政治龃龉”。同时，有鉴于日台间“官方矛盾”的不可调和性，安倍政府开始提前押宝“2016年台湾选举”，并为民进党上台积极造势。邀请即将参选的民进党主席蔡英文访日，就是最好的例证之一。实际上，无论是安倍政府也罢，还是日本国内社会也罢，均认为民进党在2016年台湾选举中必胜。日本主流媒体之一的《每日新闻》甚至刊发社论，明确指出台湾即将发生“政权交替”，希望日本社会对此予以足够重视[①]。

第二，安倍政府希冀拉拢台湾，组建以日本为核心的、亚太区域内的“反华包围圈”。安倍政府推行“积极和平主义”外交战略，其根本目的之一就是建立“反华统一战线”，并希望以越南、菲律宾、澳大利亚等亚太国家为重要支点，构建并拓展反华战线的战略纵深。值得关注的是，台湾显然已被其纳入了这条战线。而且，鉴于台湾在防范中国大陆军事力量扬帆出海、牵制中国大陆实力增长等方面的战略重要性日益突出，安倍政府甚至重新思考并定位了台湾的战略价值及日台关系的重要性。为此，它实则采取“明修栈道，暗度陈仓”的方式，为进一步介入我台湾事务做积极的“合法性”准备。具体而言，以安倍首相的胞弟岸信夫为首的日本国会“亲台派”议员集团，正在“紧锣密鼓”地筹划并制定日本版《与台湾关系法》，其意图显然是仿效美国，为将来日本全方位涉入我台湾事务“运筹帷幄”。值得关注的是，对于日本的这一动向，台湾岛内的学界基本持有两种对立的观点。一种观点认为日本此举只是虚晃一枪，与其说觊觎通过法律的形式固定日台关系的发展，毋宁说是欲恐吓、威胁中国大陆，以博取对华政治上的有利局面；与其相对，另一种观点则相对较为“乐观”、“积极”，认为日本执政的

① 「社説：台湾総統選　近隣の変化に目配りを」『毎日新聞』、2015年7月26日。

自民党内部已经就《与台湾关系法》的相关内容达成共识，而自民党保守势力只是在等待有利时机，以便在日本国会抛出这一重量级法案。尽管上述两种代表性观点存在明显的意见分歧，但二者至少对日本版《与台湾关系法》的实质具有较为清晰的认识，即日本暂时不会、也不敢挑战中国大陆的底线（“一个中国”的基本原则），同时所谓日本版《与台湾关系法》在内容上亦不可能超越中日两国于1972年所达成的基本政治框架[①]。

无论日本版《与台湾关系法》最终是否会被推出，也无论这一法案最终版本的内容会是如何，安倍政府意图深度介入我台湾事务的战略野心已然可见一斑。而且，安倍政府就是希望通过介入台湾问题，制造牵制中国崛起的有效政治牌，短期内这一战略的具体部署直接表现为，在亚太地区内构建以日本为核心的“反华包围圈”。为此，安倍政府在国内、双边、多边等多个层级持续推进。

其一，在日本国内层面，安倍政府不顾国内民众及在野党的强硬反对，在国会众参两院强行通过“安保法案”，改变了日本战后长期坚持的“专守防卫”的对外安全战略，并借机赋予自卫队“集体自卫权”。值得关注的是，安倍政府在对外安全问题上始终炒作“周边事态”这一概念，即日本周边可能发生的、威胁其国家安全的重大事件。尽管表面上安倍政府始终以“朝鲜问题”为假设对象，阐述并解释“周边事态”的危险性与不确定性，但毋庸置疑，它的潜台词暗指了台海问题和东海问题，甚至还虎视南海问题。

其二，在地区层面，安倍政府一方面稳固与美国的同盟关系，另一方面笼络与中国存在直接或间接冲突的国家，协调彼此在对华问题上的一致立场。就对美关系而言，安倍政府实则毫无顾忌地遵守着“用牺牲利益换政治空间”的基本原则。比如说，它不顾冲绳民众的痛苦感受，强行为美军普天间基地的县内搬迁创造条件，并提供高额财政补助；在国际政治舞台，它始终扮演美国的“影子政府”，无条件地协助并支持美国外交战略的部署与实施。当然，作为回报，美国不断给予日本在安全上和政治上的自由空间，并

① 这段文字系笔者2014年7月3日接待台湾政治大学国际关系研究中心的多位学者并与之座谈时，对方表述的重要观点。

于2015年4月与日本重新修订了《日美防卫合作指针》，再次为扩大日本自卫队的活动范围和行动能力创造条件。视线聚焦日台关系。安倍政府之所以会对美国做出如此大的牺牲，就因为在它看来，日美同盟是维持台海地区稳定的主要基轴，持续稳固并扩大日美同盟的覆盖范围可以保持对华的战略威慑态势；与此同时，日本反对中方对台使用武力并单方面改变台海现状，希望在坚持《中日联合声明》的基础上发展与台湾当局的实质关系，维护日本在台海地区的“国家利益”[①]。不仅如此，日本更清楚地认识到，中美对峙中最为关键的一环就是台湾问题[②]。鉴于此，若要搅乱中美关系发展的正常节奏，激化中美间的现实矛盾，台湾问题则是极佳的切入口。安倍政府意图借助台湾问题，伺机激化中美矛盾，迫使美方在中日争端上彻底导向日本一边。

另一方面，为了构建所谓的“对华包围圈”，安倍政府甚至不惜动用“金援”和“军援”，笼络与中国在南海问题上存在直接冲突的国家，致使南海问题的紧张程度持续升级。借越南共产党中央总书记阮富仲访日的契机，它公然表示对南海问题的担忧，甚至表态要向越南追加二手舰艇的援助规模[③]。更有甚者，它不仅对菲提供高额的政府援助和多艘海上舰艇，还公然支持菲律宾就所谓“南海争议”向国际仲裁法庭提起申诉[④]。安倍政府介入南海问题的这些举动，显然是在挑唆相关国家与我之间的矛盾，并促使南海问题地区化、国际化，最终造成我周边局势的紧张，对我和平崛起造成困难。值得关注的是，由于我南海“太平岛”的安全守卫工作一直是由台湾方面负责的，因此，安倍政府对菲、对越的军事援助，实则已对太平岛和我台湾地区的安全以及整个南海地区的局势稳定构成威胁，对此应引起足够重视。

当然，安倍政府主导构建“反华包围圈”还有另一层面的深刻涵义。具

① 王海滨、蔡亮：《民主党执政后的日本对台政策动向探析》，载《国际论坛》，第12卷第2期，2010年3月，第47页。

② 阿南友亮：「海洋に賭ける習近平政権の「夢」：「平和的発展」路線の迷走と「失地回復」神話の創成」『国際問題』、第631号、2014年5月、第47頁。

③ 日本外務省：「安倍総理大臣とチョン・ベトナム共産党書記長の会談（結果）」、2015年9月18日、http://www.mofa.go.jp/mofaj/s_sa/sea1/vn/page3_001366.html（上网日期：2015年10月2日）。

④ 日本外務省：「日・フィリピン首脳会談」、2015年6月4日、http://www.mofa.go.jp/mofaj/s_sa/sea2/ph/page4_001236.html（上网日期：2015年8月10日）。

体而言，它清楚地知道，自己是所谓“第一岛链”的核心国家，是防御中国军事力量跨入太平洋的重要门户。因此，为了进一步稳固“第一岛链”，同时扩大这一对华封锁圈的覆盖范围及影响，安倍政府希冀借“反华包围圈”的构想，增强自身对这一岛链相关国家及地区的影响力和控制力，进而造成中国在东亚地区及整个亚太地区内的不利局势。而为了拉拢台湾加入其所主导的“反华包围圈”，安倍政府也是动足了脑筋，甚至多次以提升台湾“政治待遇”，为其创造“国际空间”作诱饵，促其就范。2015年安倍发表的“8·14讲话”中，公然把台湾与中国并排论述，这一行为明显是在故意制造“一中一台”的假象，并为“台独”势力撑腰。

第三，进一步推进并落实“台湾备胎计划”。所谓“备胎计划”，就是日本为防止国土的全面沦陷，希冀在海外寻找到一块可以永久赖以生存的土地。日本的这一想法实际早在二战以前就已有之。3·11大地震以后，日本国内对国土沦陷的极度担忧再度甚嚣尘上，进而导致“备胎计划”设想重新受到追捧。在此背景下，台湾作为所谓的“备胎”，再度受到日本的高度关注，甚至不乏“亟须重新评估台湾的地位与价值”的声音。如前所述，大地震发生之后，大量日本资本随即流入台湾，这在一定程度上阐明了日本把我台湾地区视作“备胎”的真实想法。就目前来看，日本保守势力针对台湾的“备胎”设想，主要着重于经济和战略层面的考虑。

其一，台湾是日本重要的外汇来源地。如前文所述，台湾资本已进入日本国内的部分行业，甚至在相对较为核心的制造业和金融业也已出现台湾资本的身影。不仅如此，源源不断的台湾游客也为日本创造了大规模的消费经济及外汇储备。据日本政府观光局公布的数据显示，2014年，台湾地区访日游客数接近283万人，超过韩国（275.5万人），位列访日游客数来源地的第一位。2015年上半年，同一数据已经超过179万人[①]。当然，与现实的经济利益相比，大批台湾游客造访日本，更有助于深化日台间的沟通与了解，也为日本重新勾起部分台湾民众残留的“日本情结”创造条件。

① 日本政府観光局（JNTO）:「国籍/月別 訪日外客数（2003年～2015年）」、http://www.jnto.go.jp/jpn/reference/tourism_data/pdf/2013_15_tourists.pdf（上网日期：2015年10月1日）。

其二，台湾的重要战略位置关系到日本经济乃至国家的整体安全。对此，日本交流协会台北事务所前代表池田维曾有过一番精辟论述，即，日本与台湾不但是重要的经济合作伙伴，而且日台经济关系的重要性非同寻常，因为地理上台湾扼守在日本海上运输生命线的关键位置（巴士海峡的北侧）①。鉴于此，尽管二战后日本极不情愿地将台湾归还给中国，但战略上它并不愿放弃台湾，甚至通过暗箱操作的方式，“积极”介入我台湾事务。与此同时，日本部分保守政客不时放出“台湾地位未定”的谬论，误导日本民众及国际社会，并妄想重新夺取台湾土地的所有权和控制权。由此可见，得天独厚的地理位置让台湾成为了日本海上大通道的锁钥，这也迫使日本不得不在战略上重视台湾，甚至不惜借助各种手段介入台湾事务，其中就包括在台湾岛内扶植“亲日”的政治势力。反观台湾，民进党在岛内的出现不仅在战略上迎合了日本的需要，同时也在战术上为日本掌控台湾政治提供了切入口。

其三，在日本国内经济日渐式微的背景下，台湾经济的发展是日本经济的重要辅助。中国经济总量在2010年超越日本，成为世界第二大经济体，促使日本更为担忧自身经济的未来发展，同时对日益激烈的中日竞争表现出愈来愈强的焦虑情绪。实际上，自20世纪泡沫经济崩溃之后，日本经济就转入了衰退周期，亟须与其他经济体“抱团取暖”。借此，日本急切希望与台湾建立经济共同体，合作开展相关技术研发，开发第三方市场等。关于这一内容，业已充分反映在台北日本工商会公布的白皮书中。对于日方的这一期待，台湾方面实则给予了积极回应。台湾地区的权威经济研究机构——台湾经济研究院——就指出，“日本的产业具有极强的技术能力、创新能力、高附加值产品及优良的品牌形象，而台湾的产业则擅于量产并推广相关产品，同时帮助中小企业打入海外市场等，因此，这一差异化的优势互补有助于日台之间建立密切的产业合作关系”②。尽管如此，但令日本极度不安与焦

① 池田维:『日本・台湾・中国　築けるか　新たな構図』、株式会社産经新聞出版、2010年9月24日、第223頁。

② （中国台湾）《从雁行到合作差异化：促进台日合作的机会与挑战》，载《台经社论》，台湾经济研究院，2013年4月，http://www.tier.org.tw/comment/tiermon201304.aspx（上网日期：2015年12月24日）。

躁的是，马英九执政台湾时期，两岸关系急速改善与发展，并且，两岸在经贸、文化、社会乃至政治等各个领域，都进行了深入交流和密切合作。更为重要的是，日本在台湾问题上逐渐被边缘化，这在一定程度上加剧了安倍政府的担忧。具体而言，两岸业已签订 ECFA（海峡两岸经济合作框架协议），并就货物贸易及服务贸易的相关具体协定进行了磋商与洽谈。与之相比，尽管日本与台湾方面均对签署双边性质的自由贸易协定（日台 FTA）充满浓厚兴趣，并且双方也有过多次的意见交换及具体磋商，但却始终难以具体开展下去，导致日台 FTA 协定逐步成为“空中楼阁”，可望而不可即。

另一方面，在两岸统一问题上，日本高度关注大陆与台湾的合作进程，防范大陆与台湾的过密来往。由于2015年是世界反法西斯暨抗日战争胜利70周年的重大节点，安倍政府尤其关注两岸在历史问题上的合作动向，以及可能对日本产生的不利影响。国民党名誉主席连战受邀参加“9·3阅兵”仪式，日本国内随即就有观点认为，这是中国大陆绞尽脑汁在软化台湾的政治立场①。显然，这一观点的潜台词就是台湾正在逐步回归大陆、远离日本。

这里需要提醒的是，尽管与中国大陆相比，日本对台经济合作处于失势状态，但台日经济勾连的趋势不会改变，日本也仍然希冀在对台经贸合作上能够超越中国大陆②。

第三节　日台经济勾连及日台关系走向

延续着安倍政府对台政策的思路，不难设想，其深度介入台湾问题的意

① 「力を隠さない中国とどう向き合うのか」『読売新聞』、2015年9月4日。

② 据台湾方面公布的数据显示，2014年两岸贸易总额超过1300亿美元，其中，大陆对台出口480.4亿美元，进口821.2亿美元，大陆逆差额为340亿美元；与之相对，2014年日台贸易总额接近616亿美元，其中，日本对台出口416.93亿美元，进口199.04亿美元，日本顺差额约为218亿美元。大陆是台湾最大的进口来源地，也是台湾最大的出口目的地。单就双边贸易来看，两岸贸易额已大幅超出日台贸易总量，说明大陆已超越日本，成为台湾地区最重要的贸易伙伴。与此同时，伴随着两岸经济联系的不断加深，两岸贸易额呈现出逐年递增的趋势。具体数据参见日本貿易振興機構:「ジェトロ世界貿易投資報告2015年版」、http://www.jetro.go.jp/world/gtir/2015.html（上网日期：2015年10月10日）。

图短期内不会改变。这势必会引发日台关系及中日关系在部分关键领域内的变数，同时无疑也会对我维护台海局势稳定、推进两岸和平统一构成巨大威胁。而作为可能且重要的切入点，安倍政府基本会着眼于以下三个方面的“勾连”。

第一，与“台独”势力的勾连。安倍政府会竭力管控日台间现有的凸出矛盾，平稳结束马英九执政的“过渡期”，同时进一步深化与“台独”势力的勾连。诚如前文所言，马英九当局对日的强硬态度，引发日台间部分政治矛盾急遽激化。以限制进口日本食品为例，显然，安倍政府对台方的这一举动表现出了不满与无奈，但又慑于这一矛盾的进一步激化可能招致日台关系陷入系统性僵局，更慑于全世界对日本出口食品的安全表示质疑，因此，安倍政府在处理这一问题上基本保持了较为克制的态度，尽可能避免采取过激的反制措施，寻求台方的让步与妥协。实际上，这也符合日本国内的一些主流观点，即，尽管无法接受，但不能因台湾实施限制措施而引发“日本食品”整体对外出口的障碍[①]。

另一方面，安倍政府显然并不愿意失去“过渡期”内的黄金时间，竭力绕开台湾马英九当局，笼络岛内“亲日派”政治势力和“台独”势力，并尽可能促成两股势力的合流，为接下来台湾选举以后的日台关系新发展做战略布局。而且，以安倍政府为代表的日本保守势力已经展开了这一政治行动，此前邀请李登辉、蔡英文等“台独”标杆分子访日，就是最好的明证。除此之外，它们甚至扎根至台湾岛内，并与“台独”势力合谋“卖台”。2015年8月，安倍政府在台湾屏东县恒春海角的“潮音寺”举行所谓“战后70年慰灵”活动，悼念二战中在巴士海峡阵亡的日本官兵。日台交流协会台北事务所的负责人沼田干男亲自到场，“台独”势力代表李登辉等献了花圈[②]。安倍政府利用战后70周年的契机，在台湾岛内勾结“台独”势力，大肆祭祀二战阵亡官兵，这一举动显然有违于马英九当局的政策宣示，更不符合战后和平发展的历史主题。尽管如此，这一所谓非政治的政治活动，实则反映出“台独”势力与日本保守势力之间的“政治默契”，二者沆瀣一气，共同否认历史。

① 「日本産食品輸入　台湾の規制強化に根拠はない」『読売新聞』、2015年5月19日。

② ［共同社恒春8月3日电］《台湾潮音寺举行慰灵活动悼念巴士海峡战殁者》,2015年8月3日。

第二，与台经济的深度勾连。日台在经济合作上进一步勾连，并在多个领域与中国大陆形成直接竞争。

其一，基础设施出口领域。实际上，基建出口是“安倍经济学”的重要组成内容之一，也是日本实现经济复苏的主要战略依托。但迫于应对中国大陆在基建出口上日益壮大的竞争优势，日本唯有强化与台湾方面的密切合作，同时凭借台湾相对较为低廉的人力资本、优秀的研发力量以及台企既有的海外销售渠道等，巩固或扩大日本在基建出口上的传统优势。与此同时，促使台湾岛内进一步修改并完善与知识产权保护相关联的立法及措施，防止日本技术在台的非法外流所导致的利益损失。有鉴于此，中国高铁完全有可能成为日台基建合作后，最先受到冲击或竞争压力的出口项目。而且，现阶段在与中国高铁的竞争中，日本新干线因造价过高、性价比堪忧等不同原因，完全失去了传统的竞争优势。这不仅加剧了日本对于失去国际基建市场的担忧，同时也更加提升了其与台湾方面开展合作的意愿与动力。借此，日本通过强化与台湾铁路公司的合作，实现“日本技术”与“台湾成本”的良性结合，共同抗衡来自于中国大陆高铁出口所带来的竞争压力。

其二，能源领域。能源问题是日本的软肋，尤其是3·11大地震之后，日本国内因“去核电”的困扰而一度陷入电力能源危机。另一方面，日本之所以觊觎台湾的土地，很大一部分原因就在于台湾至关重要的地缘优势。台湾是日本进口石油、天然气等重要资源的海上必经之地，对日本能源系统的正常运营起到决定性作用。因此，为了自身能源安全的考虑，同时也是为了国内经济能够有序、平稳的运转，日本亟须与台湾方面加强在能源领域的合作与共建。当然，与传统经济项目的合作相比，能源项目具有一定的战略性，属于较为敏感的“高政治”范畴，合作起来有一定的难度。尽管如此，日本已启动了对台能源领域的积极渗透。2015年8月，日本东京燃气公司与台湾最大的石油燃气企业中油股份有限公司签署协议，推进双方共同采购液化天然气（LNG）等方面的战略合作①。这一合作机制的建立有助于日台双方在国际天然气市场上协议出价，共同压低天然气的进口价格，但却明显挤压

① ［共同社8月14日电］《东京燃气携手台湾中油公司共同采购液化天然气》，2015年8月14日。

了中国大陆在天然气进口市场上的运作空间，致使大陆相关企业陷入被动。与此同时，日台天然气项目合作的启动为二者在其他能源领域建立合作机制树立范本，并为二者在能源安全问题上的最终捆绑储备积极因素。

其三，经济合作新机制。提升经济合作层级，并为台湾创造间接性的“国际空间”，无疑是安倍政府对台政策下一阶段的重中之重。其中，主要分为双边和多边两个层级。双边层级上，安倍政府将加速与台湾的经济伙伴协定（EPA）的磋商，同时，更为注重这一合作协定的质量与涵盖范围。具体而言，它不仅重视与台湾在货物贸易领域的关税减免及便利化措施，而且更为强调日台服务贸易的互惠措施。不仅如此，这一协定中可能还会涉及如知识产权、劳工标准、环境标准等较为苛刻的贸易约束条件，借此对 ECFA 构成挑战。多边层级上，安倍政府将尽可能为台湾加入地区性经济合作协定创造便利条件。此前，TPP（跨太平洋伙伴关系）协定业已基本达成，这就为其撬动台湾，并唆使后者加入 TPP 制造了主动权。而中国台湾方面一直觊觎加入 TPP，并愿意成为以日、美为主的亚太新经济框架中的成员之一，同时，它更希望依托低层次的美日台三边合作，利用经贸谈判等“搭积木”的方式，逐步构建美日台三边伙伴关系[①]。鉴于此，必须对日台双边及美日台三边在 TPP 等经贸问题上的合作给予足够重视。另一方面，日本也是 RCEP（区域全面经济伙伴关系）协定的重要参与方和主要谈判方，而同样台湾也希望尽快加入 RCEP 的谈判。这样一来，安倍政府就能在信息提供、资源共享、资格审定等方面给予台湾一定驰援，并为其争取参与谈判的可能及所谓的“国际空间”。

第三，日美台的三边勾连。日台关系若由疏转亲，则会增加日美台三边勾连的砝码，对我包括海洋安全等在内的核心利益构成极大挑战。美国国内有部分观点认为，台湾是美国的核心利益，它是美国在空海一体战（Air-Sea Battle）、联合作战介入概念（Joint Operational Access Concept）、亚太战略再平衡（the strategic re-balancing in the Asia-Pacific）等重要战略上的特殊盟友

① （中国台湾）赖怡忠:《TPP 改变亚太经济格局，对台湾的机会与挑战》，“台湾智库”网站，2015 年 10 月 19 日 ,http://taiwanthinktank.org/chinese/page/3/146/3047/0(上网日期：2015 年 12 月 25 日)。

（an ad hoc coalition partner）[①]。尽管美国的这一错误观点是在夸大事实、增加地区性非稳定因素，但其却给日本在介入台湾问题上创造了想象空间。同时，作为美国在东亚地区的主要盟友之一，日本更是把日台关系视为“准同盟”级别，希冀在日美同盟的合作框架下，搭建日美台三边安全合作机制[②]。对此，台湾岛内的部分人士尤其是“台独”势力表示了认同与支持。

2015年4月末，《日美防卫合作指针》再次被重新修订，此举表明美国应允许日本扩大一定的军事实力和军事影响力。更有甚者，日本国会已通过了安倍政府提交的新安保法案，标志着日本实际放弃了“专守防卫”的安保政策，并同步性地为日本自卫队扩大了“借船出海”的概率与活动范围。针对安倍政府无视民意，强行在国会众议院通过安保法案一事，台湾“外交部”竟然高调表态，期待日本尽到国际责任，这实际是变相支持安倍政府的错误行径以及日本防卫政策放弃“专守防卫”的重大转变。而针对这两件涉及安全问题的重大变故，“台独”势力竟公然表态，欢迎日本借助日美同盟介入“周边事态”，成为台海议题的参与者；并且，日本的加入将使台海问题上的传统战略“大三角”，即“美中台”三边格局转变为“日美同盟—中—台”新三边格局或“美日中台”四边格局[③]。

另一方面，日本在东海、南海等海洋问题上频频向我发难，不仅在包括钓鱼岛在内的东海问题上，与我摆开正面交锋的态势，甚至企图充当菲律宾、越南等国的“后备队”，公然介入南海问题。更为棘手的是，日本与台湾之间形成政治勾连的态势愈发明显。日本更是试图依托民进党的“台独”和“卖台”主张，争取其在钓鱼岛问题上的主动和台湾的妥协。日本对台的

① Mark Stokes & L.C. Russell Hsiao, Taiwan's Role in Air-Sea Battle, 16 April 2012 (Available at: http://blog.project2049.net/2012/04/taiwans-role-in-air-sea-battle.html)（上网日期：2015年10月10日）.

② 此前日本共同社曝出惊人消息，为了探测进入太平洋的中国潜艇，“海上自卫队和美国海军以冲绳为据点，部署了大范围覆盖南西诸岛太平洋一侧的最新型潜艇水下声波监听系统（SOSUS），由日美两国共同运用”。此外，美国在日本本土部署了最新型雷达装置，对我实施全天候、大面积监视。相关内容参见［共同社9月9日电］《独家：日美部署最新水下监听系统监视中国潜艇》，2015年9月9日。

③ （中国台湾）《美日防卫新指针与台湾（四）：对台湾的机会与挑战》，“台湾智库”网站，2015年10月5日，http://taiwanthinktank.org/chinese/page/3/146/3040/0(上网日期：2015年12月25日)。

战略“策诱”不仅会威胁我在钓鱼岛问题上斗争多年所积累起来的战略优势，更可能使日本的行动范围及政策影响渗透至台海，并最终在台海、东海、南海等我三大海洋安全问题上，对我构成牵制与威胁。

不仅如此，日台双边在海洋问题上紧密勾连，对我处理与相关各方之间的海洋问题造成一定阻力，甚至对我和平解决台湾问题构成威胁。一旦台湾深度参与日美主导的“海洋问题合谋”，则将对我限制其参与地区及国际事务空间的努力构成挑战。显然，日美两国实际在力挺台湾参与相关海洋事务的磋商，最为明显的就是日美两国依托“南海U形线”的划线标准等均被台湾当局所控制的借口，迫使中国大陆必须“请”台湾当局出来一道协商、共同谈判，以解决与南海相关当事国之间的领土争端，而其背后的动议旨在逼迫我给予台湾一定的国际空间，使其能参与各类与海洋问题相关的或其他性质的国际谈判。由此可见，日美希冀以同盟合作的形式介入南海及台海问题的意图已昭然若揭。

此外，若“台独”势力控制台湾当局，则其极有可能在我海洋问题的相关斗争中扮演搅局者的角色，这势必对我维护东海、南海、台海等海洋领土的稳定与安全构成威胁，更对和平解决南海领土争议带来困难、制造麻烦。而且更为棘手的是，日、美两国更是希望以台湾“盟友”的身份，高调介入南海问题，同时以日美同盟为基础，裹挟中国台湾、菲律宾、越南等在内，共同组建“南海问题抗华同盟”。而日美两国的这一妄想已得到台湾岛内“台独”势力的“积极”响应。具体而言，为解决南海领土争端，台湾岛内不断有学者鼓吹“10+（1+1）+X”模式。其中，“10”是指东盟，“1+1”是指中国大陆与中国台湾之间先谈判并达成共识，而“X”则是为日本、美国等域外国家介入南海问题提供一定的政治空间。由此，台湾问题与南海问题一旦牵涉在一起，势必会急遽增加和平解决台湾问题、南海问题的复杂性与困难度。

本章小结

由前文的论述可知，迫于岛内政治现实及中日竞争态势加剧的考虑，安倍政府的政策新动向折射出其在台湾问题上的四个重要战略取向：①在台扶持一个“亲日派”政府，或者至少确保台湾新政府不会与其发生直接的政治冲突；②进一步强化对台影响力及控制力，并适度为台湾争取所谓“国际空间”；③深度介入台湾问题，并在南海问题上尝试构建日美台三边合作机制，为其抗衡中国积累战略筹码；④维持台海局势及两岸关系的现状。

另一方面，安倍政府对台政策的走向反映出日本保守势力的对台战略设想并没有、也不会发生根本性转变，“两面下注”仍是其基本特征，即，日本既想不断分享海峡两岸共同发展所创造的经济成果，又觊觎利用台湾“缓冲阀”的功能，牵制中国持续增强的地区及国际影响力[①]。

此外，就民进党有可能赢得2016年台湾选举一事，与其说安倍政府是在“盼”这一结果，毋宁说它是在“等”这一结果的来临，并且是“积极”地等，甚至在某些方面表现出“运筹帷幄”的自信。对此，我们应足够重视。

扩展阅读

“稳中求进”的2015年中日关系

2015年即将过去，回顾这一年中的中日关系，基本呈现“稳中求进”的发展态势。

首先，2015年的中日关系进入9·7撞船事件（2010年）发生以来的最佳状态。必须指出的是，此轮中日关系的重大转折点可以追溯至2010年的撞船事件。之前，因为以鸠山由纪夫为代表的日本民主党政府意图建构对等的日美关系，造成了美国的极度不满，进而迫使鸠山由纪夫挂冠而去，民主党政府的对美政策亦被迫改弦更张。与此同时，随着美国推进“亚太再平衡”战略，日本积极扮演着这一战略的辅助者，并借机实施自身的对外战略等。自此背景下，中日撞船事件的发生造成中日关系的急速转向，更造成双边在政治、经济、文化等各个领域的交流出现不同程度的停滞或降速。由是

① 陈友骏：《日本的新政治经济观》，北京：时事出版社，2013年4月，第361页。

观之，2015年的中日关系着实取得了较大发展，至少扭转了自撞船事件以来中日关系日渐疏远的趋势，并为未来的逐步“转暖”创造一定条件。

其次，双边再度实现了重要的首脑会谈（2015年4月万隆会议期间）。借2014年北京APEC峰会期间，中日双方终于打破僵局，实现习近平主席与安倍晋三首相的首次正式会面。以此为契机，2015年中国的习近平主席和李克强总理分别在不同场合，再度会晤了安倍首相。毋庸置疑，成功的首脑会谈释放了重要信号，对中日关系的推进与改善产生积极的促动效应。受其影响，中日双边的高层互动愈发密切。其中，不仅有中方杨洁篪国务委员的成功访日，日方也派出了自民党干事长谷垣祯一、总务会长二阶俊博、以及国家安全保障局局长谷内正太郎等多位高层领导访华，双方在执政党交流、政治合作、民间交往等具体议题上进行了广泛且深入的交流。

最后，双边争议问题得到一定管控。应该说，中日围绕钓鱼岛问题的争议在2015年逐步转入“常态化”，并且，双方在这一问题上也表现出一定克制。除此之外，中日两国均表现出积极改善双边关系的用意，这有利于解决或缓和其他的争议问题。

如上所述，中日关系在2015年中走出了一波趋稳向好的态势。尽管如此，中日双边的不确定因素仍有所增加，需要对其予以足够重视。

其一，中日经济上的相互背离现象日渐显著。值得注意的是，近些年部分在华日本企业已经撤离中国，同时日本对华投资也是连续多年大幅减少。据中国商务部公布的统计数据显示，2015年上半年日本对华投资减少16.3%，实际金额（不包括金融领域）仅为20.1亿美元。日本对华贸易及投资的大幅减少，致使中日间的经济联系日渐疏远，许多战略性的经济合作计划更是难以得到有效实施。

其二，中日在经贸战略层面的合作亟须破题。比如说，中国提出“一带一路”倡议之后，日本并没有给予积极的回应，不仅如此，针对中方合作筹建AIIB（亚洲基础设施投资银行）的倡议与举措，日本实则选择了“回避”的态度，最终也未能进入AIIB的创始成员国名单。与之相比，日本加大了对亚洲开发银行的扶持与投入，甚至觊觎借助亚洲开发银行为平台，实施日本主导的基础设施出口信贷等。受其影响，未来不排除在亚洲基础设施援建资金市场上出现“两极”对立的现象，这极易造成资源浪费和低经济效率。

另一方面，在构建新亚太经贸秩序问题上，中日双方的分歧也是较为明显的。就目前的日本安倍政府而言，它希望以美国主导的TPP规则为基础，构建适合于亚太经济合作新趋势的地区协定。但是，TPP规则是否适合整个亚太地区，是否能够被广大的亚太发展中国家所接受，其答案是显而易见的。对此，中方倡导以RCEP、中日韩自贸区等多个经济合作协议为基础，构建适用于亚太地区发展的、具有较强操作性的经贸合作规则。当然，这一规则的达成与实施，仍需要一定的时间。

综上所述，2015年的中日关系“稳中求进”，但不确定性因素也有所增加，需要引起两国有识之士的足够重视。

参考文献

一、中文

（一）中文著作、资料

白益民著:《三井帝国在行动：揭开日本财团的中国布局》，北京：中国经济出版社，2008年9月。

蔡亮:《获利于两岸之间：战后日本对华非正式“议员外交”研究》，广州：世界图书出版广东有限公司，2014年7月。

陈淮编著:《日本产业政策研究》，北京：中国人民大学出版社，1991年3月。

陈建安等著:《产业结构调整与政府的经济政策：战后日本产业结构调整的政策研究》，上海：上海财经大学出版社，2002年7月。

陈友骏:《日本的新政治经济观》，北京：时事出版社，2013年4月。

程恩富主编；张忠任著:《马克思主义经济思想史：日本卷》，上海：东方出版中心，2006年7月。

戴季陶著:《日本论》，北京：光明日报出版社，2011年6月。

丁敏著:《日本产业结构研究》，北京：世界知识出版社，2006年2月。

樊勇明著:《西方国际政治经济学》（第二版），上海：上海人民出版社，2006年8月第1版，2008年3月重印。

冯昭奎编著:《日本经济》，北京：高等教育出版社，2005年7月第2版。

冯玮著:《日本经济体制的历史变迁：理论和政策的互动》，上海：上海人民出版社，2008年。

复旦大学日本研究中心编:《日本政府在经济现代化过程中的作用》，复旦大学出版社，1995年4月。

黄亚南著:《安倍经济学：豪赌日本未来》，北京：东方出版社，2013年6月。

李少军主编:《国际战略学》，北京：中国社会科学出版社，2006年6月。

李秀石著:《日本新保守主义战略研究》，北京：时事出版社，2010年7月。

李秀石著:《日本教科书问题解剖：1868—2012》，上海：上海人民出版社，2013年。

廉德瑰:《美国与中日关系的演变（1949—1972）》，北京：世界知识出版社，2005年12月。

刘建飞著:《敌人 朋友 还是伙伴：中美日战略关系演变（1899—1999）》，北京：中央文献出版社，2000年1月。

刘建飞、林晓光著:《21世纪初期的中美日战略关系》，北京：中共中央党校出版社，2002年10月。

刘建飞主编、林晓光副主编:《政治文化与21世纪中美日关系》，北京：解放军出版社，2006年6月。

刘江永编译:《日本的股份公司制度》，北京：经济科学出版社，1993年7月。

刘江永著:《中日关系二十讲》，北京：中国人民大学出版社，2007年7月。

刘江永主编:《当代日本对外关系》，北京：世界知识出版社，2009年3月。

马文秀著:《日本贸易摩擦与日本产业结构调整》，北京：人民出版社，2010年5月。

任晓、胡永诰著:《中美日三边关系》，杭州：浙江人民出版社，2002年8月。

苏杭著:《日本中小企业发展与中小企业政策》，北京：中国社会科学出版社，2008年7月。

孙德刚著:《准联盟外交的理论与实践：基于大国与中东国家关系的实证分析》，北京：世界知识出版社，2012年8月。

孙执中主编:《战后日本财政》，北京：航空工业出版社，1988年12月。

孙政著:《战后日本新国家主义研究》，北京：人民出版社，2005年4月。

汤重南等编:《日本帝国的兴亡》（上、中、下卷），北京：世界知识出版社，2005年8月。

王海涛著:《日本改变中国》，北京：中国友谊出版公司，2009年11月。

王正毅、张岩贵著:《国际政治经济学：理论范式与现实经验研究》，北京：商务印书馆，2003年。

［美］亚历山大·温特（Wendt, A.）著，秦亚青译:《国际政治的社会理论》，上海：上海人民出版社，2008年1月第1版，2011年2月第2次印刷。

吴寄南著:《冷战后的日台关系》，上海：上海人民出版社，2009年8月。

吴寄南著:《新世纪日本对外战略研究》，北京：时事出版社，2010年9月。

伍福佐著:《亚洲能源消费国间的能源竞争与合作：一种博弈的分析》，上海：上海人民出版社，2010年。

徐万胜等著:《战后日本政治》，天津：南开大学出版社，2009年7月。

杨洁勉等著:《大磨合：中美相互战略和政策》，天津：天津人民出版社，2007年1月。

杨洁勉等著:《体系改组与规范重建：中国参与解决全球性问题对策研究》，上海：上海人民出版社，2012年5月。

尹晓亮著:《战后日本能源政策》，北京：社会科学文献出版社，2011年3月。

喻常森等编著:《当代亚太国际关系与地区合作》，广州：中山大学出版社，2008年1月。

郁志荣著:《东海维权：中日东海·钓鱼岛之争》，上海：文汇出版社，2012年11月。

袁明主编；朱明权副主编:《国际关系史》，北京：北京大学出版社，2005年5月。

张百新主编:《钓鱼岛是中国的》，北京：新华出版社，2012年9月。

张才国著:《新自由主义意识形态》，北京：中央编译出版社，2007年

11月。

张德广主编:《全球金融危机与中国外交》，北京：世界知识出版社，2009年3月。

张季风著:《日本经济概论》，北京：中国社会科学出版社，2009年3月。

张历历著:《百年中日关系》(杨闯、周启朋主编：百年中外关系系列丛书)，北京：世界知识出版社，2006年9月。

张篷舟主编:《中日关系五十年大事记(1932—1982)》，北京：文化艺术出版社，2006年9月。

张仕荣著:《21世纪初期中美日安全关系中的台湾问题》，北京：九州出版社，2010年1月。

赵全胜著:《大国政治与外交：美国、日本、中国与大国关系管理》，北京：世界知识出版社，2009年4月。

(二)中文译著

[美]戴维·E. 阿普特著；陈尧译:《现代化的政治》，上海：上海人民出版社，2011年1月。

[美]露丝·本尼狄克特著，北塔译:《菊与刀》，上海：上海三联书店，2007年11月。

[美]B. 盖伊·彼得斯著，王向民、段红伟译:《政治科学中的制度理论："新制度主义"》(第2版)，上海：上海人民出版社，2011年6月。

[美]贾恩弗朗哥·波齐著，陈尧译:《国家：本质、发展与前景》，上海：上海人民出版社，2007年11月第1版。

[美]兹比格纽·布热津斯基著，中国国际问题研究所译:《大棋局：美国的首要地位及其地缘战略》，上海：上海人民出版社，2007年1月。

[英]巴里·布赞著，刘永涛译:《美国和诸大国：21世纪的世界政治》，上海：上海人民出版社，2007年1月第1版。

[英]巴里·布赞、[丹]奥利·维夫著，潘忠岐等译:《地区安全复合体与国际安全结构》，上海：上海人民出版社，2010年1月第1版。

[日]大前研一著，郑礼琼译:《应对中国：日本经济对策》，青岛：青

岛出版社，2010年12月。

［日］大前研一著，陈鸿斌译：《真实的日本》，青岛：青岛出版社，2010年12月。

［日］大前研一著，侯为译：《日本的未来》，青岛：青岛出版社，2010年12月。

［日］大畑笃四郎著，梁云祥、颜子龙、李静阁译：《简明日本外交史》，北京：世界知识出版社，2008年12月。

［日］丹羽宇一郎著，郎颖、葛建敏译：《新·日本开国论》，北京：法律出版社，2012年6月。

［美］彼得·F. 德鲁克、［日］中内功著，林克译：《德鲁克看中国和日本》，北京：东方出版社，2009年1月。

［日］渡边京二著，杨晓钟等译：《看日本：逝去的面影》，陕西人民出版社，2009年1月第1版。

［美］玛莎·芬尼莫尔著，袁正清译：《国际社会中的国家利益》，上海：上海人民出版社，2012年2月。

［美］高柏著，安佳译：《经济意识形态与日本产业政策：1931—1965年的发展主义》，上海：上海人民出版社，2008年5月。

［美］肯尼思·华尔兹著，信强译：《国际政治理论》，上海：上海人民出版社，2008年8月。

［美］罗伯特·吉尔平著，杨宇光、杨炯译：《全球政治经济学：解读国际经济秩序》，上海：上海人民出版社，2006年1月第1版。

［美］罗伯特·吉尔平著，杨宇光等译：《国际关系政治经济学》，上海：上海人民出版社，2011年10月第2版。

［美］罗伯特·基欧汉著，苏长和、信强、何曜译：《霸权之后：世界政治经济中的合作与纷争》，上海：上海人民出版社，2012年1月第2版（增订版），2012年1月第1次印刷。

［日］京极纯一著，黄大慧、徐园译：《日本政治》，北京：商务印书馆，2013年1月。

［美］彼得·卡赞斯坦等编，秦亚青等译：《世界政治理论的探索与争

鸣》，上海：上海人民出版社，2006年1月第1版。

［美］科恩著，杨毅、钟飞腾译:《国际政治经济学》，上海：上海人民出版社，2010年6月。

［日］柳原修著，邢文柱、邢文良译:《日本的国会与政治》，北京：中国广播电视出版社，2008年1月。

［美］阿尔弗雷德·塞耶·马汉著，熊显华编译:《大国海权》，南昌：江西人民出版社，2011年7月。

［美］阿尔弗雷德·塞尔·马汉著，范祥涛译:《亚洲问题及其对国际政治的影响》，上海：上海三联书店，2007年1月。

［美］卡伦·明斯特、［美］伊万·阿雷奎恩—托夫特著，潘忠岐译:《国际关系精要：第5版》，上海：上海人民出版社，2012年10月第1版。

［美］汉斯·摩根索著，［美］肯尼斯·汤普森（Thompson, K.W.）改编，孙芳、李晖译:《国家间政治》，海口：海南出版社，2008年9月。

［美］诺思著，厉以平译:《经济史上的结构和变革》，北京：商务印书馆，1992年10月第1版，2013年12月北京第8次印刷。

［美］道格拉斯·C.诺思著，杭行译:《制度、制度变迁与经济绩效》，上海：格致出版社、上海人民出版社，2014年4月。

［美］三好将夫著，李宝洵、王义国译:《日美文化冲突》，北京：中国社会科学出版社，2008年7月。

［日］五百旗头真主编，吴万虹译:《新版战后日本外交史：1945—2005》，北京：世界知识出版社，2007年2月。

［英］克里斯托弗·希尔著，唐小松、陈寒溪译:《变化中的对外政策政治》，上海：上海人民出版社，2007年7月。

［美］鲁德拉·希尔、［美］彼得·卡赞斯坦著，季玲译:《超越范式：世界政治研究中的分析折中主义》，上海：上海人民出版社，2013年1月第1版。

［美］W.菲利普斯·夏夫利著，郭继光等译:《政治科学研究方法：第八版》，上海：上海人民出版社，2012年第1版。

［日］中曾根康弘著，联慧译:《日本二十一世纪的国家战略》，海口：海南出版社、三环出版社，2004年3月。

[日]中曾根康弘著，王晓梅译；王柯审校:《政治与人生》，北京：东方出版社，2008年5月。

[日]竹内宏著，吴京英译:《日本现代经济发展史》，北京：中信出版社，1993年5月。

（三）中文论文、新闻报道

巴殿君、李丽静:《论日本与中国台湾地区的经贸关系及其特征》，载《现代日本经济》，2007年第6期，第48—52页。

白妙珍、张克勇、向洪金:《由美日技术贸易分析日本的经济实力》，载《未来与发展》，2010年第11期，第105—109页。

包家赫:《日本应对日美贸易摩擦的启示》(刘江永主编:《当代日本对外关系》，北京：世界知识出版社，2009年3月)，第123—163页。

包霞琴、吴文龙:《日本防卫计划大纲的新变化与中日关系》，载《复旦国际关系评论》，2012年，第167—185页。

蔡亮:《后日元贷款时代日本对华ODA的特征、影响及走势》，载《国际论坛》，第13卷第5期，2011年9月，第31—37页。

蔡亮:《野田内阁加入TPP的战略意图探析》，载《江南社会学院学报》，第14卷第1期，2012年3月，第32—35、53页。

蔡亮:《新轴心时代与和谐世界理念》，载《创新》，第6卷第2期，2012年，第21—24页。

蔡亮:《日本"新国家主义"派的对外战略构想与困境》，载《现代国际关系》，2012年第7期，第11—16、22页。

蔡亮:《试析农业利益集团对日本政治的影响：兼论"农协"在反TPP活动中的政治影响力》，载《日本学刊》，2012年第5期，第81—94页。

蔡拓:《当代中国国际定位的若干思考》，载《中国社会科学》，2010年第5期，第121—136页。

蔡拓、曹亚斌:《新政治发展观与全球治理困境的超越》，载《教学与研究》，2012年第4期，第47—55页。

曹嘉涵:《美国液化天然气出口前景与中国》，载《现代国际关系》，

2013年第6期，第56—62页。

曹建民、霍灵光、张越杰:《日本肉牛产业政策的经济分析与启示》，载《中国农村经济》，2011年3月，第91—96页。

陈波:《日美同盟与冷战前期美国在日本本土及琉球群岛的核部署》，载《日本学刊》，2010年第4期，第44—52页。

陈波:《日美再度博弈冲绳》，载《太平洋学报》，第18卷第10期，2010年10月，第50—55页。

陈奉林:《池田勇人内阁时期的日台关系》，载《国际论坛》，第6卷第6期，2004年11月，第48—53页。

陈凤英:《新兴经济体与21世纪国际经济秩序变迁》，载《外交评论》，2011年第3期，第1—15页。

陈李莉:《中日两国产业内贸易及其影响因素分析》，载《亚太经济》，2006年第5期，第72—75页。

陈其慎、王高尚、王安建:《日本能源安全保障分析》，载《改革与战略》，第26卷第2期，2010年，第174—177页。

陈素权:《二十国集团在全球金融与经济治理中的角色分析》，载《世界经济与政治论坛》，2009年第4期，第1—7页。

陈友骏:《金融危机下的日本亚洲经济合作战略》，载《亚太经济》，2010年第1期，第35—39、64页。

陈友骏:《日本企业转移的“亚洲化”趋势分析》，载《东北亚学刊》，2012年第2期，第45—50页。

陈子雷:《关于日本经济长期停滞理论与政策的思考》，载《现代日本经济》，2008年第3期，第1—6页。

陈作章:《日元升值和国际金融危机对日本经济的影响》，载《日本研究》，2011年第2期，第40—44页。

池元吉、田中景:《试析日本亚太战略中的几个问题》，载《日本学刊》，1996年第1期，第38—49页。

储召锋:《从新“防卫计划大纲”看日本安全战略的调整方向》，载《外国问题研究》，2011年第1期，第42—47页。

崔健:《日本引进外国直接投资与经济结构改革》，载《现代日本经济》，2005年第5期，第1—5页。

崔世广:《90年代日本的社会思潮浅析》，载《日本学刊》，2001年第2期，第92—109页。

崔世广:《战后日本社会思潮的结构解析》，载《日本研究》，2008年第1期，第12—16页。

[日]大田一广:《战后日本的宏观经济特质：基于历史的回顾》，载《国际经贸探索》，第27卷第9期，2011年9月，第4—10页。

丁敏:《民主党政权零核政策主张引发日本能源战略混战》，载《东北亚学刊》，2013年第3期，第25—27页。

樊柳言、曲德林:《福岛核事故后的日本能源政策转变及影响》，载《东北亚学刊》，2012年第2期，第58—61页。

樊勇明:《日本经济复苏和东亚合作》，载《日本学刊》，2004年第6期，第96—110页。

樊勇明、贺平:《经贸摩擦与大国崛起：日美经济战对中国的启示》，载《日本学刊》，2006年第3期，第99—110页。

樊勇明、贺平:《中国是多边贸易体制的积极建设者》，载《复旦学报》（社会科学版），2006年第6期，第25—35页。

樊勇明、贺平:《日美贸易摩擦对日本国内改革的影响》，载《现代日本经济》，2009年第1期，第25—30页。

樊勇明:《贸易摩擦与新兴大国的成长：基于日美经贸摩擦和中美经贸摩擦比较研究的思考》，载《国际观察》，2011年第2期，第65—72页。

冯昭奎:《日本经济：泡沫的阴影 改革的阵痛》，载《世界经济与政治》，1998年第3期，第27—33页。

冯昭奎:《发展与世界潮流相一致的中日关系：兼论中美博弈对中日关系的影响》，载《日本学刊》，2010年第6期。

冯昭奎:《21世纪初国际能源格局及今后的中长期变化：兼论日本能源安全的出路与困境》，载《国际安全研究》，2013年第6期，第98—123页。

冯玮:《从“满蒙领有论”到“大东亚共荣圈”：对日本殖民扩张主义的

再认识》，载《抗日战争研究》，2002年第2期，第116—131页。

冯正强、李丽萍:《关于日本对华直接投资贸易效应的实证分析》，载《亚太经济》，2008年第1期，第66—69页。

傅钧文:《中国加入WTO以来中日国际分工格局的变化：以汽车及其零部件产业内贸易为例》，载《世界经济研究》，2011年第11期，第3—7页。

付丽:《G20 经济失衡指标对日本经济的影响》，载《国际经济合作》，2011年第9期，第34—37页。

付丽颖、刘力臻:《日美经济关系失衡与日元国际化政策》，载《外国问题研究》，2012年第1期，第49—52页。

付瑞红:《日本能源安全的国内体制保障与启示》，载《国际关系学院学报》，2009年第6期，第41—45、68页。

甘峰:《日本的“战后”与40年体制》，载《东北亚论坛》,1996年第4期，第73—76页。

甘峰:《“亲美入亚”与冷战后的日本亚太战略选择》，载《浙江大学学报》(人文社会科学版)，第31卷，第4期，2001年7月，第147—153页。

高洪:《日本民族主义政治家言行的哲学透视》，载《日本学刊》，2002年第6期，第88—104页。

高洪:《试论当代日本政治中的“民族保守主义”》，载《日本研究》，2006年第1期，第35—41页。

高兰:《21世纪日本自由主义外交战略思想解读：以“地球贡献国家”论为中心》，载《日本学刊》，2008年第5期，第25—37页。

高兰:《日本海洋战略的发展及其国际影响》，载《外交评论》，2012年第6期，第52—69页。

高晓霞、钱再见:《论日本政治文化的内在冲突及其社会心理根源》，载《南京师大学报》(社会科学版)，第5期，2010年9月，第36—41页。

高新涛:《日印近期强化战略合作的深层背景与影响》，载《东北亚论坛》，2011年第2期，第82—88页。

辜庆志:《亚太“和谐”与中国的和平发展战略》，载《当代世界与社会主义》，2008年第4期，第91—93页。

贡慧、陈建安:《日本政府财政支出的经济增长效应及启示》，载《当代财经》，2012年第2期，第43—50页。

龚娜:《日美安保体制中的冲绳问题》，载《外国问题研究》，2010年第2期，第68—71页。

郭丽:《金融危机影响下日本对亚洲经济合作新战略》，载《亚太经济》，2011年第5期，第14—16页。

郭丽立:《日美同盟与日本的军事大国化》，中国人民解放军外国语学院硕士学位论文，2005年。

韩玉贵、马伟涛:《新时期日本新保守主义的发展及对中日关系的影响》，载《南京师大学报》(社会科学版)，2005年第2期，第57—61页。

贺平:《日美贸易摩擦中的美国“对日修正主义”研究》，载《世界经济研究》，2008年第1期，第72—78页。

贺平:《规制缓和中的双层博弈：以日本〈大店法〉为例》，载《日本学刊》，2009年第2期，第71—84页。

贺平:《美日FTA/EPA：进程、焦点、前景》，载《东北亚论坛》，第18卷第5期，2009年9月，第40—47页。

贺平:《日本的东亚合作战略评析：区域性公共产品的视角》，载《当代亚太》，2009年第5期，第102—122页。

贺平:《多边贸易体制下日美贸易争端解决机制研究》，载《复旦学报》(社会科学版)，2009年第6期，第91—97页。

贺平:《日美贸易摩擦中三大谈判机制的对比研究》，载《东北亚论坛》，第19卷第5期，2010年9月，第74—81页。

贺平:《日美贸易摩擦中的外压与政策协调》，载《日本学刊》，2011年第3期，第69—83页。

贺平:《区域性公共产品与东亚的功能性合作：日本的实践及其启示》，载《世界经济与政治》，2012年第1期，第34—48页。

贺平:《贸易摩擦争端解决中的“国进民退”：以丰田公司为例》，载《现代日本经济》，2012年第1期，第61—68页。

贺平:《日本参加TPP谈判的战略意图与政策论争》，载《日本学刊》，

2012年第4期，第34—49页。

贺平:《区域性公共产品、功能性合作与日本的东亚外交》，载《外交评论》，2012年第6期，第99—112页。

贺平:《地区主义还是多边主义：贸易自由化的路径之争》，载《当代亚太》，2012年第6期，第129—153页。

贺平:《从CEPEA到RCEP：日本对亚太区域经济合作的战略转向》，载《日本学刊》，2013年第2期，第69—86页。

何晓松:《日本两大保守政党制的流变：日本的新保守主义集权》，载《世界经济与政治论坛》，2009年第2期，第40—43页。

何晓松:《从中曾根康弘到麻生太郎：解析日本民族保守主义人物谱系》，载《当代世界》，2009年3月，第27—29页。

何一鸣:《日本的能源战略体系》，载《现代日本经济》，2004年第1期，第50—54页。

何英莺:《从日本ODA政策的调整看日本外交战略的变化》，载《太平洋学报》，2004年第12期，第88—96页。

侯力、秦熠群:《日本工业化的特点及启示》，载《现代日本经济》，2005年第4期，第35—40页。

黄付生、魏凤春:《日本经济结构转型与产业升级路径研究》，载《现代日本经济》，2010年第2期，第9—14页。

江瑞平:《法人垄断资本主义：关于日本模式的一种解析》，载《中国社会科学》，1998年第5期，第146—161页。

江瑞平:《当前日本经济回升的态势、动因、问题与前景》，载《日本学刊》，2010年第5期，第47—60页。

江瑞平:《东日本大地震对日本经济的深广影响》，载《日本学刊》，2011年第4期，第3—16页。

金柏松:《从“遗传基因”发现日本经济“病因”：兼论安倍经济政策效果》，载《东北亚论坛》，2014年第2期，第98—111页。

李刚:《现实主义传统中的“国家至上”原则》，载《国际论坛》，第8卷第6期，2006年11月，第6—9页。

李广民、王连文:《三维棱镜下的日美同盟》，载《日本学刊》，2008年第2期，第50—62页。

李薇:《对2010年中日关系的看法和改善两国关系的建议》，载《日本学刊》，2011年第1期，第3—7页。

李亚芬、李由之:《日本：经济基本面出现好转迹象》，载《国际金融》，2012年3月，第31—34页。

李秀石:《解读日本“新福田主义”》，载《国际问题论坛》2008年秋季号，第28—38页。

李秀石:《试析日本亚太外交战略》，载《现代国际关系》,2009年第1期，第13—19页。

廉德瑰:《日本对东南亚的政治“切入”》，载《日本学刊》，2010年第4期，第32—43页。

刘昌黎:《金融危机对日本经济的冲击及其对策与前景》，载《现代日本经济》，2009年第5期，第1—7页。

刘赐贵:《发展海洋合作伙伴关系 推进21世纪海上丝绸之路建设的若干思考》，载《国际问题研究》，2014年第4期，第1—8页。

刘红、胥鹏:《安倍经济学能否破解日本经济难题》，载《日本研究》，2014年第1期，第1—7页。

刘江永:《论日本的“价值观外交”》，载《日本学刊》，2007年第6期，第46—59页。

刘江永:《国际格局演变与未来的中美日关系》，载《日本学刊》，2010年第1期，第3—20页。

刘强:《论日本国家安全战略调整：基于日本战略文化和战略意愿的视角》，载《国际观察》，2009年第5期，第45—51页。

刘瑞:《日元国际化困境的深层原因》，载《日本学刊》，2012年第2期，第96—111页。

刘兴坤:《日本对华直接投资贸易效应的实证分析：以电气机械产业为例》，载《现代日本经济》，2013年第4期，第25—34页。

刘轩、王宇擎、杨森:《战后日本经济变动的新古典分析》，载《现代日本经济》，2010年第3期，第8—13页。

刘自强:《国际格局与日美经济竞争态势的演变》，载《东北亚论坛》，第17卷第6期，2008年11月，第43—48页。

卢岩、王蕴:《东北亚能源合作与日本外交政策》，载《当代亚太》，2005年第6期，第25—31页。

栾雅钧:《萧条的日本经济与困境中的凯恩斯主义》，载《世界经济研究》，2000年第5期，第73—77页。

罗丽:《日本能源政策动向及能源法研究》，载《法学论坛》，第22卷第1期，2007年1月，第136—144页。

吕耀东:《日本“总体保守化”及其相关概念解析》，载《日本学刊》，2004年第4期，第21—38页。

吕耀东:《试析日本的民族保守主义及其特性》，载《日本学刊》，2006年第5期，第5—15页。

吕耀东:《洞爷湖八国峰会与日本外交战略意图》，载《日本学刊》，2008年第6期，第14—26页。

吕耀东:《参议院选举后日本外交政策走向》，载《日本学刊》，2010年第5期，第16—19页。

马千里:《日本新海洋安全战略中的对台政策》，载《太平洋学报》，第20卷第4期，2012年4月，第91—98页。

马相东:《后危机时代日本经济外交的战略转型及其启示》，载《新视野》，2011年2月，第77—79页。

马彦、陈伟远:《战后日本中东石油战略的调整及其启示》，载《阿拉伯世界》，2004年第4期，第11—14页。

门洪华:《中国东亚战略的展开》，载《当代亚太》，2009年第1期，第54—67页。

明廷权:《浅析日本对台政策的对美依附性》，载《社会主义研究》，2007年第2期，第143—145页。

倪月菊:《“安倍经济学”的出口促进效果评析》，载《日本学刊》，2014年第1期，第103—118页。

钮松、王九思:《冷战时期日本的中东政策及其困境》，载《日本研究》，2011年第4期，第80—84页。

庞德良:《日本控股公司解禁论》，载《外国问题研究》，1998年第1期，第20—23页。

庞中鹏:《试析近年来不断深化的日印关系：兼从日印能源合作的视角》，载《日本学刊》，2011年第1期，第52—64页。

庞中鹏:《野田访美与日美能源合作》，载《日本学刊》，2012年第3期，第35—41页。

平力群:《日本经济危机对策与产业结构调整：以产业政策范式的影响为视角》，载《日本学刊》，2011年第2期，第96—111页。

钱建南:《日本国家安全战略及对我国的影响》，载《世界经济与政治》，1987年第11期，第35—37页。

屈彩云:《日澳安全关系探析》，载《太平洋学报》，第19卷第2期，2011年2月，第49—57页。

屈彩云:《试析冷战后的日澳安全关系》，载《国际论坛》，第13卷第3期，2011年5月，第14—19页。

伞锋、张晓兰:《安倍经济学能拯救日本经济吗？》，载《东北亚论坛》，2014年第1期，第75—84页。

尚琳:《日本能源政策：演进与构成》，载《经济经纬》，2006年第5期，第51—53页。

邵志勤:《日本经济走强与东亚地区竞争力》，载《现代日本经济》，2007年第1期，第35—39页。

沈海涛:《东北亚和谐区域的构建与日本外交的课题》，载《现代日本经济》，2006年第6期，第58—62页。

束必铨:《日本海洋战略与日美同盟发展趋势研究》，载《太平洋学报》，第19卷第1期，2011年1月，第90—98页。

[日]榊原英资:《日本为何难以推进结构性改革》，载《国际经济评论》，2002年3—4月，第5—7页。

宋运肇:《融资方式和日本的企业集团》，载《复旦学报》(社会科学版)，

1991年第4期，第24—30页。

宋磊:《样板与对手：日本经济模式论之于中国经济模式论》，载《日本学刊》，2014年第1期，第89—102页。

苏杭:《日本的“贸易投资立国”战略探析》，载《日本学刊》，2008年第3期，第52—64、158页。

孙川:《日本产业空洞化与中小企业困境》，载《经济研究参考》，2003年第67期，第38—43页。

孙伶伶:《日本修宪与民族保守主义思潮》，载《当代亚太》，2007年第3期，第3—11页。

孙伶伶、高洪:《新世纪中的日本改宪：从宪法调查会走向宪法审查会的政治过程》，载《日本研究》，2007年第3期，第8—16页。

孙明贵:《日本对东南亚投资和贸易的战略变化》，载《现代日本经济》，2004年第3期，第20—25页。

孙世春:《日本经济发展滞后的制度性因素》，载《日本研究》，2010年第2期，第1—6页。

孙章伟:《日本扩大内需消费的制度安排研究》，载《日本学刊》，2012年第2期，第81—95页。

唐国兴:《安倍经济学下的日本经济分析与展望》，载《新金融》，2014年第5期，第34—38页。

唐杰英:《日本对外直接投资的贸易效应及其启示》，载《世界经济研究》，2009年第12期，第65—86页。

田庆立、程永明:《日本外交中的机会主义与对华行动选择》，载《东北亚论坛》，第17卷第6期，2008年11月，88—92页。

田中景:《对“安倍经济学”的历史考察》，载《现代日本经济》，2013年第6期，第13—21页。

佟东:《中日经济相互依赖性对中国产业安全的影响研究》，载《东北亚论坛》，2011年第6期，第68—75页。

佟家栋、刘钧霆:《中日制造业产业内贸易发展态势的实证研究》，载《国际贸易问题》，2006年第1期，第5—9页。

桐声:《当代日本政治中的民族保守主义》，载《日本学刊》，2004年第3期，第1—3页。

王爱兰:《中国与日本“静脉产业”发展比较研究》，载《东北亚论坛》，第18卷第5期，2009年9月，第26—30页。

王公龙:《从“远东条款”到“周边事态”：亚太格局的转换与日本对台湾海峡防卫政策的调整》，载《世界经济与政治》，1999年第8期，第58—61页。

王公龙:《日本对台政策调整中的美国因素》，载《日本学刊》，1999年第6期，第32—42页。

王海滨:《从日澳“安保关系”透析日本安全战略新动向》，载《日本学刊》2008年第2期，第39—49页。

王海滨 、蔡亮:《民主党执政后的日本对台政策动向探析》，载《国际论坛》，第12卷第2期，2010年3月，第46—50页。

王海滨:《民主党执政后的日台关系动向探析》，载《世界政治与经济论坛》，2010年第2期，第120—129页。

王金辉、安成日:《二战后日美之间的冲绳行政权归还交涉》，载《外国问题研究》，2011年第2期，第49—55页。

王锐、刘霞:《新世纪日本能源安全战略及其启示》，载《经济经纬》，2007年第6期，第41—44页。

王珊:《日本中东能源外交简析》，载《现代国际关系》，2004年第3期，第49—50页。

王珊:《简析日本因应美新军事战略调整的举措》，载《现代国际关系》，2012年第4期，第28—32页。

王绍媛、吕春生:《日本能源海上通道中的美国因素分析》，载《东北财经大学学报》，2012年第4期，第27—32页。

王秀英:《论中日东海大陆架和专属经济区划界》，载《理论月刊》，2008年第9期，第156—158页。

王爽:《日本对外投资新趋势及对我国的影响》，载《东岳论坛》，第32卷第2期，2011年2月，第146—150页。

王伟军:《"9·11"事件对日本经济结构改革的影响》，载《国际观察》，2002年第1期，第23—26页。

王伟军:《试析日本的国际能源战略》，载《世界经济研究》，2006年第3期，第84—89页。

王希亮:《论80年代以来日本军国主义史观的泛滥同新保守主义的关联》，载《抗日战争研究》，2000年第3期，第169—185页。

王允贵:《面向21世纪的日本经济结构调整：兼论对中国经济改革的启示》，载《亚太经济》，1998年第4期，第13—16页。

王志刚、周永刚、钱成济:《经济刺激计划能否将日本带出通货紧缩泥沼?：基于安倍经济学的政策效果评价》，载《教学与研究》，2014年第3期，第12—20页。

汪诗明:《论日澳建设性伙伴关系的形成》，载《日本学刊》，2007年第2期，第5—15页。

汪诗明:《澳日关系：由"建设性伙伴关系"到准同盟——兼评澳日〈防务与安全声明〉的签署》，载《现代国际关系》,2007年第8期，第27—31页。

魏磊、张汉林:《日本经济新增长战略评析与借鉴》，载《东北亚论坛》，2011年第2期，第89—97页。

魏全平:《中日经贸关系的现状与变化:"东亚共同体"倡议的背景》，载《亚太经济》，2010年第2期，第49—52页。

韦民:《论日本与东盟的相互认知及双边关系的演进》，载《国际政治研究》，2009年第1期，第24—43页。

武心波:《试析"安倍外交学"与"安倍经济学"一体两面的战略互动关系》，载《日本学刊》，2014年第1期，第70—88页。

吴怀中:《日本的政治思潮与对华政策：论新世纪日本"民族保守主义"的影响》，载《国外理论动态》，2009年第3期，第37—40页。

吴怀中:《安倍"战略外交"及其对华影响评析》，载《日本学刊》，2014年第1期，第46—69页。

吴寄南:《新世纪日本对台政策调整的背景及其影响》，载《台湾研究集刊》，2006年第3期，第25—33页。

吴寄南:《浅析智库在日本外交决策中的作用》，载《日本学刊》，2008年第3期，第16—28页。

乌兰图雅:《“普天间问题”与日本民主党政权的应对》，载《日本研究》，2010年第3期，第61—64页。

夏斯婷:《论日本经济的二重结构》，复旦大学硕士学位论文，2010年5月17日。

向前:《日本应对GATT/WTO体制的策略探析》，载《日本学刊》，2008年第5期，第51—64页。

项卫星、刘晓鑫:《日美经济关系的失衡及其教训》，载《现代日本经济》，2008年第6期，第1—5页。

小坂直人:《福岛核电事故与日本能源政策的走向》，载《日本研究》，2011年第3期，第37—41页。

邢国宏:《冷战后日本国家安全战略的调整分析》，华中师范大学硕士学位论文，2003年5月。

许培源、汤静:《中日产业内贸易及其影响因素研究》，载《国际经贸探索》，第25卷第10期，2009年10月，第22—28页。

徐梅:《关于日美贸易摩擦中汇率问题的思考》，载《日本学刊》，2010年第5期，第61—72页。

徐平、金明善:《“赶超后”现象：对日本经济持续低迷原因的另一种解释》，载《世界经济与政治》，2004年第1期，第65—69页。

薛军:《论日本在华跨国公司R&D投资》，载《太平洋学报》，2004年第9期，第73—83页。

杨宁一:《战后日本民族主义的演变：兼对“新民族主义”概念的质疑》，载《北京师范大学学报》(社会科学版)，2006年第1期，第101—107页。

杨扬:《日美同盟与东亚区域合作》，载《国际关系学院学报》，2009年第3期，第12—17页。

易宪容:《“安倍经济学”效果及影响的理论分析》，载《国际金融研究》，2013年第6期，第14—23页。

尹晓亮:《世界能源形势与日本新国家能源战略》，载《东北亚论坛》，

第16卷第5期，2007年9月，第104—109页。

尹晓亮:《日本构筑能源安全的政策选择及其取向》，载《现代日本经济》，2008年第2期，第20—25页。

尹晓亮:《日本能源外交与能源安全评析》，载《外交评论》，2012年第6期，第82—98页。

尹晓亮:《福岛核危机对日本“核电”产业的影响》，载《南开日本研究2013》，第141—150页。

尹小平、王海旭:《日本产业结构演进路径及启示》，载《学习与探索》，2012年第2期，第116—118页。

余炳雕、胡方:《日美经济摩擦的“小宫理论”及其启示》，载《现代日本经济》，2006年第1期，第1—4页。

俞培果:《日本能源政策抉择及其对我国的启示》，载《现代日本经济》，2012年第6期，第34—41页。

于潇:《日本天然气市场开发及其对我国的启示》，载《现代日本经济》，2005年第3期，第53—56页。

袁长军:《日本危机对全球经济和中国经济的影响分析》，载《国际贸易》，2011年第4期，第41—43页。

翟新:《日本非政府组织的对外政策研究活动：以日本国际论坛为例》，载《日本学刊》，2009年第3期，90—98页。

臧志军:《论日本的新保守集权改革》，载《国际观察》，2006年第1期，第9—16页。

张伯玉:《从大选看当代日本政治中的民族保守主义》，载《日本学刊》，2005年第6期，第23—35页。

张光:《财政政策失误与日本经济萧条》，载《日本学刊》,2005年第2期，第53—66页。

张广宇:《冷战后日本保守主义的新趋势》，载《国际政治研究》，2001年第2期，第135—141页。

张季风:《日本加入关贸总协定与对外开放经济体制的确立》，载《外国问题研究》，1994年第3期，第19—23页。

张季风:《金融危机冲击下的日本经济》，载《亚非纵横》,2009年第3期，第19—25页。

张季风:《凯恩斯主义的“复活”与后金融危机时期的日本经济》，载《日本学刊》，2009年第5期，第31—44页。

张季风:《东日本大地震对日本经济与世界经济的影响》，载《现代日本经济》，2011年第4期，第1—9页。

张季风:《3·11大地震对日本经济的影响》，载《日本研究》，2011年第3期，第4—9页。

张季风:《日本能源战略调整及中日能源领域的竞争与合作》，载《东北亚学刊》，2013年第3期，2013年5月，第28—30页。

张进山:《当代日本的民族保守主义：生成、概念和释疑》，载《日本学刊》，2007年第3期，第5—21页。

张景全:《金融危机对日美同盟的影响》，载《日本学刊》,2010年第3期，第28—38页。

张磊:《国际金融危机对日本经济的影响及启示》，载《日本研究》，2010年第1期，第100—102页。

张乃丽、刘兴坤:《后危机时代中日经贸结构的动态演变》，载《山东社会科学》，2010年第11期，第81—85页。

张乃丽、牟小楠:《战后中日主导产业与非主导产业的政策比较：基于产业政策史的视角》，载《山东大学学报》(哲学社会科学版)，2010年第5期，第47—53页。

张乃丽、蔡俏:《“安倍经济学”传递机制中的企业投资研究》，载《国际经贸探索》，第29卷第10期，2013年10月，第106—116页。

张绍铎:《日本的中东研究：以“日本中东学会年报“为例》，载《阿拉伯世界研究》，2009年第5期，2009年9月，第41—46页。

张绍铎:《1973年石油危机与日本中东政策的调整》，载《阿拉伯世界研究》，2010年第3期，2010年5月，第19—26页。

赵放、李季:《中日双边产业内贸易及影响因素实证研究》，载《世界经济研究》，2010年第10期，第35—40、50页。

赵光瑞:《日本贸易自由化对我国入“关”的启示》，载《日本研究》，1994年第2期，第12—15页。

赵亮:《日印关系升温背后的美国因素》，载《亚非纵横》,2007年第3期，第20—25页。

赵磊:《日本参与联合国维和行动的历史脉络及特征分析》，载《教学与研究》，2012年第3期，第79—86页。

赵旭梅:《日本经济复苏中的东亚因素》，载《亚太经济》,2007年第5期，第68—72页。

郑蔚:《“安倍经济学”的背景、机理及风险探析》，载《东北亚学刊》，2013年第5期，第31—36页。

郑文文、曲德林:《后核时代日本能源政策走向的三方动态博弈分析》，载《日本学刊》，2013年第4期，第90—104页。

郑昕:《试论日美同盟对日本能源安全的双重作用》，载《理论界》，2012年第5期，第208—209、213页。

郑毅:《试析日本新保守主义思潮的流变》，载《历史教学问题》，2007年第2期，第18—23页。

中国驻日本使馆经参处:《日本经济结构调整与提高产业竞争力的战略对策》，载《宏观经济研究》，2002年第10期，第56—59页。

周晨、陈作章:《日元汇率波动对日本对外投资影响的实证分析：基于日本19个行业1971—2007年的面板数据》，载《日本问题研究》，2009年第4期，第6—12页。

周士新:《东亚参与全球经济治理的发展前景》，载《亚太经济》，2011年第4期，第3—7页。

朱海燕:《“安倍经济学”解析》，载《现代日本经济》，2013年第6期，第22—29页。

朱晓琦:《日本能源战略中的东南亚取向》，载《太平洋学报》，第20卷第5期，2012年5月，第64—71页。

朱艳圣:《冷战以后日本新保守主义的发展及日本政治的发展趋势》，载《当代世界与社会主义》，2001年第5期，第39—43页。

卓勇良:《日本对外投资格局的变化》，载《世界经济》，1997年第9期，第46—51页。

二、日文

（一）日文著作、资料

安倍晋三:『美しい国へ』、文春新書524、株式会社文藝春秋、2006年7月20日第1刷発行。

秋山憲治:『日米通商摩擦の研究』、同文館、1994年12月20日。

浅井信雄:『米中が鍵を握る東アジア情勢』、青春出版社、2007年8月15日。

天児慧:『中国とどう付き合うか』、NHKブックス（984）、日本放送出版協会、2003年10月30日第1刷発行。

『朝日新聞』

アリフィン・ベイ著；小林路義編:『アジア太平洋の時代』、中央公論社、1987年12月。

有馬哲夫:『中傷と陰謀：アメリカ大統領狂騒史』、株式会社新潮社、2004年10月20日。

池田維:『日本・台湾・中国　築けるか　新たな構図』、株式会社産経新聞出版、2010年9月24日。

市村真一編著:『日本企業インアジア』、東洋経済新報社、1980年7月31日第1刷発行、1982年10月15日第2刷発行。

伊藤潔:『台湾』、中公新書1144、中央公論社、1993年8月25日発行。

伊藤元重＋伊藤研究室:『通商摩擦はなぜ起きるのか：保護主義の政治経済学』、NTT出版、2000年3月10日。

大西義久著:『円と人民元：日中共存へ向けて』、中公新書ラクレ115、2003年12月10日発行。

大橋英夫:『米中経済摩擦：中国経済の国際展開』、勁草書房、1998年4月。

大橋英夫:『経済の国際化：シリーズ現代中国経済5』、名古屋大学出版会、2003年3月10日。

小尾敏夫:『新通商法の脅威: 日米経済摩擦は新たな段階に入った』、ダイヤモンド社、1989年11月9日。

加野忠:『ドル円相場の政治経済学: 為替変動にみる日米関係』、日本経済評論社、2006年9月25日第1刷発行・2006年12月12日第2刷発行。

片岡幸雄・鄭海東:『中国対外経済論』、渓水社、2004年3月。

河音琢郎・藤木剛康編著:『G・W・ブッシュ政権の経済政策: アメリカ保守主義の理念と現実』、ミネルヴァ書房、2008年10月20日初版第1刷発行。

関志雄・中国社会科学院世界経済政治研究所編:『人民元切り上げ論争: 中・日・米の利害と主張』、経済産業研究所: 経済政策レビュー11、東洋経済新聞社、2004年10月6日発行。

河野博子:『アメリカの原理主義』、株式会社集英社、2006年7月19日第一刷発行。

国分良成:『中華人民共和国』、ちくま新書215、株式会社筑摩書房、1999年9月20日。

近藤健:『反米主義』、株式会社講談社、2008年8月20日。

佐々木隆雄著:『アメリカの通商政策』、岩波新書526、岩波書店、1997年10月20日。

佐々木毅:『現代アメリカの保守主義』、株式会社岩波書店、1993年9月16日。

佐々木信彰編:『原典で読む: 現代中国経済』(中日対訳)、東方書店、1994年1月25日。

五月女光弘:『アメリカ合衆国読本: 知られざる大国の素顔』、丸善ライブラリー104、丸善株式会社、平成5年11月20日発行・平成6年12月20日第2刷発行。

佐藤定幸:『日米経済摩擦の構図』、有斐閣、1987年。

田中秀明著:『日本の財政』、中央公論新社、2013年。

田中祐二、内山昭編著:『TPPと日米関係』、株式会社晃洋書房、2012

年9月10日。

竹内宏:『経済学の忘れ物』、日本経済新聞出版社、2013年2月22日。

谷口将紀:『日本の対米貿易交渉』、東京大学出版会、1997年9月5日。

陳友駿:『米中経済摩擦』、晃洋書房、2011年4月。

友寄英隆:『変革の時代、その経済的基礎: 日本資本主義の現段階をどうみるか』、光陽出版社、2010年5月20日第1刷発行。

友寄英隆:『「アベノミクス」の陥穽』、株式会社かもがわ出版、2013年3月11日第1刷発行。

中尾武彦著:『アメリカの経済政策: 強さは持続できるのか』、中公新書1932、中央公論新社、2008年2月25日発行。

中川信義編:『アジア新工業化と日米経済』、東京大学出版会、1990年。

中戸祐夫:『日米通商摩擦の政治経済学』、株式会社ミネルヴァ書房、2003年3月15日初版第1刷発行。

中西輝政:『アメリカ外交の魂: 帝国の理念と本能』、集英社、2005年1月。

中西寛:『国際政治とは何か』、中公新書1686、中央公論新社、2003年3月15日印刷・2003年3月25日発行。

永原慶二:『日本経済史』、有斐閣、1970年10月30日初版第1刷発行、1992年4月20日初版第33刷発行。

中本悟著:『現代アメリカの通商政策: 戦後における通商法の変遷と多国籍企業』、有斐閣、1999年10月25日。

中本悟編:『アメリカン・グローバリズム: 水平な競争と拡大する格差』、日本経済評論社、2007年4月。

新岡智:『戦後アメリカ政府と経済変動』、日本経済評論社、2002年11月。

日本外務省:『外交青書』、各年版。

日本経済産業省:『通商白書』、各年版。

『日本経済新聞』

日本防衛省防衛研究所編:『東アジア戦略概観』、各年版。

沼尻勉:『米中相克の時代』、日本評論社、2000年6月。

萩原伸次郎:『アメリカ経済政策史: 戦後「ケインズ連合」の興亡』、有斐閣、1996年4月20日初版第1刷発行。

萩原伸次郎・中本悟:『現代アメリカ経済: アメリカン・グローバリゼーションの構造』、日本評論社、2005年5月。

橋爪大三郎:『アメリカの行動原理』、PHP研究所、2005年7月1日第一版第一刷。

藤田榮一:『アメリカの深層を読む』、丸善ライブラリー055、丸善株式会社、平成4年7月20日発行。

船橋洋一著:『日米経済摩擦: その舞台裏』、岩波新書376、岩波書店、1987年6月。

船橋洋一著:『日本の志』、新潮社、2003年2月15日。

『毎日新聞』

マサチューセッツ工科大学産業生産性調査委員会、マイケル・L・ダートウゾス=リチャード・K・レスター=ロバート・M・ソロー著、依田直也訳:『Made in America: アメリカ再生のための米日欧産業比較』、草思社、1990年。

松本彧彦・邱栄金・小枝義人・丹羽文生:『日台関係の新たな設計図: 実務外交と草の根交流』、(株)青山社、2010年9月1日。

宮里政玄監訳:『貿易摩擦とアメリカ議会: 圧力形成プロセスを解明する』、日本経済新聞社、1987年6月。

村田晃嗣:『アメリカ外交: 苦悩と希望』、講談社現代新書1774、株式会社講談社、2005年2月20日第一刷発行。

宮里政玄:『日米構造摩擦の研究: 相互干渉の新段階を探る』、日本経済新聞社、1990年12月13日。

毛里和子:『中国とソ連』、株式会社岩波書店、1989年5月22日第1刷発行。

矢野暢編:『東南アジアの国際関係』(講座　東南アジア学: 第九巻)、株式会社弘文堂、1991年7月10日　初版1刷発行。

吉崎達彦:『アメリカの論理』、株式会社新潮社、2003年4月10日。

『読売新聞』

T.R. リード著、草野厚訳・解説:『誰も知らないアメリカ議会: 大統領・議員・利益団体』、東洋経済新聞社、1987年6月18日発行。

（二）日文论文及研究报告

安倍晋三:「新しい国へ」『文藝春秋』、第91巻第1号、創刊90周年記念、2013年1月1日発行、第124 ~ 133頁。

浅野亮:「中国のＷＭＤ不拡散政策と米中関係」『国際問題』、第559号、2007年3月、第23 ~ 33頁。

阿南友亮:「海洋に賭ける習近平政権の「夢」:「平和的発展」路線の迷走と「失地回復」神話の創成」『国際問題』、第631号、2014年5月、第42 ~ 56頁。

池内恵:「「アラブの春」をどうみるか: 中東政治研究の再考と刷新のために」『国際問題』、第605号、2011年10月、第1 ~ 9頁。

伊藤信悟、三浦祐介、玉井芳野:「中国「三中全会」の見所を探る: 習近平政権の自己変革力が試される場に」『みずほインサイト: アジア』、みずほ総合研究所調査本部アジア調査部中国室、2013年11月8日。

上埜進:「日本の多国籍企業における意思決定権の所在: 経験的研究」『甲南会計研究』、第2巻加藤恭彦先生退職記念論文集号、2008年3月、第115 ~ 129頁。

馬田啓一:「TPP交渉とアジア太平洋の通商秩序」『国際問題』、第632号、2014年6月、第5 ~ 15頁。

大西康雄:「転機の中国経済と国際金融危機」『国際問題』、第581号、2009年5月、第1 ~ 10頁。

小野亮:「米国経済の二つの転換点: 経済・金融・財政の現状と課題」『国際問題』、第571号、2008年5月、第13 ~ 21頁。

小野寺五典:「新たなる脅威に自衛隊法改正で立ち向かう」『Voice』、2013年4月、第54 ~ 59頁。

小野寺直日:「世界経済のグローバル化と多国籍企業の役割: 東アジア諸国との相互補完的国際分業関係の構築を目指して」『国際ビジネス研究学会年報』、第12号、2006年9月30日、第109 ~ 125頁。

片山裕:「東南アジア諸国の政治と経済の課題」『国際問題』、第625号、2013年10月、第1 ~ 4頁。

勝間田弘:「構成主義と東アジア地域の秩序:「ASEAN流フォーラム」の意義と欠陥」『国際問題』、第623号、2013年7・8月、第18 ~ 29頁。

神谷万丈:「東アジア地域秩序の動向: リアリズムの立場から」『国際問題』、第623号、2013年7・8月、第5 ~ 17頁。

茅原郁生:「中国の国防近代化をめぐる転換点: 海軍戦略と空母保有」『国際問題』、第568号、2008年1・2月、第45 ~ 57頁。

関志雄:「平和台頭を目指す中国: グローバル経済大国への戦略と課題(焦点/中国の対外政策の展開)」『国際問題』、2005年3月、第58 ~ 69頁。

関志雄:「資本主義へ移行する中国経済の現状と課題」『国際問題』、第557号、2006年12月、第37 ~ 45頁。

菊池努:「東アジア新秩序の展望: リベラリズムの見方」『国際問題』、第623号、2013年7・8月、第30 ~ 41頁。

北山俊哉:「産業秩序と日本の地域経済:「政治の東京・経済の大阪」から「東京一極集中」へ」『法と政治』、第46巻第2号、1995年6月30日、第23 ~ 56頁。

木村福成:「日本のアジア太平洋におけるFTA戦略」『国際問題』、第622号、2013年6月、第19 ~ 28頁。

久保文明:「G・W・ブッシュ政権の環境保護政策: 地球温暖化問題を中心に」『国際問題』、第572号、2008年6月、第33 ~ 45頁。

熊倉正修:「アベノミクスと脱工業化の政治経済学」『世界経済評論』、第57巻第3号、2013年5・6月、第30 ~ 34頁。

古森義久:「オバマ二期目の"標的"となる中国」『Voice』、第421号、2013年1月、第92 ~ 99頁。

今野秀洋:「通商政策の転換: GATT/WTO体制からFTA・TPPへ」『国

際問題』、第638号、2015年1・2月、第36 ~ 45頁。

佐々淳行:「日米安保条約を百年同盟に」『Voice』、2013年4月、第78 ~ 86頁。

佐藤考一:「中国の対ASEAN関係とアメリカ: 地域主義をめぐる国際政治」『国際問題』、第559号、2007年3月、第34 ~ 44頁。

佐藤考一:「米中関係の展開とASEAN」『国際問題』、第628号、2014年1・2月、第24 ~ 37頁。

佐道明広:「安全保障政策の展開にみる日本外交の基層: 自立への意思と基本戦略をめぐって」『国際問題』、第578号、2009年1・2月、第40 ~ 49頁。

清水一史:「RCEPと東アジア経済統合: 東アジアのメガFTA」『国際問題』、第632号、2014年6月、第16 ~ 28頁。

菅英輝:「W・ブッシュ米政権の対外政策: その理念とアプローチ」『国際問題』、第550号、2006年4月、第16 ~ 28頁。

杉浦哲郎:「電力不足の経済的影響を考える: リアリティーを持った政策議論を」『みずほリサーチ』、、2011年8月。

杉浦哲郎:「日中対立が迫る事業戦略の再検討」(今月の視点)『みずほリサーチ』、Mizuho Financial Group、2012年12月。

鈴木貴元:「転換期を迎える中国の経済政策: インフレ懸念が残りつつも、景気下ブレ、不動産・金融リスク対策にシフト」『みずほアジア・オセアニアインサイト』、みずほ総合研究所、2008年8月19日発行。

高田創:「アベノミクスの「脱日本化」シナリオ」、みずほ総合研究所、2013年3月7日。

高田創:「安倍政権「3段ロケット戦略」軌道の「右側」に懸念」、みずほ総合研究所、2013年5月23日。

高田創:「期待先行のアベノミクス、これで失速? 」『リサーチTODAY』、みずほ総合研究所、2013年6月18日。

高田創:「リコノミクスVSアベノミクス」『リサーチTODAY』、みずほ総合研究所、2013年7月30日。

高田創:「消費増税で国債への信認はつながったか」『リサーチTODAY』、みずほ総合研究所、2013年10月3日。

高田創:「アベノミクスの最大のリスクは米国にあり」『リサーチTODAY』、みずほ総合研究所、2013年10月25日。

高田創:「祝アベノミクス1年、目指すは企業活動の活性好循環」『リサーチTODAY』、みずほ総合研究所、2013年11月21日。

高田創:「「新重商主義」とアベノミクスのリスク」『リサーチTODAY』、みずほ総合研究所、2014年1月29日。

高田創:「緊急リポート、成長戦略で2020年GDP600兆円達成」『リサーチTODAY』、みずほ総合研究所、2014年7月28日。

立石剛:「アメリカ通商政策と貿易自由化：貿易自由化をめぐる労使間妥協枠組みの弱体化」『西南學院大學經濟學論集』、第41巻第3号、2006年12月15日、第121 ~ 145頁。

陳友駿:「米中貿易摩擦の新展開」『世界経済評論』、第54巻第3号、2010年5・6月、第71 ~ 78頁。

東京財団:「安倍外交への15の視点：ナショナリズムよりもリアリズムの追求を」、2013年8月（http://www.tkfd.or.jp/files/doc/2013-02.pdf）。

唐亮:「近代化の第2段階を迎えた中国」『国際問題』、第568号、2008年1・2月、第24 ~ 34頁。

徳田信秀、井上淳:「「円安悪玉論」の検証と為替の政治学」『みずほインサイト』、みずほ総合研究所、2014年10月21日。

内藤啓介:「成長戦略がカギ握る「アベノミクス2.0」の真価」、みずほ総合研究所、2013年2月1日。

内藤啓介:「アベノミクス「第2の矢」に戻る財政のねじれ」、みずほ総合研究所、2013年10月31日。

内藤啓介:「2年目を迎えた安倍政権の政策課題」『みずほリサーチ』、みずほ総合研究所、2014年1月。

内藤啓介:「人口減少下での経済成長戦略：国の内・外を越えるモノ・ヒト・カネへの期待」、みずほ総合研究所、2014年6月。

内藤啓介:「成長戦略「第2弾」でも経済再生は道半ば」、みずほ総合研究所、2014年7月4日。

中川淳司:「メガFTAの時代: その背景と日本の通商政策の課題」『国際問題』、第632号、2014年6月、第1 ~ 4頁。

中島厚志:「活発化する日本のエネルギー資源外交: 日本の特徴を生かした関係構築に期待」『みずほリサーチ』、みずほ総合研究所、2007年6月。

中西輝政:「次期の政権は大義の御旗を掲げよ」『Voice』、2013年1月、第40 ~ 51頁。

中西輝政:「憲法改正で歴史問題を終結させよ」『Voice』、2013年7月、第44 ~ 57頁。

中西輝政:「中国は「革命と戦争」の世紀に入る」『Voice』、2013年8月、第72 ~ 81頁。

中西寛:「世界秩序の変容と日本外交の軌跡」『国際問題』、第578号、2009年1・2月、第1 ~ 9頁。

西川珠子:「米国の再生可能エネルギー発電推進策: 望ましい経済的インセンティブのあり方とは」『みずほ総研論集』、みずほ総合研究所、2011年Ⅲ号、第69 ~ 98頁。

西川珠子:「米国のエネルギー・ミックス:「脱原発」を選ばない電源選択の背景」『みずほ米州インサイト』、みずほ総合研究所、2011年7月15日。

日本国家戦略室:「日本再生戦略: フロンティアを拓き、「共創の国」へ」、2012年7月31日。

日本国際問題研究所:「グローバル・コモンズ(サイバー空間、宇宙、北極海)における日米同盟の新しい課題」、平成25年度外務省外交・安全保障調査研究事業(調査研究事業)、2014年3月。

野田彰彦:「マニフェストにみる自民党と民主党の主要政策」『緊急リポート』、みずほ総合研究所調査本部、2009年8月19日。

野田彰彦:「規制改革は「成長戦略の一丁目一番地: 成果をあげるには政治のリーダーシップが不可欠」」『政策動向』、みずほ総合研究所調査本部、2013年3月12日。

野田彰彦:「アベノミクス「強靭化」へ始動する社会資本整備」、みずほ総合研究所、2013年12月18日。

長谷川三千子:「「戦後」を終わらせる覚悟」『Voice』、2013年7月、第86 ~ 95頁。

波多野澄雄:「「地域主義」をめぐる日本外交とアジア」『国際問題』、第578号、2009年1・2月、第10 ~ 21頁。

林芳正:「アジアの富を取り込む日本の成長戦略:「貿易立国」から「投資立国」に舵を切り替えよ」『Voice』、2013年2月、第102 ~ 108頁。

日高義樹:「「中国の軍事的脅威」が崩壊する日」『Voice』、2013年2月、第142 ~ 150頁。

日高義樹:「弱腰オバマ政権が北朝鮮に屈する日」『Voice』、2013年6月、第88 ~ 97頁。

日高義樹:「日本が核武装化する日」『Voice』、2013年8月、第98 ~ 107頁。

兵頭二十八:「新総理は自衛戦争を覚悟せよ」『Voice』、2013年1月、第112 ~ 121頁。

兵頭二十八:「尖閣侵攻は総理の統帥権で抑止せよ」『Voice』、2013年5月、第126 ~ 133頁。

藤原帰一:「アジア外交とその時代」『国際問題』、第623号、2013年7・8月、第1 ~ 4頁。

松田武:「戦後日米関係とアメリカの文化外交」『国際問題』、第578号、2009年1・2号、第22 ~ 39頁。

みずほ総合研究所:「内需再生に向けた景気対策を急げ: 5つの基準による15兆円の対策を求める」『緊急リポート』、みずほ総合研究所、2009年3月19日。

みずほ総合研究所:「アベノミクスで何が変わったのか: 安倍政権半年間の評価と今後の展望」(緊急リポート(概要版))、2013年7月26日。

みずほ総合研究所:「アベノミクス1年間の評価は70点: ビジネス環境

No.1に向けた10の政策提言」[緊急レポート(概要版)]、2014年1月23日。

みずほ総合研究所:「ドイツの太陽光発電関連産業育成策の検討:日本に求められる太陽光発電の普及に向けた支援策とは」『みずほリポート』、みずほ総合研究所、2012年2月17日。

みずほ総合研究所:「安倍政権で何が変わるのか:経済政策10分野での提案とマインド転換への10のポイント」、『緊急リポート(概要版)』、2013年1月25日。

みずほ総合研究所:「中国からASEANへのシフトに舵を切り出す日本企業:2013年2月アジアビジネスアンケート調査結果」『みずほリポート』、2013年5月14日。

宮家邦彦:「巨大すぎる国家の外交的アキレス腱:我が国が連携すべき「中国の隣国」はどこか」『Voice』、2013年5月、第58 ~ 65頁。

宮崎和貴:「アベノミクスは「期待の維持」が生命線」、みずほ総合研究所、2013年1月9日。

宮崎和貴:「アベノミクスに立ちはだかる2014年の壁:問われる安倍政権の本気度」、みずほ総合研究所、2014年4月。

宮島武志:「アジアにおける広域的貿易自由化と日系製造企業の調達・生産事業展開」『マネジメント・レビュー』、第11号、2006年2月26日、第111 ~ 141頁。

村松秀浩:「米国のシェール開発・生産をめぐる動向」『石油・天然ガスレビュー』、第48巻第1号、JOGMEC、2014年1月。

茂木敏夫:「伝統的秩序をどう踏まえるか:東アジア新秩序の構想をめぐって」『国際問題』、第623号、2013年7・8月、第42 ~ 52頁。

吉田真:「隣国の軍艦は日本版NSCで対処せよ」『Voice』、2013年6月、第150 ~ 156頁。

米澤武史:「反日デモ以降の中国自動車市場:現地ヒアリングを踏まえて」『Mizuho Industry Focus』、第118号、みずほ総合研究所、2012年12月19日。

劉家敏:「エネルギー発展戦略行動計画(2014 ~ 2020年)」『みずほ中

国政策ブリーフィング』、みずほ総合研究所、2015年2月13日。

渡邊祐一:「中堅・中小企業にとってM＆Aは「成長の核」だ」、みずほ総合研究所、2014年8月15日。

三、英文

Andrew DeWit, "Abenomics Needs a Reboot Rather than Nuclear Restarts...," *Asia-Pacific Journal: Japan Focus*, Vol. 11 Issue 23, 6 October 2013, p.2.

Aurelia George Mulgan, *Why Japan Can't Lead*, World Policy Institute, Summer 2009.

Aurelia George Mulgan, "Beyond Self-defence? Evaluating Japan's Regional Security Role under the New Defence Cooperation Guidelines," *Pacific Review*, Vol. 12, No. 3, October 2000, pp.223-246.

Bhubhindar Singh & Philip Shetler-Jones, "Japan's Reconceptualization of National Security：the Impact of Globalization," *International Relations of the Asia-Pacific*, Vol. 11, No. 3, September 2011, pp.491-530.

Brad Williams, "Explaining the Absence of a Japanese Central Intelligence Agency: Alliance Politics, Sectionalism, and Antimilitarism," *Journal of East Asian Studies*, Vol. 13, No. 1, January-April 2013, pp.137-164.

Chang-hee Nam, "The Alliance Transformation and US-Japan-Korea Security Network: A Case for Trilateral Cooperation," *Pacific Focus*, Vol. 25, No. 1, April 2010, pp.34–58.

Charles Nelson Spinks, "Bureaucratic Japan," *Far Eastern Survey*, Vol. 10, No. 19, 6 October 1941, pp.219-225.

Christopher W. Hughes, "Japan's security policy, the US-Japan alliance, and the 'war on terror: incrementalism confirmed or radical leap?" *Australian Journal of International Affairs*, Vol. 58, No. 4, December 2004, pp.427-445.

Christopher W. Hughes, "Not quite the 'Great Britain of the Far East'：Japan's security, the US-Japan alliance and the 'war on terror' in East Asia," *Cambridge Review of International Affairs*, Vol. 20, No. 2, June 2007, pp.325-338.

Daniel Sneider, "Japan's Daunting Challenge," *National Interest*, No. 124, Mar/Apr 2013, pp.37-46, Available at: http://nationalinterest.org/article/japans-daunting-challenge-8144?page=show.

Editorial Board, "The Post's View: The U.S. can do more to support Japan' s economic recovery," *The Washington Post*, 18 November 2014, Available at: http://www.washingtonpost.com/opinions/the-us-can-do-more-to-support-japans-economic-recovery/2014/11/18/4f418a16-6f5b-11e4-893f-86bd390a3340_story.html

Ellis S. Krauss, "The US, Japan, and trade liberalization: from bilateralism to regional multilateralism to regionalism+," *The Pacific Review*, Vol. 16, No. 3, 2003, pp.307-329.

Ellis S. Krauss, Christopher W. Hughes & Verena Blechinger-Talcott, "Managing the MedUSA: Comparing the Political Economy of US-Japan, US-German, and US-UK Relations," *Pacific Review*, Vol. 20, No. 3, September 2007, pp.257-271.

Emma Chanlett-Avery, *The U.S.-Japan Alliance*, Congressional Research Service, 7-5700, RL33740, 18 January 2011.

Gerald Curtis, "Charting a Future Course for US-Japan Relations," *Asia-Pacific Review*, Vol. 18, No. 1, May 2011, pp.1-12.

Gregory P. Corning, "Between Bilateralism and Regionalism in East Asia: the ASEAN-Japan Comprehensive Economic Partnership," *The Pacific Review*, Vol. 22, No. 5, December 2009, pp.639–665.

Hideki Yamawaki, "Export, and Foreign Distributional Activities: Evidence on Japanese Firms in the United States," *The Review of Economics and Statistics*, Vol. 73, No. 2, May 1991, pp.294-300.

Hyun-Wook Kim, "Substantiating the Cohesion of the Post-cold War US-Japan Alliance," *Australian Journal of International Affairs*, Vol. 65, No. 3, June 2011, pp.340-359.

James R. Soukup, "Japan," *The Journal of Politics*, Vol. 25, No. 4, November 1963, pp.737-756.

Kent E. Calder, "Opening Japan," *Foreign Policy*, No. 47, Summer 1982, pp.82-97.

Ken Koyama, *The Changing LNG Situation in Japan After March 11*, James A. Baker III Institute for Public Policy, Rice University, 23 October 2013.

Kishore Mahbubani, "Japan Adrift," *Foreign Policy*, No. 88, Autumn 1992, pp.126-144.

Lai Foon Wong, "China–ASEAN and Japan–ASEAN Relations during the Post-Cold War Era," *Chinese Journal of International Politics*, Vol. 1, No. 3, January 2007, pp.373–404.

Matthew P. Goodman, "Not Beyond Hope: Japan and TPP," *Global Economics Monthly*, Vol. 2, No. 1, Center for Strategic & International Studies (CSIS), Simon Chair in Political Economy, January 2013, pp.1-2.

Matthew P. Goodman, "Japan: Continuity and Change," *Global Economics Monthly*, Vol. 2, No. 3, Center for Strategic & International Studies (CSIS), Simon Chair in Political Economy, March 2013, pp.1-2.

Matthew P. Goodman, "APEC and EAS: All about Norms," *Global Economics Monthly*, Vol. 2, No. 9, Center for Strategic & International Studies (CSIS), Simon Chair in Political Economy, September 2013, pp.1-2.

Michael A. Levi, *Natural Gas in the United States*, James A. Baker III Institute for Public Policy, Rice University, 23 October 2013.

Michael Auslin, "Japan Awakens," *Foreign Policy*, 2 May 2012, Available at: http://www.foreignpolicy.com/articles/2012/05/02/japan_awakens?page=0,0

Nick Bisley, "Securing the 'Anchor of Regional Stability' ? The Transformation of the US-Japan Alliance and East Asian Security," *Contemporary Southeast Asia: a Journal of International & Strategic Affairs*, Vol. 30, No. 1, April 2008, pp.73-98.

Paul Midford, "China Views the Revised US-Japan Defense Guidelines: Popping the Cork?" *International Relations of the Asia-Pacific*, Vol. 4, No. 1, 2004, pp.113-145.

Richard J. Samuels, "A Question for Asia: Is Japan Back?" *The National Interest*, 28 May 2014, Available at: http://nationalinterest.org/feature/question-asia-japan-back-10546?page=show.

Richard Katz, "Voodoo Abenomics: Japan's Failed Comeback Plan," *Foreign Affairs*, Vol. 93 Issue 4, July/August 2014, pp.133-141, Available at: http://www.foreignaffairs.com/articles/141480/richard-katz/voodoo-abenomics.

Richard L. Armitage & Joseph S. Nye, *The U.S.-Japan Alliance: Getting Asia Right through 2020*, CSIS Report, Center for Strategic and International Studies (CSIS), February 2007, Available at: http://csis.org/files/media/csis/pubs/070216_asia2020.pdf

Richard L. Armitage & Joseph S. Nye, *The U.S.-Japan Alliance: Anchoring Stability in Asia*, A Report of the CSIS Japan Chair, Center for Strategic and International Studies (CSIS), August 2012, Available at: http://csis.org/files/publication/120810_Armitage_USJapanAlliance_Web.pdf.

Richard P. Cronin, William Cooper, Mark Manyin & Larry A. Niksch, *Japan-U.S. Relations: Issues for Congress*, CRS Issue Brief for Congress, Congressional Research Service, Order code IB97004, updated 9 May 2005.

Robert A. Manning & Paula Stern, "The Myth of the Pacific Community," *Foreign Affairs*, Vol. 73, No. 6, November/December 1994, pp.79-93.

Robert G. Sutter, *Japan-U.S. Relations: Issues and Outlook-Findings of a CRS Seminar*, CRS Report for Congress, Congressional Research Service, 97-1050 F, 11 December 1997.

Robert Pirog & Michael Ratner, *Natural Gas in the U.S. Economy*: *Opportunities for Growth*, CRS Report for Congress, Congressional Research Service 7-7500, www.crs.gov, R42814, 6 November 2012.

Sumiyo Nishizaki, "The United Arab Emirates and Japan: Diversifying Bilateral Relationships and Challenges in the Context of Japan's New Foreign Policy Focus and US-Japan Relations," *Comparative Islamic Studies*, Vol. 7, No. 1/2, 2011, pp.269-294.

Susan V. Lawrence & Thomas Lum, "U.S.-China Relations: Policy Issues," CRS Report for Congress, Prepared for Members and Committees of Congress, Congressional Research Service 7-5700, R41108, 12 January 2011.

Takashi Terada, "The Origins of ASEAN+6 and Japan' s Initiatives: China's Rise and the Agent–Structure Analysis," *The Pacific Review*, Vol. 23, No. 1, March 2010, pp.71–92.

Takashi Terada, "A Golden Opportunity for Japan' s Regional Integration Policy: TPP, RECP, and CJK," *AJISS-Commentary*, The Association of Japanese Institutes of Strategic Studies, No. 173, 26 March 2013.

The Global Forum of Japan & National Committee on American Foreign Policy (NCAFP), *Report of The Second "Japan-US Dialogue" on "US-Japan Relations Under the New Obama Administration"*, The Japan Forum on International Relations "Conference Room" , 24 April 2009.

The White House, *FACT SHEET On The U.S.-Asia Pacific Comprehensive Partnership For A Sustainable Energy*, Office of the Press Secretary, 20 November 2012, Available at: http://www.whitehouse.gov/the-press-office/2012/11/20/fact-sheet-us-asia-pacific-comprehensive-partnership-sustainable-energy.

Tomohiko Satake, "The Origin of Trilateralism? The US–Japan–Australia Security Relations in the 1990s," *International Relations of the Asia-Pacific*, Vol. 11, No. 1, January 2011, pp.87-114.

Tomoyoshi Nakajima, "The TPP and East Asian Economic Integration: From the Japan-China-ROK Perspective," *Journal of International Logistics and Trade*, Vol. 10, No. 3, December 2012, pp.55-83.

Yingjie Wang, "Study on US Policy toward Japan after the Cold War," *Asian Social Science*, Vol. 7, No. 5, May 2011, pp.176-179.

Yukio Hatoyama, "A New Path for Japan," *The New York Times*, 26 August 2009.

四、网络资源

中华人民共和国中央人民政府：http://www.gov.cn/

中华人民共和国外交部：http://www.mfa.gov.cn/

中华人民共和国财政部：http://www.mof.gov.cn/

日本首相官邸：http://www.kantei.go.jp/

日本外务省：http://www.mofa.go.jp/

日本防卫省、自卫队：http://www.mod.go.jp/

日本财务省：http://www.mof.go.jp/

日本内阁府：http://www.cao.go.jp/

日本环境省：http://www.env.go.jp/

日本厚生劳动省：http://www.mhlw.go.jp/

日本海上保安厅：http://www.kaiho.mlit.go.jp/

国立研究开发法人 新能源和产业技术综合开发机构：http://www.nedo.go.jp/

国立研究开发法人 日本核能研究开发机构：http://www.jaea.go.jp/index.html

独立行政法人 石油天然气和金属矿物资源机构：http://www.jogmec.go.jp/

独立行政法人 经济产业研究所：http://www.rieti.go.jp/jp/index.html

独立行政法人 中小企业基盘整备机构：http://www.smrj.go.jp/

日本贸易振兴机构：http://www.jetro.go.jp/indexj.html

日本众议院：http://www.shugiin.go.jp/internet/index.nsf/html/index.htm

日本参议院：http://www.sangiin.go.jp/

日本国会图书馆：http://warp.ndl.go.jp/

日本银行：http://www.boj.or.jp/

日本国际问题研究所：http://www2.jiia.or.jp/

日本防卫省防卫研究所：http://www.nids.go.jp/

佳能国际战略研究所：http://www.canon-igs.org/

言论 NPO：http://www.genron-npo.net/

日本亚洲太平洋研究所（APIR）：http://www.apir.or.jp/ja/

PHP 研究所：http://www.php.co.jp/

日本海洋政策研究财团：http://www.sof.or.jp/jp/index.php

东亚共同体评议会：http://www.ceac.jp/j/index.html

日本世界和平研究所（IIPS）：http://www.iips.org/j-index.html

日本财团：http://www.nippon-foundation.or.jp/

日本国际论坛：http://www.jfir.or.jp/j/index.htm

东京财团：http://www.tkfd.or.jp/

附　录
2013年中美日三国相关大事记

资料来源：笔者根据各种资料编辑而成。

1月

1日

美国国会参众两院通过关于“财政悬崖”的议案。

日本首相安倍晋三发表新年感言，指出日本面临东日本大地震灾后重建的缓慢及长期通缩等危机状况。

3日

美国总统奥巴马签署总额高达6330亿美元的《2013财年国防授权法》，其中含有要求美国总统售台F—16C/D战斗机和《美日安保条约》适用于钓鱼岛问题等涉华内容。

7日

日本政府决定修改现行的《防卫计划大纲》和《中期防卫力量整备计划》。

8日

日本首相安倍晋三将防卫相小野寺五典召至官邸，要求加强对钓鱼岛的警戒监视。

10日

日本媒体报道，数架中国战机进入日本所谓的“防空识别区”。

11日

中国国防部新闻事务局官员表示：1月10日，中国军队一架运8飞机在中国温州以东、东海油气田西南空域进行例行巡逻时，发现日本航空自卫队2架F-15飞机进行近距离跟踪，同时日方还有一架侦察机也在这一空域活动，对此中方起飞2架歼10飞机进行了查证和监视。

日本首相安倍晋三召开记者会，表示钓鱼岛问题没有展开谈判的余地，并称“绝对不会让步，也不会让钓鱼岛成为谈判对象”。

日本外务省新闻发言人横井裕称，日方希望平息事态，今后将逐渐公布改善对华关系的举措。此外，日本政府没有针对特定国家部署防卫力量，有关“防卫省着手制定陆海空一体化防卫战略”的消息并非事实。

据日本媒体报道，美国空军透露，将于本月中旬起在日本冲绳县的美军嘉手纳基地临时部署隶属美国弗吉尼亚州兰利空军基地的F-22“猛禽”隐形战斗机和约300名人员，部署时间为四个月。

13日

日本首相安倍晋三时隔六年再次参拜与日本军事封建帝国主义历史关联密切的明治神宫。

16日

据日本共同社报道，日本前首相鸠山由纪夫访华，个人认为钓鱼岛存在领土争议。

中国全国政协主席贾庆林在人民大会堂会见了日本前首相鸠山由纪夫。

17日

日本前首相鸠山由纪夫访问南京大屠杀纪念馆并致歉大屠杀，向“万人坑”合掌默哀。

18日

日本首相安倍晋三与印度尼西亚总统苏西洛举行联合记者会，发表了以与东盟共同努力深化并普及自由、民主等普遍价值观为主的日本对东盟外交政策的新五项原则。

美国国务卿希拉里·克林顿与来访的日本外相岸田文雄举行会谈，希拉里·克林顿重申美国对钓鱼岛主权最终归属问题不持立场，但她同时又宣称，美方承认该岛屿处于日本行政管辖之下，反对任何寻求破坏日本管辖权的“单方面行动”。

19日

中国外交部发言人秦刚就日本首相发表对东盟政策谈话答记者问时说，我们希望日本顺应历史潮流，采取负责任的态度，为亚洲的稳定和发展作出努力。

20日

中国外交部发言人秦刚就美方近期涉钓鱼岛言论答记者问时说，美方言论罔顾事实，不分是非，中方对此表示强烈不满和坚决反对，并敦促美方以负责任的态度对待钓鱼岛问题。

21日

奥巴马宣誓就职美国总统，开启第二任期。

22日

日本首相安倍晋三在东京说，日中关系对日本来说是最重要的双边关系之一，维护良好的日中关系符合日本的国家利益。

与自民党联合执政的日本公明党党首山口那津男抵达北京访问。

日美“铁拳”联合实战军演在美国西海岸举行，这是日美两国在美国举行的最大规模的联合实战演习。

24日

中国外交部部长杨洁篪在北京会见日本公明党党首山口那津男。

日本财务省发布贸易统计数据显示，日本2012年出现创纪录的6.93万亿日元（约合783亿美元）贸易逆差额，连续2年出现贸易逆差，为有可比数据的1979年以来的最大规模。

25日

日本政府召开内阁会议，正式决定修改现行的《防卫计划大纲》和《中期防卫力量整备计划》。

中共中央总书记习近平在人民大会堂会见日本公明党党首山口那津男。习近平表示，中日互为重要近邻，邦交正常化４０年来，各领域合作深度和广度达到前所未有的水平，有力促进了两国各自的发展。中国政府重视发展中日关系的方针没有变化。事实证明，两国间四个政治文件是中日关系的压舱石，应坚持遵守。新形势下，我们要像两国老一辈领导人那样，体现出国家责任、政治智慧和历史担当，推动中日关系克服困难，继续向前发展。习近平强调，要保持中日关系长期健康稳定发展，必须着眼大局，把握方向，及时妥善处理好两国间存在的敏感问题。中方在钓鱼岛问题上的立场是一贯和明确的，日方应正视历史和现实，以实际行动，同中方共同努力，通过对话磋商找到妥善管控和解决问题的有效办法。以史为鉴，才能面向未来。日方应尊重中国人民的民族感情，正确处理历史问题。中方重视山口在两国关系面临特殊形势之际访华，希望公明党继续为推动中日关系发展发挥建设性作用。山口那津男表示，公明党一直坚定致力于发展日中友好，主张遵守日中间四个政治文件确定的原则。作为日本联合执政党之一，公明党将继承和弘扬日中友好传统，促进两国交流与合作，推动通过对话妥善解决有关问题，为改善和发展日中关系做出积极努力。山口那津男还向习近平转交了日本首相安倍晋三的亲笔信。安倍在信中表示，日中关系是最重要的双边关系之一，两国对亚太地区和世界和平发展承担着共同责任。我愿从大局出发，推动日中战略互惠关系向前发展。

26日

中国自主发展的运－20大型运输机首次试飞成功。

27日

日本执政党“二号人物”石破茂称，鉴于阿尔及利亚人质危机，应当允许日本自卫队在海外武力解救在武装冲突地区受困的日本公民。

日本发射两颗间谍卫星。

28日

日本首相安倍晋三发表上任后的首次施政演说。

中日友好协会会长唐家璇在北京会见了日本前首相、日中友好协会名誉顾问村山富市和日中友好协会会长加藤纮一。

中国外交部发言人洪磊回答关于日本首相希望与中方打开对话窗口的提问时表示，希望日方与中方相向而行，以实际行动为此做出努力。

29日

日本政府在临时内阁会议上决定了2013年度政府预算案。

日本海上保安厅决定新建一支专门应对“尖阁诸岛”（即中国钓鱼岛及其附属岛屿）小组，以加强钓鱼岛周边海域的所谓警备。

中国外交部发言人洪磊说，“村山谈话”是日本政府就侵略殖民历史向亚洲受害国人民作出的郑重表态和承诺。希望日方以史为鉴，妥善处理有关问题。

30日

中国外交部发言人洪磊表示，中方重视发展中日关系，希望日方与中方相向而行，为两国关系恢复到正常发展轨道创造条件。

据日本共同社报道，日本首相安倍晋三在众院全体会议上表示，有意对规定修宪提案条件的《宪法》第96条进行修改。

31日

日本首相安倍晋三在参院回答朝野各党代表质询时表示，将尽快设立日本版“国家安全委员会”（NSC）。

2月

1日

日本首相安倍晋三表示，日中关系对日本来说是最重要的双边关系之一，要从大局出发推动日中关系发展。此外，他准备就历史问题发表与21世纪相符、面向未来的谈话。

2日

据日本共同社报道，日本第11管区海上保安总部（那霸）2日以涉嫌非法捕捞、违反《渔业主权法》为由，在冲绳县宫古岛近海的日本专属经济区（EEZ）当场逮捕了珊瑚渔船的一名自称是中国船长的人员。

中国第二艘千吨级维权执法专用海监船“中国海监8002”正式入列。

3日

据中国驻日本福冈总领馆消息，2月2日在日本冲绳附近海域被日方扣押的“琼洋浦F8139”号中国渔船船长和全体船员2月3日晚获释回国。

4日

据日本新闻网报道，日本冲绳县石垣市政府近日向日本政府提出，将钓鱼岛列入政府申请“世界自然遗产”的项目“奄美-琉球”之中。

5日

日本冲绳和北方领土事务担当大臣山本一太宣布，日本新成立了“领土主权对策企划调整室”，以对外宣传日本在“尖阁诸岛”（即中国钓鱼岛及其附属岛屿）和竹岛（韩国称独岛）问题上的主张。

日本防卫大臣小野寺五典举行紧急记者会，宣布“中国海军舰船曾于1月30日在东海用火控雷达照射海上自卫队护卫舰”。

日本外务省审议官斋木昭隆约见程永华大使，就中国海监船进入钓鱼岛领海提出抗议。中国驻日本大使程永华强调，钓鱼岛是中国固有领土，相关海域是中国的领海，中国海监船系进行正常维权巡航公务活动，中方不接受日方交涉和抗议，要求日方停止对中国海监船公务活动的干扰。

7日

日本执政联盟重要成员、公明党党首山口那津男在东京表示，期待日中两国尽快举行首脑会谈。

8日

日本财务省公布的数据显示，截至2012年12月底，包括国债、借款和政府短期债券在内的国家债务达997.2181万亿日元（约合人民币67万亿元），创历史新高，并逼近1000万亿日元大关。

针对日本媒体报道日本防卫大臣指称中国海军舰艇用火控雷达瞄准日本自卫队舰机的报道，中国国防部新闻事务局表示，1月19日16时许，中国海军一艘护卫舰在东海相关海域进行例行训练，其间发现日本自卫队一架舰载直升机接近中方舰艇，中方舰载雷达保持正常观察警戒，并未使用火控雷达。1月30日9时许，中国海军舰艇在东海相关海域执行例行训练任务，其间发现日本“夕立”号驱逐舰在中方舰艇附近近距离跟踪监视，中方舰载雷达保持正常观察警戒，没有使用火控雷达。日方所谓中国海军舰艇火控雷达瞄准日方舰机的说法不符合事实。

中国外交部发言人华春莹在回答有关提问时说，希望日本方面不要再搞小动作，回到对话解决问题的正确轨道上来。

12日

美国总统奥巴马在国会两院联席会议上发表其第二任期首份国情咨文，力促经济增长成为其阐述重点，并围绕这一重点推出了创建新的制造业创新机构和能源安全基金、投资基础设施建设、加强教育、提高最低工资标准、与欧盟就自贸协定开始谈判等一系列举措。

中国海洋石油有限公司发布公告称，中海油建议收购加拿大尼克森公司的交易已经获得美国外国投资委员会的批准。这消除了这笔交易面临的最后一个大障碍。2012年7月，中海油宣布将以151亿美元收购尼克森公司。

15日

据日本《冲绳时报》报道，日本冲绳县石垣市已经制订将钓鱼岛申报世界自然遗产的草案，将征求民众意见并择机登岛调研。

18日

跨党派的日美国会议员联盟在日本国会议事堂举行全体会议，将自民党参院议员会长中曾根弘文选为新会长。

21日

日本首相安倍晋三启程前往美国华盛顿访问。

22日

日本首相安倍晋三在华盛顿的美国国际战略研究中心（CSIS）发表演讲。

日本外相岸田文雄在美国国务院与新任国务卿克里举行首次会谈。

24日

日本共同社实施的全国电话舆论调查结果显示，安倍晋三内阁的支持率升至72.8%，比1月调查时增加6.1个百分点。

26日

中国海洋石油有限公司宣布，中海油完成收购加拿大你可僧公司的交易，收购尼克森的普通股和优先股的总对价约为151亿美元。

美国参议院投票，以58票赞成、41票反对通过了前参议员查克·哈格尔出任国防部长的提名。

27日

日本东京电力公司和东京燃气公司宣布将首次采购美国产液化石油气（LPG）。

28日

安倍发表施政演说。

3月

1日

日本政府召开安全保障会议，决定将参与F—35战斗机研发作为“武器出口三原则”的例外，允许日本企业参与制造F—35战斗机零部件。

5日

中国十二届全国人大一次会议开幕。

日本逮捕一中国船长，声称其在专属经济区内“非法作业”。

9日

中国海监第十支队正式进驻海南省三沙市。

11日

日本政府举行东日本大地震两周年追悼仪式，日方安排台湾代表与外交使团一起献花。中韩两国的代表未出席。

日本和美国在东京就宇宙空间开发与利用举行首次全面对话，双方同意利用宇宙空间推进海洋监视。

美国总统国家安全事务助理多尼隆在纽约亚洲协会发表演讲，阐述美国的亚太政策，并介绍了美国亚太地区政策的五大支柱。即，第一，持续加强地区盟友之间的关系，以应对朝鲜问题等挑战；第二，加深与新兴大国之间的伙伴关系；第三，与中国建立一个稳定的、富有成果的和建设性的关系；第四，加强地区组织的力量；第五，建设一个经济架构，允许包括美国人民在内的亚太地区民众从贸易和增长中获益。

首届日美全面太空对话会议在东京召开。

12日

日本经济产业省宣布成功从日本近海地层蕴藏的甲烷水合物（也称可燃冰）中分离出甲烷气体，并认为这标志日本可燃冰开采商业化进程迈出关键一步。

日本防卫省宣布，海上自卫队的下一代反潜机P-1的研发工作已经完成，并已通知当地政府3月内将向神奈川县的海上自卫队厚木基地最先部署2架。

日本首相安倍晋三在日本国会众议院预算委员会上，对第二次世界大战结束后远东国际军事法庭对日本战犯审判（东京审判）的正确性提出质疑。他称，“对于这一场大战的总结，并不是日本人自己作出的，应该说是战胜国一方作出的裁决”。

日本政府决定，将每年的4月28日定为“恢复主权日”，用以纪念第二次世界大战7年后美国结束对日本占领，修复“受损的民族自信心”。

13日

中国外交部发言人华春莹表示，远东国际军事法庭的审判是国际社会对日本军国主义进行的正义审判，其结果构成战后国际秩序的重要基础。

14日

习近平当选中华人民共和国主席，李源潮当选中华人民共和国副主席。

15日

日本首相安倍晋三在首相官邸召开记者会，正式宣布日本将加入跨太平洋战略经济伙伴关系协定（TPP）谈判。

中国十二届全国人大一次会议决定李克强为国务院总理。

日本议员成立所谓“保护尖阁鼹鼠的国会议员会”的超党派议员联盟。

17日

据日本媒体报道，日本首相安倍晋三在日本防卫大学毕业典礼上称，日本将进一步加强防卫力量。

日本自民党确定2013年行动计划，声称将加速推动修改现行的和平宪法。

18日

中国国防部表示“日方所谓中国海军舰艇火控雷达瞄准日方舰机的说法不符合事实”。

19日

中国国家主席习近平在北京人民大会堂会见美国总统特别代表、财政部长雅各布·卢。

20日

中国国务院总理李克强在北京会见了来访的美国总统特别代表、财政部长雅各布·卢。

亚洲开发银行前行长黑田东彦就任日本央行行长。

21日

据日本媒体报道，日美两国政府针对尖阁诸岛（中国称钓鱼岛）问题，制定联合作战计划一事日前曝光。

22日

中国外交部发言人洪磊在例行记者会上表示，中国希望日中经济协会为改善两国关系做出努力。

中国渔政312船（满载排水量4950吨，最大航速为14节，续航能力为

2400海里，迄今最大的综合执法渔政船）入列首航南海执行巡航护渔任务。

日本政府召开内阁会议，决定设立由大约100人组成的《跨太平洋战略经济伙伴协定》（TPP）谈判秘书处，推进加入这一自由贸易协定的进程。

据日本媒体报道，日本防卫相小野寺五典在记者会上就针对尖阁诸岛（中国称钓鱼岛）可能出现的突发事态制定日美联合作战计划一事称，“应对武力攻击属于日常研究范畴”。

23日

美国国会参议院以微弱优势通过了2014财年联邦政府预算案，这是自2009年以来的首个政府预算决议。

24日

据日本媒体报道，日本外相岸田文雄在NHK节目中就中国军事崛起称，不透明的军费扩大及日益活跃的海洋活动不仅对日本，对整个地区来说也是一个威胁。

25日

中国国务院总理李克强在人民大会堂会见了美国前国务卿基辛格。

26日

日本文部科学省公布了2014年春季起使用的高中教科书的审定结果，全部2册地理教科书及7册政治经济教科书中的6册均把钓鱼岛称为“日本领土”。

美国总统奥巴马签署《2013财年综合继续拨款法案》，其中限制美部分政府部门购买中国企业生产的信息技术系统，以及禁止美政府将拨款用于颁发商业卫星对华出口许可证。

28日

中国国防部新闻发言人杨宇军表示，关于美日所谓的钓鱼岛“共同作战计划”，中国政府和军队有信心、有能力维护国家主权和领土完整。任何借助外部势力霸占中国领土的图谋，都是不会得逞的。当前形势下，是谁再三制造事端，破坏地区和平稳定，国际社会自有公论。

为期三天的中日韩自贸区第一轮谈判在韩国首尔结束，中日韩三国讨论了自贸区的机制安排、谈判领域及谈判方式等议题。

29日

中国外交部发言人洪磊在例行记者会上表示，希望日方切实恪守迄今在历史问题上作出的表态和承诺，以实际行动取信于国际社会。

日本防卫省的智库防卫研究所发布2013版《东亚战略概观》，分析了日本周边的安全环境。有关中国的动向，报告提及中国因尖阁诸岛（中国称钓鱼岛）问题同日本产生摩擦、在南海与越南和菲律宾出现对立，指出“中国正在采取不惜与周边国家发生摩擦的行动”。

4月

1日

据中国国家海洋局网站消息，国家海洋局日前印发《2013年海洋环境监测工作任务》，2013年，国家海洋局将加强对钓鱼岛、三沙海域实施海洋环境监测。

日本政府综合海洋政策本部公布了作为今后5年海洋政策方针的海洋基本计划草案，表示将推进海底资源开发并加强日本周边海域的警戒监视体制。

2日

针对2012年中日贸易额下降，中国商务部副部长陈健指出，日本政府在中日领土争端问题上的错误言行，影响和损害了中日经贸关系，对此，日方必须承担全部的责任。

4日

日本央行在货币政策会议上推出新的货币宽松措施，决定将以两年左右时间实现2%的通胀目标。这是日本央行首次为2013年1月份提出的新通胀目标设定达成期限。

5日

美国与菲律宾“2013肩并肩联合军演”正式拉开帷幕。

日本政府召开内阁会议，正式决定成立“TPP对策总部”，TPP担当相甘利明就任总部长。

日本内阁会议审议并通过了2013年版《外交蓝皮书》。在新版的《外交蓝皮书》中，日本政府不仅渲染自身所处的安全环境日趋严峻，还直接或间接地鼓吹“中国威胁”的论调。

日美两国政府就冲绳主岛美军嘉手纳基地以南5处设施和区域的归还计划达成了协议。

7日

博鳌亚洲论坛2013年年会在中国海南省博鳌开幕。中国国家主席习近平出席开幕式并发表主旨演讲。

10日

中国外交部发言人洪磊在例行记者会上表示，中方对日本和台湾有关团体商谈签署渔业协议表示关注，要求日方审慎处理涉台问题。中方在台湾对外交往等问题上的立场是一贯和明确的。中方对日台有关团体商谈签署渔业协议表示关注，要求日方切实恪守一个中国原则和在台湾问题上作出的承诺，审慎处理涉台问题。

日本与中国台湾地区在台北市签署了围绕钓鱼岛列岛周边海域渔业权的协定，根据该协定，日方允许台湾渔船在“专属经济区”作业。

11日

日本政府宣布，要求世界贸易组织成立专家组，处理关于中国向日本产不锈钢无缝钢管征收反倾销税、限制进口一事。

12日

中国外交部发言人洪磊在例行记者会上表示，钓鱼岛及其附属岛屿是中国的固有领土。关于中日之间的渔业问题，两国早在1997年就签署了渔业协定。中方反对日方在钓鱼岛海域采取单方面行动，要求其严格按照中日联合声明确定的原则和精神妥善处理涉台问题。

日本防卫大臣小野寺五典说，日方打算在南部冲绳县部署“爱国者3型”导弹，建立永久导弹防御体系。

日美两国政府结束有关日本加入跨太平洋战略经济伙伴关系协定（TPP）谈判的预备磋商，并达成了协议。

美国国务卿约翰·克里启程访问韩国、中国和日本，开始就任后首次亚洲行，引发各方高度关注。

美国财政部公布的半年度《国际经济和汇率政策报告》认为，包括中国在内的美国主要贸易伙伴并未操纵货币汇率。

13日

中国国家主席习近平在人民大会堂会见美国国务卿克里。习近平表示，当前中美关系处于新的历史时期。前不久，我同奥巴马总统通电话时一致重申，共同致力于建设中美合作伙伴关系、探索构建新型大国关系，确认了两国关系的战略定位和发展方向。希望双方坚持从战略高度和长远角度把握两国关系，以积极态度和发展眼光推进对话合作，以相互尊重、求同存异精神妥处分歧矛盾，不断充实合作伙伴关系的战略内涵，走出一条平等互信、包容互鉴、合作共赢的新型大国关系之路。

14日

日本外相岸田文雄在外务省与美国国务卿克里举行了会谈。克里在会谈后会见记者，就钓鱼岛问题表示，钓鱼岛“处于日本的有效控制之下，对任何想要改变现状的单方面行动表示反对”。

15日

日本首相安倍晋三在首相官邸会见了到访的美国国务卿克里。

据日本媒体报道，日本首相安倍晋三在接受《读卖新闻》专访时说，将在2013年内把自卫队行使集体自卫权写入新防卫大纲。

正在日本访问的美国国务卿克里在东京工业大学发表演讲时表示，美国将继续推行奥巴马政府提出的“重返亚太战略”。

16日

日本国际贸易促进协会会长、前众院议长河野洋平率该协会的访华团，在北京与分管商务领域的中国国务院副总理汪洋举行了会谈。

日本众议院通过总额超过100万亿日元的2013年度财政预算案，比上年减少0.3%。其中，军费比上年增加400亿日元，是日本时隔11年再次增加军费。

17日

日本防卫省统合幕僚监部公布数据称，2012年度航空自卫队战斗机紧急升空应对中国飞机的次数为306次。这一数字几乎比上年度的156次增加了一倍，创下2001年度开始公布相关数据以来的新高。应对的中国飞机多为战斗机。2012年度针对俄罗斯飞机紧急升空248次，针对中国飞机的次数首次超过对俄。

18日

日本防卫大臣小野寺五典说，为了应对朝鲜可能进行的导弹发射，防卫省当天在冲绳自卫队基地部署了“爱国者3”型导弹防御系统。

19日

日本内阁会议敲定了《自卫队法》修正案，该法案规定在紧急状况下从海外撤侨时，政府可动用自卫队执行陆上运输任务。

20日

中国四川省雅安市芦山县发生7.0级地震。

针对中国四川省雅安市发生的地震造成巨大损失，日本驻中国大使木寺昌人向中国外交部部长王毅、四川省党委书记王东明等人发出慰问信，代表日本政府表示愿意提供援助。

日本总务相新藤义孝参拜靖国神社。

21日

中华人民共和国国务院新闻办公室发表《2012年美国的人权纪录》，以回应美国国务院日前发表的《2012年国别人权报告》对中国人权事业的歪曲指责。

日本副首相兼财务大臣麻生太郎参拜了供奉有二战甲级战犯牌位的靖国神社。

日本国家公安委员长兼绑架问题担当相古屋圭司参拜靖国神社。

22日

中国外交部发言人华春莹表示，中方已就日本内阁成员参拜靖国神社的消极举动向日方提出严正交涉。靖国神社问题事关日本的当政者能否坦诚面对自己国家的过去，能否正确认识和对待日本军国主义的侵略历史，能否尊重受害国人民的感情。包括中国人民在内的各国人民拭目以待。日本军国主义在二战中犯下的侵略罪行铁证如山。只有正视和深刻反省过去的侵略历史，才有可能开辟未来，才能真正同亚洲邻国发展友好合作关系。

中国人民解放军总参谋长房峰辉与来访的美军参谋长联席会议主席登普

西举行会谈，表示中方愿与美方构建“平等互利、合作共赢”的新型军事关系。

日本首相安倍晋三在参议院预算委员会上就“村山谈话”发表看法称，将不会原封不动地继承为日本殖民侵略历史谢罪的“村山谈话”。

23日

由日本跨党派国会议员组成的“大家都来参拜靖国神社国会议员之会”168名成员集体参拜了供奉有二战甲级战犯牌位的靖国神社，人数为1989年以来最多。

日本右翼分子搭乘渔船进入钓鱼岛海域。

日本防卫省统合幕僚监部（相当于总参谋部）宣布，将派遣近千名海陆空自卫队员，参加于2013年6月在美国加州进行的美军离岛夺还演习。

中国外交部发言人华春莹表示，针对日本右翼分子非法进入钓鱼岛海域寻衅滋事，外交部已向日方提出严正交涉和强烈抗议。

日本首相安倍晋三在国会发言时表示，日本对朝鲜半岛的殖民统治不一定被定义为“侵略行为”。

中国国家主席、中央军委主席习近平在人民大会堂会见了来访的美军参谋长联席会议主席登普西一行。

24日

中国外交部发言人华春莹表示，中方不接受日方就中国海监船在钓鱼岛海域执法的交涉。

中国国家主席习近平在人民大会堂分别会见美国前国务卿基辛格、前财长保尔森。

日本首相安倍晋三在参议院预算委员会上就中韩两国政府谴责日本副首相兼财务大臣麻生太郎等多名内阁成员参拜靖国神社一事时表示，内阁成员向英灵表达崇敬之情是自由的、理所应当的。

25日

中国外交部发言人华春莹在例行记者会上表示，靖国神社问题的实质是日本政府和领导人如何认识和对待过去对亚洲邻国的侵略历史。如果日本领导人将日本军国主义的对外侵略扩张和殖民统治视为引以“自豪”的“历史和传统”，企图挑战二战结果和战后国际秩序，日本将永远走不出历史的阴影，日本同亚洲邻国的关系将没有未来。

26日

中国外交部发言人华春莹表示，中方不接受菲律宾就南海问题所提仲裁，坚持按国际法的有关规定和《南海各方行为宣言》的有关精神，通过双边谈判解决领土和海洋划界争议。

日本首相安倍晋三在官邸与到访的美军参谋长联席会议主席邓普西举行会谈，双方就继续强化日美同盟达成了一致。

日本政府召开内阁会议，通过了作为日本今后5年海洋政策方针的海洋基本计划。

27日

日本内阁卫星情报中心说，日本2013年1月发射的“雷达4号”卫星已经全面投入运转，实现了日本政府制定的可对全球任何一个角落进行全天候侦察监测的目标。

28日

日本行政改革担当大臣稻田朋美参拜了供奉有二战甲级战犯牌位的靖国神社，成为第四个参拜靖国神社的安倍内阁成员。

日本政府在东京举办“主权恢复·重返国际社会纪念典礼”，以纪念《旧金山和约》生效61周年。日本天皇夫妇、首相、参众两院议长、国会议员及知事等约400人参加。

29日

日本防卫相小野寺五典在美国国防部内与美国防部长哈格尔举行了会谈。

30日

中国驻美国大使崔天凯专门就2013年4月29日美国防部长哈格尔与日本防卫大臣小野寺五典会晤时对钓鱼岛问题的表态进行了回应。崔天凯表示，“在钓鱼岛问题上，挑起紧张局势、加剧紧张局势的是日本，采取所谓单方面、胁迫性行动的也是日本。”关于美方“美国反对任何寻求破坏日本管辖权的单方面行动或强制行为”的表态，崔天凯指出，“钓鱼岛问题的历史经纬是清楚的，应该说从历史上看，美国方面对此是有责任的，中方从未承认过日本对钓鱼岛的主权或是管辖权，这一点中方已经反复向美方进行过说明。”

5月

1日

日本首相安倍晋三声称，日本修改和平宪法不需要向邻国解释，其他国家的反应也不会影响日本的修宪进程。

2日

中国外交部发言人华春莹在例行记者会上答问时表示，中方希望日方本着对历史负责的态度，深刻反省历史，以实际行动取信于亚洲邻国和国际社会。历史是一面镜子。只有诚实地面对过去，才能真实地拥有未来。历史不会因为个别人的言行而改变。由于历史原因，日本的发展动向一直受到亚洲邻国高度关注。我们希望日本走和平发展道路，以史为鉴，尊重本地区国家的关切，多做有利于本地区和平与稳定的事。

3日

第十六届东盟与中日韩（10+3）财长和央行行长会议在印度新德里举

行。中国财政部副部长朱光耀率由财政部、中国人民银行、外交部、香港金管局代表组成的中国代表团出席了会议。

4日

日本副首相兼财务、金融大臣麻生太郎在印度表示："印度与中国在陆地上接壤，日本与中国则经海洋接触。然而，1500多年以来，我们和中国在历史上的关系从未极为顺畅。"

6日

美国国防部发表2013年度《涉华军事与安全发展报告》，称中国正在快速推进军事现代化，当前美中两军交往势头良好。报告首度以较大篇幅介绍中国和日本在钓鱼岛问题上的动向和态度，称中国于2012年9月公布的钓鱼岛领海基线"不恰当"。

7日

中国外交部发言人华春莹在例行记者会上表示，美国国防部年复一年发布如《涉华军事与安全发展报告》等这样的报告，散步所谓"中国军事威胁论"，我们对此坚决反对，已向美方提出交涉。中国政府根据《联合国海洋法公约》有关规定，确定并公布钓鱼岛及其附属岛屿的领海基点基线完全符合相关国际法和国际实践。

日本内阁官房长官菅义伟在记者会上就前官房长官河野洋平1993年发表的承认日军在二战时强征慰安妇的谈话表示，安倍政府并没有考虑对其进行修改。菅义伟说，安倍政府承认日本曾在过去给亚洲各国人民带去了极大的灾难和痛苦，在此基础上，安倍政府会认真坦诚地向国际社会说明这一历史认识问题。

8日

日本首相安倍晋三在参议院预算委员会上称，"从制定过程（来看），（和平宪法）是由占领军制定的。也有些内容不符合时代"，并呼吁"只有我们自己亲手制定宪法这一精神才能开创一个新时代”，再次表达了修改宪法的愿望。

中国外交部发言人华春莹在例行记者会上表示，钓鱼岛及其附属岛屿从来就不是琉球或冲绳的一部分。

中国国防部新闻发言人耿雁生就美国国防部发表2013年度《中国军事与安全态势发展报告》发表谈话称，美国国防部此举重弹“中国军事威胁”和“中国军力不透明”的老调，指责中国维护国家主权权益的正当举动，质疑中国国家战略和国防政策走向。中方对此表示强烈不满和坚决反对，已向美方提出严正交涉。

9日

日本官房长官菅义伟在记者会上表示，“首相安倍对于历史认识问题的立场和日本历届内阁是相同的。为了能获得有关国家的充分理解，（日本政府）将尽全力阐明日本的立场。”

由于临时安排与中国国务委员杨洁篪会谈导致访期延长，日本参院环境委员长川口顺子被国会参议院罢免。

日本和美国政府相关部门9日至10日在东京举行了针对网络空间的首次综合性对话，并发表了一份联合声明，表示将在信息交换等方面加强合作，以应对侵入政府和企业电脑并引起系统故障的网络攻击。

中国外交部发言人华春莹在例行记者会上表示，中国政府在有关琉球问题上的立场没有变化。冲绳和琉球的历史是学术界长期关注的一个问题。该问题近来再度突出，背景是日方在钓鱼岛问题上不断采取挑衅行动，侵犯中国领土主权。有关学者的署名文章反映了中国民众和学术界对钓鱼岛及相关历史问题的关注和研究。

中国外交部发言人华春莹在例行记者会上表示，日本军国主义对外侵略历史铁证如山，国际社会早有定论，不是什么学术问题。中方注意到日本领导人就历史问题所作的表态。中方对日方将继续听其言，观其行。希望日方切实以史为鉴，以实际行动取信于亚洲邻国和国际社会。

中国台湾渔民被菲律宾公务人员射杀。

10日

中国海军组建首支舰载航空兵部队。

中国外交部发言人华春莹在例行记者会上，就菲律宾公务船前日射击台湾渔船造成渔民死亡答问时表示，中方对菲方屡次对手无寸铁的渔民使用武力表示严重关切，对此次事件造成人员伤亡表示强烈谴责。中方一贯致力于维护台湾同胞的正当权益，将密切关注这一事件的后续发展，并再次敦促菲方立即对这一事件进行彻底调查并妥善处理。

美国财政部长雅各布·卢表示，美国对日本的货币政策表示关注，警告其应避免操纵汇率，引发货币战。

12日

日本海上保安厅发布年度报告《海上保安报告2013》。

据日本广播协会电视台报道，日本自民党政务调查会长高市早苗称，有必要讨论修改“村山谈话”中有关“侵略”的部分。

13日

日本首相安倍晋三在官邸与来访的文莱苏丹博尔基亚举行会谈，希望文莱支持日本加入“跨太平洋战略经济伙伴关系协定”（TPP）谈判。

日本首相、自由民主党党首安倍晋三称，对美国国会研究所一份报告把他称为“强硬民族主义者”感到失望，说将努力向外国宣传他的观点。

日本维新会代表桥下彻称，“慰安妇”制度是当时保持军纪所必需，没有证据显示日本政府或军方直接采取了绑架、胁迫“慰安妇”的行为。

14日

中国外交部发言人洪磊在例行记者会上答问时表示，中方对日本政治人物发表公然挑战历史正义和人类良知的言论表示震惊和强烈愤慨。强征“慰安妇”是日本军国主义在二战期间犯下的严重罪行，也是事关受害者人格尊严的重大人权问题。如何对待过去将决定日本如何走向未来，日本究竟作何选择，亚洲邻国和国际社会将拭目以待。

中国国务院新闻办公室发表《2012年中国人权事业的进展》白皮书，全面介绍近年来中国人权事业发展取得的新成就。

15日

针对菲律宾射杀台渔民事件，中国台湾当局先后启动冻结菲律宾对台劳务输出、停止与菲律宾渔业合作等两轮制裁措施。

日本首相安倍晋三在东京表示，安倍内阁继承对日本过去的侵略战争和殖民统治表示反省和道歉的“村山谈话”。

日本首相安倍晋三称，他从未否认日本的殖民侵略史，不认同大阪市长桥下彻就“慰安妇”问题发表的言论。

中国、日本、韩国、新加坡、印度、意大利成为北极理事会的正式观察员国。

美国国会众议员迈克·本田和斯蒂夫·伊斯雷尔发表声明，谴责桥下彻的言论“令人厌恶”和“令人作呕”，伊斯雷尔再次敦促日本政府正式承认“慰安妇”问题并正式道歉。

16日

美国国务院发言人珍·普萨基强烈谴责日本大阪市长桥下彻有关“慰安妇”的言论，敦促日本继续与邻国协同解决历史遗留问题。

17日

日本首相安倍晋三提出以扩大企业设备投资、农副产品出口倍增、文化相关产业出口等为主的经济增长新战略部分举措。

日本执政党自民党公布《防卫力量大纲》修改建议草案，主张建设“坚韧的防卫力量”，同时大幅增加自卫队人员编制和防卫预算。

美国能源部表示，已批准向尚未签订自由贸易协定（FTA）的日本出口液化天然气（LNG）。

21日

日本首相安倍晋三近期接受美国《外交》杂志采访，谈及中国钓鱼岛问题，安倍声称，说日本曾与中方就搁置钓鱼岛问题达成一致，是中方的谎言，日本从未同意搁置这一问题。他把靖国神社与美国阿灵顿国家公墓作比较，称不会承诺不参拜靖国神社。安倍称，支持修改日本宪法，升格自卫队为国防军。

22日

日本央行结束为期两天的货币政策会议，决定维持现行的超宽松货币政策不变，即继续推行每年增加60万亿至70万亿日元（1日元约合0.0097美元）基础货币供应的措施。

日本维新会代理党首平沼赳夫称慰安妇是“战地卖淫女”。

23日

美国总统奥巴马在美国国防大学发表讲话，阐述美国政府的反恐政策，涉及无人机海外击杀武装人员与在美军关塔那摩监狱关押涉恐囚徒这两个争议最大的问题。

27日

日本内阁官房长官菅义伟称，中国总理在德国参观波茨坦会议旧址后发表的讲话是无视历史，如果有关讲话基于中方对钓鱼岛的主张，日方决不接受。

中国国家主席习近平在人民大会堂会见美国总统国家安全事务助理多尼伦。

28日

中国外交部发言人洪磊在例行记者会上表示，中方要求日方采取正视历史的态度，就日本内阁官房长官菅义伟有关表态作出澄清和更正，不要再说缺乏常识的话。

中国军事科学院国防政策研究中心发布《战略评估2012》，研判国际战略形势，提出应对策略。这是中国军方智库首次公开发布战略评估报告。

30日

日本执政党自民党召开国防小组和安全调查会的联席会议，确定新《防卫计划大纲》的建议案，主张建设“坚韧的机动防卫力量”，以取代目前的“机动防卫力量”。

中国国防部新闻发言人耿雁生表示，日方炒作中国潜艇威胁有其不可告人目的。

中国外交部发言人洪磊表示，“旧金山和约”由于没有中华人民共和国参加准备、拟制和签订，中国政府认为是非法的，无效的，因而绝对不能承认。

6月

1日

美国国防部长哈格尔在新加坡举行的香格里拉对话会上说，美国将在亚太地区投入更多空中、地面力量以及高科技武器，以落实在本地区的“战略再平衡”部署。

美国、日本、韩国国防部长在新加坡香格里拉对话会间歇举行三边会晤，表示三国合作，以迫使朝鲜放弃核和导弹项目，停止挑衅行为。

3日

中共中央政治局常委、中央书记处书记刘云山在人民大会堂会见了由前自民党干事长野中广务率领的日本超党派资深政治家代表团。

中国外交部发言人洪磊在例行记者会上就日本宣布向非洲提供320亿美元资金援助表示，中方乐见日方出台对非合作举措，希望日方切实兑现各项承诺。

4日

中国外交部发言人洪磊在例行记者会上表示，日本方面去年以来的所作所为背弃和破坏了中日之间曾就搁置钓鱼岛争议达成的谅解和共识，这是导致当前钓鱼岛局势紧张的根源。

5日

美国总统奥巴马在白宫举行仪式，任命美国常驻联合国代表苏珊·赖斯担任总统国家安全事务助理，接替辞职的多尼伦。这一任命将在7月生效。

7日

日本政府召开内阁会议，确定关于新设负责制定日本外交和安全保障政策的“国家安全保障会议”相关法案。日本国家安全保障会议将成为日本外交和安全方面的最高决策机构。

中国外交部发言人洪磊在例行记者会上答问时表示，钓鱼岛及其附属岛屿自古以来就是中国固有领土。维护对钓鱼岛及其附属岛屿的主权和在东海的合法权益是中国政府坚定不移的立场，维护中华民族的整体利益是两岸同胞的共同责任。

中国国家主席习近平在美国加利福尼亚州安纳伯格庄园同美国总统奥巴马举行中美元首第一场会晤。会晤结束后，两国元首共同会见记者。

8日

中国国家主席习近平在美国加利福尼亚州安纳伯格庄园同美国总统奥巴马举行中美元首第二场会晤。两国元首介绍了各自国内经济形势和经济政策，并就中美经济关系深入交换意见。

10日

日本自卫队开始在美国加利福尼亚州圣地亚哥与美军举行联合夺岛演习。

11日

中国神舟十号载人飞船在酒泉卫星发射中心发射升空，准确进入预定轨道，顺利将3名航天员送入太空。

14日

日本政府在内阁会议上通过了旨在激发民间活力的“经济增长战略”和“经济财政运行基本方针”。

17日

八国集团（G8）峰会发表有关世界经济的首脑宣言，内容包括要求日本制定中期财政计划。

日本首相安倍晋三在北爱尔兰的厄恩湖与英国首相卡梅伦举行会谈，双方就签订防止各自技术外泄的协议以加速防卫装备的共同开发达成一致，并就签署使两国交换包括军事机密等信息成为可能的《情报保护协定》达成共识。

德国总理默克尔同日本首相安倍晋三举行双边会谈，默克尔在会谈中毫不客气地批评安倍政府放任日元大幅贬值的政策，并质疑日本政府处理不断扩大的财政赤字的能力。

23日

日本执政的自民党在东京都议会选举中获胜，时隔4年重新夺回东京都议会第一大党地位，而最大在野党、选前第一大党民主党遭到惨败。

美国国务卿约翰·克里到访印度，开始其担任国务卿以来的首次印度之行。

25日

美国总统奥巴马公布了美国第一份全国气候行动计划，其核心是减少温室气体排放大户——发电厂的碳排放，并加强可再生能源发展。

美国陆军参谋长雷·奥迪尔诺在五角大楼召开新闻发布会宣布，陆军将裁撤驻扎在本土的10个战斗旅编制，以完成裁减8万陆军的目标。

26日

日本参议院召开全体会议，表决通过了生活党、社民党等3个在野党提出的对首相安倍晋三的问责决议案。安倍晋三成为继福田康夫、麻生太郎和野田佳彦之后，日本历史上第四位被问责的首相。

就日本防卫省已拟定新版《防卫白皮书》中有关表述，中国外交部发言人华春莹在例行记者会上表示，希望日方深刻反省自己在历史上的侵略罪行，走和平发展道路。

27日

日本防卫大臣小野寺五典与菲律宾国防部长博尔泰雷·加斯明举行会谈。双方同意强化两国在国防领域的“战略伙伴关系”，菲计划向美日更大程度开放菲军事基地，而日方希望加强两国军事合作并以美国为后盾牵制中国。

菲律宾与美国海军开始在南海举行代号为“卡拉特”的联合军事演习，地点位于菲北部的吕宋岛附近海域，距中国黄岩岛百余公里。

中国国防部新闻发言人杨宇军就日本新版防卫白皮书概要中的涉华内容答问时表示，奉劝日方多照镜子，少去抹黑别人。

29日

德国6月29日出版的最新一期《明镜》周刊披露，美国国家安全局曾窃听欧盟在美国和布鲁塞尔的办公设施，渗透其电脑网络，并发动网络袭击。

7月

1日

中国外交部部长王毅在文莱会见了美国国务卿克里。王毅敦促美方谨慎处理台湾、涉藏、涉疆等重要敏感问题。他还表示，新型大国关系不是搞中美共治，而是优势互补，发挥各自作用，维护世界和平稳定。南海问题不是中美之间的问题，美方应理解中国。

2日

中国全国政协主席俞正声在北京会见了以庄山悦彦为团长的日本亚洲交流协会代表团。

3日

中国外交部发言人华春莹在例行记者会上表示，关于日本方面单方面声称的东海“中间线”，中方从未接受。

5日

中俄“海上联合—2013”军演今起在日本海彼得大帝湾附近海空域举行，双方出动19艘舰艇、8架飞机以及2个特战分队参加联演。

6日

中国与瑞士签署自由贸易协定。这是中国与欧洲大陆国家签署的首个自贸协定。

7日

据《日本经济新闻》报道，日本政府计划在今后5年发射9颗专用卫星，构建24小时监视全世界所有海洋的体制。

8日

美国和欧盟“跨大西洋贸易与投资伙伴关系协定”（TTIP）首轮谈判在华盛顿举行。双方就农产品市场准入、电子商务、投资和竞争政策等问题展开谈判。

中国外交部发言人华春莹在例行记者会上，针对“日本首相安倍晋三6月7日接受媒体访问时称中国正试图凭实力改变现状”表示，钓鱼岛及其附属岛屿自古以来就是中国的固有领土，中方对此拥有无可争辩的主权。日方对钓鱼岛所采取的一切措施都建立在对钓鱼岛的非法侵占上，日方所谓的“现状”从一开始就是非法和无效的，中方从来没有承认和接受过。日方应丢掉一切幻想，正视历史和现实，为通过对话谈判妥善管控和解决问题作出实实在在的努力。近来日方一再蓄意渲染中国威胁，制造地区紧张，误导国际舆论，无助于问题的解决，反而会进一步损害双方之间的政治安全互信。日方如果真心想改善中日关系，就应该停止一切抹黑中国的言行，以实际行动为改善中日关系做出努力。此外，就日本首相安倍晋三称“各个国家都对本国历史抱有自豪感”、“把历史问题作为外交牌的做法是错误的”等言论，华春莹表示，中方对日本领导人涉及历史认识问题的相关言论感到震惊。当年日本军国主义对外侵略扩张和殖民统治对亚洲邻国造成了深重伤害，铁证如山，不容翻案。日本对待历史的正确态度不应是无原则的“自豪”，而应是正视和反省侵略历史，停止把历史问题作为刺激和伤害亚洲受害国人民感情的工具。中方再次奉劝日方认真倾听国际社会的正义呼声，诚实面对历史。

9日

日本内阁会议审查通过并公布了2013年度《防卫白皮书》。这份白皮书矛头直指中国，大肆炒作“中国军事威胁论”，妄称中国的海上行动对日本的安全和地区稳定“构成威胁”。

日本首相安倍晋三在TBS电视台举办的党首辩论会上说，为了加强在“尖阁诸岛”（即中国钓鱼岛及其附属岛屿）地区的海洋权益，（中国）正在活用历史认识问题。对历史认识问题与外交的关系，安倍说，二者有别，但对方在灵活运用。另就中国采取的海洋行动，安倍称，中国试图通过力量改变现状，而日本将制定以规则为基础的秩序，日本不会在“尖阁诸岛”（即中国钓鱼岛及其附属岛屿）问题上妥协。

中国国务委员杨洁篪在美国《华盛顿邮报》发表题为《谱写中美跨越太平洋合作的新篇章》的署名文章。

中国国务院副总理汪洋在美国《华尔街日报》发表题为《加强对话 促进合作》的署名文章。文章强调，经贸关系是中美关系的“压舱石”和“推进器”。

中国外交部发言人华春莹在例行记者会上就2013年度日本《防卫白皮书》中某些表态发表评论称，希望日方端正态度，多做有利于增进国家间政治安全互信和地区和平稳定的事。

第三次中美战略安全对话在华盛顿举行。中国外交部副部长张业遂和美国常务副国务卿伯恩斯共同主持本次对话。

10日

日本软银公司宣布完成对美国第三大移动通信运营商Sprint Nextel的收购，由此成为全球第三大移动通信运营商。

美国海军宣布，其正在开发的无人舰载机“X-47B”样机当天在着陆试验中首次成功降落在航母上。

第五轮中美战略与经济对话在美国华盛顿开幕。中国国家主席习近平特别代表、国务院副总理汪洋和国务委员杨洁篪，同美国总统奥巴马特别代表、国务卿克里和财政部部长雅各布·卢共同主持。美国副总统拜登出席开幕式并致辞。

中国外交部发言人华春莹说，日本新版防卫白皮书罔顾基本事实，恶意渲染“中国威胁”，中方对此表示严重关切和强烈不满。

11日

针对驻日美军将于下月初在位于冲绳县宜野湾市的普天间机场追加部署12架“鱼鹰”旋翼机一事，冲绳县议会全会一致表决通过了抗议追加部署“鱼鹰”旋翼机、要求撤走所有“鱼鹰”旋翼机并关闭普天间机场的决议与意见书。

美国总统奥巴马在华盛顿白宫椭圆形办公室会见在美主持第五轮中美战略与经济对话的中国国家主席习近平特别代表、国务院副总理汪洋和国务委员杨洁篪。

中国国防部新闻发言人耿雁生表示，日本2013年度《防卫白皮书》罔顾事实，渲染“中国军事威胁”，中国军队对此表示强烈不满和坚决反对。

12日

中国外交部发言人华春莹在就南海问题答记者问时表示，中方希望美方尊重事实，在南海问题上不选边站队。

13日

据日本共同社报道，日本法务大臣谷垣祯一等4名内阁大臣当天向供奉着14名二战甲级战犯牌位的靖国神社供奉灯笼。

16日

日本两大证券交易所——东京证券交易所和大阪证券交易所的股票现货交易开始合并，合并后，东证的上市公司数和总市值均跻身世界前三位。

中国外交部发言人华春莹就美国总统签署支持台湾参与国际民航组织活动法案答记者问。华春莹说，台湾同胞参与国际组织，包括国际民航组织活动问题是中国人自己的事。中方坚决反对任何外国政府、组织或个人插手。美国会有关法案严重违反了一个中国政策和中美三个联合公报原则，中方对此坚决反对并已向美方提出了严正交涉。

中国外交部发言人华春莹就菲方涉南海问题言论答记者问时表示，对菲方关于“已不可能与中方进行双边讨论”的表态感到遗憾，对菲方拒绝外交谈判，关闭对话大门的做法不满。菲方不顾中方合法权利和正当关切，一意孤行推进国际仲裁，我们表示坚决反对。

17日

日本首相安倍晋三视察了冲绳石垣岛海上保安厅和宫古岛航空自卫队宫古岛分屯基地，表达了“加强岛屿防卫”的态度。这是日本现职首相48年来首次访问上述两岛。石垣海上保安厅“负责”钓鱼岛周边海域的警备工作。安倍当天还在石垣发表演讲妄称，钓鱼岛是日本固有领土，日方不会退让。

中国外交部发言人华春莹就钓鱼岛问题回答记者提问时说，钓鱼岛自古以来就是中国固有领土，中方对此拥有无可争辩的主权。中国政府将继续采取必要措施，坚决维护钓鱼岛领土主权。我们敦促日方正视历史和现实，停止一切损害中国领土主权的挑衅言行，为通过对话妥善解决钓鱼岛问题作出努力。

18日

美国“汽车之城”、密歇根州最大的城市底特律，依照《破产法》第九章相关规定正式向该州东部地区法院申请地方政府破产保护。

21日

日本第23届国会参议院选举进行投票，433名候选人争夺参议院改选的121个议席。

22日

日本第23届国会参议院选举最终开票结果揭晓，日本联合执政的自民党和公明党在国会参议院选举中获胜，两党占据参议院过半数议席，从而终结了朝野政党分控众参两院的“扭曲国会”局面。最终开票结果显示，自民党和公明党分别赢得65个议席、11个议席，加上59个非改选议席，两党议席总数达到135个议席，超过参议院总议席半数的121席，终结了长达6年的“扭曲国会”局面。最大在野党民主党遭到惨败，仅获得17个议席，议席总数由选前的86个席位减至59个席位。

日本首相安倍晋三在自民党总部举行的记者会上表示，希望与中方共同努力，克服两国间难题。

23日

日本正式加入在马来西亚东部城市亚庇召开的跨太平洋伙伴关系协定（TPP）谈判。

24日

美国总统奥巴马宣布提名前总统约翰·肯尼迪的长女卡罗琳·肯尼迪出任美国驻日本大使。

美国众议院就一份关于限制国家安全局收集国内民众电话记录监视项目的议案投票，结果这一议案未能过关。

由日本14个有驻日美军基地的都、道、县知事组成的“涉外知事会”代表向日本外务省和防卫省递交一份请愿书，要求修改日美地位协定并早日归还基地。

26日

日本总务省发布的6月份日本全国消费者物价指数（CPI，2010年为100，生鲜食品除外）为100.0，比上年同期增长0.4%，自2012年4月以来首次同比转增。

日本防卫省公布了有关制定新《防卫计划大纲》的中期报告。

正在新加坡访问的美国副总统拜登与日本首相安倍晋三会谈，敦促就钓鱼岛陷入对立的日中两国为缓解紧张局势采取必要措施。

日本首相安倍晋三在新加坡东南亚研究院主办的讲座上说，日中关系是最重要的双边关系之一，日本有很多企业在中国投资，获益良多，这也为中国创造了就业，两国早已是“不可分割”的关系。作为邻国，日中关系难免有挑战。

27日

日本首相安倍晋三与菲律宾总统阿基诺在马尼拉举行会谈，双方同意进一步加强海上合作；安倍晋三宣布以日元贷款形式向菲方提供10艘海岸警卫队巡逻艇，以及一系列发展援助和贷款。

29日

日本副首相兼财务大臣麻生太郎再放谬论，暗示日本应该效仿二战爆发以前德国纳粹政府的做法，“不知不觉地”修改宪法。

美国参议院全体会议通过决议，声称中国为“改变领土现状”，在钓鱼岛周边及南海“威吓和动用武力”。决议还声称，美国认为钓鱼岛处于日本控制之下，这一认识“不会因第三方的单方面行动而改变”，并称美国将毫不动摇地根据《美日安保条约》应对“任何武力攻击”。中方强调，钓鱼岛及其附属岛屿自古以来就是中国的固有领土，中国对此拥有无可争辩的主权。美方曾多次表示在中日领土争端问题上不会选边站队，希望美方从本地区和平稳定大局出发，言行一致，不要发出自相矛盾的错误信号，多做有利于本地区和平稳定的事情。

中国外交部发言人洪磊就日本内阁官房参与饭岛勋访华回答记者提问时说，饭岛勋先生不久前确曾申请来华签证，但据我所知，没有进行官方活动，中国政府官员未同其接触。

30日

日本防卫相小野寺五典表示，将建议成立欧洲安全与合作组织（OSCE）的“亚洲版”常设机构，以推进东亚各国的对话。

美国加利福尼亚州格伦代尔市中央公园举行慰安妇铜像揭幕仪式，这是慰安妇铜像首次竖立在美国城市。

为期四天的中日韩自贸区（FTA）第二轮谈判在中国上海启动。

31日

美国商务部经济分析局正式调整国内生产总值（GDP）统计方式，并以此重新修订自1929年以来的美国宏观经济数据。

斯诺登再次通过英国《卫报》爆料，揭露美国更大规模的监控项目“Xkeyscore”可以使情报人员在没有得到预先授权的情况下，对个人的互联网活动进行“实时监控”，甚至可以抽取中文信息。

中国外交部发言人洪磊就日本副首相麻生太郎言论答记者问时说，中方要求日方认真反省历史，恪守在历史问题上做出的承诺。

8月

1日

日本副首相兼财务大臣麻生太郎在财务省发表声明，称或引发误解，故而收回自己此前以纳粹为例提及修宪的发言。

俄罗斯联邦移民局批准“棱镜”项目曝光者斯诺登的临时政治避难申请，斯诺登已经离开莫斯科机场中转区进入俄罗斯境内，停留期限为一年。

中国外交部发言人华春莹就日方有关涉华言论答记者问时表示，当前中日关系陷入严重困难局面是日方一手造成的，日方应为消除影响两国关系发展的障碍做出实际努力，而不是空喊对话口号。

美国国会众议院外交委员会通过“2013台湾政策法案”，条文规定提高美台高层互访待遇及提供多项防御需求。这一事态是美国国会众院外委会对中国内部事务的粗暴干涉。

中国外交部发言人华春莹就美国国会参议院通过涉南海、东海决议案答记者问时说，由美国会少数议员提出的上述决议案罔顾历史和事实，无理指责中方，所发出的信号是错误的。中方对此表示强烈反对，已向美方提出严正交涉。

4日

日本宇宙航空研究开发机构与三菱重工业公司在鹿儿岛县种子岛宇宙中心用H2B火箭发射无人货运飞船“鹳”4号机，用于为国际宇宙空间站运送各类补给和科研物资。

5日

驻日美军一架HH-60型直升机在冲绳美军汉森军营内坠落，机上3人生还、1人失踪。

由日本非营利组织“言论NPO”和《中国日报》共同实施的国民相互感情和认识民意调查结果公布。调查显示，90.1%的日本人和92.8%的中国人对对方国家“印象不好”，分别比去年增加了5.8个和28.3个百分点，均跌至该调查项目启动以来的最低点。

6日

日本二战后建造的最新、最大的直升机搭载型22DDH护卫舰（被称为

“准航母”）在横滨市举行下水仪式，并被命名为“出云”号。

8日

美国和日本官员在日本首都东京会晤，磋商如何采取措施，以避免HH-60型直升机坠机事故重演。

中国外交部发言人洪磊在回答记者提问时表示，针对一艘日本右翼船只8月7日非法进入中国钓鱼岛领海，中国海警编队依法进行了维权执法。

9日

日本财务省公布的数据显示，截至2013年6月底，包括国债、借款和政府短期债券在内的国家债务达1008.6281万亿日元（约合人民币64.46万亿元），首次超过1000万亿日元大关。

12日

日本内阁府公布的初步数据显示，第二季度日本实际国内生产总值（GDP）增速按年率计算为2.6%，低于第一季度经修正后的3.8%。

日本外务省外务报道官佐藤地就《日中和平友好条约》签署35周年发表谈话，表示愿意推进日中关系发展。

中国外交部发言人洪磊就《中日和平友好条约》签署35周年答记者问时表示，条约以法律形式确认了中日联合声明的各项原则，明确了中日世代友好的大方向，进一步巩固了中日关系长远发展的政治基础。条约值得双方很好纪念和遵循。

14日

美国和菲律宾谈判代表就扩大美在菲军事存在框架协议举行首轮正式谈判。

中国外交部发言人洪磊表示，靖国神社中供奉着二战甲级战犯，日本领导人对待这一问题的态度反映了日本能否正视和反省日本军国主义的对外侵略历史，是否尊重包括中国在内的广大受害国人民的感情。中方敦促日方信守承认和反省侵略历史的承诺，谨言慎行，以实际行动取信于亚洲受害国人民和国际社会。

15日

日本内阁成员中有总务大臣新藤义孝、国家公安委员长兼“绑架问题”担当大臣古屋圭司和行政改革担当大臣稻田朋美参拜了靖国神社。首相安倍晋三虽未参拜，但以自民党总裁名义自费献上了“玉串料”（即祭祀费）。超党派议员团体“大家参拜靖国神社国会议员会”的102名成员也进行了参拜，其中包括自民党政调会长高市早苗、民主党的参院干事长羽田雄一郎及日本维新会代理党首平沼赳夫等人。另有约100名国会议员委托秘书代为参拜。

日本首相安倍晋三在官邸会见了美国参议院外交委员会主席梅内德斯。

19日

美国国会参议院外交委员会主席罗伯特·梅内德斯在韩国发表演讲，敦促日本正视历史。他在演讲中表示，如果日本有意做出改变，希望韩国积极回应。

中国国防部长常万全与美国国防部长哈格尔在华盛顿举行会谈。

中国国防部长常万全会见了美总统国家安全事务助理赖斯。

20日

中国国务委员杨洁篪在中南海会见了应全国人大外事委员会邀请来访的美国参议院外委会主席梅内德斯。双方就中美关系和共同关心的国际和地区问题交换了意见。

21日

美国国会参议员麦凯恩称钓鱼岛是“日本领土”，并表示，中国侵犯日本对钓鱼岛的根本权利，受到中国海上威胁的国家有必要加强协调。

22日

据《产经新闻》报道，日本防卫省8月21日已基本决定在位于冲绳县的航空自卫队那霸基地里，组建一支由早期警戒机E2C组成的“飞行警戒监视队”，以加强对中国飞机的监视。

中国外交部发言人洪磊说，钓鱼岛是中国固有领土，任何人想否定这一基本事实都是徒劳的。我们奉劝美国有关议员停止发表不负责任的言论，以免使有关问题和地区形势更加复杂化。

23日

中国国务委员杨洁篪在中南海会见来访的美国联邦参议员麦凯恩、怀特豪斯一行。麦凯恩表示，中美关系是平等伙伴关系，支持双方加强交流与合作，推进两国关系和在国际地区问题上的合作，这符合两国人民和世界人民的利益。麦凯恩表示，美国在钓鱼岛主权归属问题上不持立场。

26日

联合国秘书长潘基文在韩国首都首尔召开新闻发布会，敦促日本领导人“深刻自省”，树立正确的历史观，以获得其他国家尊重和信任。

27日

日本海上保安厅向政府申请，在2014年财政预算中增加128亿日元（约合1.3亿美元）购买与改造船只费用，旨在加强钓鱼岛周边警备力量。

28日

日本防卫相小野寺五典与美国国防部长哈格尔在文莱的斯里巴加湾举行会谈。

在位于江苏南京郊外的日本遗弃化学武器销毁作业现场，中日双方代表正式宣布南京日遗化武销毁作业结束。

29日

日本冲绳县知事仲井真弘多到访外务省，要求政府调整在冲绳部署MV-22“鱼鹰”倾转旋翼机的计划。

30日

中共中央政治局常委、全国政协主席俞正声在北京会见日本前众议长横路孝弘率领的日本民主党政治家代表团。

31日

日本防卫省决定2014财政年度申请4.82万亿日元（约合491亿美元）防务预算，比2013财年增加约3%，为22年以来最大增幅。

9月

3日

日本政府召开由首相安倍晋三担任总部长的原子能灾害对策总部会议，计划投入470亿日元（约合29亿元人民币）国家经费，彻底解决福岛第一核电站污水泄漏问题。其中，约320亿日元将用于建设防止核污水流入大海的“遮水壁”，另外150亿日元将用于增设核污水净化装置。

据日本媒体报道，日本首相安倍晋三与美国总统奥巴马举行电话会谈，双方就改善叙利亚局势进行密切合作达成一致。

中国外交部发言人秦刚就抗战胜利68周年发表谈话。

5日

二十国集团领导人第八次峰会在俄罗斯圣彼得堡举行。会议开始前，中国国家主席习近平同日本首相安倍晋三在各国领导人等候的贵宾室相遇，双方进行了简短交谈。习近平阐明了中方原则立场，指出近来中日关系面临严重困难，这是我们不愿看到的。中方愿在中日四个政治文件基础上，继续推进中日战略互惠关系。习近平强调，日方应本着正视历史、面向未来的精神，正确处理钓鱼岛、历史等敏感问题，寻求妥善管控分歧和解决问题的办法。安倍表示，很希望在此见到习近平主席，我迫切希望改善日中关系。

6日

中国国家主席习近平在俄罗斯圣彼得堡同美国总统奥巴马举行会晤，讨论中美关系和其他共同关心的国际和地区问题。

8日

日本东京在阿根廷首都布宜诺斯艾利斯举行的国际奥委会第125次全会上，击败马德里和伊斯坦布尔，赢得2020年夏季奥运会的举办权。

10日

日本内阁官房长官菅义伟声称，为强化“实际控制”，在“尖阁诸岛”（即中国钓鱼岛及其附属岛屿）上派驻公务人员是“一个选项”。

中国外交部发言人洪磊在例行记者会上表示，中国维护钓鱼岛主权的决心和意志坚定不移。

中国驻日本大使程永华驳回了日方就中国海警船进入钓鱼岛领海巡航提出的交涉。

11日

中国外交部发言人洪磊在北京表示，日方对中方正常的海空活动说三道四，中方强烈不满。

12日

日本首相安倍晋三在东京表示，将推动有关自卫队行使集体自卫权的讨论。

14日

日本宇宙航空研究开发机构在位于鹿儿岛县的内之浦宇宙空间观测所成功发射了第一枚“艾普斯龙”号新型固体燃料火箭。

17日

作为日本首相安倍晋三私人咨询机构的“关于重新构筑安全保障法律基础恳谈会”在东京召开会议。安倍在会上表示，期待讨论能够直视宪法制定以来的变化，成为进一步探讨符合新时代的宪法解释的基础。

中国外交部发言人洪磊在例行记者会上表示，中方再次敦促日方深刻反省侵略历史，以实际行动取信于亚洲邻国和国际社会。

18日

菲律宾与美国海军陆战队定于9月18日起在菲律宾北部吕宋岛三描礼士省一处海军基地举行联合两栖登陆演习，代号为“菲布莱克斯14”。演习持续3个星期，由菲律宾军方和美海军陆战队2300多人参与。

美国联邦储备委员会宣布，将维持现行的宽松货币政策不变，暂时不削减第三轮量化宽松货币政策（QE3）规模。

中国外交部发言人洪磊在例行记者会上表示，中方要求日方在钓鱼岛问题上正视历史和现实，停止侵犯中国领土主权。

19日

日本京都府知事山田启二表示，京都府将与日本中央政府合作，接受美军在京都府京丹后市的航空自卫队基地部署X波段雷达。这是美军在日本部署的第二座X波段雷达。

国际货币基金组织（IMF）总裁拉加德在美国商会演讲时，敦促美国尽快批准2010年出台的IMF份额和治理改革方案。

中国外交部长王毅在华盛顿与美国国务卿克里举行会谈。

23日

中国外交部发言人洪磊表示，个别国家或集团以防范朝鲜核、导“威胁”为幌子，单方面部署反导系统或开展集团合作，无助于地区防扩散问题的解决。

24日

中国外交部发言人洪磊表示，中方注意到日本媒体关于日方拟在硫磺岛设立新的监听舰船等通讯信号的设施的报道，希望日方以史为鉴，为维护地区和平稳定发挥建设性作用。

26日

中国外交部发言人洪磊表示，日本领导人应认真对待国际社会的关切和正义呼声，表明正视和反省历史的态度，以实际行动取信于国际社会。

中国国防部新闻发言人耿雁生表示，对于中国军队正常的合法行为，日方不应该反应过度。谁反应过度，谁就心里有鬼。

中国双汇国际与美国史密斯菲尔德食品公司联合宣布收购完成，至此中国企业规模最大的赴美投资案正式收官，也是继2012年万达收购AMC后中国企业赴美投资的又一里程碑。

27日

日本首相安倍晋三在纽约市内召开记者会，无视历史和事实，声称钓鱼岛是日本“固有领土，不会妥协”。就修改宪法解释以允许行使集体自卫权一事，安倍称“将依据具体事例，努力增进国民理解”。对于对允许行使集体自卫权不改慎重态度的公明党，安倍强调“也将为获得理解推进讨论”。

针对日本外相岸田文雄日前在联合国发表演讲称，应对不断提升核战力的中国等进行牵制，中国外交部发言人洪磊表示，中方对日方的言论表示不满。中国的核力量完全用于自卫目的，从不去威胁任何国家。

29日

日本滋贺县高岛市约800名市民举行集会游行，反对部署在冲绳的美军MV-22“鱼鹰”倾转旋翼运输机参加即将在该市举行的日美联合军演。

10月

1日

日本首相安倍晋三宣布，从2014年4月1日起将消费税率从现在的5%提高到8%。这将是17年来日本首次提高消费税率。

美国白宫预算办公室向各联邦政府机构发出备忘录，通知其“有序关门”。这是时隔近17年，美国联邦政府因两党预算争执陷入“政治瘫痪”而再度关门。

3日

日美两国政府在东京召开“日美安保磋商委员会”（2+2）会议并发表了共同文件。

4日

据日媒报道，日本自民党干事长石破茂在新潟市演讲时表示，为牵制中国，应讨论共同行使集体自卫权的对象国家可包括除中国以外的亚洲各国。

日本外相岸田文雄、美国国务卿克里和澳大利亚外交部部长毕晓普在印度尼西亚巴厘岛举行战略对话。三国外长就引发中日两国关系对立的钓鱼岛问题交换了意见，并一致同意，为了地区的和平与稳定，三国有必要进一步加强合作。关于以销毁化学武器为焦点的叙利亚问题，三方就紧密合作以改善事态取得了一致。

6日

日本防卫大臣小野寺五典在视察硫磺岛时表示，将把该岛作为日本离岛防卫据点，强化对硫磺岛附近海域的防卫警戒部署。

中国外交部发言人秦刚就媒体报道日本外相岸田文雄在亚太经合组织主权国家外长非正式早餐会上提及海上安全问题答记者问。秦刚说，关于你提到的日本外相岸田文雄在10月5日亚太经合组织主权国家外长非正式早餐会上提及海上安全问题，中国外交部副部长李保东已当场表示，亚太经合组织是经贸合作论坛，多年来始终坚持不引入政治安全和敏感争议问题的传统。个别国家的炒作意在达到自身政治目的，这种做法不得人心，也不可能得逞。长期以来，本地区的航行自由和安全都不存在问题。中国政府一贯坚持各国海上安全应该得到保障，积极参与地区海上安全合作，这是有目共睹的。炒作所谓海上安全问题，不利于维护航行自由和安全的真正努力。

7日

中国外交部发言人华春莹就第五次美日澳三边战略对话部长级会议发表含涉东海、南海问题内容的联合声明答记者问。华春莹表示，美、日、澳彼此是盟友关系，但这不应成为介入领土主权争议的借口，否则只会使问题更加复杂化，损害各方利益。

8日

日本陆上自卫队与美国海军陆战队在日本滋贺县高岛市的饗庭野演习场开始联合演习。

9日

日本防卫省在神奈川县相模原市的陆上装备研究所向媒体公开最新机动战车。日本媒体认为，防卫省研发这种战车是为了加强离岛防卫。

中国外交部发言人华春莹说，靖国神社供奉有14名日本二战甲级战犯，日本领导人参拜问题事关日本能否正确认识和对待日本军国主义侵略历史，是否尊重中国等广大受害国人民感情，是事关中日关系政治基础的重大原则问题。中方已反复表明，不管日本领导人何时以何种形式和身份参拜靖国神社，中方都坚决反对。当前中日关系面临严重困难，如果日方在靖国神社问题上挑起新的事端，必将引发更加严重的后果。这一点日方应有清醒认识。希望日方不要误判形势，误导舆论，一错再错。

中国外交部发言人华春莹就美国国家航空航天局以影响国家安全为借口禁止中国科学家参加某学术会议表态说，中方认为，学术性或科研性活动不应被政治化。

10日

韩国国防部表示，韩美日海上联合军事演习当日在韩国南部海域启动，演习将持续两天。

第16次东盟与中日韩（10+3）领导人会议在文莱首都斯里巴加湾市国际会议中心举行。在开幕致辞中，与会领导人呼吁在多领域深化合作，进一步推动东亚一体化建设。

11日

日本外务大臣岸田文雄在东京表示，日本拟签署一份将由联合国发表的禁止使用核武器共同声明。

中国外交部发言人华春莹在例行记者会上就日本历史观问题回答记者提问时说，国际社会在一个问题上有重要共识，那就是日本能否正确认识和对待二战侵略历史，不仅事关日本自身未来发展走向，也事关日本同亚洲邻国关系的未来发展，事关东北亚的和平稳定。日本国内一些势力至今仍不愿正视和反省侵略历史，甚至企图否认和美化侵略历史，这与和平发展完全背道而驰。国际社会不仅重视日本怎么说，更关注日本怎么做。希望日方切实本着对历史负责、对未来负责的态度，认真和深刻反省侵略历史，坚持走和平发展道路。

13日

日本《朝日新闻》披露，日本政府在20世纪90年代曾刻意回避调查东南亚慰安妇问题，以减少国际社会对这一问题的关注。

14日

韩国外交部部长官尹炳世说，韩国等亚洲国家高度关切日本重新武装，不会忽视日本推动强化其军事力量的企图。包括韩国在内，许多国家担心日本重新武装，这些国家默许日本重新武装的情形不会发生。

据日本时事社报道，日本政府批准向英国海军军舰提供日本川崎重工生产的舰艇用发动机的零部件。日本舆论称，日本政府这一做法让“武器出口三原则”彻底名存实亡。

15日

日本第185届临时国会15日开幕，日本首相安倍晋三在国会众参两院全体会议上发表施政演说，表示将落实经济增长战略，加快灾后重建进程；同时安倍还特意强调将推进“积极和平主义”，创设日本版国家安全委员会，并为推进修宪进程创造条件。

澳大利亚外长毕晓普在日本东京对安倍内阁为允许行使集体自卫权所做的努力表示欢迎。

日本财务相麻生太郎在记者会上表示，日本政府持有大量美国国债，如果美国不履行偿债义务，（日本政府）资产将受到影响，对经济增长也会造成巨大拖累，希望问题能尽早得到解决。

美国《华盛顿邮报》刊文称，据多名该国情报机构高官以及前外部合同雇员斯诺登所披露的机密文件透露，近年来，美国家安全局一直在全球范围内搜集海量个人电子通讯录和即时信息账户信息，其中大多数来自美国民众。

16日

据日本媒体报道，日本外相岸田文雄与英国外交大臣黑格在东京进行战略对话，就推进以海洋安全、宇宙和网络空间、反恐对策为重点的安全领域合作达成一致，确认将推进防卫装备品的共同研发。

驻日本美国军队两架“鱼鹰”倾转旋翼运输机在日本西部滋贺县参加日美联合军事演练，是这一型号飞机首次参加在日本国内举行的日美联合演练。

美国国会参议院和众议院晚间先后投票通过联邦政府临时拨款议案，给予联邦政府各部门预算，使其可运营至2014年1月15日，同时将财政部可以发行国债的权限延长至2014年2月7日。该议案后由美国总统奥巴马签署成为法律。

17日

日本首相安倍晋三以“内阁总理大臣”名义向靖国神社供奉名为“真鹳”的祭品。

中国外交部发言人华春莹在北京表示，美国是世界最大的经济体，妥善处理有关问题符合美自身利益，有利于世界经济稳定和发展。我们对美方处理有关问题取得进展表示欢迎。

18日

日本首相安倍晋三当天在国会表示，安倍内阁“继承历代内阁的历史认识”。

日本超党派议员联盟“大家一起参拜靖国神社国会议员会”（主席：自民党参院议员尾辻秀久）的成员约160人，上午集体参拜了正在举行秋季例行大祭的靖国神社。

中国外交部发言人华春莹在例行记者会上表示，针对日本内阁成员公然参拜靖国神社一事，外交部副部长刘振民已召见日本驻华大使，提出严正交涉，向日方表示强烈不满和严厉谴责。华春莹表示，日本内阁成员公然参拜靖国神社，其实质是美化日本军国主义侵略历史，挑战二战结果和战后国际秩序，中方对此坚决反对。

美国国务院发言人珍·普萨基在记者会上就日本总务相新藤义孝等人参拜靖国神社一事表示，“（美方）敦促日本通过对话解决历史问题”，要求日本为改善与中韩两国的关系做出进一步努力。

19日

日本外务副大臣岸信夫参拜了正在举行秋季例行大祭的靖国神社。岸信夫是首相安倍晋三的亲弟弟。

20日

日本国家公共安全委员会委员长古屋圭司参拜了靖国神社。他是靖国神社2013年秋季大祭之际，第二名参拜的日本内阁大臣。

日本首相安倍晋三的助手萩生田光一说，安倍可能今年年底前参拜供奉日本甲级战犯灵位的靖国神社。

21日

日本财务省公布的2013上半财年（4月～9月）贸易统计（以通关为准）初值显示，贸易逆差为49892亿日元（约合人民币3106亿元），刷新有可比数据的1979年以来半财年最高纪录。

日本首相安倍晋三为研究和讨论安保战略专门设立的“安全保障与防卫力量恳谈会”向安倍提交了旨在确定今后日本安保政策指导方针的国家安全保障战略概要。这份草案提出了修改“武器出口三原则”等内容的具体措施。

日本、新西兰等125国在纽约举行的联合国大会裁军与国际安全会议上发表声明，强调核武器的非人道性，呼吁反对使用核武器。

中国外交部发言人华春莹在北京表示，日本领导人参拜靖国神社问题，事关日方如何认识和对待日本军国主义侵略和殖民统治历史，绝不是日本的内政。

22日

中国外交部发言人华春莹在北京表示，日方以所谓外部威胁为借口不断扩充军备，其真实意图不能不令国际社会感到担忧和警惕。

23日

中国外交部发言人华春莹表示，日方无论采取何种手段宣传其非法主张，都无法改变钓鱼岛属于中国的客观事实。钓鱼岛及其附属岛屿自古以来就是中国的固有领土，中方对此拥有充分的历史和法理依据。中方强烈敦促日方端正态度，停止一切挑衅言行，为妥善管控和解决钓鱼岛问题做出切实努力。

24日

中共中央总书记、国家主席、中央军委主席习近平在周边外交工作座谈会上发表重要讲话。他强调，我国周边外交的基本方针，就是坚持与邻为善、以邻为伴，坚持睦邻、安邻、富邻，突出体现亲、诚、惠、容的理念。要坚持睦邻友好，守望相助；讲平等、重感情；常见面，多走动；多做得人心、暖人心的事，使周边国家对我们更友善、更亲近、更认同、更支持，增强亲和力、感召力、影响力。他强调，做好周边外交工作，是实现“两个一百年”奋斗目标、实现中华民族伟大复兴的中国梦的需要，要更加奋发有为地推进周边外交，为我国发展争取良好的周边环境，使我国发展更多惠及周边国家，实现共同发展。

25日

日本内阁官房长官菅义伟称，日本政府对韩国当天在竹岛（韩国称独岛）周边海域举行军演表示抗议。

26日

日本首相安倍晋三接受美媒采访时明确表示，日本为世界“做贡献”的途径之一就是在亚洲抗衡中国。

中国国防部新闻事务局局长、国防部新闻发言人耿雁生表示，日方有关好战言论纯属蓄意挑衅。中国军队飞机包括无人机在东海有关海域的正常训练和飞越活动，符合国际法和国际实践。需要指出的是，中国飞机从未侵犯他国领空，也决不允许别国飞机侵犯中国领空。我们奉劝有关各方，不要低估中国军队维护国家领土主权的坚定意志和决心。如果像日方所说采取击落等强制措施，就是对我的严重挑衅，是一种战争行为，我们必将采取果断措施予以反击，一切后果由肇事方承担。

27日

日本首相安倍晋三在出席日本陆上自卫队阅兵式时称，围绕日本的安全保障环境正在日益严峻，必须舍弃依靠日常训练来保障安全、依靠防卫力量来实现防御能力的旧想法。他说，要推进包括集体自卫权、集体安全保障等有关安全保障法律的探讨，与拥有共同价值观的国家加强防卫合作。

由中国日报社与日本言论NPO共同主办的第九届北京—东京论坛在北京落下帷幕，来自中日两国的近千名政商界、学术界、媒体界及高校学生出席了论坛。本届论坛主题是“东亚的和平发展与中日两国的责任——对《中日和平友好条约》历史意义的再认识”。

28日

中国外交部发言人华春莹在北京表示，日本领导人不断发表涉华挑衅言论再次表明了日本政客掩耳盗铃的狂妄和心虚，日方应拿出诚意和实际行动，为维护地区和平稳定做出切实努力。中方在钓鱼岛问题上的立场是明确和一贯的。钓鱼岛及其附属岛屿自古以来就是中国的固有领土，近代以来被日本非法窃取。中日邦交正常化时双方同意将这一问题留待以后解决，这一重要谅解是40多年来中日关系得以保持正常发展的重要基础。日方对钓鱼岛采取的单方面行动从一开始就是非法和无效的，中方从未接受并坚决反对。打破钓鱼岛问题现状的不是别人，正是日本自己。

中国国务院副总理张高丽在中南海紫光阁会见了美国能源部长欧内斯特·莫尼兹一行，双方就两国能源合作深入交换了意见。

29日

美国哈佛大学教授约瑟夫·奈在东京出席“新时代的日美同盟”研讨会，告诫日本首相安倍晋三不要参拜靖国神社。

30日

日本外务省新解密一批外交档案显示，美国在越南战争激烈时，曾希望日本修改宪法第九条，从而让日本“帮助”陷入战争泥淖的美军。

美国多家媒体披露，国家安全局代号“肌肉发达”的项目秘密潜入美国网络公司雅虎和谷歌的数据中心，挖掘数据。这些包含“肌肉发达”项目在内的秘密文件由“棱镜门”主角、国安局防务承包商前雇员爱德华·斯诺登披露。

中国外交部发言人华春莹在北京表示，中方敦促日方停止刻意渲染外部威胁，向国际社会认真说明其扩充军备的真实意图。

31日

据日媒报道，日本防卫相小野寺五典在众院安全保障委员会上透露，正在研究将非洲东部的吉布提作为自卫队参加联合国维和行动（PKO）等海外活动的基地。

针对美国在全球约80个地点设有特殊情报搜集部，在北京、上海、成都的美使领馆均设有领事监听活动的情报搜集点，部分情报人员有外交身份作掩护等报道，中国外交部发言人华春莹在例行记者会上表示，中方对有关报道表示严重关切，已经向美方提出交涉，要求美方做出澄清和解释。我们要求外国驻华机构和人员严格遵守《维也纳外交关系公约》、《维也纳领事关系公约》等国际条约，不得以任何方式从事与职务和身份不符、危害中国国家安全和利益的活动。

中国国防部举行例行记者会，新闻发言人杨宇军回答提问说，10月23日，中方通过国际海事组织公布，中国海军定于10月24日至11月1日在位于西太平洋公海海域的有关海区举行军事训练和实弹射击，提醒各国过往舰机注意避让。但是，日本海上自卫队107舰无视中方反复劝阻，于10月25日10时41分强行闯入中方演习区，并长时间滞留，直至28日7时32分才离开。同时，日侦察机多次进入中方演习区进行侦察。此外，在中方参演兵力正常航渡期间，日自卫队舰机还持续实施高强度的跟踪、侦察和监视。日本舰机的上述行为，不仅对我正常的演习活动造成干扰，而且危及我舰机航行安全，甚至可能引发误判、误伤等突发意外事件，这是一种危险性极高的挑衅行为。中国国防部已就此向日方提出严正交涉。与此形成鲜明对比的是，当日方渔船在我演习区发出遇难信号时，从人道主义出发，中方对于日方提出的救援请求，提供了相关便利。但在这种情况下，日舰机依然闯入我演习区，这种所作所为，不仅严重违反国际惯例，而且有悖于国际关系道义准则。中方严正要求日方认真反省，以实际行动纠正错误，停止一切干扰中方正常军事活动的行为，确保不再发生类似事件。否则，由此产生的一切后果，将由日方承担。中方保留采取进一步措施的权利。此外，杨宇军引用中国古话“好战必亡”告诫日本方面走和平发展道路，又引用“忘战必危”表明中国军队不主动挑起战争、也不惧怕战争的态度。

11月

1日

据日本媒体报道，日本防卫省于11月1日至18日动员3.4万名陆海空自卫队人员，在以九州和冲绳为中心的地区实施联合演习。虽然防卫省官员称此次演习“不针对特定国家”，但分析普遍认为，该演习旨在加强对相关岛屿的争夺能力。

美国国防部表示，日本媒体日前发表的有关日美已经制定钓鱼岛共同防卫计划的报道“不准确”，同时重申美方对钓鱼岛问题的立场并未改变。

4日

《华尔街日报》日前发表社论称，美国政府应明确承认钓鱼岛主权属于日本，并称中国对钓鱼岛宣示主权不仅强化了美日同盟，同时使美日强化了同东南亚各国的关系。针对这篇报道，美国国务院发言人玛丽·哈夫在记者会上再次确认，美方在钓鱼岛问题上的立场没有改变。

中国外交部发言人洪磊说，钓鱼岛是中国的固有领土，美国不是钓鱼岛争议当事方，应恪守中立，不要选边站队。

中国外交部发言人洪磊在北京表示，关于10月28日发生在北京的汽车冲撞天安门金水桥无辜人员和游客事件，中国警方已初步认定，这是一起经过严密策划，有组织、有预谋的暴力恐怖袭击案件。洪磊表示，个别人和势力将一小撮恐怖极端分子针对无辜平民和游客的暴力恐怖行径同民族宗教问题挂钩，甚至以此为借口攻击中国的民族宗教政策，这是对恐怖分子的纵容，中方表示强烈不满。

5日

针对有媒体报道美国把日本作为监听对象一事，日本防卫大臣小野寺五典表示，这样的行为是日方不愿看到的。

美国太平洋司令部司令洛克利尔在华盛顿外国记者中心举行的记者会上表示，美国十分重视与包括中国在内的合作伙伴不断加强交往，促进合作。他说，虽然不能保证美中两国在任何问题上都意见一致，但只要双方不断加深沟通与互信，就能避免误判风险。

6日

日本国会众议院的国家安全保障特别委员会表决通过了“国家安全保障会议”设置法案。

中国外交部发言人洪磊在北京表示，11月5日，一艘载有12名中国船员的中国渔船因涉嫌在日本专属经济区水域违规捕捞珊瑚被日方抓扣。日方已就此案向中方进行通报。外交部和中国驻福冈总领馆将继续关注日本方面扣留中国渔船、逮捕中国渔民案件进展，为当事中国船员提供必要协助并推动案件尽快妥善解决。

中国驻福冈总领馆说，一艘中国渔船11月5日疑因在日本冲绳县附近日方专属经济水域违规作业遭日方抓扣，在办完相关手续后，于11月6日下午返航回国。

7日

日本国会众议院通过了关于新设负责制定日本外交和安全保障政策的“国家安全保障会议”相关法案。

中国国务院总理李克强在中南海紫光阁会见美国前财长保尔森。李克强说，中美关系的发展是一个“知行合一”的过程，重在推进各领域实实在在的合作。希望双方把两国之间的互补优势转化为合作的动力，同时妥善管控分歧，共同维护中美关系发展大局。

9日

美国海军最新一艘核动力航空母舰“杰拉尔德·福特”号在弗吉尼亚州纽波特纽斯一处造船厂举行命名及下水仪式，该舰以美国已故前总统福特的名字命名。这一仪式标志着美国新一代“福特”级航母的首舰正式投入使用，预计最快将于2016年初进入美军现役航母编队。

中国共产党第十八届中央委员会第三次全体会议于2013年11月9日至12日在北京举行。

11日

据日媒报道，日本首相安倍晋三设立的“关于安全保障及防卫力的专家恳谈会”（主席：国际大学校长北冈伸一）在首相官邸召开会议，就制定新的“防卫计划大纲”展开了正式讨论。

日本政界和学界人士在东京成立“继承和发展村山谈话会”，并举行记者会。

日本前首相福田康夫发表演讲，敦促安倍政府努力与中、韩两国改善关系。

美国国际教育协会公布数据显示，美国大学里中国留学生人数是日本留学生的12倍。

针对日本首相安倍晋三日前称，中国不断增强军备，朝鲜抓紧研发核武器和弹道导弹，日本应积极推进制订国家安全保障政策，中国外交部发言人秦刚在北京表示，中方对日本领导人公然渲染“中国威胁论”表示不满，如果日本非把中国当作对手不可，那是选错了对象，打错了算盘，没有出路。中国坚持走和平发展道路，奉行防御性国防政策。

12日

日本外务大臣岸田文雄与印度外交部部长萨尔曼·胡尔希德宣布，日本海上自卫队和印度海军在2013年年底将举行海上联合军事演习。

日本前首相、原自由民主党党首小泉纯一郎呼吁现任首相安倍晋三下决心“去核电”，关停日本所有核电站。

美国民调机构的数据显示，美国总统奥巴马与国会的支持率双双创下新低，而奥巴马支持率更是跌破40%，达到危险的红线。

中美两军人道主义救援减灾研讨交流暨首次联合实兵演练开幕式在美军贝洛斯军营举行。

中国外交部发言人秦刚表示，当前中日关系遇到严重困难，这不是中方造成的，也不是我们愿意看到的。中方一贯主张中日两国在中日四个政治文件基础上改善和发展两国关系，愿意同关心、支持中日友好的日本各界人士一道为此做出努力。就中国外交部官员“秘密”访日磋商钓鱼岛问题一事，秦刚表示，中方一贯主张通过对话磋商妥善管控和解决钓鱼岛问题。中国政府在主权问题上决不会退让。

13日

日本前首相鸠山由纪夫获香港城市大学颁授荣誉法学博士，发表演讲时为日军侵华暴行道歉，认为即使国家处于战争时期这些暴行也不可接受；作为日本平民，他有义务为此向中国人民致歉。日本有责任宣布永久中止战争，以澄清国际争论，并向全球宣扬非军国主义。

日本参院全体会议以多数赞成表决通过了《日本船籍警备特别措施法》。该法规定，为在索马里等海域应对海盗袭击，允许日本船籍船舶上的民间警卫配带小型枪支。

日本文部科学省决定，初步决定修改小学及中学社会类学科的教科书审定标准，写明要尊重关于近现代史历史事实的政府见解。

日本天皇委托日本内阁正式向勇敢救助日本儿童的中国留学生严俊授予“红绶褒章”和奖状。奖状上盖有极为少见的日本国玺。首相安倍晋三在首相官邸会见了中国留学生严俊等人，并为他们举行了颁发感谢状的仪式。

美国洲际交易所集团（ICE）正式宣布，以现金加股票共110亿美元的交易价，完成对纽约证券交易所母公司纽约泛欧交易所集团的收购。

中国外交部发言人秦刚表示，中国决定设立国家安全委员会的目的是为了完善国家安全体制和国家安全战略，确保国家安全。

14日

日本内阁府发布三季度国内生产总值（GDP）初值，扣除物价变动因素后的实际GDP较上季度增长0.5%，换算成年率增长1.9%，与二季度的3.8%相比有所下降。

日本官房长官菅义伟在记者会上发表看法，不赞成韩国总统朴槿惠提出的为解决中日韩三国历史问题而编写东亚共同的历史教科书这一提议。

中国外交部发言人秦刚评价中国留学生严俊勇救日本落水儿童的事迹“体现了中华民族见义勇为的传统美德”，希望被救儿童长大后为中日友好做出贡献。

15日

日本政府召开全球变暖对策推进总部（总部长为首相安倍晋三）会议，决定了到2020年度将温室气体排放量较2005年减少3.8%的新目标。

日本国会参议院全体会议通过了已于11月1日获众议院通过的《自卫队法》修正案。至此，该法案正式成为法律。根据新法律，日本在海外撤侨时可以派遣陆上自卫队执行陆上运输任务。

美国能源部宣布，已批准了德克萨斯州自由港公司有关提高液化天然气对日本出口上限的申请。日本的中部电力及大阪燃气参与了自由港公司的项目。

中国外交部发言人洪磊表示，无论日方如何变换宣传手法，都不能改变钓鱼岛属于中国的基本事实。钓鱼岛问题上谁是挑衅一方，公道自在人心。如果日方真心想改善中日关系，就应该端正态度，拿出解决问题的诚意。

18日

日本东京电力公司说，当天下午开始从福岛第一核电站4号机组乏燃料池内取出燃料棒，标志日本政府和东电制定的反应堆报废工程表进入第二阶段，也被一些媒体认定为“最困难而危险的任务”。

近180人组成的日中经济协会大型代表团开始对中国进行为期7天的访问，希望为两国经济寻找持续发展的生机。

安倍晋三日前表示，应确立以国际法规则解决海洋安全问题的原则。中国外交部发言人秦刚在例行记者会上连发三问，反驳日本首相安倍晋三日前有关解决海洋争端问题的言论。“在钓鱼岛问题上，《开罗宣言》和《波茨坦公告》还算不算数？世界反法西斯战争胜利的成果以及二战后的国际秩序还要不要坚持？联合国宪章的宗旨和原则还要不要遵守？”

20日

日本首相安倍晋三在与美国新任驻日本大使卡罗琳·肯尼迪举行会谈时表示，日本将进一步加强日美同盟关系。

日本环境相石原伸晃在波兰华沙举行的“《联合国气候变化框架公约》第19次缔约方大会”（COP19）的部长级会议上发表演讲，向世界各国宣布日本政府决定到2020年度的新减排目标，即比2005年度减少3.8%。

21日

据日本共同社报道，日本关东学院大学教授林博史近日发现了6份史料，证明日军二战期间曾强征外国女性充当随军慰安妇。

美国新任驻日本大使、前总统约翰·F·肯尼迪的长女卡罗琳·肯尼迪首次访问驻日美军司令部和日本航空自卫队航空总队司令部。

中国外交部发言人洪磊在北京表示，中方对美国国会相关委员会审议通过有关涉及售台武器议案表示坚决反对和强烈不满。中方坚决反对任何国家向台湾出售武器。这一立场是明确、一贯的。

23日

日本内阁府发布关于外交的舆论调查结果，80.7%的受访者表示对中国“没有亲近感”。这一数字较2012年的调查结果上升了0.1个百分点，创下自1978年开始此项调查以来的新高。

中国政府发表声明，宣布划设东海防空识别区，并发布航空器识别规则公告和识别区示意图。

24日

中国国防部新闻发言人杨宇军就日美关于我划设东海防空识别区有关表态答记者问。杨宇军说，日方的言论是毫无道理的，中方对此完全不接受。中国国防部外事办公室23日晚已向日本驻华使馆武官处提出严正交涉。东海防空识别区公布后，我们已经通过多种方式阐明了中方在这一问题上的政策立场。我们重申，中方有关做法的目的是捍卫国家主权和领土领空安全，维护空中飞行秩序，是有效行使自卫权的必要措施，符合《联合国宪章》等国际法和国际惯例，是完全正当和无可非议的。日本早在20世纪60年代末就设立了防空识别区，日方无权对中国划设东海防空识别区说三道四。钓鱼岛是中国固有领土，中方维护钓鱼岛主权的决心和意志坚定不移。近年来，日方以进入本国防空识别区为由，频繁出动军机跟踪监视在东海上空正常训练、巡逻的中方飞机，严重妨碍飞越自由，极易引发安全事故和意外事件。日本官方还利用媒体恶意炒作中方的正常合法飞行，企图混淆视听，制造对抗情绪。事实证明，制造地区紧张局势的正是日本自己。我们强烈要求日方停止一切损害中国领土主权的行为，停止发表误导国际舆论、制造地区紧张气氛的不负责任言论。

中国外交部发言人秦刚就美日对我国划设东海防空识别区有关表态回答了记者提问。秦刚表示，中国政府划设东海防空识别区符合《联合国宪章》等国际法和国际惯例，目的是捍卫中国的国家主权和领土领空安全，不针对任何特定国家和目标，不影响有关空域的飞越自由。钓鱼岛及其附属岛屿是中国固有领土。中方坚定捍卫钓鱼岛的领土主权。目前钓鱼岛局势完全是日方错误行径造成的。美方应在钓鱼岛主权问题上切实做到不选边站队，不再发表不当言论。中国外交部部长助理郑泽光就此向美驻华大使骆家辉提出严正交涉，要求美方立即纠正错误，停止对中方说三道四。

25日

日本外务省事务次官斋木昭隆就中方划设东海防空识别区向中国驻日本大使程永华提出抗议，程永华当场驳回日方抗议。程永华指出，日方对中方划定东海防空识别区说三道四毫无道理，中方坚决反对，日方应纠正错误，停止无理纠缠。

美国白宫副发言人欧内斯特表示，中国划设东海防空识别区之举是“无谓的挑衅”。

中国外交部部长助理郑泽光召见日本驻华大使木寺昌人，就日本方面无理指责中国划设东海防空识别区提出严正抗议。郑泽光指出，中国政府划设东海防空识别区，符合国际法和国际惯例。钓鱼岛及其附属岛屿自古以来就是中国固有领土，中国东海防空识别区覆盖这一区域理所当然。日本方面无权对中方这一符合国际法的正当行动说三道四、蓄意攻击。中方敦促日方立即纠正错误，停止对中方进行无端指责。

针对日本对中国划设东海防空识别区的交涉，中国外交部发言人秦刚表示，中国外交部、国防部和中国驻日本使馆已据理驳回日方的无理交涉，要求日方立即纠正错误。

27日

日本参议院全体会议通过了“国家安全保障会议设立相关法案”。至此，该法案正式成为法律。国家安全保障会议以首相、外务大臣、防卫大臣、官房长官为核心，被称为“四大臣会合”。

据日本《读卖新闻》报道，日本防卫省决定将日本的防空识别区扩大到小笠原群岛（位于东京以南1000余公里）。

中国国防部新闻发言人耿雁生就美国军机进入东海防空识别区一事回答了记者提问。耿雁生说，美军飞机于北京时间26日11时至13时22分沿我东海防空识别区东部边缘南北方向往返飞行，位钓鱼岛以东约200公里活动。中国军队进行了全程监视、及时识别，判明了美方飞机类别。需要强调的是，中方依据东海防空识别区航空器识别规则公告，将对在东海防空识别区内的任何航空器的活动进行识别。中方有能力对相关空域实施有效管控。

28日

日本自民党政调会长高市早苗在记者会上公布该党的决议，要求中国撤销在东海上空划设的防空识别区。

中国国防部新闻发言人杨宇军表示，国际航班在中国东海防空识别区的正常飞行不会受到任何影响，希望有关各方能够积极予以配合，共同维护飞行安全。

29日

日本政府召开内阁会议，决定取消自卫队员在海外运送遭遇紧急事态的日本人时携带武器的限制。

美国国务院说，美政府建议国内航空运营商尊重中方要求，在旗下国际航班经过中国东海防空识别区时向中方通报飞行计划。

中国外交部发言人秦刚在北京表示，从中方发布有关东海防空识别区的声明和公告以来，东海上空的航行自由、飞行秩序没有受到任何影响，依然是安全、自由的。防空识别区不等于领空，不是一国领空的扩大，它只是濒海国家在其领空之外划出的空域范围，有关空域的法律地位是不变的。各国的航空器包括民航客机依据国际法的正常航行是不受影响的。有的依主权权利采取的对待领空的措施是不能够也不会延伸到防空识别区的。国际法没有明确规定什么样的飞机或者什么样的飞行应该进行怎样的通报。事实上，各国是根据自身的情况做出不同的规定。中方的有关做法并不违反国际法，也是符合国际一般实践的。

12月

1日

日本《朝日新闻》发布的民意调查结果显示，安倍内阁支持率下降至49%，创本届内阁支持率新低。

2日

美国副总统拜登抵达东京，开始其日中韩三国之行的第一站。

中国外交部发言人洪磊就《开罗宣言》发表70周年答记者问时表示，只有切实以史为鉴，才能开辟未来。我们再次敦促日方正视和深刻反省侵略历史，信守承诺，认真履行自己应尽的国际义务，以实际行动取信于亚洲邻国和国际社会。

中国外交部发言人洪磊在例行记者会上表示，包括美国在内的有关国家航空公司体现了配合中方维护东海上空航空秩序和安全的建设性态度。日方蓄意将有关问题政治化，不利于两国民用航空领域的正常合作。中方敦促日方停止恶意炒作，同中方共同维护东海有关空域的飞行秩序和安全。

3日

正在日本访问的美国副总统拜登在东京呼吁中日两国构筑危机管理机制。

中国国防部新闻发言人耿雁生就中国划设东海防空识别区发表谈话。

4日

作为统筹日本外交、安全保障政策“司令部”的国家安全保障会议在日本东京正式成立。

中国国家主席习近平在人民大会堂同美国副总统拜登举行会谈。双方就中美关系及共同关心的国际和地区问题深入交换意见，一致认为，中美双方要加强对话、交流、合作，努力推进中美新型大国关系建设。

中国外交部发言人洪磊在例行记者会上回应有关日本设立“国家安全保障会议”的问题时表示，今年以来，日本在有关领域出现了很多消极动向，中方要求日方多做有利于维护地区和平稳定的事。由于历史原因，日本的军事安全动向一直深受亚洲邻国和国际社会关注。今年以来，日本在有关领域出现了许多消极动向。日本首相宣扬“侵略未定论”，副首相宣称“要效仿纳粹修改宪法”。这样的言行怎么能让亚洲邻国放心?

5日

日本参议院国家安全保障特别委员会以执政的自民和公明两党的多数赞成票强行表决通过了旨在严惩泄密公务员的《特定秘密保护法案》，法案当天已被紧急提交参议院全体会议。

中国国务院总理李克强在中南海紫光阁会见美国副总统拜登。李克强说，中美双方要坚持相互尊重，平等相待，拓展共同利益，妥善处理分歧，推动中美关系不断取得新进展。拜登表示，美方对中国新一届领导集体充满期待，愿与中方共同应对全球挑战，推动美中新型大国关系取得更大发展。

6日

日本众院在全体会议上一致通过了一份决议，严正抗议中国划设涵盖尖阁诸岛（中国称钓鱼岛）的东海防空识别区，并要求中方立刻撤销。

日本执政党不顾在野党和民众的强烈反对，在国会参议院全体会议上强行表决通过了旨在严惩泄露国家机密行为的《特定秘密保护法案》。

美国劳工部公布11月美国失业率从上月的7.3%下降至7%，为五年来新低。这表明最近美国经济的动能有所增强。

7日

中国全国人大外事委员会就日本众议院通过决议要求中国撤销东海防空识别区事发表声明。声明说，中国划设东海防空识别区合理合法，符合国际法和国际惯例，日方无权说三道四。中国全国人大坚决反对日本众议院就此通过的所谓决议。钓鱼岛及其附属岛屿自古就是中国固有领土，中国对此拥有无可争辩的主权。日本擅自将中国领土钓鱼岛纳入日本的所谓防空识别区，中国对此一向坚决反对，不予承认。当前东海紧张局势的根源在日方。我们强烈敦促日方停止一切挑衅言行，为改善中日关系，维护东海海域和空域的和平与安宁做出切实努力。

9日

日本内阁府发布第三季度国内生产总值（GDP）修正值，扣除物价变动因素后的实际增长率为0.3%，换算成年率为增长1.1%，小于速报值的年率增长1.9%。

日本首相安倍晋三在记者会上说，为了减少日中两国间不必要的误解和摩擦，避免发生不测事态，防卫当局之间需要加强联络机制。

据媒体报道，日本驻华公使在日前举行的一家中国媒体年会上称，中国单方面改变东海现状，并称中方如果指责日本保密法案导致军国主义，那么“中国已是军事主义国家”。就此，中国外交部发言人洪磊在例行记者会上表示，日方有关人员混淆是非，借机攻击中国是极其错误和荒谬的，中方对此强烈不满。

10日

日本防卫大臣小野寺五典在首都东京说，将通过各种机会为构筑日中海上联络机制做出努力。

日本政府提出增加未来五年防卫预算的计划，以应对朝鲜半岛核开发等安全局势变化。

11日

中国外交部发言人洪磊表示，中国正密切注视日本的安全战略和有关政策动向。日本对中方正常的海空活动无理指责，渲染“中国威胁”，有着不可告人的政治目的。我们敦促日方重视亚洲邻国的安全关切，顺应时代潮流，走和平发展道路，为改善中日关系、维护地区和平稳定做出应有努力。

12日

日本防卫大臣小野寺五典在东京演讲时说，日本将构建“统合机动防卫力量”，整合、提高陆海空自卫队的机动作战能力。

13日

日本政府公布《特定秘密保护法》，并计划在颁布之日起一年内实施该法案。

由日本主办的日本与东盟特别峰会在东京开幕。

14日

就日本首相安倍晋三在日前举行的日本—东盟特别峰会期间指责中国单方面改变东海现状，称中国划设东海防空识别区是对公海飞越自由的不当侵害，要求中方撤销有关措施的提问，中国外交部发言人洪磊说，我们对日本领导人利用国际场合发表恶意中伤中国的言论表示强烈不满。中方划设东海防空识别区是旨在维护国家空防安全的防御性措施，符合国际法和国际惯例，不影响各国航空器根据国际法享有的飞越自由。日本在此问题上蓄意向中方发难，是企图偷换概念，推行双重标准，误导国际舆论，日本的企图是注定要失败的。

中国嫦娥三号探测器在月球表面预选着陆区域成功着陆，标志中国已成为继苏联、美国后世界上第三个实现地外天体软着陆的国家。

17日

日本政府在内阁会议上通过了作为指导日本外交与安全政策的首个《国家安全保障战略》、用于指导未来10年日本防卫力量建设方针的《防卫计划大纲》和指导未来5年防卫力量发展的2014-2018年度《中期防卫力量整备计划》。

日本首相安倍晋三出席“关于重新构筑安全保障法律基础恳谈会”时宣称，有必要允许自卫队行使集体自卫权。

中国外交部发言人华春莹在北京表示，中方敦促日方尊重地区国家正当合理的安全关切，不要把和平仅仅挂在口头上，而是要落实到具体的、实实在在的行动中。

18日

针对日本、美国、菲律宾等国对中国东海防空识别区的指责，中国外交部发言人华春莹表示，中国划设东海防空识别区的要义在于防卫，如果有关国家真关心地区和平稳定，就应该客观、公允地对待中方的举措，停止挑事生非。

19日

日本外务省发布了今年在美国实施的一项舆论调查结果。其中显示，39%的普通民众表示中国是“美国在亚洲最重要的伙伴”，位居首位。而去年居于首位的日本则以35%位居第二。

中国国务院总理李克强会见来华出席第24届中美商贸联委会的美国商务部长普利兹克、贸易代表弗罗曼和农业部长维尔萨克。李克强表示，双方要充分发挥互补优势，提升合作质量和水平。中方期待美方放宽对华高技术出口限制，为中国企业赴美投资提供良好环境，进一步深化中美经贸合作。

20日

从事政策评估活动的日本民间团体“言论NPO”公布了对第二届安倍政府执政一年的成果评估。评估以5分为满分，对经济重建、政府财政等11个政策领域打分，平均分为2.7。得分最低的是没有具体进展的“修宪”领域，仅获2.0分。

中国国防部新闻发言人耿雁生就日本公布国家安保战略等文件发表谈话时表示，中方对日方有关做法表示坚决反对。耿雁生说，12月17日，日本内阁会议审议通过了《国家安全保障战略》、新版《防卫计划大纲》和《中期防卫力量建设计划》。这三个文件老调重弹，鼓吹“中国威胁”，渲染地区紧张气氛，打着维护自身安全与地区和平的幌子为其扩充军备制造借口。中方对日方有关做法表示坚决反对。日本一方面宣称自己是爱好和平的国家，坚持专守防卫政策，不做军事大国，另一方面却大肆兜售所谓的“积极和平主义”，在新版《防卫计划大纲》中放弃了“建设有节度防卫力量”的政策，提出修改武器出口三原则，计划采购F-35战机、滞空型无人机、“宙斯盾”驱逐舰等先进武器装备，组建两栖作战部队等进攻性作战力量。日本的军事安全政策究竟要走向何处？这不能不引起亚洲邻国和国际社会的强烈担忧。日本一方面宣称尊重自由、民主、人权、法治，另一方面却不断否认二战侵略历史，挑战战后国际秩序，伤害受害国人民感情。一个不能正视历史的日本，有何资格谈论自由、民主、人权、法治，又怎么能够为世界和平做出贡献？日本一方面宣称要加强国际协调，实现亚太地区和平与稳定，为确保国际社会安全与繁荣作出积极努力，另一方面却固守冷战思维，强化与有关国家的军事同盟，企图拉拢其他国家制造地区对抗，搅乱地区局势。日方这种行为，与和平发展、合作共赢的时代潮流背道而驰。这难道就是日方为东亚地区和平稳定所采取的负责任的措施吗？我们敦促日方深刻反省历史，恪守走和平发展道路的承诺，以实际行动改善同亚洲邻国的关系，为维护地区和平稳定发挥建设性作用。

21日

日本海上自卫队与印度海军在印度南部的第二大城市金奈市的近海举行联合军事演习。这是两国首次在印度洋举行联合演习。

23日

日本政府决定，将向在南苏丹开展联合国维和行动的维和部队无偿提供1万发子弹。

24日

日本政府在内阁会议上正式批准金额高达95.88万亿日元的2014财年政府预算案，较2013财年的政府预算总额92.61万亿日元提高3.5个百分点，创下日本历史上的新纪录。

中国全国政协主席俞正声在北京会见应中国人民对外友好协会邀请来访的日本前首相鸠山由纪夫。

26日

日本首相安倍晋三参拜供奉有二战甲级战犯的靖国神社，遭到国际社会谴责，也招致日本国内其他党派批评。

美国驻日大使馆发表声明说，安倍参拜靖国神社将激化与邻国的紧张关系，美国政府对此表示失望。美方希望日本与邻国通过建设性的方式来解决敏感问题，改善关系。

设在美国华盛顿的联邦法院法官理查德·利昂裁定，美国国安局大规模收集国内手机信息项目可能违宪，还应原告方请求下令政府停止这一监听项目并销毁现存记录。

中国国防部新闻发言人耿雁生就日本近期公布国家安保战略等文件表示，中国军队对任何可能危害国家安全的动向都保持高度戒备。耿雁生说，由于历史原因，日本调整军事安全政策、扩充军备的任何举动，都会引起亚洲邻国和国际社会的关注和警惕。中国军队对任何可能危害国家安全的动向都保持高度戒备，将采取坚决措施捍卫国家主权安全。关于日本首相安倍晋三参拜靖国神社，耿雁生说，中方向日方提出强烈抗议和严厉谴责。中方对日本领导人粗暴践踏中国和其他亚洲战争受害国人民感情，公然挑战历史正义和人类良知的行径表示强烈愤慨，向日方提出强烈抗议和严厉谴责。日方必须承担由此造成的一切后果。

中国外交部发言人秦刚发表谈话指出，中国政府对日本领导人粗暴践踏中国和其他亚洲战争受害国人民感情、公然挑战历史正义和人类良知的行径表示强烈愤慨，向日方提出强烈抗议和严厉谴责。

27日

联合国秘书长潘基文通过发言人对日本首相参拜靖国神社表示关注，强调日本应对其他国家特别是二战受害者的感情表现出应有的尊重，并将重点放在谋求与东北亚国家建立互信和紧密的伙伴关系方面。有关国家领导人在这方面负有特殊责任。

日本冲绳县知事仲井真弘多宣布，批准中央政府为推进普天间基地驻日美军搬迁而申请的名护市边野古地区填海造地计划。

美国国务院发表声明，批评"日本领导人恶化与邻国关系的举动"，并表示美方"很失望"。

美国国防部长哈格尔取消与日本防卫大臣小野寺五典通电话安排。

设在美国纽约曼哈顿的南区联邦法院法官威廉·波利裁决，美国国家安全局收集手机用户数据符合宪法，同意政府的撤案申请。

针对日本首相安倍晋三26日参拜靖国神社，中国外交部发言人华春莹表示，无论是他参拜后的诡辩，还是一年来的各种言行，从中看到的是：虚伪、狂妄、自相矛盾。日本领导人如果执迷不悟，继续挑衅国际正义，践踏人类良知，挑战与邻国关系的底线，我们必将奉陪到底。

28日

中国国务委员杨洁篪就日本首相安倍晋三参拜靖国神社发表谈话。杨洁篪表示，安倍的所作所为正在将日本推向一条损害各国人民和日本人民根本利益的危险道路，已经引起国际社会和日本各界有识之士的高度警惕。杨洁篪强调，中国人民不可侮，亚洲人民和世界人民不可欺。安倍必须承认错误，必须纠正错误，必须采取实际行动消除其严重错误的恶劣影响。

30日

美国国务院发言人哈夫说，美方对日本首相安倍晋三参拜靖国神社表示失望。

中国外交部发言人秦刚在例行记者会上说，安倍自己关闭了同中国领导人对话的大门，中国人民不欢迎他，中国领导人不可能同这样的日本领导人对话。

中国驻日本大使程永华在日本《每日新闻》发表题为《发表“不战誓言”找错了地方》的署名文章，严词批驳日本首相安倍晋三参拜靖国神社的行径。

31日

中国外交部发言人华春莹在谈及中日关系的未来时说，中方完全有能力、有信心捍卫自己的国家主权、领土完整和民族尊严。对于任何挑衅行为，必将予以坚决应对。

中国外交部长王毅同美国国务卿克里通电话。王毅表示，2014年元旦，也是中美建交35周年纪念日。中方愿同美方一道，继续推动中美关系取得新的更大发展。双方还就当前日本问题和朝鲜半岛局势、巴以和谈等交换了意见。